RICHARD WAGNER
IN MITTELDEUTSCHLAND

RICHARD WAGNER IN MITTELDEUTSCHLAND

Herausgegeben im Auftrag der Wagner-Verbände
von Sachsen, Sachsen-Anhalt und Thüringen
von Ursula Oehme und Thomas Krakow

PASSAGE-VERLAG

Inhalt

VORWORT

Mitteldeutschland – Landschaft der Musikgeschichte

Blickt der geneigte Interessent auf die Landkarte der Musikmuseen und Komponistenhäuser Deutschlands, sieht er außerhalb der drei hier beschriebenen mitteldeutschen Länder wenig. Abgesehen vom Flächenstaat Bayern ist zu konstatieren, dass die musikkulturelle Blüte Deutschlands vom 17. bis 19. Jahrhundert vor allem in dem Territorium stattfand, das die heutigen drei Länder Sachsen, Sachsen-Anhalt und Thüringen umfasst. Dies liegt in seiner territorialen Zersplitterung bis zur Formung des kleindeutschen Nationalstaates durch Otto von Bismarck begründet. Dabei wird nicht die Stadt Wien betrachtet, neben Leipzig bedeutendste Musikmetropole des 19. Jahrhunderts, da Österreich nach dem Bruderkrieg von 1866 aus dem gesamtdeutschen Verbund ausgeschieden war. Die vielen Kleinstaaten Anhalts, der reußischen und schwarzburgischen Häuser sowie der ernestinischen Wettiner in Thüringen, des Flächenstaates Sachsen der albertinischen Linie mit seinen zeitweilig drei Sekundogenituren in Merseburg, Weißenfels und Zeitz, aber auch die nach und nach zu Brandenburg-Preußen gelangenden städtischen Einsprengsel Erfurt, Halle und Magdeburg, zum militärischen und, abgesehen von Sachsen, lange auch ökonomischen Auftrumpfen nicht geeignet, entwickelten eine höfische Kultur mit ausgeprägten Repräsentationsblüten gleich einer Orchideenlandschaft. Die vielen überkommenen und überdimensionierten Residenzen mit angeschlossenen Hoftheatern treiben heute Bürgermeistern die Sorgenfalten auf die Stirn. Das städtische Bürgertum wollte dem nicht nachstehen und kopierte nach Leibeskräften, schuf einen Humus an Stadttheatern, in Großstädten separate Musiktheater, der weit bis in das 20. Jahrhundert trug. Das Theatersterben in Ost wie West seit den fünfziger Jahren des vorigen Jahrhunderts zeigte aber auch, dass den radikalen gesellschaftspolitischen Umbrüchen nun ein Wandel in Kultur und kultureller Bildung folgte, forciert von den immer neuen Medien. Aus all dem ragt in Mitteldeutschland die alte Bürgerstadt Leipzig heraus, größte Stadt der Region und im geografischem Zentrum gelegen, nicht nur wegen ihrer vier themenbezogenen Museen bedeutendste Musikstadt. In ihrer Kulturhistorie spielen auch zwei der mit Heinrich Schütz drei als mitteldeutsche Musikerköpfe zu bezeichnenden Komponisten eine herausragende Rolle – Johann Sebastian Bach und Richard Wagner. Während Schütz im 17. und Bach im 18. Jahrhundert die Musikentwicklung entscheidend beeinflussten, wurde Wagner in die Eruptionen des 19. Jahrhunderts hineingeboren. Er revolutionierte nicht nur die Oper, sondern bildete mit seinem Leben auch die gesellschaftspolitischen Umbrüche jener Zeit ab und blieb trotzdem ein unbeirrbarer Visionär – am Ende mit Erfolg. Nennt man Wagners Namen, ist die erste Assoziation immer Bayreuth – Erfüllungsort seiner Träume, Uraufführungsort seines Opus magnum „Der Ring des Nibelungen“, Monumentalwerk der Musikgeschichte und Krönung eines jeden Opernrepertoires, und des „Parsifal“. Er ließ sich von einem Leipziger Architekten ein Festspielhaus errichten, in dem jedes Jahr im Sommer seine Musikdramen aufgeführt werden, wie er es auch testamentarisch verfügte. Nichts anderes. Die Bayreuther Festspiele sind das erfolgreichste Klassikmusikfestival der Welt.

Zu keinem anderen Komponisten wurde und wird nur ansatzweise so viel geschrieben und publiziert, auch zu seinem 200. Geburtstag am 22. Mai 2013. Mithin ein Wirtschaftsfaktor. Dieses Buch wirft den Fokus aber auf ein lange Zeit vernachlässigtes Thema – Richard Wagner als mitteldeutsche Musikikone.

Zum 200. Geburtstag ist es hohe Zeit, den Blick auf Wagner zu weiten und zu fragen, ob es nicht ein Leben vor und neben Bayreuth gab, nach seinen Wurzeln zu suchen, nach Orten und Ereignissen, die ihn prägten – Humus und Rahmenbedingungen, die ihn zu diesem bedingungslosen Genie werden ließen. Und dessen Nimbus auch, siehe Bayreuth, die wirtschaftlichen Kennziffern über die Faktoren Kultur, Tourismus, Handel und den Nutzfaktor Umwegrentabilität beeinflussen kann. Richard ist Leipziger – ruft man stolz in der Musikmetropole Leipzig. Wagner wurde siebzig Jahre alt, verbrachte davon fast zwanzig Jahre unfreiwillig in der Schweiz. Für die erste Lebenshälfte kann man konstatieren, dass sich außer drei Ausflügen nach Königsberg, Riga und Paris sein Leben bis 1849 in Sachsen, Sachsen-Anhalt und Thüringen abspielte. Also: Richard ist Mitteldeutscher?

Dieses Buch soll die Dichte und Vielfalt der auf Richard Wagner bezogenen Orte in Mitteldeutschland zeigen. Dabei geht es aber nicht um Wagner allein, sondern den Wert einer Kulturlandschaft, die über ihre natürliche, architektonische und kulturelle Schönheit und Vielfalt als sinnlich erfahrbar einem breiten Publikum vorgestellt werden soll. Es ist aber auch ein Zeugnis des Engagements der 1909 in Leipzig gegründeten Richard-Wagner-Verbände für ihren Protagonisten und ihre Region.

Die Idee zu diesem Buch entstand Anfang 2010, und in der ersten Euphorie war die Hoffnung groß, der hier angeregte Gedanke zur kulturellen Aufwertung aller drei Bundesländer würde als Ball von den politisch Verantwortlichen aufgenommen werden. Doch die Staatskanzleien winkten für ihre drei Ministerpräsidenten ab. Auf dem Weg nach 2013 zeichnete sich ab, dass auch nur die Tourismus und Marketing Gesellschaft Sachsen (TMGS) Richard Wagner vollumfänglich in ihr Repertoire aufnimmt und zum Leitthema 2013 macht. Sachsen setzt im Tourismus konsequent auf das Thema Kulturland, denn das ist in seinem Reichtum der größte Schatz des Landes und Alleinstellungsmerkmal gegenüber allen deutschen Bundesländern.

So entstand auch dieses Werk als ein Symbol bürgerschaftlichen Engagements aus Leipzig heraus, das seinen kulturellen Reichtum dem Stolz seiner Bürger auf das Erreichte und ihre Stadt verdankte. Die Herausgeber wussten zu schätzen, dass die Idee sofort bei den Richard-Wagner-Verbänden Mitteldeutschlands und dem Prof. Gaßmeyer-Förderkreis Graupa auf offene Ohren stieß, die sich, mit Ausnahme der Verbände in Chemnitz und Eisenach, auch an der finanziellen Sicherstellung beteiligten. Besonderer Dank gilt der immer neuen Ermutigung zur Umsetzung durch die Wagner-Verbands-Vorsitzenden Gunter Hinsch aus Dessau und Dr. Eberhard Lüdde aus Weimar, vor allem aber Claus Mangels, den Schatzmeister des Magdeburger Wagner-Verbandes, und Klaus Weinhold, den Stellvertreter und jetzigen Vorsitzenden des Richard-Wagner-Verbandes Dresden. Hilfreich war auch die spontane und motivierende Unterstützung durch René Schmidt, heute Geschäftsführer der Kultur- und Tourismusgesellschaft Pirna.

Dank gilt allen, die an der Umsetzung des Buches beteiligt waren. Das betrifft in erster Linie die Autoren und Peter Uhrbach, der als Projektkoordinator die Kommunikation zwischen den Partnern sicherte. Der größte Dank gilt aber Verleger Thomas Liebscher. Er glaubte von Anbeginn an die Idee und besaß Geduld und Langmut, um auch über Durststrecken hinweg das Werk bis zur Druckreife zu begleiten. Als Herausgeber können wir uns nur gegenseitig dazu beglückwünschen, dass wir in der Lage gewesen sind, die hierfür notwendige Arbeit im Ehrenamt zu bewältigen. Das ist nicht selbstverständlich.

Die Herausgeber

RICHARD WAGNER IN SACHSEN

Richard Wagner war Sachse. Sein Herkunftsland wurde zwei Jahre nach seiner Geburt einer nachhaltigen politisch-territorialen Veränderung unterzogen. Sachsen verlor infolge der Napoleonischen Kriege mehr als die Hälfte seiner Fläche und hatte ungefähr wieder die Ausmaße der historischen Markgrafschaft Meißen. Alles begann jedoch in Niedersachsen, wo Karl der Große zur Demütigung der geschlagenen Sachsen 772 deren heilige Baumsäule Irminsul zerstören ließ, und erreichte seinen ersten Höhepunkt 1180 im Herzogtum von Heinrich dem Löwen und Braunschweig. Nach dessen Entmachtung verlagerten die vom Harz kommenden Askanier den Schwerpunkt ins heutige Sachsen-Anhalt, wo die Landschaft um Wittenberg mit der Goldenen Bulle Kaiser Karls IV. zum Kurkreis erhoben wurde, und erreichte erst 1423 mit der Kurwürde und dem Land als Geschenk des Kaisers Sigismund die Markgrafen von Meißen und damit die Landschaft an Elbe, Mulde und Elster. Die Hinzugewinnung der Lausitz brachte im 17. Jahrhundert die größte Ausdehnung. Richard Wagner erlebte in Sachsen den industriellen Aufstieg des Landes. Als er 1842 aus Paris zurückkehrte, fuhr bereits eine Eisenbahn zwischen Leipzig und Dresden. Der Komponist sprach sächsischen Dialekt bis zu seinem Tod und fühlte sich stets hingezogen zu den Stätten der Kindheit und Jugend, der ersten großen Erfolge, aber auch der geistigen Prägung in der Vormärzzeit hin zur bürgerlichen Revolution 1848/49. In Leipzig wurde er nicht nur geboren, sondern zum Musiker und Komponisten. In Dresden konnte er drei Opern und ein Oratorium zur Uraufführung bringen, wurde Hofkapellmeister. In Chemnitz entschied sich sein Schicksal durch gelungene Flucht nach dem Dresdner Aufstand. Mit 15 Jahren Haft auf der Festung Königstein wäre die Biografie anders verlaufen. Seine erste Ehefrau Minna Planer stammte vom Erzgebirge. Und in Leipzig erlebte sein „Ring des Nibelungen" zum Lebensende seinen größten Triumph. Die Landschaft von Sächsisch-Böhmischer Schweiz aber prägte und inspirierte ihn so nachdrücklich, dass die Phantasie auf manchem Felsen die Burg Walhall vermuten lässt, die, wenn die Nebel steigen, samt ihren Bewohnern der Götterdämmerung entgegensieht.

RICHARD WAGNER UND LEIPZIG

Ursula Oehme und Thomas Krakow

„Leipzig steht mir zwar jeden Augenblick offen, jedoch geht mein Bestreben dahin, nicht in dieser Stadt zu leben, die mir einmal meinen Ruf begründen soll"

Schwächlich, klein und neuntes Kind

„Jetzt, – da ich von Dir fort bin, überwältigen mich die Gefühle des Dankes für Deine herrliche Liebe zu Deinem Kinde, die Du ihm zuletzt wieder so innig und warm an den Tag legtest [...] Weiß ich doch, daß gewiß kein Herz so innig theilnahmvoll, so sorgenvoll mir jetzt nachblickt, wie das Deine [...] Dir dringt Alles aus dem Herzen, aus dem lieben, guten Herzen, das Gott mir immer geneigt erhalten möge, – denn ich weiß, wenn mich Alles verließe, würde es immer meine letzte, liebste Zuflucht sein", schrieb Richard Wagner am 25. Juli 1835 gerührt an seine Mutter in Leipzig. Es ging ihm nicht gut nach dem Ende der ersten Spielzeit am Magdeburger Theater, verschuldet war er für kurze Zeit in den Schoß der Familie zurückgekehrt, und es scheint, dass ihm die Mutter in dieser Lebenskrise, der noch viele folgen sollten, als Einzige zur Seite stand.

Richard war ihr neuntes Kind, schwächlich und klein und häufig von Krankheiten geplagt, am 22. Mai 1813 am Vorabend der Völkerschlacht bei Leipzig im Haus Zum Roten und Weißen Löwen im Brühl 318 (später 3) wie schon sechs seiner Geschwister zur Welt gekommen. Ihr Mann Carl Friedrich Wilhelm Wagner, ein tüchtiger, theaterbegeisterter Beamter, war unlängst zum ersten Actuarius im Königlich Sächsischen Polizeiamt aufgestiegen. Nach seinem Jurastudium an der Universität Leipzig bestand er 1793 vor dem Rat der Stadt die Prüfung zum Notar und machte sich durch Praktika unentbehrlich, bevor er 1796 die Stelle als Viceactuarius beim Stadtgericht erhielt, unabdingbare Voraussetzung für eine Heirat. Die schöne Johanne Rosine Pätz mit dem drolligen Humor, der ihre mangelnde Bildung aufwog, stammte nicht wie ihr zukünftiger Mann aus Leipzig, sondern aus Weißenfels. Ob sie ihm vor der Ehe anvertraute, dass sie als Geliebte des Prinzen Constantin von Sachsen-Weimar nach dessen Tod mutterseelenallein in Leipzig zurückgeblieben war, oder ihm, wie später auch ihren Kindern, das Märchen von einem hohen väterlichen Freund auftischte, wissen wir nicht. Auch ist nicht bekannt, wann und wo die Hochzeit stattfand. Weder das in der Literatur angegebene Hochzeitsdatum – der 2. Juni 1798 – noch die drei obligatorischen Aufgebote finden sich in den Traubüchern von St. Thomas, St. Nikolai, der anderen Leipziger Stadtkirchen oder von St. Marien in Weißenfels. Da die Akten während der Völkerschlacht verbrannten, fehlt zudem ein Nachweis über eine Eheschließung ohne Aufgebot in der Schönefelder Kirche, wo schon seine Eltern heirateten.

links: Blick vom Johannapark Richtung Innenstadt

Der Leipziger Brühl, Aquarell von Wilhelm Stockmann, 1825. An der linken Bildseite ist Richard Wagners Geburtshaus zu erkennen.

Bereits seit 1806 wurden Leipzig und die umliegenden Dörfer durch den Einfall der französischen Armeen in Sachsen in das Kriegsgeschehen einbezogen, und die Einwohnerschaft hatte mit wechselnden Besatzungen, Truppendurchzügen, Verwundeten- und Gefangenentransporten, Einquartierungen, Seuchen und anderem Ungemach zu kämpfen. Dass Wilhelm Richard Wagner erst am 16. August 1813 anstatt zwei Tage nach seiner Geburt, wie in seiner Autobiografie „Mein Leben" mitgeteilt, in der Thomaskirche in die Gemeinschaft der Christen aufgenommen wurde, liegt nicht an den nach und nach zu Militärhospitälern umfunktionierten Gotteshäusern, denn Casualien (feierliche Handlungen) fanden trotzdem statt. Man hatte es im Hause Wagner mit der Taufe grundsätzlich nicht eilig – Richards Schwestern Clara (geboren am 29. November 1807) und Maria Theresia (geboren am 1. April 1809) wurden erst drei Wochen später, Ottilie (geboren am 17. März 1811) sogar erst vier Wochen später getauft – und teilte dieses nachlässige Verhalten mit einem großen Teil der Bevölkerung. Um dies zu unterbinden, verkündete am 15. September 1817 der Magistrat der Stadt Leipzig in einer Bekanntmachung den Befehl des sächsischen Königs, „I. daß jedes Kind binnen den nächsten acht Tagen, von seiner Geburt an gerechnet, zur Taufe gebracht" werden müsse, bei Strafe von einem Taler bei Übertretung für die „Taufsäumigen".

Nach der für Sachsen an der Seite Napoleons verlorenen Völkerschlacht vom 16. bis 19. Oktober 1813 fielen durch die katastrophalen hygienischen Bedingungen in den mehr als 50 Leipziger Militärhospitälern neben einer Vielzahl verwundeter Soldaten auch mehr als ein Zehntel der 33 000 Einwohner Seuchen zum Opfer, unter ihnen der 43-jährige Carl Friedrich Wilhelm Wagner. Seinen Tod am 23. November bescheinigte der Arzt Christian Gottfried Carl Braune in seinem „Verzeichniß meiner Kranken, die ich in der Stadt vom 14. November bis 29. ejusdem 1813 an dem grassierenden Fieber behandelte und unter meiner Aufsicht behandeln ließ". Auf dem Johannisfriedhof begraben, erinnert kein Gedenkstein an ihn, das Grab wurde 1829 „neu gemacht". Johanne Rosine blieb mit ihren sieben Kindern – Carl Gustav war schon 1802 gestorben, Maria Theresia folgte ihrem Vater kaum fünfjährig nach – allein zurück. Der Hofschauspieler und Maler Ludwig Geyer, langjähriger Freund der Familie, und Johanne Rosine heirateten am 28. August 1814. Ihr mit der am 26. Februar 1815 geborenen Tochter Cäcilie gesegnetes Eheglück in Dresden währte indes nicht lange, denn Geyer starb bereits am 30. September 1821 nach längerer Krankheit.

Die beiden Mädchen Rosalie (geboren am 4. März 1803) und Louise (geboren am 14. Dezember 1805) waren bereits in die Fußstapfen des Stiefvaters getreten und an der Dresdner Hofbühne Schauspielerinnen geworden. Clara, mit einer schönen Stimme begabt, debütierte dort nach seinem Tod als Sängerin. Albert (geboren am 2. März 1799) hatte sein Medizinstudium aufgegeben und in Leipzig

Völkerschlacht: Kampf vor dem Grimmaischen Tor am 19. Oktober 1813, Ölgemälde von Ernst Wilhelm Straßberger

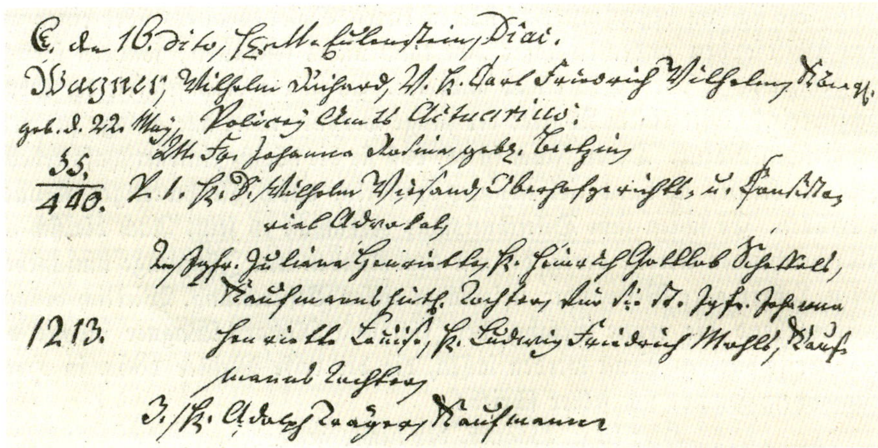

Taufeintrag auf den Namen Wilhelm Richard Wagner im Kirchenbuch von St. Thomas

Taufstein in der Thomaskirche, Franz Döteber, Marmor und Alabaster, 1614/15

seinen ersten Erfolg als Sänger gefeiert. Ottilie und Cäcilie sowie Julius (geboren am 7. April 1804), der in Eisleben eine Lehre als Goldschmied absolvierte, zog es nicht zur Bühne. Und Richard? Das Theater faszinierte ihn als Reich des Grauens und der Phantasie, denn er hatte den Stiefvater auf der Bühne erlebt und durfte in mehreren Stücken mitspielen. Geyer aber wollte aus ihm „etwas machen", keinen Schauspieler, sondern eine ernsthafte Amtsperson, vielleicht sogar einen Universitätsprofessor, und achtete auf eine besonders gute Schulbildung.

Produktive Leipziger Jahre

Nachdem Louise ein Engagement am Leipziger Theater angenommen hatte, traf Richard zu Weihnachten 1827 bei der Familie in der Wohnung „im Pichhof vor'm hallischen Tor" (heute an der Westseite des Hauptbahnhofs) ein. Louise hatte sich gerade mit Friedrich Brockhaus verlobt, der zusammen mit seinem Bruder Heinrich nach des Vaters Tod den Verlag F. A. Brockhaus zu einem führenden deutschen Unternehmen entwickelte. Nach Louises Heirat übernahm Rosalie ab der Spielzeit 1829 die Partien der jugendlichen Liebhaberin. Sie wurde zur liebevollen, aber strengen Kritikerin der künstlerischen Entwicklung ihres Bruders. Ihre Darstellung des Gretchens regte ihn zu den „Sieben Kompositionen zu Goethes Faust" an. Der frühe Tod Rosalies 1837 im Kindbett traf ihn schwer.

Leipzig, dem man nachsagte, sich immer wieder wie ein Phönix aus der Asche erheben zu können, hatte sich dank seiner Wirtschaftskraft schnell von den Folgen der verheerenden Völkerschlacht erholt. Das 1766 eröffnete Komödienhaus auf der Ranstädter Bastei, das dem Schauspiel und der Oper eine Heimstatt bot, erlebte als Stadttheater unter Karl Theodor Küstner einen ersten Höhepunkt. Bald nach der Berliner Uraufführung brachte Küstner Carl Maria von Webers „Freischütz" vor Dresden, Hamburg und München heraus. Möglicherweise sah Richard Louise in Shakespeares „Macbeth" mit Ouvertüre und Schauspielmusik von Louis Spohr als 1. Hexe, im „Kaufmann von Venedig" als Jessika oder in Schillers „Kabale und Liebe" als Louise. Am 29. März 1828 erlebte er hingerissen die Uraufführung von Heinrich Marschners „Vampyr" mit dem Komponisten am Pult. Im Theater fühlte er sich zu Hause. Dagegen kam er sich in der Nikolaischule von Anfang an wie ein Fremder vor. Nach der Prüfung am 21. Januar 1828 wegen ungenügender Leistungen nach Ober-Tertia zurück-

Johann Jacob Wagner, Der Pichhof schräg gegenüber dem Halleschen Tor, kolorierte Radierung, um 1830, Ausschnitt. Die Wohnung von Richard Wagners Familie befand sich in dem mittleren Gebäude im Hintergrund.

Adolph Wagner (1778 bis 1835), Onkel von Richard Wagner, Lithografie, 1832

Jugendporträt Richard Wagners, Rekonstruktion einer Daguerreotypie von Paul Faulstich, 1938

versetzt, verlor er bald jegliches Interesse am Unterricht. Vielleicht befremdete ihn auch, nun wieder Wagner zu heißen und im Schülerverzeichnis als Sohn eines verstorbenen Actuarius geführt zu werden. Sein Onkel Adolph, ein Privatgelehrter, wurde seine wichtigste Bezugsperson; er durfte dessen umfangreiche Bibliothek nutzen und konnte sich mit ihm über über alle Wissensgebiete austauschen. Heimlich arbeitete er an seinem in Dresden begonnenen „riesigen" Trauerspiel „Leubald" weiter. Shakespeare war sein großes Vorbild, und so nimmt es nicht wunder, dass für das fünfaktige Stück von sechs Stunden Aufführungsdauer – wäre es denn auf die Bühne gelangt – hinsichtlich der großen Anzahl von Morden und Geistern neben „Hamlet" und „Macbeth" auch „König Lear" Pate stand, ebenso wie Goethes „Götz von Berlichingen" mit seiner drastischen Sprache. Während er sein Drama vollendete, lernte er im Gewandhaus Beethovens Musik kennen, wo schon 1825/26 alle Sinfonien als Zyklus gespielt wurden. „Beethoven's Musik zu Egmont begeisterte mich so, dass ich um Alles in der Welt mein fertiges Trauerspiel nicht anders vom Stapel laufen lassen wollte, als mit ähnlicher Musik versehen. Ich traute mir ohne alles Bedenken zu, diese so nöthige Musik selbst schreiben zu können", gab er sich zunächst selbstbewusst, um bald darauf einzusehen, dass er das ehrgeizige Vorhaben ohne Hilfsmittel nicht zustande bringen würde. Er lieh sich für acht Tage Johann Bernhard Logiers „System der Musikwissenschaft und der praktischen Komposition" aus, gab das Buch nicht pünktlich zurück und verschuldete sich dadurch erstmals beträchtlich. Schnell begriff er, dass ihm die technischen Voraussetzungen zum Komponieren fehlten. Vielleicht kam die Theatermusik aus diesem Grund gar nicht zustande. Gerade die Schwierigkeiten bestärkten ihn in seinem Vorhaben, Musiker zu werden, schreibt er in der „Autobiographischen Skizze". Ab 1829 nahm er zunächst heimlich, später von der Familie genehmigt Kompositionsunterricht bei dem Gewandhausmusiker und Komponisten Christian Gottlieb Müller. Im Sommer soll sogar schon seine erste Sonate, für Blasinstrumente arrangiert, als sein erstes Werk überhaupt in einem Gartenkonzert in Kintschys Schweizerhäuschen im Rosental durch seinen Freund Flachs aufgeführt worden sein, was allerdings nicht belegt ist. Außerdem will der 16-Jährige in diesem Jahr, wie er in „Mein Leben" schreibt, die berühmte Sängerin Wilhelmine Schröder-Devrient als Fidelio in Beethovens Freiheitsoper in Leipzig gesehen haben, und stilisierte die Begegnung zum „Urerlebnis", obwohl die Künstlerin hier erst 1832 in dieser Rolle zu erleben war. Dass ihn ihre faszinierende Darstellung des jugendlichen Liebeshelden Romeo in Bellinis „Romeo und Julia" 1834 noch viel mehr beeindruckte, hat er erst später zugegeben.

Ein Sorgenkind blieb er weiterhin, verließ die Nikolaischule zu Ostern 1830 ohne Abgangszeugnis und auch die Thomasschule ohne Abitur, um sich am 23. Februar 1831 an der Universität Leipzig als Student der Musik einzuschreiben. Eine akademische Ausbildung absolvierte er jedoch nicht, gab sich in der Landsmannschaft Saxonia zügellosen Ausschweifungen hin und entkam mit mehr Glück als Verstand sechs Duellforderungen. Nur auf inständiges Bitten seiner Mutter nahm ihn Thomaskantor Christian Theodor Weinlig ab Michaelis als Privatschüler an und führte ihn durch strenge und kluge pädagogische Methoden zu ernsthaften und gründlichen kompositorischen Übungs- und

Das Modell der Stadt Leipzig von Johann Christoph Merzdorf aus dem Jahr 1823. Zu sehen ist die Innenstadt, wie Richard Wagner sie erlebt hat.

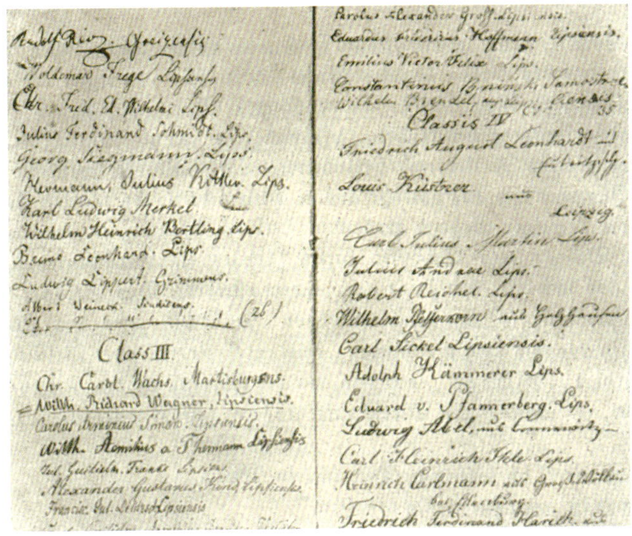

Matrikel der Nikolaischule (Ausschnitt), Eintrag unter „Class III Wilh. Richard Wagner, Lipsiensis“, 1828

Nikolaischule, Lithografie, um 1850

Studienarbeiten. Die gemeinsame Fugenarbeit mit dem Ziel, Selbstständigkeit im Umgang mit der Form und dem Material zu erreichen, machte ihm sogar Spaß, und er löste alle ihm übertragenen Aufgaben mühelos zur Freude des geliebten Lehrers. Nach einem halben Jahr erklärte Weinlig den Unterricht für beendet, stand seinem Schüler aber noch freundschaftlich-beratend zur Seite. Bald stellten sich erste kompositorische Erfolge ein. Die ihm gewidmete Klaviersonate B-Dur ließ Weinlig Ende Februar/Anfang März 1832 als Opus 1 bei Breitkopf & Härtel drucken. Nachdem Hofkapellmeister Heinrich Dorn den Mut besessen hatte, zu Weihnachten 1830, allerdings zur Erheiterung des Publikums, schon Richards Paukenschlag-Ouvertüre aufzuführen, erklang unter seiner Stabführung die Ouvertüre d-Moll am 25. Dezember 1831 erstmals im Theater und erlebte damit gleichsam ihre Feuertaufe für das Gewandhauskonzert am 23. Februar 1832. Verdienter Beifall des Publikums und ermunternde Kritiken waren der Lohn, der ebenfalls seiner C-Dur-Sinfonie, „Gesellenstück“ und einziges vollendetes Werk dieses Genres, am 10. Januar 1833 im Gewandhaus zuteil wurde. Ouvertüre und Schlussmusik im 5. Akt zu Ernst Raupachs Hohenstaufendrama „König Enzio“ wurden bereits ab dem 17. Februar 1832 zu den Theatervorstellungen gespielt.

Auch an einen Operntext hatte er sich bereits gewagt, „Die Hochzeit“, den Rosalie jedoch wegen seines allzu grusligen Inhalts verwarf. Seine erste vollendete romantische Oper „Die Feen“ in drei Akten, in Leipzig und Würzburg entstanden, fand ihre Zustimmung; sie unterstützte ihren Bruder finanziell und setzte sich im Theater für die Aufführung ein. „Leipzig steht mir zwar jeden Augenblick offen, jedoch geht mein Bestreben dahin, nicht in dieser Stadt zu leben, die mir einmal meinen Ruf begründen soll“, schrieb er seinem Freund Guido Theodor Apel am 14. März 1833 selbstbewusst aus Würzburg. Als Vorlage diente ihm das Märchen „La donna serpente“ (Die Frau als Schlange) des italienischen Dichters Carlo Gozzi; allerdings wird die Fee Ada in einen Stein, nicht in eine Schlange, verwandelt, nachdem ihr Mann Arindal die Prüfungen nicht besteht. Auf den Stoff aufmerksam geworden war er durch E. T. A. Hoffmann, seinen Lieblingsschriftsteller, und dessen Zauberoper „Undine“. Den Zusammenstoß der idealen romantischen Geisterwelt mit der realen Menschenwelt setzte auch er gekonnt in Szene, jedoch seinem Publikum trotz aller Grausamkeiten einen tragischen Schluss ersparend. Er nahm zwei Motive seiner späteren Opern vorweg – die Erlösung durch Liebe und das, wenn auch begrenzte, Frageverbot – und fügte noch ein wesentliches Element hinzu: die Suggestivkraft der Musik, seiner Musik. „Die Liebe siegt“, lässt er Arindal verkünden und sah sich selbst schon als Sieger am Theater und berühmt. Als die Oper abgelehnt wurde, verließ er Leipzig tief verletzt am 10. Juni 1834. Eine Aufführung der „Feen“ erlebte er nicht, sie fand erst 1888, fünf Jahre nach seinem Tod, am Königlichen Hoftheater München statt.

Und dennoch: Richard Wagners Gesamtwerk umfasst laut Wagner-Werk-Verzeichnis 113 Nummern. In der Leipziger Zeit von 1828 bis 1834 entstand von „Leubald“ (WWV 1) bis zu den „Feen“ (WWV 32) fast ein Viertel seiner Werke; es handelte sich also um einen sehr produktiven Lebensabschnitt, an dessen Ende er sich bereits zum Dichterkomponisten profilierte. Weiterhin reifte er nicht nur als Künstler, sondern auch als Mensch, und sein politisches Bewusstsein gewann in den Septembertagen des Jahres 1830 an Kontur, als er sich an den revolutionären Unruhen beteiligte und seine Sympathie den emigrierten polnischen Freiheitskämpfern galt. In Leipzig lernte er Heinrich Laube kennen, der 1833 die Redaktion der „Zeitung für die elegante Welt“ übernahm, ihn für die Ideale des Jungen Deutschland, einer avantgardistischen Literatur- und Geisteshaltung,

Rosalie Wagner (1803 bis 1837), Lieblingsschwester Richard Wagners, Ölgemälde von Gustav Kühne, 1826

Das Schauspielhaus in Leipzig, kolorierte Radierung von Christian Gottfried Heinrich Geißler, um 1830

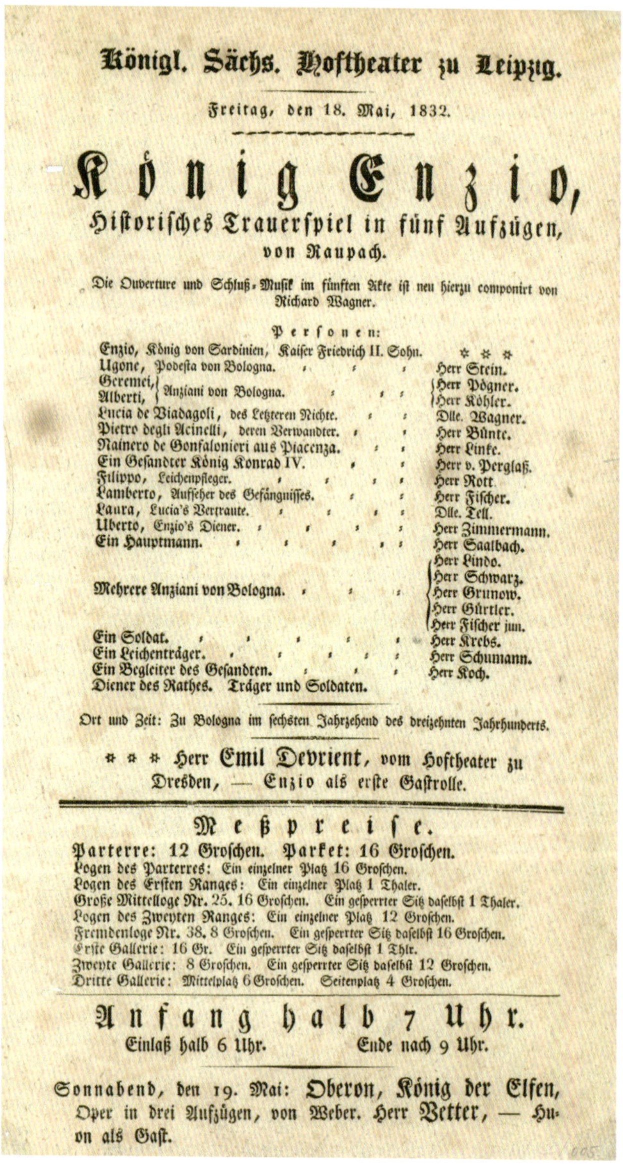

Königl. Sächs. Hoftheater zu Leipzig.

Freitag, den 18. Mai, 1832.

König Enzio,
Historisches Trauerspiel in fünf Aufzügen,
von Raupach.

Die Ouverture und Schluß-Musik im fünften Akte ist neu hierzu componirt von Richard Wagner.

Personen:

Enzio, König von Sardinien, Kaiser Friedrich II. Sohn.	* * *
Ugone, Podesta von Bologna.	Herr Stein.
Geremei, Anziani von Bologna.	Herr Pögner.
Alberti, Anziani von Bologna.	Herr Köhler.
Lucia de Viadagoli, des Letzteren Nichte.	Dlle. Wagner.
Pietro degli Acinelli, deren Verwandter.	Herr Bünte.
Rainero de Gonfalonieri aus Piacenza.	Herr Linke.
Ein Gesandter König Konrad IV.	Herr v. Perglaß.
Filippo, Leichenpfleger.	Herr Rott.
Lamberto, Aufseher des Gefängnisses.	Herr Fischer.
Laura, Lucia's Vertraute.	Dlle. Tell.
Uberto, Enzio's Diener.	Herr Zimmermann.
Ein Hauptmann.	Herr Saalbach.
Mehrere Anziani von Bologna.	Herr Lindo. Herr Schwarz. Herr Grunow. Herr Gürtler. Herr Fischer jun.
Ein Soldat.	Herr Krebs.
Ein Leichenträger.	Herr Schumann.
Ein Begleiter des Gesandten.	Herr Koch.
Diener des Rathes. Träger und Soldaten.	

Ort und Zeit: Zu Bologna im sechsten Jahrzehend des dreizehnten Jahrhunderts.

* * * Herr Emil Devrient, vom Hoftheater zu Dresden, — Enzio als erste Gastrolle.

Meßpreise.

Parterre: 12 Groschen. Parket: 16 Groschen.
Logen des Parterres: Ein einzelner Platz 16 Groschen.
Logen des Ersten Ranges: Ein einzelner Platz 1 Thaler.
Große Mittelloge Nr. 25. 16 Groschen. Ein gesperrter Sitz daselbst 1 Thaler.
Logen des Zweyten Ranges: Ein einzelner Platz 12 Groschen.
Fremdenloge Nr. 38. 8 Groschen. Ein gesperrter Sitz daselbst 16 Groschen.
Erste Gallerie: 16 Gr. Ein gesperrter Sitz daselbst 1 Thlr.
Zweyte Gallerie: 8 Groschen. Ein gesperrter Sitz daselbst 12 Groschen.
Dritte Gallerie: Mittelplatz 6 Groschen. Seitenplatz 4 Groschen.

Anfang halb 7 Uhr.
Einlaß halb 6 Uhr. Ende nach 9 Uhr.

Sonnabend, den 19. Mai: Oberon, König der Elfen, Oper in drei Aufzügen, von Weber. Herr Vetter, — Huon als Gast.

Theaterzettel „König Enzio" von Ernst Raupach mit Ouvertüre und Schlussmusik von Richard Wagner, 18. Mai 1832

begeisterte und mit den Werken Heinrich Heines bekannt machte, die seinem Schaffen wesentliche Impulse verliehen. In der „Zeitung für die elegante Welt" begann zudem seine Laufbahn als Musikschriftsteller mit seinem ersten veröffentlichten Aufsatz „Die deutsche Oper".

Verstimmung und Versöhnung

Nach seinem Weggang aus Leipzig versuchte er seine Enttäuschung über die erlittene Niederlage herunterzuspielen, konnte aber die Eifersucht auf den neuen Stern am Musikhimmel schlecht verbergen, wie aus Briefen an seinen Freund Apel hervorgeht. So heißt es beispielsweise am 21. August 1835: „Leipzig kenne ich nicht mehr; ich werde es nie wieder auf längere Zeit betreten!", und am 26. Oktober trotzig aus Magdeburg: „Und ich bin unumschränkter Herrscher über die Oper, das macht mir auch Freude! Vielleicht liefre ich etwas ähnliches, wie Mendelsohn, – aber ich bin nur in Magdeburg, er in Leipzig, – das ist der Unterschied. – Nun es soll schon weitergehn! – Ich fühle frische Spannkraft in mir! – Ich reiße mich gar nicht um Leipzig, – ich stehe jetzt im Begriff, mir etwas ganz anderes zu eröffnen, – nähmlich Berlin, wo ich mein Liebesverbot zuerst aufzuführen gedenke [...] Nur soviel, ich sehne mich gar nicht nach euch u. Eurem Ruhm."

Das stimmt so nicht, denn er versuchte weiter, mit seinen Opern in der Heimatstadt Fuß zu fassen, jedoch zunächst ohne Erfolg. In Leipzig ist nicht nur keine seiner Opern uraufgeführt worden, sie kamen hier auch im Gegensatz zu anderen Städten spät heraus. Der konservative Musikgeschmack von Theaterdirektion, Kapellmeistern, Publikum und Kritik hatte daran einen wesentlichen Anteil. Das „Liebesverbot" wurde rundweg abgelehnt. „Rienzi" gelangte hier erst 1869, 27 Jahre nach der umjubelten Dresdner Uraufführung, auf die Bühne, „Der fliegende Holländer" wurde 1862, 19 Jahre nach Dresden; „Tannhäuser" 1853, 8 Jahre nach Dresden, erstmals in Leipzig gespielt, aber immerhin schnell populär. Die hiesige Erstaufführung des „Lohengrin" 1854 geriet wegen unzureichender Qualitäten der Sänger zum Fiasko. Während die Leipziger „Die Meistersinger von Nürnberg" schon 1870, zweieinhalb Jahre nach der Münchner Uraufführung, erleben durften, dauerte es bei „Tristan und Isolde" wiederum 17 Jahre, bis die „Handlung in drei Aufzügen" 1882 in Leipzig herauskam.

Nach seiner Vaterstadt sollte sich Richard Wagner noch oft sehnen, als er nach seiner Beteiligung am Dresdner Maiaufstand 1849 steckbrieflich gesucht wurde und ihm eine Rückkehr 13 Jahre lang verwehrt blieb. Die Familie brachte

Richard Wagner, „Die Feen“, Entwurf 2. Akt, 5. Szene, Herbst 1833: Arie der Ada „Ich sollte ihm entsagen.“ Geschenk an Guido Theodor Apel

zunächst wenig oder gar kein Verständnis für ihn auf. Seine Mutter war bereits 1849 gestorben, die Verfolgung ihres Sohnes hätte ihr das Herz gebrochen.

Ein erstes Konzert nach der Amnestie dirigierte er am 1. November 1862 im Gewandhaus mit der Uraufführung des Vorspiels zu den „Meistersingern“ und der „Tannhäuser“-Ouvertüre vor fast leerem Saal – nur Familienangehörige, Freunde und Sympathisanten hielten ihm die Treue.

Seiner schlechten Erfahrungen mit dem Leipziger Theater wegen hatte er die Hoffnung bereits aufgegeben, seine Opern hier in seinem Sinne aufgeführt zu sehen. Das änderte sich 1876 gravierend, als Angelo Neumann und August Förster die Direktion im Neuen Theater am Augustusplatz übernahmen. Mit der triumphalen Aufführung der Tetralogie „Der Ring des Nibelungen“ 1878, der ersten nach Bayreuth, holten sie den Meister endlich heim in seine Vaterstadt. Bereits am 30. April, nach der Aufführung der „Walküre“, telegrafierte Richard Wagner an Neumann: „Heil Leipzig, meiner Vaterstadt, die eine so kühne Theaterdirektion hat!“ Und schrieb am 23. September, einen Tag nach der Aufführung der „Götterdämmerung“, einen langen Dankesbrief an Neumann, der mit den Worten endete: „So möge ich denn nun glücklich wieder in meine Vaterstadt heimgekehrt sein, von welcher sonderbare musikalische Umstände mich so lange Jahre fern hielten!“ Am 3., 4., 6. und 7. Januar 1879 fand die erste Gesamtaufführung des „Rings“ in Leipzig statt, der sich im selben Jahr drei, 1880 und 1882 je zwei Gesamtaufführungen anschlossen. Nun war auch die Kritik bereit, seine „große, herrliche Kunst“ zu feiern und dem Stolz auf den großen Sohn Ausdruck zu verleihen. Von Leipzig aus machte Angelo Neumann mit seinem Richard-Wagner-Theater den „Ring“ in Deutschland, Holland, Belgien, Italien, Österreich und Russland bekannt. Als Richard Wagner am 13. Februar 1883 in Venedig starb, beklagte man auch in seiner Geburtsstadt seinen Verlust als nationales Unglück.

Thomaskantor Christian Theodor Weinlig (1780 bis 1842)

Der Abbruch des Hauses Zum Roten und Weißen Löwen

Im Jahre 1873 erhielt Richard Wagners Geburtshaus eine von Freunden und Verehrern gestiftete Gedenktafel aus weißem Marmor mit der Inschrift „In diesem Hause ward geboren Richard Wagner am 22. Mai 1813“ nach einem Entwurf des Leipziger Architekten und Vorsitzenden des

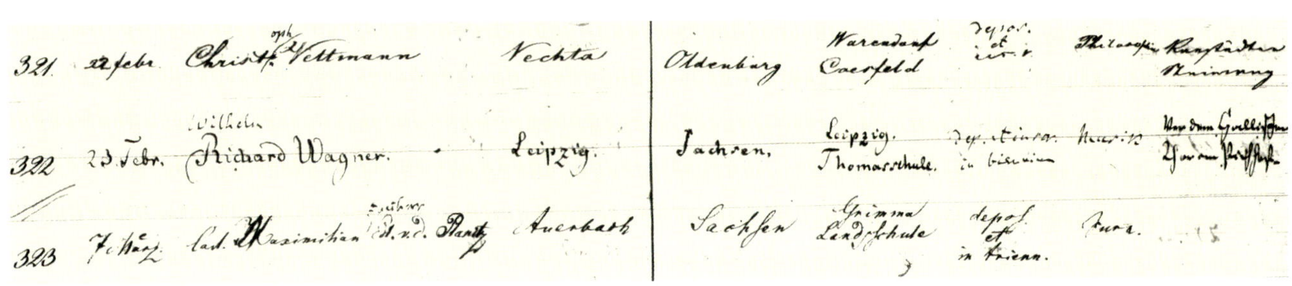

Eigenhändiger Eintrag Richard Wagners in die Matrikel der Universität Leipzig mit Zusatz von fremder Hand, 23. Februar 1831

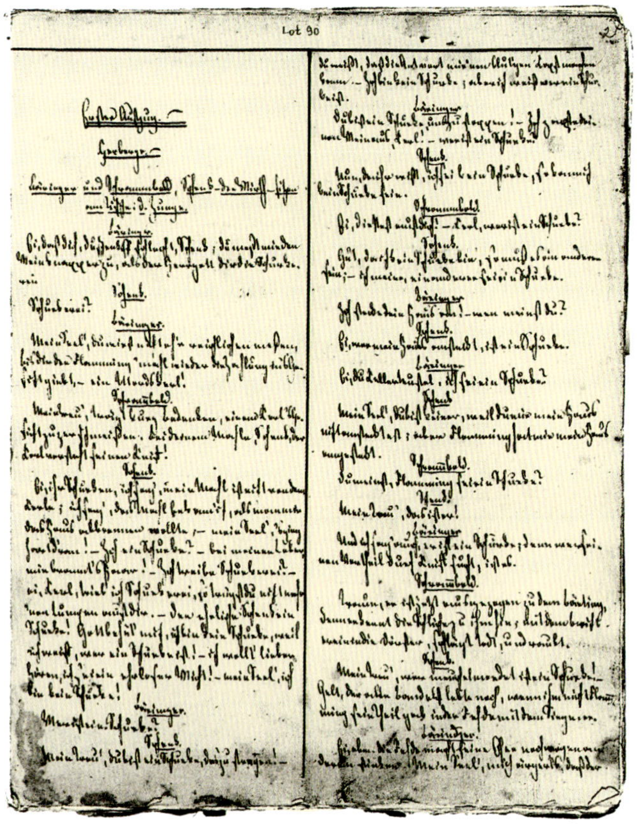

Richard Wagner, „Leubald. Ein Trauerspiel", Erster Aufzug [1. Szene], Herberge, 1828

Guido Theodor Apel (1811–1867), Ölgemälde von Ernst Laddey, 1854

Vereins für die Geschichte Leipzigs Oscar Mothes. Mit dem Abbruch des Gebäudes im April 1886 zugunsten eines modernen Geschäftshauses wurde die Chance vertan, hier ein Museum einzurichten. Die Entscheidung fällte das Baupolizeiamt der Stadt Leipzig binnen vier Tagen zwischen dem 31. Dezember 1885 und dem 4. Januar 1886. Der im Herbst 1886 errichtete Nachfolgebau mit dem irreführenden Namen Wagnerhaus fiel bereits 1913 dem Erweiterungsbau des Kaufhauses Brühl zum Opfer; eine erste Erinnerungstafel ließen die jüdischen Eigentümer 1915 anbringen. Am 22. Mai 1937 wurde an dem inzwischen „arisierten" Warenhaus die Gedenktafel des Leipziger Expressionisten Fritz Zalisz für „Leipzigs größten Sohn" eingeweiht. Im Zweiten Weltkrieg zerstört, eröffnete 1968 an seiner Stelle das Kaufhaus Konsument am Brühl mit der charakteristischen Aluminiumfassade (im Volksmund „Blechbüchse" genannt) und einer zweiten Gedenktafel von Zalisz ohne den oben erwähnten Zusatz am Südeingang. In die Neubebauung des Areals mit den 2013 eröffneten Höfen am Brühl wurde die aufgearbeitete Fassade der „Blechbüchse" einbezogen und die Tafel im Erdgeschossbereich wieder angebracht. Am rechten Nebengebäude soll die mit einem historischen Foto bedruckte Glasfassade die Illusion vermitteln, vor Richard Wagners Geburtshaus zu stehen.

Die Denkmalsprojekte

„Leipzig lässt gern auf sich warten" – dieser Ausspruch mag besonders für die drei Denkmalsprojekte gelten, die ein volles Jahrhundert bis zu ihrer Realisierung benötigten und dennoch Stückwerk blieben.

Unmittelbar nach dem Tod des Komponisten gründete sich ein Denkmalkomitee unter Leitung von Oberbürgermeister Otto Georgi, dem prominente Bürger, vornehmlich Musikfreunde und Anhänger seiner Kunst, angehörten. Nachdem Entwürfe der Bildhauer Fritz Schaper, Gustav Adolph Kietz oder Hans Dammann nicht überzeugten und das Spendenaufkommen nicht den Vorstellungen entsprach, verlor das Unterfangen an Tempo und Energie. Die von Kietz schon 1874 für die Villa Wahnfried in Bayreuth geschaffene Bildnisbüste des Komponisten diente Melchior Zur Strassen als Vorbild für eine überlebensgroße Büste, die noch zu Lebzeiten Wagners 1881 im Neuen Theater Aufstellung fand (Kriegsverlust). Das Denkmalsvorhaben lebte wieder auf, als sich 1903, 20 Jahre nach Wagners Tod, der neue Oberbürgermeister Carl Bruno Tröndlin an die Spitze eines Denkmalkomitees stellte, die Öffentlichkeit mittels eines Aufrufs um Spenden gebeten wurde und der Leipziger Maler, Grafiker und Bildhauer Max Klinger 1904 einen Vertrag für die Ausführung erhielt. Klinger hatte bereits für das Leipziger Musikzimmer des Deutschen Pavillons auf der Weltausstellung in St. Louis im selben

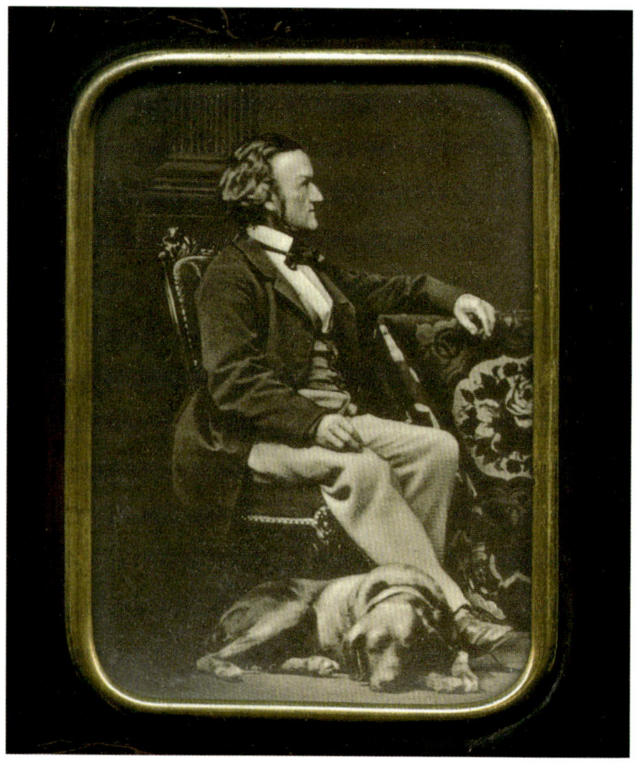

Richard Wagner, Fotografie von Franz Hanfstaengl, um 1865

Jahr eine überlebensgroße Wagner-Büste geschaffen. Der Künstler verwarf mehrere Entwürfe und entschied sich schließlich für ein dreiteiliges Ensemble aus Treppe, Sockel und Standbild. Finanzielle Probleme seitens der Stadt, mangelnde Spendenbereitschaft, ungeklärte Standortfragen, ein fehlerhafter Marmorblock, der Konkurs der Südtiroler Firma und sicher auch fehlendes Engagement Klingers, der sich mit Hingabe der Schaffung eines Denkmals für Johannes Brahms in der Hamburger Kunsthalle widmete, führten zu unvorhersehbaren Verzögerungen. Die Grundsteinlegung erfolgte am 22. Mai 1913 an der bereits fertigen Treppe von der Promenade zum Matthäikirchhof. In ihrer Mitte sollten der drei Meter hohe Sockel aus Laaser Marmor und darauf das 5,20 Meter hohe Standbild aufgestellt werden, deren Ausführung der Erste Weltkrieg und schließlich der Tod Klingers 1920 verhinderten. 1924 wurde der in Laas abbozzierte Sockel nach Leipzig transportiert und fand nach der Überarbeitung durch Klingers Schüler Johannes Hartmann einen Platz im Klingerhain. Heute befindet er sich mit der wiederhergestellten Treppe in den Promenadenanlagen am ursprünglich vorgesehenen Standort. Die drei nackten Frauengestalten des Reliefs auf seiner Vorderseite versinnbildlichen in Gestalt der Rheintöchter das Gesamtkunstwerk Wagners – Musik, Dichtung und Schauspiel; die rechte Seite zeigt Parsifal und Kundry, die linke Siegfried mit dem Drachen und Mime. Anstelle des Klingerschen Standbilds realisierte der Münchner Bildhauer Stephan Balkenhol zum 200. Geburtstag des Dichterkomponisten 2013 die Skulptur eines jugendlichen Wagner vor seinem überdimensionalen Schatten.

In Zeiten wirtschaftlicher Prosperität kamen bereits in den 1920er Jahren erste Überlegungen zur Gestaltung der Gedenkjahre 1933 und 1938 zum Tragen, wobei die Denkmalsidee wieder in den Vordergrund rückte. Nach einer im Oktober 1932 erfolgten Ausschreibung der Stadt Leipzig unter Oberbürgermeister Carl Friedrich Goerdeler, einem leidenschaftlichen Wagnerianer, im deutschen Sprachraum erhielt im April 1933 unter den 654 eingegangenen Entwürfen nach Juryentscheid und mit dem Votum der Bayreuther Festspielleiterin Winifred Wagner der Entwurf des Stuttgarter Bildhauers Emil Hipp den Zuschlag. Hipp sollte – möglichst bis zum 125. Geburtstag Richard Wagners 1938 – ein „schlichtes, aber monumentales" Denkmal für den auf Uferflächen des Elsterflutbeckens zu gestaltenden Richard-Wagner-Hain schaffen. Die inzwischen an die Macht gelangten Nationalsozialisten vereinnahmten das

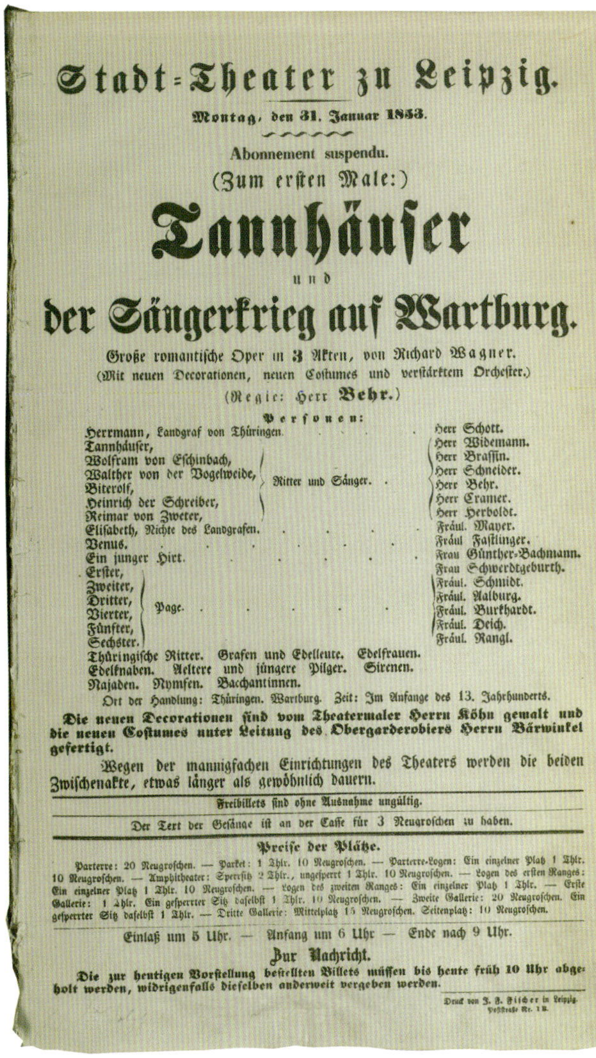

Stadt-Theater zu Leipzig.

Montag, den 31. Januar 1853.

Abonnement suspendu.

(Zum ersten Male:)

Tannhäuser

und

der Sängerkrieg auf Wartburg.

Große romantische Oper in 3 Akten, von Richard Wagner.

(Mit neuen Decorationen, neuen Costumes und verstärktem Orchester.)

(Regie: Herr Behr.)

Personen:

Herrmann, Landgraf von Thüringen . . . Herr Schott.
Tannhäuser, | Herr Widemann.
Wolfram von Eschinbach, | Herr Brassin.
Walther von der Vogelweide, | Herr Schneider.
Biterolf, | Ritter und Sänger. | Herr Behr.
Heinrich der Schreiber, | Herr Cramer.
Reimar von Zweter, | Herr Herboldt.
Elisabeth, Nichte des Landgrafen . . . Fräul. Mayer.
Venus . . . Fräul Fastlinger.
Ein junger Hirt . . . Frau Günther-Bachmann.
Erster, | Frau Schwerdtgeburth.
Zweiter, | Fräul. Schmidt.
Dritter, | Fräul. Aalburg.
Vierter, | Page. | Fräul. Burkhardt.
Fünfter, | Fräul. Deich.
Sechster. | Fräul. Rangl.

Thüringische Ritter. Grafen und Edelleute. Edelfrauen. Edelknaben. Aeltere und jüngere Pilger. Sirenen. Najaden. Nymfen. Bacchantinnen.

Ort der Handlung: Thüringen. Wartburg. Zeit: Im Anfange des 13. Jahrhunderts.

Die neuen Decorationen sind vom Theatermaler Herrn Köhn gemalt und die neuen Costumes unter Leitung des Obergarderobiers Herrn Bärwinkel gefertigt.

Wegen der mannigfachen Einrichtungen des Theaters werden die beiden Zwischenakte, etwas länger als gewöhnlich dauern.

Freibillets sind ohne Ausnahme ungültig.

Der Text der Gesänge ist an der Casse für 3 Neugroschen zu haben.

Preise der Plätze.

Parterre: 20 Neugroschen. — Parket: 1 Thlr. 10 Neugroschen. — Parterre-Logen: Ein einzelner Platz 1 Thlr. 10 Neugroschen. — Amphitheater: Sperrsitz 2 Thlr., ungesperrt 1 Thlr. 10 Neugroschen. — Logen des ersten Ranges: Ein einzelner Platz 1 Thlr. 10 Neugroschen. — Logen des zweiten Ranges: Ein einzelner Platz 1 Thlr. — Erste Gallerie: 1 Thlr. Ein gesperrter Sitz daselbst 1 Thlr. 10 Neugroschen. — Zweite Gallerie: 20 Neugroschen. Ein gesperrter Sitz daselbst 1 Thlr. — Dritte Gallerie: Mittelplatz 15 Neugroschen. Seitenplatz: 10 Neugroschen.

Einlaß um 5 Uhr. — Anfang um 6 Uhr — Ende nach 9 Uhr.

Zur Nachricht.

Die zur heutigen Vorstellung bestellten Billets müssen bis heute früh 10 Uhr abgeholt werden, widrigenfalls dieselben anderweit vergeben werden.

Druck von J. F. Fischer in Leipzig. Poststraße Nr. 1 B.

Theaterzettel zur Leipziger Erstaufführung „Tannhäuser und der Sängerkrieg auf Wartburg", 31. Januar 1853

Gottlob Theuerkauf, Konzertsaal im Alten Gewandhaus, Aquarell, 1894/95

Figurine Walküre (Waltraute) aus „Der Ring des Nibelungen", Carl Emil Doepler, Buchdruck, um 1878

Angelo Neumann (1839–1910), Fotografie, um 1880

Neues Theater, Ölgemälde von Alexander Schlick, 1871

Denkmalsprojekt. Am 6. März 1934 legte Adolf Hitler den Grundstein zum „Richard-Wagner-Nationaldenkmal des Deutschen Volkes". Finanzielle Engpässe und die mangelnde Priorität Leipzigs für die Machthaber des Dritten Reiches verzögerten die Bereitstellung von Marmor und damit die Fertigstellung der Denkmalsteile bis 1944, die während des Zweiten Weltkrieg nicht mehr von Kiefersfelden (Bayern) nach Leipzig transportiert werden konnten. Die gartenhistorisch wertvolle Anlage des renommierten Landschaftsarchitekten Gustav Allinger, der 1920 den Park um das Festspielhaus auf Bayreuths Grünem Hügel gestaltete, wurde 1937 fertiggestellt, aber um 1960 überformt. Ein kleiner Teil des Geländes wurde in den Jahren zuvor für den Bau der Deutschen Hochschule für Körperkultur (DHfK) abgetrennt. Ideologische Borniertheit der neuen Machthaber nach dem Krieg und die deutsche Teilung verhinderten die Aufstellung des Denkmals endgültig.

Anlässlich der „Richard-Wagner-Tage der DDR 1983" zum 100. Todestag des Dichterkomponisten wurde erstmals in Leipzig ein Denkmal Richard Wagners im öffentlichen Raum eingeweiht. Die Bildnisbüste auf einem Postament aus Sandstein steht in der Schwanenteichanlage hinter der Oper. Als Vorlage diente der Leipziger Bronzebildgießerei Noack ein Gipsabguss der bereits erwähnten, von Max Klinger für das Leipziger Musikzimmer auf der Weltausstellung 1904 in St. Louis geschaffenen Marmorbüste aus dem Nachlass des Künstlers im Museum der bildenden Künste Leipzig, denn das Original war verschollen.

Der Richard-Wagner-Verband deutscher Frauen

Da die Finanzierung von Richard Wagners 1882 gegründeter Stipendienstiftung, die vornehmlich „jungen Unbemittelten, Strebsamen und Bildungshungrigen" den kostenlosen Festspielbesuch ermöglichen wollte, bis in das 20. Jahrhundert hinein nicht gesichert werden konnte, kam es am 13. Februar 1909, zu Wagners 26. Todestag, im Gesellschaftshaus des Palmengartens auf Initiative der Leipziger Musiklehrerin Anna Held zur Gründung des Richard-Wagner-Verbandes deutscher Frauen, der sich 1947 in Richard-Wagner-Verband umbenannte und von da an auch Männern offenstand. Der Verband hat seinen Sitz in Bayreuth. Den Damen gelang es, bis 1913 die stolze Summe von einer Million Reichsmark zusammenzutragen und damit die Stiftung auf eine sichere finanzielle Basis zu stellen. Noch 1909 kam es zur Gründung von Ortsverbänden, da vor allem Mitglieder aus Dresden und Nürnberg eine Leipziger Dominanz fürchteten. Der Leipziger Ortsverband engagierte sich besonders für die Aufstellung eines neuen Grabmals von Richard Wagners Mutter und Schwester Rosalie auf dem Alten Johannisfriedhof. Nach dem Zusammenbruch des nationalsozialistischen deutschen Staates erhielten in der sowjetischen Besatzungszone und der späteren DDR Vereine keine Wiederzulassung. Aufgrund des

Restaurierte Gedenktafel von Fritz Zalisz am Standort des Geburtshaus von Richard Wagner, 2012

großen und anhaltenden Interesses gründeten 21 Leipziger am 22. Mai 1983 in der Deutschen Bücherei, heute Deutsche Nationalbibliothek, einen „Freundeskreis Richard Wagner" im Kulturbund der DDR und damit erstmals wieder eine Organisation zu Richard Wagner im Osten Deutschlands. Nach der politischen Wende und der Vereinigung der beiden deutschen Staaten 1990 wandelte sich der Freundeskreis Richard Wagner 1993 in den Ortsverband Leipzig des Richard-Wagner-Verbandes um und wurde damit Mitglied der inzwischen international auftretenden über 100 Verbände.

Die Wagner-Pflege an der Oper

Angelo Neumanns und August Försters glanzvolle Direktionszeit hatte der Leipziger Oper weit über die Stadt hinaus den Ruf einer führenden Wagner-Bühne eingetragen, den es nun unter Max Staegemann ab 1882 zu behaupten galt. Das Repertoire umfasste nunmehr Wagners sämtliche Musikdramen außer dem Bühnenweihfestspiel „Parsifal", das bis 1913 Bayreuth vorbehalten blieb und erst am 22. März 1914 seine Leipziger Erstaufführung erlebte. Zeitweise rief jedoch die übermäßige Beanspruchung der Gewandhausmusiker und Sänger durch die große Besetzung seiner Opern heftige, glücklicherweise schnell beigelegte Auseinandersetzungen hervor, wobei die Gegner des Komponisten wegen fahrlässiger Körperverletzung die Staatsanwaltschaft bemühen wollten und sogar der „Ring" vorübergehend zur Disposition stand. Im Jubiläumsjahr 1913 befand sich der Werkzyklus von „Rienzi" bis „Götterdämmerung" bereits zum elften Mal auf dem Spielplan. Dirigenten wie Joseph Sucher, Anton Seidl, Arthur Nikisch oder Gustav Mahler setzten Maßstäbe in der Wagner-Interpretation. Zum 100. Geburtstag Richard Wagners wurden der Theaterplatz in Richard-Wagner-Platz und die Parkstraße in Richard-Wagner-Straße umbenannt.

Richard Wagners Geburtshaus am Brühl mit der 1873 angebrachten Gedenktafel vor dem Abbruch 1886

In den 1920er Jahren war es durch Generalmusikdirektor Gustav Brecher und Oberspielleiter Walther Brügmann zu vielen Neueinstudierungen gekommen, und beide planten gemeinsam den zwölften Wagner-Zyklus für 1933 von „Rienzi" bis zur Leipziger Erstaufführung des „Liebesverbots", als ihre Zusammenarbeit durch die Machtübernahme der Nationalsozialisten ein jähes Ende nahm. Am 12. Februar konnte Brecher noch „Rienzi" dirigieren, wurde aber bei der nächsten Aufführung von randalierenden SA- und NSDAP-Angehörigen seiner jüdischen Abstammung wegen aus dem Theater vertrieben. Die Vorstellungen

Wagner-Denkmal in der Schwanenteichanlage hinter der Oper

mussten durch Gastdirigenten abgesichert werden. Im Jubiläumsjahr 1938, zum 125. Geburtstag Richard Wagners, gelangte erstmals sein musikdramatisches Gesamtwerk auf die Bühne des Neuen Theaters, einschließlich des „Liebesmahls der Apostel", des Fragments der „Hochzeit", des „Liebesverbots" und der „Feen". Konzeptionell ließ man sich von der Überzeugung leiten, für die Inszenierungen zukunftsweisende Lösungen gefunden zu haben, die sich dem Willen des Dichterkomponisten unterordneten. Bis 1942 kam es noch zu zehn Gesamtaufführungen des „Rings". Nach einer Aufführung der „Walküre" sank das Neue Theater beim schwersten Bombenangriff auf Leipzig am 4. Dezember 1943 in Schutt und Asche.

Nach dem Zweiten Weltkrieg lag Leipzig nun nicht mehr in der Mitte, sondern im Osten des merklich verkleinerten Deutschlands. Die Zugehörigkeit zur sowjetischen Besatzungszone und der aufkommende kalte Krieg zwischen Ost und West führten zu schwierigen Rahmenbedingungen des Neuanfangs. Da Wagner durch Hitlers Vorliebe für seine Musik und den propagandistischen Missbrauch seiner Werke in Misskredit geraten war, wagte man sich im Behelfshaus Dreilinden zunächst vorsichtig an Opern mit unverfänglichen Stoffen, wie 1947 an „Tristan und Isolde" oder 1948 an den „Fliegenden Holländer". Zur Eröffnung des neuen Opernhauses, des einzigen Theaterneubaus der DDR am nunmehrigen Karl-Marx-Platz am 9. Oktober 1960, setzte Operndirektor Joachim Herz mit der Inszenierung der „Meistersinger von Nürnberg" neue Maßstäbe in der Wagner-Interpretation. Die Richard-Wagner-Festtage zum 150. Geburtstag des Dichterkomponisten vom 18. bis 25. Mai 1963 beging die Stadt mit der Neuinszenierung von fünf Opern und einem Festkonzert. Im Alten Rathaus wurde eine Sonderausstellung gezeigt; es erschien eine Richard-Wagner-Postkarte, zu der die Deutsche Post der DDR eine Sonderbriefmarke herausgab. In den Jahren 1973 bis 1976 inszenierte Herz den Aufsehen erregenden eigentlichen Jahrhundert-„Ring" und verlieh mit einer völlig neuen Lesart Leipzig vorübergehend wieder den Status einer Wagner-Stadt. Zu den Richard-Wagner-Tagen der DDR 1983 fanden vorläufig letztmalig Festaufführungen von „Parsifal", „Tannhäuser", den „Meistersingern" und „Tristan und Isolde" statt.

Joachim Herz (1924–2010)

„Das Rheingold", Einzug der Götter in Walhall, Musikalische Leitung: Gert Bahner, Inszenierung: Joachim Herz, 1973

Der Entwurf von Stephan Balkenhol auf dem Denkmalssockel von Max Klinger zeigt den jugendlichen Wagner vor seinem überdimensionalen Schatten, Einweihung am 22. Mai 2013

„Rienzi, der letzte der Tribunen"
Musikalische Leitung: Axel Kober, Inszenierung: Nicolas Joel, 2007, Stefan Vinke (Rienzi), Marika Schönberg (Irene)

Auch Udo Zimmermann bekannte sich in seiner Intendanz von 1990 bis 2001 zu Richard Wagner. Er nannte seine Werke neben denen von Mozart und Verdi die „Fixsterne des Repertoires". Neben „Tannhäuser" von 1996 blieb „Tristan und Isolde" von 1997 in Erinnerung. Unter Henri Maier kamen 2006 die beeindruckende „Parsifal"-Inszenierung Robert Aeschlimanns sowie die als Märchen aufgefasste „Lohengrin"-Produktion von Steffen Piontek heraus, die ebenso wie „Rienzi" noch immer auf dem Spielplan stehen, während der „Fliegende Holländer" 2008 viele Besucher abstieß oder verstörte. Der Neuaufbau des Wagner-Repertoires begann im Jubiläumsjahr 2013 unter dem Intendanten und Generalmusikdirektor Ulf Schirmer mit dem begeistert aufgenommenen „Ring für Kinder", den umjubelten „Feen" und dem „Rheingold" als Auftakt für einen neuen szenischen „Ring". Durch die Kooperation der Städte Bayreuth und Leipzig sowie der Bayreuther Festspiele und der Oper Leipzig wurde ein nach dem Zweiten Weltkrieg unterbrochener Zustand wieder Normalität. Und mit einer Ausstellung der Kulturstiftung Leipzig über den jungen Richard Wagner 1813 bis 1834 in der Alten Nikolaischule erhielt der Dichterkomponist endlich einen Gedenkort, bis er in dem geplanten Komponistenhaus eine endgültige Heimstatt finden wird.

„Die Feen", 3. Akt, Finale: Der junge Richard Wagner schwebt mit der Partitur in der Hand zu seinen Erlösungsklängen herab. Premiere am 16. Februar 2013

RICHARD WAGNER UND MÜGLENZ

Manfred Müller

„Die Schul-Jugendt zu aller Gottesfurcht in der christl. unverfälschten Religion […] wie auch im Singen, Lesen, Schreiben und Rechnen unverdrossen unterrichten“

Väterlicherseits finden sich die biografischen Wurzeln Richard Wagners im Wurzener Land, als Terra Wurcinensis erstmals 1284 urkundlich erwähnt. Hier wirkten im 17. und 18. Jahrhundert fünf Wagner-Generationen als Schulmeister und Kantoren. Deren Geschichte reicht bis in die Zeit nach dem Dreißigjährigen Krieg zurück. Sie begann mit Martin Wagner, dem Sohn eines Freiberger Bergmanns. Als Kirchner und Schulmeister hielt er 1651 Einzug „in der Wüste Hohburgk“ – eine solche hatten die Schweden nach den Schrecknissen und Verheerungen des Krieges hinterlassen. Nach und nach kehrte das Leben in das Dorf zurück.

Martin Wagner gab den Menschen Trost und Hoffnung. Die Eintragung im Hohburger Kirchenbuch stellt ihm ein gutes Zeugnis aus. Bis zum letzten Atemzug verrichtete er seinen Dienst: „Anno 1669. Den 12. Aprilis, als den anderen Oster-Feyertag, bey gehaltener einer Probepredigt alhier, ist in Gott seelig eingeschlaffen, der weyland Ehrsame Martin Wagner, in die 18. Jahr alhier gewesener Kirchner und Schulmeister, seines alters im 65. Jahre, und ist den 16. drauff in Volckreicher Versamlung Christlich beerdiget worden.“

Nach seinem Tod zog die Witwe Maria Wagner, wahrscheinlich seine zweite Frau, zu ihrer Tochter Christina Steinacker. Sie und alle übrigen Familienmitglieder fielen bis auf eine Ausnahme mit über 50 weiteren Einwohnern des Dorfes der Pest zum Opfer, die vom 15. August bis zum 23. Dezember 1680 in Hohburg wütete. Als einziger Nachkomme der Familie Wagner blieb der 37-jährige Samuel am Leben. Er hatte 1663 Jungfer Barbara Abitzsch, die Köchin des Rittergutes, geheiratet und vermutlich schon mit 20 Jahren das Amt des Schulmeisters in Thammenhain übernommen.

Blick auf Müglenz mit Kirche, Rittergut und Schloss, Lithografie, um 1840

Seine Nachfahren wirkten, ebenfalls als Schulmeister, in Großzschepa, Böhlitz und Kühren. Samuel Wagner, sein gleichnamiger Enkel, zog nach Müglenz. Am 24. Juni 1727, dem Johannistag, bestand er seine Probe im Singen, Spielen, Predigtlesen und Katechisieren. Vier Tage später fertigte der Müglenzer Lehns- und Gerichtsherr Graf Rudolf von Bünau die Anstellungsurkunde als Schulmeister aus. Wagner wurde verpflichtet, „den Gottesdienst in der Kirche mit

Sterbeeintrag von Martin Wagner im Kirchenbuch der Kirche zu Hohburg. Er war der Urururgroßvater Richard Wagners

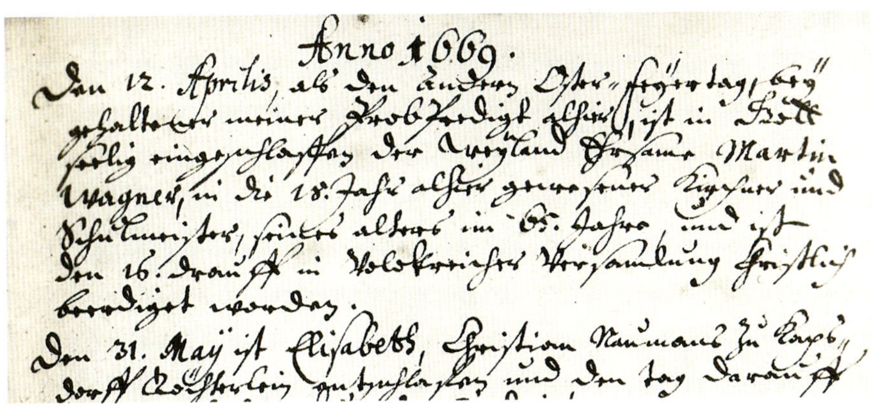

Anno 1669.
Den 12. Aprilis, als den andern Oster-Feyertag, bey
gehaltener einer Probepredigt alhier, ist in Gott
seelig eingeschlaffen, der weyland Ehrsame Martin
Wagner, in die 18. Jahr alhier gewesener Kirchner und
Schulmeister, seines alters im 65. Jahre, und ist
den 16. drauff in Volckreicher Versamlung Christlich
beerdiget worden.
Den 31. May ist Elisabeth, Christian Naumans zu

Die Grabtafel Samuel Wagners, des Ururgroßvaters Richard Wagners, in der Kirche Thammenhain

Einweihung der Gedenktafel für Gottlob Friedrich Wagner an dessen Geburtshaus, dem ehemaligen Pfarrhaus, 1963

1759. Rectore D^no Jo. Friderico Maio. P. P.

Num.	Natio	Inscriptionis dies	Nomina Inscriptorum.	Patria	Locus et tempus depositionis
	M.	26 Febr.	Feller, Christianus Gottfried	Cygnens.	Lips.
	"	2. Mart.	Hunger, Jo. Gottlieb	Warcens.	"
	"	"	Schilling, Carolus Christianus	Rosens.	"
30.	"	6.	Gelbricht, Christianus Jonathan	Cizens.	"
	P.	8.	Wehner, Fridericus	Adelsbach. Siles.	"
	M.	9.	Ritter, Henric. Justus Wilhelmus	Francoenhus.	"
	"	14.	Bennewiz, Gottlob Gebhard	Dresdens.	"
	"	16.	Müllerus, Jo. Georgius	Weissenfels.	"
35.	"	"	Wagnerus, Gottlob Fridericus	Müglens.	"
	"	24.	Schmidt, Georg. Frider. Christianus	Stollstadiens.	"

Eintrag Gottlob Friedrich Wagners in die Matrikel der Universität Leipzig, 16. März 1759

Singen, Lesen, Beten und Orgelschlagen, ingl. Glockenläuten [...] mit allem Fleiß treulich [zu] verrichten, die Schul-Jugendt zu aller Gottesfurcht in der christl. unverfälschten Religion und sonderlich in dem Catejismo Lutheri und anderen christlichen Tugenden, wie auch im Singen, Lesen, Schreiben und Rechnen unverdrossen [zu] unterrichten, [...] bey entstehender Contagion [Pest], welche Gott in allen Gnaden abwenden wolle, aus[zu]halten und nicht weg[zu] weichen“ und sich gegen jedermann friedlich und verträglich zu verhalten.

1728 heiratete Samuel Wagner Johanna Sophie Rößig, die Tochter des Pachtmüllers der Graumühle in Dahlen. Dem Paar wurde am 18. Februar 1736 ein Sohn geboren, der den Namen Gottlob Friedrich erhielt und als Großvater Richard Wagners in die Geschichte eingehen sollte. Seine sorgenfreie Kindheit endete mit dem frühen Tod des Vaters im Jahre 1750. Als Neunzehnjähriger verließ er die Heimat im Lossatal und zog nach Leipzig. Dort besuchte er zunächst die Thomasschule und immatrikulierte sich am 16. März 1759 an der Universität, um Theologie zu studieren. Die Geburt eines bald darauf gestorbenen Sohnes vor der Eheschließung 1769 mit Johanna Sophie Eichel durchkreuzte seinen Lebensplan. Zunächst fand er als Assistent, dann als Steuereinnehmer und Torschreiber am Ranstädter Tor sein Auskommen für sich und seine Familie, zu der ab 1870 auch Richard Wagners späterer Vater Carl Friedrich Wilhelm und ab 1874 sein späterer Onkel Gottlob Heinrich Adolph gehörten.

Gottlob Friedrich Wagner starb am 21. März 1795 im Alter von 59 Jahren in Leipzig, seine Frau folgte ihm am 26. Januar 1814 nach. Richard Wagner hat also seine Großeltern väterlicherseits ebensowenig kennengelernt wie die Eltern seiner Mutter, die bereits nicht mehr lebten, als er zur Welt kam.

Das Geburtshaus von Richard Wagners Großvater in Müglenz ist noch heute in seinen Grundstrukturen erhalten. Der langjährige Besitzer Werner Döbler baute es in den letzten Jahren zu einem modernen Wohnhaus um. Anlässlich der Richard-Wagner-Ehrung der DDR erhielt das Gebäude am 28. April 1963 eine Gedenktafel. Stephan Stompor, seinerzeit Dramaturg am Leipziger Opernhaus, schildert seine Eindrücke von der Einweihungsfeier in Heft 6 des „Rundblicks“, einer kultur- und heimatgeschichtlichen Monatsschrift, die hier auszugsweise wiedergegeben werden:

„Ich muß gestehen: Über Richard Wagners Vorfahren hatte ich mir wenig Gedanken gemacht, obwohl mich seit über einem Jahrzehnt die Interpretation der Wagnerschen Werke sehr beschäftigt und dies sogar, seit ich am Leipziger

Opernhaus tätig bin, stark in den Vordergrund meiner Arbeit als Dramaturg gerückt ist. Dann kam, es war Mitte März dieses Jahres, die Anfrage vom Deutschen Kulturbund Wurzen, ob ich aus Anlaß der Anbringung einer Gedenktafel am Geburtshaus von Richard Wagners Großvater in Müglenz einen Vortrag halten könne. Die feierliche Enthüllung wurde für den 28. April festgelegt. Es war ein verregneter Sonntag. Trotzdem waren viele alte und junge Bewohner des kleinen Ortes und aus den umliegenden Dörfern gekommen. Hier also stammen die Wagners her. Und richtig, gleich hinter dem Haus steht die bescheidene Kirche, an der Wagners Urgroßvater zur Zeit Johann Sebastian Bachs neben seinem Schulamt als Kantor wirkte.
Nach drei kurzen Ansprachen wurde die schlichte, sehr geschmackvoll aus Holz gefertigte Tafel den neugierigen Blicken freigegeben. Die Redaktion des ‚Rundblicks' hatte der Gemeinde Müglenz diese von Holzbildhauer Arthur Hunger, Wurzen, geschnitzte Tafel gestiftet. Am Abend lud der Müglenzer Dorfklub zu einem Vortrag über Richard Wagner ein. Aber wird man sich hier auf dem Dorf überhaupt für Wagner interessieren? Dann der erste Blick in den freundlich hergerichteten und geschmückten Kulturraum: Der kleine Saal war dicht gefüllt. Das hatte ich wirklich nicht erwartet und noch weniger die Aufmerksamkeit, mit der man meinen Worten und der Wagnerschen Musik zuhörte. Solch ein interessiertes Publikum wünschte ich mir öfter. Mit vielen guten Eindrücken schied ich aus diesem Ort, in den mich eine Wagner-Ehrung besonderer Art geführt hatte. Begeistert erzählte ich in den folgenden Tagen meinen Leipziger Kollegen von diesem schönen Erlebnis, das mir lange in Erinnerung bleiben wird."

Im Jahre 2002 weilte hoher Besuch in Müglenz. Zu Gast an der Stätte seiner Vorfahren war Wolfgang Wagner, Leiter der Bayreuther Festspiele. Er übergab der Kirchgemeinde eine Spende von 200 000 DM, den Reinerlös eines Sonderkonzerts. Mit dem Geld konnten in der Kirche die Orgel, die bleiverglasten Altarfenster und Teile vom Innenraum saniert werden.

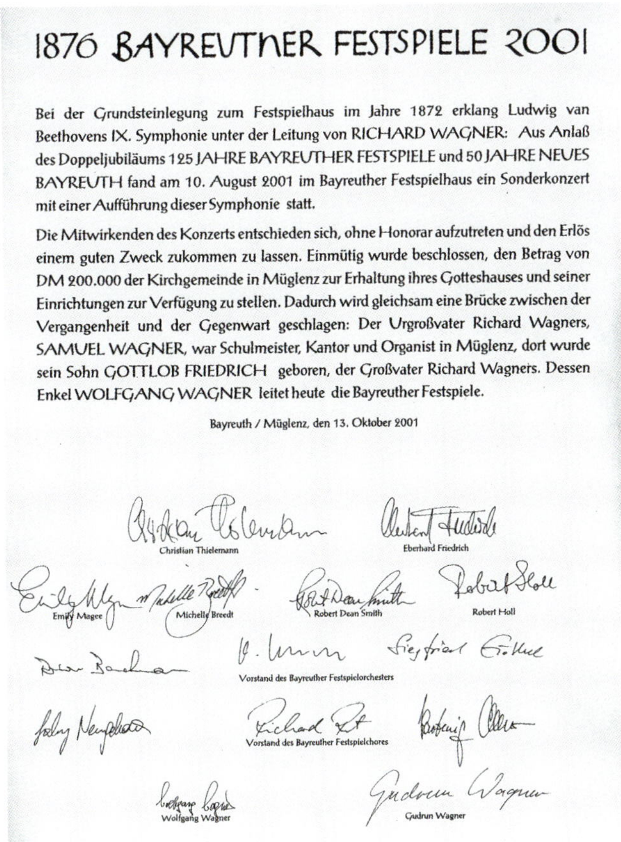

1876 BAYREUTHER FESTSPIELE 2001

Bei der Grundsteinlegung zum Festspielhaus im Jahre 1872 erklang Ludwig van Beethovens IX. Symphonie unter der Leitung von RICHARD WAGNER: Aus Anlaß des Doppeljubiläums 125 JAHRE BAYREUTHER FESTSPIELE und 50 JAHRE NEUES BAYREUTH fand am 10. August 2001 im Bayreuther Festspielhaus ein Sonderkonzert mit einer Aufführung dieser Symphonie statt.

Die Mitwirkenden des Konzerts entschieden sich, ohne Honorar aufzutreten und den Erlös einem guten Zweck zukommen zu lassen. Einmütig wurde beschlossen, den Betrag von DM 200.000 der Kirchgemeinde in Müglenz zur Erhaltung ihres Gotteshauses und seiner Einrichtungen zur Verfügung zu stellen. Dadurch wird gleichsam eine Brücke zwischen der Vergangenheit und der Gegenwart geschlagen: Der Urgroßvater Richard Wagners, SAMUEL WAGNER, war Schulmeister, Kantor und Organist in Müglenz, dort wurde sein Sohn GOTTLOB FRIEDRICH geboren, der Großvater Richard Wagners. Dessen Enkel WOLFGANG WAGNER leitet heute die Bayreuther Festspiele.

Bayreuth / Müglenz, den 13. Oktober 2001

Christian Thielemann
Eberhard Friedrich
Emily Magee
Michelle Breedt
Robert Dean Smith
Robert Holl
Vorstand des Bayreuther Festspielorchesters
Vorstand des Bayreuther Festspielchores
Wolfgang Wagner
Gudrun Wagner

links: Die mittels Spende restaurierte Orgel in der Müglenzer Kirche

RICHARD WAGNER UND DRESDEN

Klaus Weinhold

„Ich habe Dresden gewählt; es ist gewissermaßen meine Vaterstadt“

Die Landeshauptstadt des Freistaates Sachsen ist immer wieder eine Reise wert. Eingebettet in das Tal breitet sich Dresden beidseits des in weiten Bögen ruhig dahinfließenden Elbstroms in die Niederung. Neben der von Jahr zu Jahr schöner werdenden Stadt macht vor allem auch die weitere Umgebung ihren Reiz aus. Dabei ist besonders an die dem Weinanbau erschlossenen Südhänge zu denken, an das kleine oberelbische Wander- und Klettergebiet der Sächsischen Schweiz sowie an die geschichtsträchtigen Gebiete Moritzburg, Meißen, Pillnitz und Stolpen.

Dresden verdankt seinen Ruf aber nicht nur der reizvollen Landschaft, sondern wird ebenso geprägt von der Stadtarchitektur, wie dem Residenzschloss, einem der bedeutendsten Renaissance-Komplexe Deutschlands mit seinen unbeschreiblich schönen Sgraffitomalereien im Großen Schlosshof, dem barocken Pöppelmannschen Zwinger mit seinen filigranen Sandsteinfiguren von Balthasar Permoser, den an die italienische Renaissance erinnernden Opernhäusern von Gottfried Semper, der barocken Frauenkirche von George Bähr mit ihrer weltberühmten „steinernen Glocke“, der technischen Pionierleistung des Bauingenieurs Claus Koepcke mit dem Blauen Wunder als Elbquerung, den Kunsteinrichtungen, wie Kunstakademie, Staatskapelle, Philharmonie, und nicht zu vergessen den Menschen und der Geschichte der Stadt.

Viele herausragende Museen mit Weltgeltung, wie das Grüne Gewölbe, die Gemäldegalerie, die Porzellansammlung, die Rüstkammer, das Kupferstich-Kabinett, haben ihre Anfänge in enger Verknüpfung mit den seit Jahrhunderten die Geschichte Sachsens bestimmenden Wettinern.

Musikgeschichtlich wird der Ruf Dresdens durch die Persönlichkeiten bestimmt, die hier gewirkt und ihre Spuren hinterlassen haben. So wurde das 17. Jahrhundert geprägt durch Heinrich Schütz als „Vater der deutschen Musik“ mit seiner europaweit vielbeachteten Hofkapelle; im 18. Jahrhundert verhalf Johann Adolf Hasse der italienischen Oper zu Glanzpunkten; im 19. Jahrhundert bestimmen Carl Maria von Weber als Begründer der deutschen Nationaloper und E. T. A. Hoffmann den Beginn der hier zur Blüte kommenden musikalischen Romantik. Im selben Jahrhundert sind es noch Robert Schumann mit seinen unzähligen Liedern und seinem berühmtesten Werk, dem Klavierkonzert a-Moll (uraufgeführt am 4. Dezember 1845 in Dresden mit Clara Schumann als Solistin), sowie letztendlich Richard Wagner, dessen Biografie mit Dresden auf vielfältigste Weise engstens verbunden ist.

Zum einen verbrachte Wagner die längste Zeit seiner Kindheit und Schulzeit hier, und zum anderen begann in Dresden viele Jahre später seine unterschiedlich zu bewertende

links: die Frauenkirche am Neumarkt

Dresdner Maiaufstand 1849: die Barrikaden der Aufständischen am Hotel Stadt Rom, Moritzstraße. Ölgemälde

Politisch gefährliche Individuen.

Richard Wagner
ehemal. Kapellmeister und politischer Flüchtling aus Dresden.

Steckbrief.

Der unten etwas näher bezeichnete Königl. Capellmeister

Richard Wagner von hier

ist wegen wesentlicher Theilnahme an der in hiesiger Stadt stattgefundenen aufrührerischen Bewegung zur Untersuchung zu ziehen, zur Zeit aber nicht zu erlangen gewesen. Es werden daher alle Polizeibehörden auf denselben aufmerksam gemacht und ersucht, Wagnern im Betretungsfalle zu verhaften und davon uns schleunigst Nachricht zu ertheilen.

Dresden, den 16. Mai 1849.

Die Stadt-Polizei-Deputation.

von Oppell.

Wagner ist 37—38 Jahre alt, mittler Statur, hat braunes Haar und trägt eine Brille.

Steckbrief von Richard Wagner vom 16. Mai 1849, aus: Robert Bory, Richard Wagner – Sein Leben und sein Werk in Bildern, Leipzig 1938

Karriere als erfolgreicher Komponist, Königlich Sächsischer Hofkapellmeister und steckbrieflich gesuchter vermeintlicher „Rädelsführer" der 1849er Revolution.

Bis vor wenigen Jahren waren die vom Krieg verschont gebliebenen Spuren Wagners vereinzelt vor allem auf die äußeren Vorstadtteile und die weitere Umgebung beschränkt. Mit dem historisch orientierten Wiederaufbau einzelner Dresdner Stadtareale unter Aufnahme der alten Straßenführungen und zunehmender Vervollständigung der Leitbauten des Neumarktes rückt in Dresden die Chance in greifbare Nähe, dass auch einige der Wohnstätten Richard Wagners aus dem Altstadtbereich wieder erkenn- und erlebbar werden.

Schon im frühesten Kindesalter mit anderthalb Jahren zog der kleine Richard mit der Familie Geyer-Wagner nach Dresden.

Ludwig Geyer, der den bereits in Richards Geburtsjahr verstorbenen Familienvater und langjährigen Freund Carl Friedrich Wilhelm Wagner ein Jahr später durch die Eheschließung mit dessen verwitweter Frau ersetzte, wurde Familienoberhaupt und zum Namensgeber für die Kinderjahre des Stiefsohnes Richard. Seinen Lebensunterhalt verdiente sich Ludwig Geyer anfangs als Mitglied der Secondaschen Schauspieltruppe den Sommer über in Leipzig (daher rührt auch die Bekanntschaft und spätere Freundschaft mit Carl Friedrich Wilhelm Wagner) und während der kalten Jahreszeit in Dresden. Mit der Berufung Geyers als Porträtmaler und Hofschauspieler in die Residenzstadt war der Umzug der Familie dorthin folgerichtig.

Zunächst wurde eine Wohnung in der Moritzstraße 15, Eckhaus am Durchgang zum Landhausgäßchen, bezogen (heute etwa Höhe Gewandhausstraße). In dieser Zeit verkehrte u. a. Carl Maria von Weber als Leiter der Königlichen Hofkapelle in sehr freundschaftlicher Weise mit Geyer und war gelegentlich bei der Familie zu Gast.

Die Moritzstraße war damals eine der breitesten und prachtvollsten der Stadt und führte vom Neumarkt zum Maximilianring, der heutigen Ringstraße. Das Flair der Straße wurde u. a. bestimmt durch die Barockbauten British Hotel, Hotel Stadt Rom und Hotel de Saxe. Sollten alle diese architektonisch herausragenden Häuser wieder an ihrer historisch belegten Stelle aufgebaut werden, könnte auch von einer Wiedergeburt der Moritzstraße gesprochen werden.

Die heute querende Wilsdruffer Straße (Anfang des 19. Jahrhunderts endete an dieser Stelle die Badergasse; später als König-Johann-Straße durchgebrochen) lässt mit großer Wahrscheinlichkeit auch in der Zukunft die komplette ursprüngliche Straßenführung nicht mehr zu.

In den folgenden sechs Jahren wechselte die Familie Geyer mehrfach um den Neumarkt herum die Wohnung. So wurde

Die Kreuzschule, aus: Robert Bory, Richard Wagner – Sein Leben und sein Werk in Bildern, Leipzig 1938

Moritzstraße mit Blick auf das Johanneum, um 1905

Ehemaliger Standort Moritzstraße 15, heute Wilsdruffer Straße Ecke Gewandhausstraße, mit Rathausturm

1817 eine Wohnung im Jüdenhof 1 bezogen (damals Eckhaus zum Neumarkt, nach dem Umbau durch Semper bezeichnete man es später auch als Elimeyersches Haus), im darauf folgenden Jahr wenige Schritte weiter eine im Jüdenhof 5 (Eckhaus zur damaligen Großen Frauengasse, heute Galeriestraße; diese beiden Häuserstandorte am Jüdenhof sind zur Zeit noch Freiflächen), bevor 1820 die Familie Geyer letztmalig in Richards Dresdner Kinderjahren einen Wohnungswechsel in die Waisenhausstraße 412 vornahm (heute Karstadtgelände, wird als Parkfläche genutzt).

In diesen Zeitraum fällt auch Richard Wagners Internatsaufnahme unter dem Namen Geyer in Possendorf. Pastor Wetzel als Leiter dieser Einrichtung verstand es, seine Schüler und damit auch Richard für die unterschiedlichsten Dinge zu interessieren. In „Mein Leben" berichtet Wagner, dass sie da erstmals von den Abenteuern Robinson Crusoes hörten, vom Auf und Ab aus dem Leben Mozarts vorgelesen bekamen und von den Freiheitskämpfen der griechischen Nation erfuhren. Von diesem etwa einjährigen Schulaufenthalt Wagners zeugt heute eine Gedenktafel an der Mauer des Possendorfer Kirchengrundstücks, das ursprüngliche Pfarrgebäude ist nicht mehr erhalten. Dass der Internatsaufenthalt nicht von längerer Dauer war, lag an den fortwährenden Schicksalsschlägen, die die Familie Geyer trafen. Am 29. September 1821 verstarb der geliebte Stiefvater plötzlich, worauf Richard für geraume Zeit nach Eisleben zum Bruder des Verstorbenen – einem Goldschmied – geschickt wurde. Die dortigen sehr beengten Wohnverhältnisse ließen aber einen längeren Aufenthalt nicht zu, so dass das Kind wieder nach Dresden in die Waisenhausstraße zu seiner Mutter zurückgeschickt wurde.

Ab Dezember 1822 besuchte der Junge die Kreuzschule, die damals noch in unmittelbarer Nähe der Kreuzkirche stand. Dort erhielt er auch seinen ersten richtigen Klavierunterricht; die dabei gezeigten Leistungen deuteten nicht gerade auf die musikalischen Anlagen eines Wunderkindes.

Als die Mutter und die noch im gemeinsamen Haushalt lebenden Töchter 1826 der ältesten Tochter Rosalie nach Prag folgten, die ein Engagement an der Deutschen Oper angenommen hatte, blieb der 13-jährige Kreuzschüler Richard allein in Dresden. Er bezog Quartier bei einem befreundeten Mitschüler in der Kleinen Oberseegasse 7 (danach Ferdinandstraße 4, heute Prager Straße, Höhe Centrum-Galerie) und blieb bis zu seiner Konfirmation als Richard Geyer hier wohnen. Ende 1827 folgte er der Familie nach Leipzig.

Neumarkt, Blick zum Johanneum und Jüdenhof, um 1910

Heutiger Bauzustand des Jüdenhofs, Blick zum Johanneum

Ehemalige kurfürstliche Schenke, heute Senioren-Centrum, mit Gedenktafel

Dresden spielte für Richard Wagner in den folgenden Jahren keine ernsthafte Rolle mehr. Erst in seiner frühen Kapellmeisterzeit ergaben sich wieder Berührungspunkte, als die attraktive, vier Jahre ältere Minna Planer in sein Leben trat. Ihre Eltern lebten unter einfachen und bescheidenen Verhältnissen in Dresden, und zu ihnen flüchtete sich Minna nach heftig ausgefochtenen Konflikten mit ihrem Liebhaber. Der vermied es wohlweislich, sich zu diesen Anlässen in der Wohnung der Schwiegereltern längere Zeit aufzuhalten, da sie ihm jedes Mal die bittersten Vorwürfe machten.

Auch 1837 war es dieser Umstand, der dazu führte, dass sich Wagner in Blasewitz, einem flussaufwärts an der Elbe gelegenen Vorort von Dresden, in der ihm aus der Jugendzeit bekannten ehemaligen kurfürstlichen Schenke „Gasthof Blasewitz" niederließ. Er versuchte Minna davon zu überzeugen, dass sein in Riga in Aussicht gestelltes neues Engagement als Kapellmeister Hoffnung auf Familienfrieden bedeuten könnte, was ihm jedoch nicht gelang. Denn schon wenige Tage später verschwand sie in Herrenbegleitung aus Dresden. Das Gebäude des Gasthofs steht heute noch am Schillerplatz und wird als Senioren-Centrum betrieben; eine Gedenktafel erinnert an die Begebenheit. Tröstenden Beistand erhielt Wagner in dieser Misere von seiner Schwester Ottilie, die mit dem Sprachgelehrten Hermann Brockhaus verheiratet war und zu jener Zeit im Dresdner Großen Garten in einem der zur Parkanlage gehörenden ursprünglich acht Kavaliershäuschen wohnte. Unbeschadet überstand den Zweiten Weltkrieg keines der Häuschen, nur fünf wurden bis 1954 wieder aufgebaut, die übrigen drei fielen Ende der fünfziger Jahre dem Abriss zum Opfer.

Kavaliershäuschen des Palais im Großen Garten

Wagner las in dieser Zeit zufällig den Roman „Cola Rienzi" von Edward Bulwer-Lytton. Der Stoff fesselte und beeindruckte ihn dermaßen, dass er beschloss, daraus eine große Oper nach französischem Vorbild zu komponieren, und sofort mit dem Verfassen des ersten Prosaentwurfs begann. Nachdem seine Absicht gescheitert war, in Paris die inzwischen fertig gewordene Oper „Rienzi" zur Aufführung zu bringen, versuchte er eine angemessene Bühne für die Uraufführung in Deutschland zu finden. In einem Brief vom 20. September 1840 an seinen Freund Theodor Apel bemerkte Wagner: „Ich habe Dresden gewählt; es ist gewissermaßen meine Vaterstadt."

Nach schriftlichen Anfragen an Friedrich August II., König von Sachsen, und dessen Intendanten von Lüttichau, verbunden mit der Übersendung der Partitur an die Dresdner Hofoper, ließen die Antworten sehr lange auf sich warten. Nach einem halben Jahr (am 29. Juni 1841) kam aber aus Dresden der positive Bescheid: Die Oper war zur Uraufführung für das von Semper neu errichtete Opernhaus angenommen worden.

Im Frühjahr 1842 trat das Ehepaar Wagner die Heimreise an. Fünf Tage dauerte die Fahrt; schon beim Anblick des Rheins konnte sich Wagner den aufkeimenden romantischen Nationalgefühlen nicht verschließen, und wie man in „Mein Leben" nachlesen kann, reifte bei der Fahrt durch Thüringen und dem Betrachten der Wartburg die Idee in ihm, sich zu gegebener Zeit dem Sagenstoff des Tannhäuser zu widmen.

Am 12. April 1842 erreichten die Wagners Dresden, und da die Reisestrapazen nicht unerheblich gewesen waren, quartierten sie sich kurzerhand in das nächstgelegene Hotel Stadt Gotha in der Schloßstraße 8 (Ecke Kleine Brüdergasse) ein. Der rechtsseitige Straßenbereich der Schloßstraße gegenüber der Schlossanlage ist heute im Wiederentstehen begriffen, die linksseitig bereits bestehende Häuserflucht der sechziger Jahre aber gegenüber der historischen Linienführung weiter zurückgesetzt.

Töpfergasse Ecke Brühlsche Gasse. Heute befindet sich an dieser Stelle das Hotel Hilton

Wenige Tage später bezogen Minna und Richard Wagner ihre erste Mietwohnung in der Töpfergasse 7, dem Eckhaus zur Brühlschen Gasse (gelegentlich auch als Ehrlich-Haus bezeichnet). Heute befindet sich das Hilton-Hotel an dieser Stelle und bildet mit dem gegenüberliegenden Prisco-Areal wieder die Töpfergasse. Verschiedentlich liest man als Wagners Wohnanschrift Töpferstraße 1, dahinter verbirgt sich lediglich eine Umnummerierung in den 1930er Jahren.
Bevor die eigentlichen Vorbereitungsarbeiten für „Rienzi" begannen, wechselte Wagner nochmals die Wohnung und zog im Juli des gleichen Jahres in die repräsentative Adresse Waisenhausstraße 5, etwa die Stelle, wo heute das Bankgebäude Dr.-Külz-Ring 10 steht.
Mit Beginn der Proben führte Wagners täglicher Gang zum Ort des Geschehens die Marienstraße entlang, am Zwinger vorbei zum Semperschen Opernhaus.
Die ganze Stadt fieberte diesem Tag entgegen, der Operngeschichte schreiben sollte. Von Probe zu Probe stieg die Spannung, auch die Protagonisten Wilhelmine Schröder-Devrient als Adriano und Josef Tichatschek als Rienzi sowie Chor (meisterhaft jugendlich, frisch und dynamisch eingestellt von dem in innigstem Freundschaftsverhältnis zu Wagner stehenden Chordirektor Wilhelm Fischer) und Orchester ließen sich davon anstecken.
Die Uraufführung des „Rienzi" am 20. Oktober 1842 sollte zum größten Triumph Wagners in Dresden und darüber hinaus werden.
Die späteren Uraufführungen des „Fliegenden Holländers" und des „Tannhäuser" reichten bei weitem nicht an dieses Ereignis heran. Bis zur Premiere war Wagner vom Erfolg nicht überzeugt, Selbstzweifel ließen ihn nicht zur Ruhe kommen.
Nach sechs Stunden war die umjubelte Uraufführung Geschichte, der „Rienzi" mit seinem tragischen Ende wurde vom Publikum nach den letzten Takten mit tiefem gemütsbewegtem Schweigen honoriert, wenig später entlud sich die Anspannung aber in überschwänglichen Ovationen. Erst der Dirigent des Abends, Carl Gottlieb Reißiger, vermochte nach mehrfachem Drängen Wagner zu bewegen, vor den Vorhang der Opernbühne zu treten, um die Bravo-Rufe des Publikums zu empfangen.
Trotz des schönen Erfolges wurde Wagner schnell wieder in die Realität zurückgeholt. Er konnte sich der Einsicht nicht verschließen, dass die schöne Wohnung in der Waisenhausstraße nicht länger zu halten war. Ab November 1842 nahm das Ehepaar mit der etwas bescheideneren Wohnung Am See 35 mit Durchgang zur Marienstraße 44 vorlieb.
Unter dem Eindruck des ungemeinen Erfolges des „Rienzi" beschloss die Dresdner Opernintendanz kurzfristig, die eigentlich für Berlin vorgesehene Oper „Der fliegende Holländer" ebenfalls in Dresden zur Uraufführung zu bringen. Die Probenarbeiten begannen umgehend. In diesem Zusammenhang musste Wagner eigens für die Schröder-Devrient die Ballade der Senta im zweiten Akt einen Ton tiefer transponieren. Bereits am 2. Januar 1843 fand im Königlich Sächsischen Hoftheater die Uraufführung unter seiner Leitung statt. Allerdings tat sich das Publikum mit der düsteren Geschichte um den Holländer und seine Erlösung nur durch die

ohne Vorbehalt liebende Frau sehr schwer. Wagners erstes Musikdrama wurde nach nur vier Aufführungen abgesetzt und erst 1865 wieder in den Spielplan aufgenommen.

Dem ununterbrochenen Erfolg des „Rienzi" war es letztendlich zu verdanken, dass Wagner am 2. Februar 1843 zum Königlich Sächsischen Hofkapellmeister, gleichberechtigt neben Carl Gottlieb Reißiger, berufen wurde. Mit dieser Anstellung waren umfangreiche Pflichten verbunden. So mussten entsprechend dem Spielplan die Hauptwerke der unterschiedlichsten Komponisten für die Oper einstudiert und dirigiert werden, im rechtselbischen Sommertheater, dem Linkeschen Bad, wurde „leichte" Musik gewünscht, und in der katholischen Hofkirche unter Mitwirkung der Dresdner Kapellknaben wurde der Kirchendienst am Dirigentenpult verrichtet. Dabei konnte Wagner bei gelegentlichen „Orgeleinsätzen" die letzte der von Silbermann gebauten Orgeln erklingen lassen.

Kleinere, von Wagner in dieser Zeit komponierte und aufgeführte Auftragswerke belegen seine gesellschaftliche Integration. Am 7. Juni 1843 wurde anlässlich der Enthüllung des von Ernst Friedrich August Rietschel geschaffenen Denkmals des ersten Sachsenkönigs Friedrich August I. im Zwingerhof erstmalig der Festgesang „Der Tag erscheint" zu Gehör gebracht. Während der Rekonstruktion des Zwingerhofs wurde das Denkmal 1929 umgesetzt und vor dem Mittelrisalit der Gemäldegalerie aufgestellt. Bereits ein Jahr später erfolgte eine Umsetzung hinter das Japanische Palais in die dazugehörige Parkanlage. Nach einer umfassenden Restaurierung ab 2007 fand die feierliche Neuaufstellung vor dem Ständehaus auf dem Schlossplatz am 28. Mai 2008 unter Mitwirkung des Dresdner Kammerchores und einer Bläsergruppe statt. Dabei wurde auch die zweite Fassung von Wagners Festgesang für Männerchor und Blechblasinstrumente dargeboten. Der Kantor der Dresdner Kreuzkirche, Professor Rudolph Otto Richter, hatte im Nachlass von Wagners Kopisten, Kammermusikus Karl Wehner, diese Fassung 1911 entdeckt und im Rahmen eines von der Presse viel beachteten Turmblasens vom Dresdner Rathausturm im gleichen Jahr zum Geburtstag von König Friedrich August III. uraufgeführt.

Wenig später wurde Wagner gebeten, da er inzwischen auch Dirigent der Dresdner Liedertafel geworden war, für das zweite große sächsische Allgemeine Männergesangsfest eine kirchliche Männerchorkomposition für eine Aufführung in der Frauenkirche, die schon damals über 115 Jahre mit ihrem berühmten Kuppelbau das Stadtbild Dresdens und insbesondere das des Neumarktes prägte, zu

Bühnenbild der Uraufführung des „Rienzi" mit Josef Tichatschek und Wilhelmine Schröder-Devrient, aus: Robert Bory, Richard Wagner – Sein Leben und sein Werk in Bildern, Leipzig 1938

16te Vorstellung im ersten Abonnement.
Königlich Sächsisches Hoftheater.
Donnerstag, den 20. October 1842.
Zum ersten Male:
Rienzi,
der Letzte der Tribunen.
Große tragische Oper in 5 Aufzügen von Richard Wagner.

Personen:

Cola Rienzi, päpstlicher Notar. — — Herr Tichatscheck.
Irene, seine Schwester. — — — Dem. Wüst.
Steffano Colonna, Haupt der Familie Colonna. — Herr Dettmer.
Adriano, sein Sohn. — — — Mad. Schröder-Devrient.
Paolo Orsini, Haupt der Familie Orsini. — Herr Wächter.
Raimondo, Abgesandter des Papstes in Avignon. — Herr Vestri.
Baroncelli, } römische Bürger. — — Herr Reinhold.
Cecco del Vecchio, } Herr Risse.
Ein Friedensbote. — — — — Dem. Thiele.
Gesandte der lombardischen Städte, Neapels, Baierns, Böhmens ꝛc. Römische Nobili, Bürger und Bürgerinnen Rom's, Friedensboten. Barmherzige Brüder. Römische Trabanten.
Rom um die Mitte des vierzehnten Jahrhunderts.

Die im zweiten Akt vorkommenden Solotänze werden ausgeführt von den Damen: Pecci-Ambrogio, Benoni und den Herren Ambrogio und Balletmeister Lepitre.

Der Text der Gesänge ist an der Casse für 3 Neugroschen zu haben.

Einlaß-Preise:

Ein Billet in die Logen des ersten Ranges und das Amphitheater . .	1 Thlr.	10 Ngr.
" " " " Fremdenlogen des zweiten Ranges Nr. 1. 14. und 29.	1 "	10 "
" " " " übrigen Logen des zweiten Ranges	— "	25 "
" " " " Sperr-Sitze der Mittel- u. Seiten-Gallerie des dritten Ranges	— "	15 "
" " " " Mittel- und Seiten-Logen des dritten Ranges	— "	12½ "
" " " " Sperr-Sitze der Gallerie des vierten Ranges	— "	10 "
" " " " Mittel-Gallerie des vierten Ranges	— "	8 "
" " " " Seiten-Gallerie-Logen daselbst	— "	6 "
" " " " Sperr-Sitze im Cercle.	— "	25 "
" " " " Parterre-Logen	— "	25 "
" " " das Parterre	— "	15 "

Die Billets sind nur am Tage der Vorstellung gültig, und zurückgebrachte Billets werden nur bis Mittag 12 Uhr an demselben Tage angenommen.

Der Verkauf der Billets gegen sofortige baare Bezahlung findet in der, in dem untern Theile des Rundbaues befindlichen Expedition, auf der rechten Seite, nach der Elbe zu, früh von 9 bis Mittags 12 Uhr und Nachmittags von 3 bis 4 Uhr statt.

Alle zur heutigen Vorstellung bestellte und zugesagte Billets sind Vormittags von 9 Uhr bis längstens 11 Uhr abzuholen, außerdem darüber anders verfügt wird.

Der freie Einlaß beschränkt sich bei der heutigen Vorstellung blos auf die zum Hofstaate gehörigen Personen und die Mitglieder des Königl. Hoftheaters.

Einlaß um 5 Uhr. Anfang um 6 Uhr.
Ende um 10 Uhr.

Theaterzettel von der Uraufführung des „Rienzi"

schaffen. Mit dem „Liebesmahl der Apostel“ gelang ihm ein Chorwerk, das mit der üblichen Form des Oratoriums nicht mehr verglichen werden konnte.
Am 6. Juli 1843 erklang die „biblische Szene“ erstmals mit 1200 Sängern und 100 Orchestermitgliedern in der Frauenkirche. Die Mitwirkenden nahmen dabei fast das gesamte Kirchenschiff ein, und mit den auf verschiedenen Emporen in unterschiedlicher Höhe nicht sichtbar aufgestellten Chören wurden geheimnisvolle, sphärisch anmutende Klangeffekte erzielt. Bemerkenswert ist, dass erst nach 25 Minuten a cappella leise flüsternd die Streicher einsetzten und bis dahin von Zeit zu Zeit Harfen den Grundton angaben. Vom Publikum wurde das Werk begeistert aufgenommen. Bis zur Bombardierung Dresdens 1945 und der Zerstörung der Frauenkirche wurde das Chorwerk nur vier Mal an diesem Ort wiederholt, letztmalig im Mai 1913 zum 100. Geburtstag von Richard Wagner unter der Leitung Ernst von Schuchs.
Am 14. Juni 2008 war es ein unbeschreiblich beglückendes Gefühl, dieses Werk innerhalb der Konzertreihe der Sächsischen Staatskapelle Dresden unter Leitung von Marc Minkowski am Ort seiner Uraufführung in der wiederaufgebauten Frauenkirche erleben zu können. Die bildhaften Eindrücke, hervorgerufen durch die barocke Pracht im Kircheninneren mit ihrer üppigen, lebensbejahenden Farbgebung und der filigranen Gestaltung von Orgel, Taufstein, Kanzel und Altar, wurden dabei mit dem Klangerlebniss zur Symbiose verschmolzen. Aus aller Welt war das Publikum zu diesem bedeutsamen Ereignis angereist. Zahlreiche Mitglieder von Wagner-Verbänden befanden sich unter den Gästen und verfolgten ergriffen die Aufführung am authentischen Ort.

Am 1. Oktober 1843 bezogen die Wagners mit geliehenem Geld ihre neue Bleibe in der Ostra-Allee 6, zweite Etage, dem damaligen Flemmingschen Mietshaus. Dieses Gebäude wurde 1870 zum Gewerbehaus umgebaut. Dabei wurde u. a. rückwärtig einer der akustisch besten Konzertsäle Dresdens angebaut. In die Stadtgeschichte ist dieser Saal als erste Spielstätte der späteren Dresdner Philharmonie (gegründet 1870, bis 1915 als Orchester des Gewerbehauses Dresden) eingegangen. Im Jahr 1913 wurde zur Erinnerung an Wagners längste und künstlerisch erfolgreichste Wohnzeit eine Gedenktafel an dem Gebäude angebracht. Bei der Bombardierung Dresdens 1945 ging auch dieses Haus in Flammen auf. Heute steht an der Stelle ein modernes Bankhaus.
Bereits in der Ostra-Allee begann Wagner die altdeutsche und historische Literatur zusammenzustellen, die bemerkenswerterweise sämtliche stofflichen Fundamente für seine späteren Musikdramen von „Tannhäuser“ bis „Parsifal“ enthielt. Er hatte also schon zu dieser Zeit feste Vorstellungen von seinem zukünftigen Schaffen.
Natürlich bestimmte vorrangig die Anstellung als Königlich Sächsischer Hofkapellmeister Wagners Tagesablauf. Neben

Das erste Opernhaus Gottfried Sempers in Dresden wurde 1869 bei einem Brand zerstört. Kolorierter Kupferstich von Carl Täubert, um 1850
Gottfried Semper floh nach den Maiaufständen 1849 aus Deutschland und entwarf in Wien einen zweiten Bau, der unter der Leitung seines ältesten Sohnes Manfred von 1871 bis 1878 am Theaterplatz erbaut wurde.

links: Das Sommertheater am Linkeschen Bad zu Wagners Zeiten (Areal der heutigen Drachenschenke nahe der Elbeinmündung der Prießnitz), aus: Robert Bory, Richard Wagner – Sein Leben und sein Werk in Bildern, Leipzig 1938

Bildpaar links: Schlossplatz mit Ständehaus und dem Denkmal für König Albert von Sachsen, um 1930, und heutige Situation mit dem Denkmal für König Friedrich August I. von Ernst Rietschel

Bildpaar rechts: Gewerbehaus Ostra-Allee 6 und heutige Situation

seinen offiziellen Verpflichtungen fand er gelegentlich Zeit für die Komposition weiterer kleiner Werke. So brachte er am 22. Juni 1844 erstmals für ein von ihm dirigiertes Konzert der Hofkapelle im Palais des Großen Gartens eine kurzfristig zur Ouvertüre überarbeitete Fassung des bereits in Paris komponierten 1. Satzes der fragmentarisch vorhandenen „Faust Symphonie“ zur Uraufführung. Das Palais als eines der Hauptwerke des sächsischen Barock wurde beim Bombardement auf Dresden bis auf die Außenmauern weitgehend zerstört. Obwohl der Wiederaufbau noch nicht vollständig abgeschlossen ist, finden bereits wieder Konzerte statt.
Die Rückkehr des Sachsenkönigs Friedrich August II. von einer Englandreise war für Wagner Anlass, mit der Komposition des Huldigungs-Chorliedes „Gruß seiner Treuen an Friedrich August den Geliebten“ seine Loyalität spontan zum Ausdruck zu bringen. Am 12. August 1844 wurde es im Park des Schlosses Pillnitz im Rahmen eines festlichen Konzertes unter Mitwirkung von 300 Sängern und 120 Musikern, die per Dampfer aus Dresden angereist waren, unter Leitung Reißigers uraufgeführt. Dabei ließ es sich Wagner nicht nehmen, selbst im Chor mitzusingen.
Schloss Pillnitz, unmittelbar an der Elbe gelegen, stellt ein ungewöhnlich gelungenes Ensemble aus barocker Parkanlage und der im 18. Jahrhundert in Mode gekommenen China-Architektur dar. Hier wurde 1791 mit der „Pillnitzer Deklaration“ als Ergebnis eines Fürstentreffens der Großmächte Österreich und Preußen politische Weltgeschichte geschrieben. Heute sind in der Schlossanlage Museen untergebracht, im Park ist u. a. eine der historischen Vorlage nachempfundene Elbgondel aufgestellt. Die Orangerie, der Pavillon im Englischen Garten, der Chinesische Pavillon sowie die 230 Jahre alte Kamelie sind darüber hinaus immer wieder Besuchermagnete.
Unbestreitbare Verdienste erwarb sich Wagner mit seiner letztendlich erfolgreichen Beharrlichkeit, die sterblichen Überreste seines innigst verehrten Vorbildes Carl Maria

von Weber von London nach Dresden überführen und umbetten zu lassen. Nach langen Bemühungen war es am 14. Dezember 1844 soweit. Wagner hatte eigens für den feierlichen Fackelzug zur letzten Ruhestätte auf dem Alten Katholischen Friedhof in Dresden-Friedrichstadt eine Trauermusik aus musikalischen Themen von Webers „Euryanthe" geschrieben. Seiner persönlich gehaltenen Trauerrede am nächsten Tag folgte als Abschluss der sehr emotionalen Feier die Intonation der von ihm für die Beisetzung verfassten Männerchor-Komposition „An Webers Grab".

Für kulturgeschichtlich interessierte Besucher Dresdens stellt der Friedhof als einer der ältesten noch bestehenden Ruhestätten eine Fundgrube dar. Hier befinden sich die Grabmale namhafter Persönlichkeiten, unter ihnen Künstler und Weggefährten Wagners, wie der Maler Gerhard von Kügelgen, der Bildhauer Balthasar Permoser, der Tenor Josef Tichatschek, der Botaniker Johann Centurius von Hoffmannsegg, Johann Georg Chevalier de Sax, ein Sohn Augusts des Starken, oder Dr. Anton Pusinelli, Arzt und Freund Wagners sowie Gründungsvorsitzender des Richard-Wagner-Verbandes Dresden (1872). Minna, die erste Ehefrau Wagners, fand ihre letzte Ruhestätte auf dem Alten Annenfriedhof, Chemnitzer Straße, im Dresdner Süden in unmittelbarer Nähe des Grabes von Ludwig Schnorr von Carolsfeld (erster Tristan).

In den folgenden Monaten widmete sich Richard Wagner ausgiebigen Literaturstudien, aber auch den Prosaentwürfen für die „Meistersinger" und „Lohengrin" und vor allem der Fertigstellung seiner neuen Oper „Tannhäuser". Am 13. April 1845 schloss er die Partitur ab. Noch im September wurde mit der Probenarbeit begonnen. Insgesamt gestalteten sich die Vorbereitungen sehr problematisch, Dekorationen wurden nicht rechtzeitig fertig, und bei der Einstudierung mussten unerwartete Schwierigkeiten überwunden werden.

Was sich das Dresdner Publikum von der neuen Oper erhoffte, war Wagner natürlich bewusst, die enthusiastische Aufnahme des „Rienzi" stand der unterkühlten des „Holländers" gegenüber, und somit war die Erwartungshaltung abgesteckt. Ungeachtet dessen wollte Wagner seinen mehrfach geäußerten Opernreform-Gedanken mit der Hinwendung zum durchkomponierten Musikdrama Ausdruck verleihen. Die Uraufführung am 19. Oktober 1845 in der Semperoper unter seiner Leitung konnte folglich bei weitem nicht zufriedenstellen. Irritiert verließen die Zuschauer das Opernhaus, die wenigsten hatten den epochalen Augenblick als solchen verstanden. Zweifellos wurde durch diese Oper die Entwicklung der herkömmlichen Oper, gekennzeichnet durch Arien und Rezitative, zum Musikdrama mit gesungenen Dialogen bzw. Monologen weitergeführt. Der neue Stil brachte Bewunderung, aber auch erbitterte Ablehnung. Umarbeitungen wurden zur logischen Folge und blieben Wagner über die Jahrzehnte bis zu seinem Tod Herzenswunsch.

Für das Palmsonntagskonzert am 5. April 1846 legte sich Wagner die Messlatte der Anerkennung selber sehr hoch, indem er gegen den Widerstand der Intendanz und des Orchestervorstandes durchsetzte, dass die 9. Sinfonie von Ludwig van Beethoven zur Wiederaufführung einstudiert werden konnte. Seine Initiativen zum Verstehen des Werkes wurden für ihn zur „Ehrensache". Er veröffentlichte in der „Dresdner Abendzeitung" drei Aufsätze mit Erklärungen zum Werk, verstand es, die Mitwirkenden durch euphorische Anfeuerungen zu begeistern, und beeindruckte die Orchestermitglieder durch auswendiges Dirigieren der gesamten Sinfonie.

Die Aufführung in der alten Pöppelmann-Oper am Zwinger unter Mitwirkung von 300 Chorsängern übertraf die kühnsten Erwartungen, wurde zum unvergesslichen Erlebnis für die Zuhörer und darüber hinaus zum Beginn des Siegeszuges dieses „menschlichen Evangeliums" auch als Palmsonntagskonzert für die nachfolgenden Jahre.

Die vielfältigen Anforderungen als Königlich Sächsischer Hofkapellmeister bei Überarbeitungen (Glucks „Iphigenie

Schloss Pillnitz

Marcolinisches Palais in der Friedrichstraße, an der sich eine Gedenktafel befindet

en Aulide") bzw. Neueinstudierungen von Opern, als Komponist und Reformer (Wagner hatte im Frühjahr des Jahres seine Schrift „Die Königliche Kapelle betreffend" an den Intendanten von Lüttichau gesandt) forderten ihren Tribut. Wagner beantragte und erhielt einen dreimonatigen Erholungsurlaub im idyllisch gelegenen Graupa vor den Toren der Sächsischen Schweiz genehmigt. Die größten Teile der Kompositionsskizze seines „Lohengrin" waren Lohn dieser in ländlicher Ruhe und Entspannung verbrachten Wochen (siehe auch S. 42ff.).

Wieder in Dresden, holte ihn die Wirklichkeit sehr schnell ein. Seiner wirtschaftlichen Misere suchte er mit einem neuerlichen Wohnungswechsel im April 1847 in die erste Etage des Ostflügels des Marcolinischen Palais in der Friedrichstraße zu begegnen und nahm dafür auch den längeren Fußmarsch zur Oper in Kauf. Das Palais, ursprünglich für die Fürstin Lubomirska Anfang des 18. Jahrhunderts erbaut, wurde zeitgeschichtlich bedeutsam durch die Quartiernahme Kaiser Napoleons von Juni bis August 1813 unmittelbar vor Beginn der Schlacht bei Dresden und der Völkerschlacht bei Leipzig. Ab 1835 wurden die Räume preiswert vermietet und damit auch zur beliebten Unterkunft für Künstler (z. B. Bildhauer Prof. Ernst Julius Hähnel). Mit dem Umbau zum städtischen Krankenhaus und dessen Eröffnung am 27. November 1849 (vorab waren Verwundete der 1849er Mai-Revolution die ersten zu versorgenden Patienten) erhielt es seine noch gegenwärtige Bestimmung. Eine Gedenktafel erinnert an den Wohnaufenthalt Richard Wagners.

Den politischen Ausweg meinte Wagner mit seinem Bekenntnis zur Notwendigkeit radikaler Veränderungen der politischen und sozialen Zustände durch „Vernichtung der Macht des Kapitals" gefunden zu haben. Natürlich wurde sein Wunsch nach gesellschaftspolitischen Wandlungen vor allem von künstlerischen Aspekten bestimmt. Die miserablen Zustände des Orchesters und die daraus erwachsenen Forderungen für unabdingbare Umwälzungen wurden zum Leitfaden seiner Reformgedanken.

Bestärkt wurde er in dieser Sichtweise vor allem durch den seit Jahren mit ihm befreundeten August Röckel, der in Dresden bis zur politisch motivierten Suspendierung 1848 Wagners Musikdirektor und ab August dieses Jahres Herausgeber der republikanisch gesinnten „Volksblätter" war. Auch Wagner nutzte Röckels Zeitung als Sprachrohr für die Veröffentlichung seiner revolutionären Gedanken. So sind besonders die Artikel „Deutschland und seine Fürsten", „Der Mensch und die bestehende Gesellschaft" und „Die Revolution" in Erinnerung geblieben.

Mit der Auflösung des sächsischen Landtags am 30. April 1849 und dem damit verbundenen Verlust der Abgeordneten-Immunität war es für Röckel sicherer, Deutschland vorerst zu verlassen und in Prag die weitere politische Entwicklung abzuwarten. Mit inständigen brieflichen Bitten bewog Wagner seinen Freund zur Rückkehr, da inzwischen die Barrikadenkämpfe mit den sächsischen und preußischen Truppen in den Dresdner Straßen zu beginnen drohten.

Gedruckte Handzettel verteilend, ging Wagner – die Gefahr missachtend – zu den in Bereitschaft stehenden sächsischen Soldaten, um seinen Aufruf zur solidarischen Verbrüderung mit den Aufständischen zu propagieren.

Darüber hinaus stieg er Tag für Tag auf den Turm der Kreuzkirche und informierte die Rathausführung über die beobachteten aktuellen Truppenbewegungen. Von hier aus sah er auch am 7. Mai das alte Opernhaus am Zwinger als Schicksalszeichen der gewaltsamen Auseinandersetzungen brennen.

Die Niederschlagung des Aufstandes durch preußische und sächsische Truppen mit über 200 Todesopfern ging einher mit der steckbrieflichen Suche der revolutionären „Rädelsführer". Nur einem glücklichen Zufall war es zu verdanken, dass Wagner, auf der Flucht befindlich, nicht zum vorgesehenen Zeitpunkt in Chemnitz erschien und somit dem unbarmherzigen Schicksal der Revolutionsgefährten entging, eine langjährige Haftstrafe verbüßen zu müssen. Mithilfe seines Freundes Franz Liszt gelang es ihm, unversehrt in die Schweiz zu entkommen. Die „Lohengrin"-Partitur als kostbarstes Gut ließ er zu treuen Händen bei Liszt in Weimar zurück.

Damit war einer der prägendsten Lebensabschnitte für das künstlerische Schaffen Wagners abrupt zu Ende gegangen. Seine „Dresdner Bibliothek", die viele Jahrzehnte von der

Zuschauerraum der Semperoper

„Die Meistersinger von Nürnberg" an der Semperoper Dresden, 2007
Inszenierung: Claus Guth mit Raymond Very (Stolzing) und Jan-Hendrik Rootering (Hans Sachs)

Verleger-Familie Avenarius (Wagners Schwester Cäcilie war mit Eduard Avenarius verheiratet) aufbewahrt wurde und heute im Haus Wahnfried in Augenschein genommen werden kann, ist Beleg dafür, dass schon in dieser frühen Dresdner Schaffenszeit für Wagner ein fest umrissenes Konzept seiner zukünftigen Werke vorhanden war.

Selbst für sein Bühnenweihfestspiel „Parsifal", als Vollendung seines Lebenswerkes, verwandte Wagner Inspirationen aus seiner Dresdner Kapellmeisterzeit mit dem „Dresdner Amen" von seinem Hofkapellmeister-Vorgänger Johann Gottlieb Naumann (Kapellmeister von 1776 bis 1801).

Die Dresdner Hofkapelle und spätere Sächsische Staatskapelle, als eines der ältesten Orchester überhaupt, brachte über die Jahrhunderte mit einer Vielzahl von herausragenden Kapellmeistern und Instrumentalisten die Hofmusik zu hoher Blüte.

Schütz, Hasse, Naumann und Weber waren die maßgeblichen Protagonisten der Zeit vor Wagner. Nach ihm sind es u. a. die Dirigenten Franz Wüllner, Ernst von Schuch, Fritz Busch, Karl Böhm, Joseph Keilberth, Otmar Suitner bis hin zu Christian Thielemann, die auch in der Tradition Wagners den ausgezeichneten Ruf des Dresdner Klangkörpers in der ganzen Welt etablierten.

Franz Wüllner leitete am Nationaltheater München auf Anordnung des bayrischen Königs Ludwig II. in den Jahren 1869 und 1870 die Uraufführungen von „Das Rheingold" und „Die Walküre".

Ernst von Schuch dirigierte mit Erfolg bei Besuchen Wagners dessen „Rienzi" und den „Fliegenden Holländer", um später vor allem Werke von Richard Strauss in Dresden zur Uraufführung zu bringen.

Fritz Busch war als ausgemachter Wagner-Kenner auch in Bayreuth gefragt und wurde nach seinem Tod zum Ehrenmitglied der Dresdner Staatskapelle ernannt. Karl Böhm tat sich besonders nach dem Zweiten Weltkrieg als gefragter Wagner-Dirigent in Bayreuth durch die Zusammenarbeit mit Wieland Wagner hervor. Joseph Keilberths Wagner-Interpretationen waren legendär und fanden ihren Niederschlag in hervorragenden Plattenaufnahmen der 1950er und 1960er Jahre. Otmar Suitner als „Wanderer zwischen den Welten" wurde in Bayreuth mit seiner spätromantischen Deutung des „Tannhäuser", des „Fliegenden Holländers" und des „Rings des Nibelungen" gefeiert.

Christian Thielemann, gefragtester Dirigent der Gegenwart, gilt unter den heutigen Dirigenten im Besonderen als Wagner-Kenner. Sein bedeutsames Wirken in Bayreuth, München und Wien prägt nachhaltig die jeweiligen Klangkörper, und nun, in Dresden, wird diese Tradition nach seinen bisherigen Gastspielen schon erkennbar.

Als Meilenstein heutiger Wagner-Interpretation muss die Plattenaufnahme des gesamten „Rings des Nibelungen" von 1982 mit der Dresdner Staatskapelle unter Leitung von Marek Janowski besondere Erwähnung finden. Sie gilt weltweit als eine der musikalisch anspruchsvollsten und überzeugendsten, die jemals von Wagners Tetralogie aufgenommen wurden. Janowskis Orchesterführung sowie die sängerischen Leistungen von Interpreten wie Peter Schreier als Loge und Mime, Theo Adam als Wotan und Wanderer, Siegfried Jerusalem als Siegmund, Jessye Norman als Sieglinde, René Kollo als Siegfried und Jeannine Altmeyer als Brünnhilde gehören neben der ausgezeichneten Tonqualität zum Bemerkenswertesten dieser Einspielung.

Diese außergewöhnliche Tonqualität ist Ergebnis einer am Ende der 1950er Jahre geborenen Idee, in der vom Krieg teilweise zerstörten Lukaskirche im Dresdner Süden ein akustisch hochwertiges Studio für Schallplattenaufnahmen und Orchesterproben einzurichten. Der Umbau dauerte bis 1972, ehe das sich im Laufe der Zeit zu einem der gefragtesten Tonstudios für Klassikaufnahmen entwickelnde Haus zur Verfügung stand.

Mit Beginn des Wiederaufbaus der Semperoper am 24. Juni 1977 sollte sich die zukünftige Opernsituation in Dresden grundlegend zum Positiven ändern. Die den Nachkriegsgegebenheiten geschuldete gemeinsame Spielstätte konnte wieder entflochten und Schauspiel bzw. Oper in den eigenen Häusern autark betrieben werden.

Mit technisch notwendigen Erweiterungsbauten unmittelbar neben der Semperoper ergänzt, wurde das Haus im

Semperschen Sinn wiederaufgebaut und am 13. Februar 1985 mit Webers „Freischütz" unter der Regie von Professor Joachim Herz und der Intendanz von Professor Max Gerd Schönfelder (Neugründungs-Vorsitzender des Dresdner Richard-Wagner-Verbandes) eröffnet.

Die nächsten Jahre führten zu bemerkenswerten Wagner-Interpretationen. Wolfgang Wagner inszenierte mit großem Erfolg die „Meistersinger" und den „Fliegenden Holländer". Die „Parsifal"-Inszenierung von Theo Adam mit lyrischem Pathos, die in Koproduktion mit der Opera Montpellier entstandene Inszenierung von „Tristan und Isolde" durch Marco Arturo Marelli mit an Wieland Wagner erinnernder Farblichtführung, die sehr emotional und werknah ausgerichtete „Lohengrin"-Inszenierung von Christine Mielitz und letztendlich die modern und trotzdem in sich stimmige „Tannhäuser"-Interpretation von Peter Konwitschny sind weitere Höhepunkte der neueren Dresdner Operngeschichte und im Gedächtnis der Einwohner und ihrer Gäste geblieben.

Resümierend kann festgestellt werden, dass unter dem Blickwinkel der Entwicklungsgeschichte der Oper Dresden eine seiner Glanzepochen dem Wirken Wagners zu verdanken hat. Der Triumphzug der deutschen romantischen Oper nahm mit den Uraufführungen des „Holländers", des „Tannhäuser" und der Entstehung des „Lohengrin" in Dresden seinen Ausgangspunkt in die Welt. Unbestreitbar reichen damit neben den städtisch-örtlichen vor allem auch Wagners künstlerische Spuren bis in die Gegenwart der Sachsenmetropole.

Der Veranstaltungsplan für das Richard-Wagner-Jubiläumsjahr 2013 lässt in Dresden kaum musikalische Wünsche offen. Mit „Lohengrin", „Parsifal", dem neuinszenierten „Holländer", „Tannhäuser", „Tristan und Isolde", Sonderkonzerten und Wagner-Kolloquium beziehungsweise-Symposien erfährt Richard Wagner eine Würdigung, die seiner musikgeschichtlichen Bedeutung für unsere Stadt gerecht wird.

„Tannhäuser", Wiederaufnahme Oktober 2013
Musikalische Leitung; Constantin Trinks
Inszenierung: Peter Konwitschny,
mit Stephen Gould (Tannhäuser), Tichina Vaughn (Venus) und dem Staatsopernchor

RICHARD WAGNER UND GRAUPA

Christian Mühne

„Gott sei Lob, ich bin auf dem Lande, drei Stunden von Dresden, in der reizendsten Gegend von der sächsischen Schweiz, und fange wieder an, als Mensch u. Künstler aufzuathmen!"

HISTORISCHE EBENE – „Zu Richard Wagner muss man pilgern"

Richard Wagners Landaufenthalte abseits der großen Kulturmetropolen durchziehen sein gesamtes Leben eher sporadisch. Sie gehören aber in seiner Biografie zum schöpferischen Moment ebenso unabdingbar wie die unmittelbare städtische Nähe zu den Theatern und dem weiteren Kunstbetrieb. In deren verfestigte Traditionen versuchte er als Künstler revolutionär einzugreifen.

Die Aufenthalte in ländlichen Gegenden brauchte er für seine innere Balance. Natur hieß für ihn Erholung suchen und Kraft schöpfen nach oft erlittener beruflicher und selbst auferlegter Überbeanspruchung. Natur bedeutete gleichzeitig äußere Abgeschiedenheit und die Möglichkeit, Ideen aus dem Innersten aufsteigen zu lassen. Das hieß in der Konsequenz: Ausführung auf dem Papier, Drängen auf Umsetzung der Ideen, gedankliche und schließlich praktische Vorbereitung der Aufführungen im Theater. Wagners Bühnenwerke wurden wesentlich aus dem Naturerlebnis inspiriert, wurzelte er doch stark im romantischen Lebensgefühl.

Mit der die Kultur- und Kunststadt Dresden prägenden Natur und Landschaft fühlte sich Wagner seit seiner Kindheit und beruflich ab 1842 besonders verbunden. Vielleicht wählte er aus dieser Affinität heraus im Jahre 1846 den idyllischen Ort Graupa – damals Groß-Graupe – für seinen Arbeitsurlaub. Spätere Legenden über die Wahl des Urlaubsortes finden sich in Wagners schriftlichen Äußerungen nicht bestätigt, sind aber heute für eine touristische Vermarktung interessant.[1]

Schon lange vor seinem Graupa-Aufenthalt von 1846 war Wagner die Landschaft zwischen Dresden und der Sächsisch-Böhmischen Schweiz bekannt. Sicherlich erlebte er bereits während seines Kindheitsaufenthaltes bei Pfarrer Christian Ephraim Wetzel in Possendorf 1820/21 den Blick von den Bergrücken zur Sächsischen Schweiz. Der Aufenthalt diente Bildungs- und Erziehungszwecken. „In Gesellschaft anderer Knaben aus guten Familien" lauschte der gerade Siebenjährige im Pfarrhaus „Zeitungs- und Kalenderberichten über die Vorfälle des gleichzeitigen griechischen Freiheitskampfes"[2] und den Vorlesungen des Pfarrers aus einer Mozart-Biografie.

Das äußere Erscheinungsbild des Lohengrinhauses, Richard-Wagner-Stätten Graupa (links), entspricht nach seiner Sanierung dem ursprünglichen Zustand.

Johann Carl August Richter, Blick von Findlaters Weinberg auf Dresden, aquarellierte Radierung, um 1830

Dann: 1827 unternahm Wagner mit seinem Dresdner Jugendfreund Rudolf Böhme eine Fußwanderung nach Prag. Weitere Pragaufenthalte folgten 1832, über Teplitz 1834, dann im Juli 1835 während seiner Engagementreise für das Magdeburger Theater.[3]

1832 reiste Wagner, zunächst in Gesellschaft des polnischen Adligen Wincenty Tyszkiewicz, von Leipzig nach Wien über Dresden, Pirna und Brünn. „Nachdem in Dresden ein kleiner Aufenthalt genommen, gaben die dort anwesenden vornehmen und geringeren Glieder der Emigration dem von ihnen allen geliebten Grafen in Pirna ein freundschaftliches Abschiedsmahl, bei welchem, unter Strömen Champagners, dem zukünftigen ‚Diktator Polens' ein Hoch gebracht wurde."[4]

Im Juni 1835 begab sich Wagner mit Minna zu einer Kur nach Schandau. Das verlobte Paar verbrachte dort einige Tage und Nächte.[5] Auch später, in den 1840er Jahren, erlebte Wagner von der bei Dresdnern beliebten Ausflugsgaststätte Fischers und Findlaters Weinberg an den östlich von Dresden gelegenen Elbhängen den Blick bis zu den „Steinen" und Bergen.[6]

Eindrücke von der böhmischen Landschaft nahm er sicher auch von seinen Sommer- und Kuraufenthalten in Teplitz (1842 und 1843), dann in Marienbad (1845) mit. Für seine Rückkehr wählte er gern den Reiseweg ab Außig durch das Elbtal in Richtung Dresden.

Graupa

Was Graupa betrifft, ist der Begriff Seelenlandschaft wohl nicht falsch gewählt. Der idyllisch gelegene Ort dürfte Wagners innerstem Verlangen nach Erholung und schöpferischer Muße in reizvoller Umgebung der Natur weitgehend entsprochen haben. Zu bedenken ist dabei: Er hatte „einen der widerlichsten Winter" seines „Lebens im Rücken: Neid, Bosheit, Albernheit"[7] nach beruflichen und freiwillig sich auferlegten Pflichten,[8] sodass er in der Stille und Abgeschiedenheit nach Neuorientierung und ungestörtem Schaffen suchte. Glücklich hebt er in einem Brief an seinen Dresdner Theaterkollegen Ferdinand Heine noch am 6. Juli 1846 hervor: „[...] ungestört auf dem Lande verbleiben zu können, nur die Unterbrechung abgerechnet, die mein Besuch Spohr's in Leipzig nöthig machte".[9]

Zeitlich umfasste Wagners Graupaer Arbeitsurlaub 1846 zehn bis elf Wochen zwischen 15. Mai und Ende Juli, spätestens noch die ersten Augusttage.[10]

Richard Wagner, Fotografie von L. Angerer

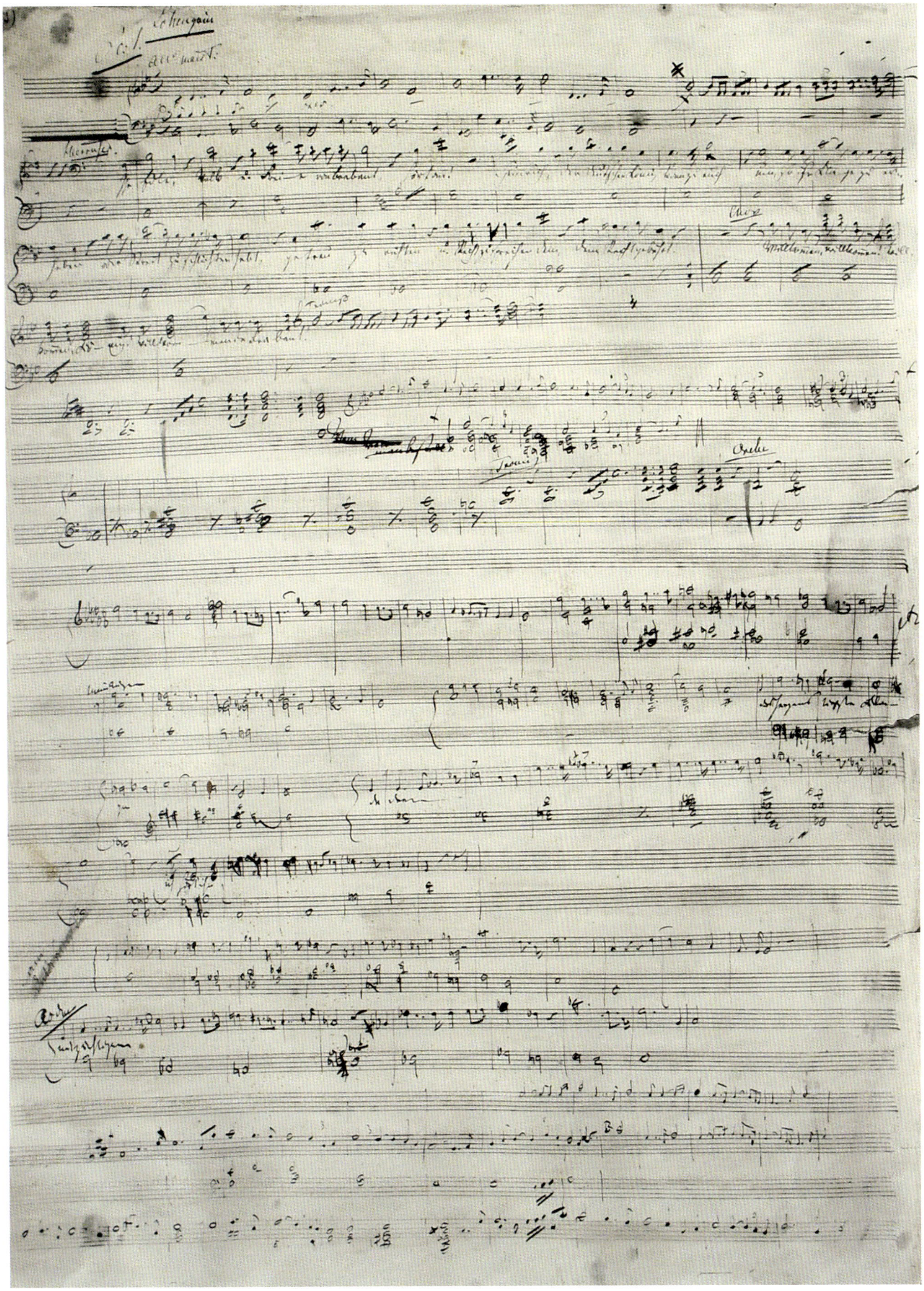

Notenskizze zu „Lohengrin“, Ausschnitt

Hans von Bülow
(1830–1894)

Was fanden er und Minna hier vor? Ein erneuertes, für die Region typisches Wohn-Stall-Gebäude des Großbauern Johann Gottlob Schäfer, das seit Generationen im Besitz der Familie war. Die Initialen JGS mit der Jahreszahl 1840 zieren noch heute den Sturz der Eingangstür.[11] Während es im Haus ganz alltäglich zuging – im Erdgeschoss befanden sich die Wirtschaftsräume und der Rinderstall mit dem bemerkenswerten böhmischen Kappengewölbe –, konnten Richard und Minna mit dem Hündchen Peps in den zwei schönsten Zimmern der ersten Etage mit Blick zum sächsisch-böhmischen Gebirgskamm in relativer Ungestörtheit wohnen.

Der wichtigste wie auch kostbare künstlerische Graupaer Ertrag Wagners waren die insgesamt 30 vorder- und rückseitig beschriebenen Notenblätter der musikalischen Skizzen zu seiner Oper „Lohengrin"[12].

Hypothetisch gesehen ließe sich das verklärende Lohengrin-Motiv dahingehend deuten, dass Ideal und Wirklichkeit in der Landschaft um Graupa einander sehr nahe kommen: Lohengrin, der vorausahnt, und Wagner, der weiß, dass er hier nicht auf Dauer bleiben kann.

Wagners Briefe dieser Zeit belegen, dass er auch von hier aus in einem regen geistigen Austausch mit der Außenwelt stand. So schreibt er oft in der gewohnten Länge u. a. an Franz Liszt in Wien, Eduard Avenarius in Leipzig, an den Redakteur Karl Gaillard, den Intendanten Graf von Redern in Berlin und an Dr. Hermann Franck in Breslau. Insgesamt acht Graupaer Briefe Wagners[13] sind bekannt. Darin geht es um dramaturgische Fragen im „Lohengrin", um Partiturübermittlungen, zu ordnende geschäftliche Dinge und besonders in der ersten Zeit nach seinem Eintreffen um die Schilderung seines als entspannt und glückhaft empfundenen Arbeitsurlaubs. So heißt es zum Beispiel in einem der Briefe: „Gott sei Lob, ich bin auf dem Lande, drei Stunden von Dresden, in der reizendsten Gegend von der sächsischen Schweiz, und fange wieder an, als Mensch u. Künstler aufzuathmen! [...] Nun hoffe ich alle Erlabung meines Gemüthes und meiner Gesundheit von meinem Bauern-Leben. Ich wohne in einem gänzlich unentweihten Dorfe, – ich bin der erste Städter der sich hier eingemiethet hat. Eine große Wohlthat hat mir mein König durch die Gewährung eines längeren Urlaubs erzeigt! – Ich laufe, liege im Walde, lese, esse und trinke, und suche das Musikmachen gänzlich zu vergessen!"[14]

Ähnlich poetisch und mit Angaben seiner Ausflugsziele und Wanderungen umreißt Wagner zwei Jahrzehnte später die für ihn wichtige Graupaer Urlaubsepisode in seiner Autobiografie „Mein Leben" wie folgt: „Zu meiner Erholung von allen überstandenen Mühseligkeiten und Bekümmernissen hatte ich mir nun als höchste Gunstbezeigung von meiner Direktion einen dreimonatigen Urlaub ausgewirkt, um in ländlicher Zurückgezogenheit sowohl mich erholen als reinen Atem zum Beginn einer neuen Arbeit schöpfen zu können. Ich hatte hierzu ein Bauernhaus in dem auf halbem Wege zwischen Pillnitz und dem Eintritt in die Sächsische Schweiz gelegenen Dorfe Groß-Graupe ausgesucht. Häufige Ausflüge auf den Porsberg, nach dem nahen Liebethaler Grunde, auch nach der entfernteren Bastei trugen bald zur Stärkung meiner angegriffenen Nerven bei. Als ich an den ersten Entwurf der Musik zu ‚Lohengrin' gehen wollte, störte mich zu meiner höchsten Pein unaufhörlich das Nachklingen Rossinischer Melodien aus ‚Wilhelm Tell', der letzten Oper, welche ich zu dirigieren gehabt hatte; in wahrer Verzweiflung verfiel ich endlich auf ein wirksames Gegenmittel gegen diese lästige Zudringlichkeit, indem ich mir auf einem einsamen Spaziergange mit energischster Betonung das erste Thema der Neunten Symphonie aus der ebenfalls ziemlich neu angefrischten Erinnerung vorführte. – Dies half. In dem Flussbade bei Pirna, wohin ich fast täglich gegen Abend zu meiner Erfrischung mich aufmachte, überraschte mich eines Mals, von einem mir unsichtbaren Badenden die Melodie des Pilgerchores aus ‚Tannhäuser' gepfiffen zu hören: dies erste Anzeichen einer möglichen Popularisierung des zunächst nur mit so großer Mühe in Dresden durchgesetzten Werkes machte auf mich einen Eindruck, den keine ähnliche spätere Erfahrung je hat überbieten können. Zuweilen erhielt ich Freundschaftsbesuche aus Dresden, unter denen sich eines Tages der damals sechzehnjährige Hans von Bülow in der

Die Lochmühle,
Bildpostkarte

Pirna, kolorierte Lithografie, nach 1856

Begleitung Lipinskys zu meiner Freude da ich schon früher auf seine große Teilnahme für mich aufmerksam geworden war, meldete. Im ganzen verblieb ich aber meistens nur auf den Umgang mit meiner Frau, auf meinen weiten Spaziergängen sogar nur auf den mit meinem Hündchen Peps angewiesen. Während dieses Sommerurlaubes, von welchem eine bedeutende Zeit anfänglich noch der Besorgung meiner widerlichen Geschäfte und der Stärkung meiner Gesundheit allein gewidmet werden musste, gelang es mir doch, die Musik sämtlicher drei Akte des ‚Lohengrin', wenn auch nur in flüchtigen Umrissen zu skizzieren. Mit dieser Ausbeute kehrte ich im August nach Dresden zu meinen bereits immer lästiger mir werdenden Kapellmeisterfunktionen zurück."[15]

Das in der Beschreibung des Graupa-Aufenthaltes bezeichnete Pirnaer Flussbad meint mit großer Wahrscheinlichkeit den Uferabschnitt der der Altstadt von Pirna gegenüberliegenden Copitzer Elbseite, vielleicht in Nähe der heutigen altstädtischen Elbbrücke.[16] Von dort hatte er den freien Blick auf die Stadt Pirna einschließlich der sie überragenden Burganlage des Sonnensteins.

Häufig suchte Wagner bei seinen Wanderungen und Spaziergängen den Liebethaler Grund auf, das „kleine Tor zur Sächsischen Schweiz". Dieser war als Wanderweg der Künstler, später Malerweg genannt, hinlänglich bekannt.[17]

Heute sieht man in dem engen Flusstal der Wesenitz einen der Ausgangspunkte der Romantik in Deutschland.[18]

Gegen Ende dieses Flusstales stand zu Wagners Zeit die bereits wenige Jahre zuvor flussabwärts neu errichtete Lochmühle.[19] Dass Wagner dort in der Restauration einkehrte, gilt als sicher, suchte er doch gern zu seiner Entspannung derartige Lokale auf.[20] Während seines letzten Dresden-Besuches 1881 zeigte Wagner seiner mitreisenden Familie neben Pillnitz auch Graupa und die Lochmühle, wo er 35 Jahre zuvor wesentliche schöpferische Inspiration aus dem künstlerischen Geist der Romantik empfing, was beweist, wie wichtig ihm diese Orte bis gegen Ende seines Lebens geblieben sind.[21]

Auf dem Türrahmen des Mühlenhauses sind noch heute die Buchstaben F. A. S. zu erkennen. Man könnte diese als Teil des Namens des Riesen Fasolt im „Rheingold" deuten. Der Gedanke, dass Wagner einiges aus seiner erlebnisstarken Gedanken- und Gefühlswelt während jenes Graupaer Sommerurlaubs in die Ausarbeitung des „Rings" einfließen ließ, ist zumindest hypothetisch naheliegend: das Felsental

Flusstal der Wesenitz (Liebethaler Grund) und in einem Kupferstich aus dem 19. Jahrhundert (links)

Richard Guhr (1873–1956)

mit der Mühle als Ort emsigen Arbeitens bei wenig Tageslicht, der laut rauschende Fluss am Mühlrad, Wagner als Wanderer auch über Bergeskuppen mit freien Sichten „über die Welt", als Naturbursche Siegfried im Wald, schließlich das Waldvöglein und das Verwunschen-Abgelegene der Gegend mit ihren vorstellbaren Fabelwesen bis hin zu imaginären Höhlendrachen. Vieles von dem, was das bizarre Figurenensemble und Milieu des „Rings des Nibelungen" ausmacht – hier mag Wagner erste Anstöße dazu gewonnen haben. So könnte die Rheinlandschaft des „Rings" gedanklich durchaus als in der Elblandschaft der Sächsischen Schweiz „geboren" betrachtet werden.[22] Die Jahre 1845/46 sind auch die Zeit der ersten biografischen Nachweise für eine sich vertiefende Beschäftigung Wagners mit dem Nibelungen-Sagenstoff.[23]

Das Wagner-Denkmal von Richard Guhr

Auf dem Gelände der Lochmühle, nahe dem Flusslauf und vor imposanter Sandsteinkulisse, erhebt sich heute das monumentale Wagner-Denkmal von Richard Guhr.[24] Es zeigt den Genius als Gralsritter mit lang fallendem Gewand, den Blick ins Unendliche richtend. In der rechten Hand hält er das heilige Feuer, die linke ruht auf einer Harfe. Umgeben wird er von fünf allegorischen Figuren, vier weiblichen und einer männlichen, die wesentliche Elemente seiner Musik symbolisieren sollen: das dämonische, lyrische, sphärische, dionysische und tragische (männlich).

Gustav Adolph Kietz (1824–1908) in seinem Atelier

Der Sockel mit eingelassenem Text aus der Gralserzählung („Des Ritters drum sollt Zweifel ihr nicht hegen!") misst 4,50 Meter, die Wagner-Figur 4,20 Meter. Eine zusätzliche Monumentalisierung erhält das Denkmal durch die Terrassierung und Einbeziehung der das Tal begrenzenden Felslandschaft, die dem Denkmal optisch seinen würdevollen Rahmen verleiht. Dieses wahrscheinlich weltgrößte Wagner-Denkmal wurde von Guhr 1911/12 als Gipsmodell entworfen und entstand ursprünglich zum Wagner-Jubiläum 1913 für Dresden. Als sich hier die Stadtoberen für keinen Aufstellungsort entscheiden konnten, plante der Künstler eine Präsentation in Teplitz. Die Aufstellung von 1932/33 am heutigen Standort hat eine ungewöhnliche Entstehungsgeschichte.[25] Diese ist zugleich ein Beleg für das Überdauern eines ästhetisch eigentümlichen Kunstwerkes über unterschiedliche bis gegensätzliche politische Zeitepochen hinweg.

Zurück zu Graupa 1846: Kollegen und Freunde machten Wagner in Graupa ihre Aufwartung. Die Namen gibt er im „Braunen Buch"[26] wie folgt an: „H. v. Bülow mit Lipinsky. Fr. Schmitt. Röckel mit Vater. Heine's mit Müller." Aber diese kurze Liste ist keineswegs vollständig.[27]

Aus dem Bericht des Bildhauers Gustav Adolph Kietz (1824–1908) über seinen Besuch bei Wagner in Graupa ist bekannt, dass Wagner auch im Uttewalder Grund gewesen ist.[28] Er wanderte außerdem zu den Basteifelsen, über die damals noch eine Holzbrücke führte.[29] Über sein wiederholtes Verweilen auf der Dittersbacher Höhe sagte er selber, er habe dort „gelohengrint" bzw. „es lohengrint in mir".[30] Nach Westen wanderte Wagner die Hänge des Borsberges entlang in Richtung Pillnitz.[31] An allen den genannten Stellen ist das von Wagner gesuchte romantische Naturerlebnis „mit Händen" zu greifen.

Kietz, damals Schüler Ernst Rietschels, beschrieb später aus der Erinnerung seine Eindrücke von dem Graupaer Besuch bei Wagner wie folgt: „Endlich, endlich brach eine langersehnte Ruhezeit durch einen dreimonatlichen Urlaub für ihn an. Mitte Mai 1846 zogen Wagners nach dem schön gelegenen Groß-Graupa, mitten in Wiesen und Feldern liegend, im Vordergrunde die an der Elbe hinführende Waldstraße nach Pillnitz, im Hintergrunde die Höhen vom Borsberg [...] Mein Gefährte ging in den Gasthof, um mich dort zu erwarten, und ich wanderte, da ich im Gasthof nichts erfahren konnte, von Haus zu Haus und frug nach der Wohnung des Herrn Kapellmeisters Wagner. Niemand konnte mir Auskunft geben, man wusste nichts von ihm. Da kam ich endlich in einen größeren, mehr nach außer-

Richard Guhr entwarf 1911 ein Richard-Wagner-Denkmal, das Wagner als Gralsritter umgeben von fünf Figuren zeigt, die als Sinnbilder der musikalischen Elemente Wagnerscher Musik stehen.
Das Denkmal sollte in Dresden aufgestellt werden. Die Stadt zeigte jedoch kein Interesse. Schließlich wurde das Denkmal 1932/33 auf hohem Sockel, umgeben von Sandsteinfelsen, im Liebethaler Grund nahe Lohmen errichtet, wo es heute noch zu sehen ist.

Minna Wagner, Stich von Weger nach einer Fotografie

halb des Dorfes liegenden Hof und als ich in die Haustür trat, tönten mir gar wohlbekannte Klänge entgegen. Es war der Pilgerchor aus dem ‚Tannhäuser', der gespielt wurde, und nun wusste ich, dass ich am rechten Orte war. Ich stieg die steile und schmale Holztreppe hinauf und fand oben auf dem offenen Treppenflur Frau Albert Wagner, die Mutter der Sängerin Johanna, auf dem Flügel spielend.

Von Frau Minna Wagner, die schnell herbeikam und mich herzlichst begrüßte, erfuhr ich, dass Wagner von seinem Spaziergange nach den Pillnitzer Höhen noch nicht zurückgekehrt sei, aber bald erwartet werde. Sie riet mir, ich möchte ihm durch den hinter dem Hofe liegenden Grasgarten entgegengehen. Das tat ich auch und in kurzer Zeit sah ich ihn mir mit Peps entgegenkommen, in heiterster Stimmung, mit einem großen runden Strohhut auf dem Kopfe, der ihm vortrefflich stand [...] Als sich der fremde Gast nach Tisch verabschiedet hatte, um das Dampfboot noch rechtzeitig zu erreichen, blieb ich noch mit Wagner im Zimmer. Er lehnte sich bequem im Sofa zurück und wir besprachen uns über meine weitere Fußtour [...] Nach Tisch sah ich mir auch die Wohnung näher an. Sie bestand aus einem mittelgroßen weißgetünchten Zimmer mit primitivster Einrichtung, in dem wir eben gespeist hatten, einer ebenso getünchten Kammer, knapp für zwei Betten, einen Waschtisch und zwei Stühle ausreichend, einer kleinen Küche und dem Treppenflur als Musikzimmer. Das war alles – und hier fühlte sich der damals schon als luxuriös und verschwenderisch verrufene Richard Wagner so glücklich! [...] Wie schön war der Weg von Großgraupa durch den wilden Weßnitzgrund nach der Schön-Höhe hinauf! Da oben, umrauscht vom Walde, hat Wagner oft gesessen und wie er selbst schreibt, ‚gelohengrint'. Seine Aufzeichnung im Fremdenbuche wurde leider einige Jahre darauf entwendet [...] Fast ein halbes Jahrhundert später ließ ich mit meinem Schwiegersohn eine Marmortafel an dem Hause anbringen, zur Erinnerung, dass Wagner daselbst die Musik zu seinem ‚Lohengrin' entworfen hat. Die kleine Feier geschah in aller Stille am Tage der ersten ‚Lohengrin'-Aufführung in Bayreuth im Jahre 1894."[32]

Auch ist die Legende überliefert, wonach das Ehepaar Wagner beim Einzug in sein Urlaubsdomizil von den Kindern der Familie Schäfer neugierig umringt worden sein soll. Richard habe jedem Kind eine kleine Münze zugeworfen. Ein Mädchen, das nicht zur Familie gehörte, musste die Münze wieder abgeben. Viele Jahre später habe sie als altes Mütterchen vom Dresdner Wagner-Verein als Wiedergutmachung eine Freikarte für eine Wagner-Vorstellung in der Semperoper geschenkt bekommen. Die Einzugsgeschichte steht allerdings in krassem Widerspruch zu den Aussagen von Gustav Adolph Kietz. Er betont in seinem Buch, er habe Wagner in Graupa zunächst nicht ausfindig machen können. Selbst im Dorfgasthof habe ihm niemand sagen können, wo der Kapellmeister wohnt. Schon der Einzug der Wagners ins Schäfersche Gut hätte sich zumindest durch die Kinder wie ein Lauffeuer im Ort verbreiten müssen. Denn Wagner bekennt selbst in seinen Graupaer Briefen, er sei der erste Großstädter, der sich hier eingemietet habe.[33]

Lohengrinhaus, Erdgeschoss mit Treppenflur, Aquarell, vor 1917

Lohengrinhaus,
Erster Wagner-Raum,
2009

AKTUELLE EBENE –
„[...] dem Genie nah sein zu können"

Die Richard-Wagner-Stätten Graupa befinden sich seit 2005 in Trägerschaft der Kultur- und Tourismusgesellschaft Pirna mbH. Unterstützung erfahren sie durch die Stadt Pirna, die Sächsische Landesstelle für Museumswesen, den Kulturraum und den Gaßmeyer-Förderkreis e. V.

Die Richard-Wagner-Stätten (Schirmherr Christian Thielemann) umfassen zwei museale Angebote: zum Einen das Lohengrinhaus als den authentischen Aufenthaltsort Wagners im Jahr 1846, das seit 1907 eine museale Präsentation beherbergt und somit als die älteste museale Wagner-Wohnstätte weltweit anzusehen ist. Zum Zweiten eine völlig neue Richard-Wagner-Dauerausstellung im Jagdschloss Graupa, deren Eröffnung im Januar 2013 stattfand.

Das Lohengrinhaus

Nach 100-jähriger Museumsgeschichte[34] wurde das Lohengrinhaus in den Jahren 2006 und 2007 saniert und restauriert, im Mai 2009 wiedereröffnet. Äußerlich ist der Zustand vor 1917 wiederhergestellt worden, also weitestgehend wie zu Wagners Zeit: Das Fachwerk der ersten Etage ist wieder komplett, die Dachfläche unterbrechen elegante Biberschwanzgaupen.

Auch im Inneren wurden die Umbauten aus der Zeit nach 1917 entfernt und der Bereich der durch Minna und Richard Wagner angemieteten beiden Räume rekonstruiert. Die Ausstellungsräume bieten eine thematische Dreiteilung: Wagners Sommeraufenthalt 1846 und die in diesen Räumen entstandene „Lohengrin"-Kompositionsskizze sowie die prominentesten seiner Besucher, darunter der damals 16-jährige Hans von Bülow. Die gerettete Gedenktafel vom ehemaligen Geburtshaus Bülows (Kriegsverlust) in der Dresdner Neustadt ist an der Innenmauer des Hofes zu besichtigen. Weiterhin informiert die Ausstellung über Wagners Wanderziele und die touristische Erschließung der Sächsischen

Jagdschloss Graupa, 2012

Schweiz durch Künstler und Intellektuelle im 19. Jahrhundert. Drittens gewähren die Wagner-Gedenkräume einen Einblick in bäuerliches Wohnen in Sachsen zu jener Zeit. Das Ausstellungsangebot im Erdgeschoss widmet sich der Darstellung der Entstehungsgeschichte, der kulturhistorischen Rahmenbedingungen und der Rezeption der Oper „Lohengrin"einschließlich der Würdigung der produktiven Freundschaft Liszt – Wagner. Zahlreiche Materialien von den verschiedenen literarischen Stoffquellen der Lohengrin-Sage zu Wagners schöpferischen Bearbeitungen, zur Uraufführung und Rezeption dieser Oper bereichern den Informationsgehalt der Ausstellung. Der Empfangsraum bietet Platz für kleine thematische Kabinettausstellungen. In der zweiten Etage des Hauses wurden zwei möblierte Wohnungen eingerichtet. Das Angebot, an authentischem Ort zu wohnen und zu arbeiten, richtet sich an Komponisten, Musiker, Musikwissenschaftler und -historiker, Kulturwissenschaftler, Bildkünstler und Publizisten. Ziel ist der lebendige Umgang mit dem unerschöpflichen Thema Wagner, seiner Zeit und seinem Werk.

Das Jagdschloss Graupa – Neues Richard-Wagner-Museum

Eine wesentliche räumliche und thematische Erweiterung der musealen Präsenz im Wagnerort Graupa ist mit dem Jagdschloss gegeben. Es handelt sich ursprünglich um einen

Neues Richard-Wagner-Museum im Jagdschloss Graupa
Raum 1 der Dauerausstellung „Wagner in Sachsen" mit Szenenbild zu „Rienzi", 2013

Raum 5 der Dauerausstellung mit historischen Musikinstrumenten, darunter unten rechts eine Wagnertuba, 2013

Raum 1 der Dauerausstellung mit Modell der Semperoper ist der Biografie Wagners mit Fokus auf seine Jahre in Sachsen gewidmet. 2013

Spätrenaissancebau aus dem Jahre 1666[35] mit bis heute prägender spätbarocker Überformung von 1755, dazu ein kleiner Turmaufbau von 1839 nach Pillnitzer Vorbild. Die Schlossanlage und den Park mit seiner mehrere Jahrhunderte alten Eiche hat Richard Wagner sicher zur Kenntnis genommen.

Nach erfolgter umfassender Sanierung und Rekonstruktion des Jagdschlosses bietet die reizvolle Flügelanlage den Rahmen für eine umfangreiche, neu entstandene museale Präsentation, die sowohl für Wagner-Einsteiger als auch für Wagner-Kenner eine intensive Auseinandersetzung mit dem Thema Richard Wagner, seiner Biografie und seinem Werk ermöglicht: Die neue Ausstellung „Richard Wagner in Sachsen" steht unter dem Motto „Keine Angst vor der Oper – Wagner ist ein Erlebnis". Sie informiert in sechs emotional unterschiedlich gestalteten Themenräumen über Wagners biografische Abschnitte in Sachsen einschließlich seiner Geburtsstadt Leipzig sowie über seine Aufenthalte in Böhmen und sein Wirken als Kapellmeister in Dresden. Größter und intensivster inhaltlicher Aspekt ist die wirksame Darstellung der einzelnen Stufen der Entstehung seines musiktheatralischen Gesamtkunstwerkes von der Dichtung über Komposition und Orchestrierung bis hin zur szenischen Umsetzung auf der Bühne, zum Wagner-Theater und Festspiel und – schlaglichtartig – zu Aspekten der Wagner-Rezeption.

Über Klangportale und Handlungsmotive als Gegensatzpaare (Schlagwörter wie „Liebe und Hass", „Fluch und Erlösung" aus Wagners Bühnenwerken) kann sich der Besucher seinen Zugang zum Thema selbst wählen und erschließen. Das museale Angebot wird ergänzt durch einen Raum für Sonderausstellungen und eine Mediathek mit vielfältigen Informationsmöglichkeiten. Der Konzert- und Veranstaltungssaal im ersten Obergeschoss bietet ausgezeichnete Möglichkeiten für ganzjährige Veranstaltungsreihen, kleine Theateraufführungen, Konzerte, Lesungen oder Einführungsvorträge bei größeren Besuchergruppen, für fachwissenschaftliche Tagungen oder Workshops. Eine Seitenremise eröffnet Möglichkeiten für museumspädagogisches Arbeiten. Der Zugang zum Jagdschloss einschließlich seiner öffentlichen Räume ist barrierefrei. Ein Personenaufzug mit umbautem Treppenaufgang in einem Glasanbau bietet zugleich einen einladenden Blick über das gesamte obere Elbtal bis hin zu den Ausläufern des Osterzgebirges. Dies kann man durchaus als eine Reminiszenz an eine traumhafte Landschaft werten, die uns dem Naturempfinden Wagners näher bringen kann.

Die Außenanlagen des Schlosskomplexes bieten Terrain wie auch Kulisse für Open-air-Veranstaltungen im Schlosshof und dem angrenzenden Parkareal. Als reizvolle Ergänzung zum Rundgang durch den Park gibt der Richard-Wagner-Kulturpfad auf 17 pultartigen Tafeln einen Überblick über Wagners Lebensstationen in Verbindung mit den jeweils entstandenen Hauptwerken.

Wer Wagners Begeisterung für den Ort und seine Umgebung nachempfinden will, sollte sich auf die Spuren seiner Wanderungen begeben: Der nahe gelegene Liebethaler Grund mit dem Wagner-Denkmal von Richard Guhr (dahinter die historische, zur Zeit sehr verfallene Lochmühle, an der Wagner 1846 einst gern verweilte) oder der Themenweg „Von Goethe zu Wagner" hin zum Belvedere des Rittergutes Quandt mit restaurierten Wandfresken von Carl Peschel und die Dittersbacher Höhen laden zum unmittelbaren Naturerlebnis mit kulturellem Anspruch ein.

Und wer dann noch Reserven haben sollte – Sächsische Weinstraße, Malerweg, Dichter-Musiker-Malerweg, die allesamt durch Graupa führen, bieten viele weitere Entdeckungen in der unmittelbaren Region. Aber das ist schon wieder ein ganz anderes Thema.

Raum 3 der Ausstellung stellt musikalische Vorbilder und Inspiratoren Wagners vor. Von links nach rechts: Ludwig van Beethoven, Carl Maria von Weber, Franz Liszt, Hector Berlioz und Christoph Willibald Gluck. Im Vordergrund sind Hörstationen zu sehen, an denen die Museumsbesucher Musikbeispiele aus Wagners Werken sowie Musik seiner Vorbilder hören können. Besonders an junge Gäste richtet sich das Angebot unter der Rubrik „Filmmusik", die aufbauend auf Wagners Kompositionsprinzip der Leitmotive in den 1930er/1940er Jahren in Hollywood entwickelt wurde und bis in die Gegenwart weitergeführt wird.

RICHARD WAGNER UND CHEMNITZ

Volkmar Leimert

„Ein wunderbares Schicksalszeichen“

Die Verbindungslinien Richard Wagners mit der Stadt Chemnitz scheinen auf den ersten Blick unerheblich, vergleicht man sie mit denen, die der Komponist zu den beiden anderen Städten des sächsischen Großstadtdreiecks Leipzig und Dresden unterhielt. Weder wurden ihm hier erste musikalische und literarische Eindrücke zuteil, noch suchte und fand er die Wirkungsmöglichkeiten, die seinem Ehrgeiz entsprochen hätten.

Chemnitz zählte zu Beginn des 19. Jahrhunderts etwa 10000 Einwohner, davon rund ein Drittel mit der Herstellung und Veredelung von Textilien befasst, und befand sich noch am Anfang einer fortan steil nach oben gehenden Industrieentwicklung. Es konnte seinerzeit weder eine Universität noch eine Bühne vorweisen und war – soweit sich überhaupt die Gelegenheit zu kulturellem Erlebnis bot – auf herumreisende Gesellschaften oder die Aufführungen der Lateinschüler angewiesen. So auch, als Karl Franz Guolfinger Ritter von Steinsberg, von dem auch das Libretto stammt, hier mit seiner Theatertruppe im Jahr 1800 Carl Maria von Webers Opernerstling „Das (stumme) Waldmädchen“ zur Uraufführung brachte. Das Verlangen nach Teilnahme an Kulturgütern wuchs mit steigender Wohlhabenheit, und die selbstbewusst werdende Bürgerschaft gründete 1805 einen Theaterverein, der sich das Ziel setzte, in Chemnitz ein Theater zu bauen, und seitens der „Freiberger Nachrichten“ mit dem Vorwurf eines „unstatthaften Strebens nach Großstädtischkeit“ bedacht wurde. Man hatte die Zeichen der Zeit erkannt, die sich mit der aus England herüberkommenden industriellen Fertigung z. B. der Baumwollspinnerei ergab und die bald auch an anderen Produktionsstätten Eingang fand. Das „sächsische Manchester“, wie Chemnitz nicht ohne Stolz genannt werden konnte, und seine neue Technik interessierte auch Goethe, als er im September 1810 auf der Rückreise aus Karlsbad für einen Tag hier verweilte. Allerdings – schöner war die Stadt durch eine Silhouette qualmender Schornsteine sicher nicht geworden und mit der wachsenden Zahl an Lohnarbeitern auch nicht sozialer. Goethe sah wohl keinen Anlass zu längerem Aufenthalt und hatte doch erst den Beginn eines „Rußchemnitz“ beobachtet. Denn der Maschinenbau erweiterte sich in den folgenden Jahren um den Export von Dampfmaschinen, Turbinen und in den vierziger Jahren von Lokomotiven. Es wurde Eisen und Stahl gegossen, Metall verarbeitet, Blech gewalzt und gehämmert, und Chemnitz mochte seinerzeit durchaus für die Geräuschkulisse von Nibelheim Vorbild gewesen sein. Zumindest dürfte Richard Wagner das akustische Bild aufgenommen

links: Schlossteich und Schlosskirche

Markt in Chemnitz, Stahlstich, um 1850

Heinrich Wolfram (1800 bis 1874), Opernsänger, Regisseur, später Kaufmann, aus: Der Türmer von Chemnitz, Folge 8, August 1938

haben, wenn er sich seiner Besuche bei Schwester Clara Wolfram in der Sächsischen Maschinenbau-Werkstatt (später Webstuhlfabrik Louis Schönherr) erinnerte, wo sie – vermutlich seit 1839 – mit ihrem Mann, dem Buchhalter und Mitdirektor Heinrich Wolfram, lebte. Nachweisbar ist so ein Besuch allerdings erst für Mai 1849 unter den dramatischen Umständen der Flucht aus Dresden, doch lässt sein Vorhaben, seine Frau Minna nach Chemnitz in Sicherheit zu bringen, auf ein enges, vertrauensvolles Verhältnis zu Clara schließen.

„Ein wunderbares Schicksalszeichen"?

Es ist ein skurriles Bild, das Wagner 1870 Frau Cosima in die Feder diktiert über die Ereignisse vom Montag im Mai 1849 in „Mein Leben": An einem herrlichen Frühlingsvormittag rollt er entlang der noch freien Tharandter Straße im Einspänner mit Frau Minna, dem Papagei und Peps, dem Hund, unter anhaltendem Geschützdonner in Richtung Chemnitz „zu Besuch". Angekommen erklärt er Minna, anderen Tags zurückkehren und den aus Dresden in Richtung Erzgebirge entgegenkommenden Volksstreitkräften sich anschließen zu wollen. Gesagt – getan: Am 8. Mai trifft er am Abend im Altstädter Rathaus mit den Mitgliedern der Provisorischen Regierung zusammen. Man beschließt den Rückzug vor den preußischen Truppen nach Freiberg. Am nächsten Morgen soll Wagner mit Marschall Bieberstein in Freiberg den Volkskämpfern die Unterstützung der Provisorischen Regierung zusichern. Er empfiehlt ihnen, um schneller nach Dresden zu gelangen, Wagen zu requirieren, und wendet sich Tharandt zu. Doch die am 9. Mai aus Dresden zurückströmenden Freischärler klären ihn auf: „In Dresden ist's aus! Dort unten in dem Wagen kommt auch die Provisorische Regierung nach." Mit Heubner, Bakunin und Postsekretär Martin trifft sich Wagner in Heubners Wohnung zur Beratung. Bakunin ruft zur Fortsetzung des Kampfes auf, und Heubner verfasst sofort den Aufruf zu den Wahlen einer konstitutionellen Versammlung für Sachsen, die er nach Chemnitz einberuft. Während Heubner sich zurückzieht und Bakunin an Wagners Schulter ermüdet einschläft, beschließt Wagner, vorauszureisen, um sie morgen wieder zu treffen. Da die Postkutsche warten muss, um einen Zug Freischärler vorbeizulassen, kehrt er nochmals zu Heubners Wohnung zurück. Inzwischen sind aber Heubner und Bakunin schon weg, und Wagner besteigt die Postkutsche, um in später Nacht nach Chemnitz zu gelangen. Er steigt im nächstgelegenen Gasthof ab und sucht am anderen Morgen (10. Mai) seinen Schwager Wolfram auf. Unterwegs fragt er einen Kommunalwachtposten nach dem Eintreffen der Provisorischen Regierung. „Damit ist es aus", erhält er zur Antwort. Wolfram ist als Schutzmann zur Stadt kommandiert. Als er heimkehrt, erfährt Wagner von ihm, dass Heubner, Bakunin und Martin mit einem Privatwagen in Chemnitz eingetroffen sind, sich als Mitglieder der Provisorischen Regierung ausgewiesen und die Behörden zu sich in den Gasthof Zum Blauen Engel beschieden haben. Todmüde fallen sie in Schlaf. Kurz darauf werden sie von Gendarmen, die auch nach dem in ihrer Gesellschaft gesehenen Kapellmeister Wagner fragen, im Namen der königlichen Kreisregierung verhaftet. In aller Eile bringt Wolfram seinen Schwager über die sächsische Grenze nach Altenburg. Die Verhafteten wurden wegen Hochverrats angeklagt und verurteilt, saßen teilweise im Zuchthaus Waldheim bis 1862, als auch für Wagner die Amnestie möglich wurde. Wagner bezeichnet es als ein wunderbares Schicksalszeichen, „daß ich nicht gemeinsam mit jenen in Chemnitz angekommen und den gleichen Gasthof bezogen hätte, weil sonst ich unerläßlich nun ihr Schicksal geteilt hätte".

Kräutergewölbe der Wolframs, aus: Der Türmer von Chemnitz, Folge 8, August 1938

Die Chemnitzer Verwandtschaft Wagners

Richard Wagners am 29. November 1807 zur Welt gekommene Schwester Clara Wilhelmina, das sechste Kind der Familie Wagner, als deren neuntes Wilhelm Richard geboren wurde, war fünfeinhalb Jahre älter als der Komponist

Clara Wolfram, geborene Wagner (1807–1875), Opernsängerin, aus: Der Türmer von Chemnitz, Folge 8, August 1938

und hatte wie Minna Bühnenluft geschnuppert. Begabt mit einer schönen Stimme feierte sie in Dresden als Sechzehnjährige am 1. Mai 1824 in der Titelpartie der Rossini-Oper „La Cenerentola“ einen großen Erfolg, wurde später nach Augsburg verpflichtet, wo sie den Sänger und Regisseur Heinrich Friedrich Christian Wolfram kennenlernte, und war dann mit ihm gemeinsam in Magdeburg, Aachen und Nürnberg engagiert. In Leipzig schloss sie mit ihm 1824 die Ehe, in der vier Kinder geboren werden sollten. Das Nürnberger Theaterunternehmen des Direktors Joseph Lutz machte jedoch 1835 Pleite und blieb Wolfram eine ansehnliche Summe schuldig. Das gab Schwager Richard, der inzwischen die Chordirektorstelle in Würzburg aufgegeben hatte und als Kapellmeister nach Magdeburg gewechselt war, die Gelegenheit, ihm und seiner Schwester beizuspringen und sie zu einem neuen Engagement in Magdeburg zu überreden. Erfreut teilte er der Schwester Rosalie, der drittältesten der Wagner-Kinder und ebenfalls am Theater tätig, am 3. September 1835 nach Prag mit: „Wolframs sind auf jeden Fall hier fest engagiert und werden dringend erwartet. Das Reisegeld für sie, 50 Thaler, also nicht 100 – sind aber leider erst vorgestern von hier an sie abgegangen [...] Alles freut sich auf Wolfram's; – daß sie nur kommen.“ Richard hatte sich in Bad Lauchstädt in die aus Oederan stammende Schauspielerin Minna Planer verliebt und versprach sich wohl auch von dem heiteren Naturell der Wolframs eine vermittelnde Rolle. Als Stützen des Singspiels hofften Heinrich und Clara in Magdeburg auf dauerhafte Verhältnisse für die Familie und nahmen Richards Angebot an. Doch verfolgten die Zahlungsschwierigkeiten der Theater sie auch hier und zwangen sie bald zur einstweiligen Trennung. Während Heinrich an das Königstädter Theater in Berlin ging, blieb Clara zunächst zurück und suchte einstweilen Unterstützung bei der Mutter in Leipzig. 1836 standen beide wieder gemeinsam in Danzig auf der Bühne.

Müde des unsteten Lebens zog die Familie 1838, vermutlich nicht ohne Vermittlung des Schwagers Friedrich Brockhaus, der mit Louise, der Fünftältesten aus dem Hause Wagner, verheiratet war, nach Chemnitz. Im Chemnitzer Adressbuch 1840 werden Brockhaus als dritter Mitdirektor, Heinrich Friedrich Wolfram als Expedient der Sächsischen Maschinenbau-Companie geführt. Nunmehr im ruhigeren Fahrwasser einer bürgerlichen Existenz nahmen die Wolframs weiterhin regen Anteil am musischen Leben der Stadt, unterstützten Musikdirektor Mejo 1847 mit einer

„Der fliegende Holländer“, 1947. Elly Doerrer (Senta), Rudolf Wedel (Erik) Musikalische Leitung: Rudolf Kempe, Inszenierung: Walter Hageböcker

Richard Tauber sen.

Oskar Malata
Aus: 100 Jahre Opernhaus Chemnitz, September 2009

Eingabe an den Rat der Stadt, als jener sich der Gründung eines Konkurrenzunternehmens zu erwehren hatte, und traten wiederholt in Konzerten des Orchesters auf. Als „Euer treuer alter Freund" wird Wilhelm August Mejo noch 21 Jahre später in einem Brief von Richard Wagner lobend erwähnt. Anlässlich ihres vierzigsten Hochzeitstages schickte der Komponist den Wolframs zugleich den Klavierauszug der „Meistersinger".

Heinrich Wolfram leitete einige Zeit die Chemnitzer Singakademie und wurde 1850 zum Ehrenmitglied der Gesellschaft „Thalia" ernannt. In Dresden wie auch in Berlin wohnte Clara den ersten Aufführungen des „Rienzi" bei und verteidigte ihren Bruder und seine Musik, wo immer es nötig war. Den ersten „Rienzi" in Chemnitz sah sie allerdings erst 1870, beanspruchte doch das Werk die Bühne in einer Weise, wie sie dem 1838 fertiggestellten „Actientheater" ursprünglich nicht zugedacht war. Andererseits hatte Theaterdirektor Grosse 1864 mit der ersten Wagner-Oper in Chemnitz, dem „ Tannhäuser", Erfolg gehabt, und deren fünf Wiederholungen wurden nun von „Rienzi" mit zehn Reprisen weit übertroffen. Ob Richard Wagner selbst schon 1843 Teile aus „Rienzi" in einem Konzert mit dem gefeierten Dresdner Hofopernsänger Tichatschek in Chemnitz geleitet hat, wie es der „Chemnitzer Anzeiger" am 21. Januar ankündigte und am 11. Februar wiederholte, kann heute nicht mit Sicherheit bestätigt werden. Man las immerhin: „Unter den vorzutragenden Gesangsstücken werden wir jedenfalls auch einige Nummern aus der Oper ‚Rienzi' hören, die von dem Komponisten derselben, Herrn Richard Wagner, selber geleitet werden dürften."

Eine angestrebte Anwesenheit Wagners in Chemnitz bei der Taufe des jüngsten Kindes der Wolframs im Dezember 1844 kam jedenfalls nicht zustande. Obwohl als Pate nach seiner Frau Minna an dritter Stelle genannt und Vornamensgeber des Täuflings, musste er sich vertreten lassen. Wieweit er in den nächsten Jahren den Besuch nachholen konnte, bleibt offen – meist dürfte er sich auf der Durchreise auf Stippvisiten beschränkt haben. Schließlich in den Maitagen 1849 der Rückzug der revolutionären Provisorischen Regierung aus Dresden und Wagners Zuflucht bei den Wolframs: Bis 1862, als der gegen ihn erlassene Haftbefehl aufgehoben wurde, waren ihm Besuche offiziell nicht möglich. Andererseits knüpfte der Besuch Claras in Zürich in der Villa Wesendonck 1856 die Vertrautheit zwischen den Geschwistern neu. Fiel er doch in eine Zeit heftiger Auseinandersetzungen mit seiner Frau Minna, in der Clara ausgleichend wirken konnte. Aber auch nach 1862 wurde es nur ein Brief, den er am 2. Juni an Clara richten konnte anlässlich der Eheschließung seiner Nichte Marie Pauline Caroline Wolfram mit dem Maler und Gewerbeschullehrer Alexis Flinzer: „Meinen ersten Akt des Wiedereintrittes in den Familienkreis will ich nun heute begehen, indem ich Dich bitte, Mariechen meinen allerinnigsten Glückwunsch zu ihrer Vermählung auszurichten [...] Sage Mariechen, auch sie und ihr junger Mann gehörten mit zu denen, bei denen ich einstens und bald mich wieder als bei den Meinigen zu fühlen hoffe."

Anfang der fünfziger Jahre wechselten die Wolframs Wohnung und Gewerbe. In der Inneren Klosterstraße 9 eröffnete Heinrich als Kaufmann ein Kräutergewölbe mit einschlägigen Drogen und Farben. Über Besuche Richard Wagners in Chemnitz, nachdem er sich in Sachsen wieder frei bewegen konnte, geben die Tagebücher Cosima Wagners mit Eintragungen vom 12. Januar 1873 („Um 8 Uhr in Chemnitz, R.'s Schwester Claire mit Freude wiedergesehen, um 10 Uhr in Dresden.") und 7. Februar 1873 („Um 6:30 fort, in Chemnitz geschlafen, Schwester Clara und Ritters begrüßt") Auskunft. Alexander Ritter, Sohn der Gönnerin Julie Ritter und zum engsten Kreis um Richard Wagner gehörend, war um diese Zeit nach einem glänzenden Konzert zum Städtischen Musikdirektor berufen worden. Verheiratet war er mit Franziska, einer Tochter des ältesten Wagner-Bruders Albert. (Ihre ältere Stiefschwester Johanna hatte seinerzeit in der Uraufführung des „Tannhäuser" die Elisabeth gesungen und war auch in Chemnitz mehrfach aufgetreten.)

Dass es darüber hinaus weitere Besuche Richard Wagners in Wolframs Drogerie gegeben haben muss, zeigt ein Bericht eines der Enkel Claras, des Klempners Heinrich Krüger. Seinerzeit einziges Kleinkind im Haus erinnerte sich der Stiefbruder Max Wolframs noch 1935 in einer Ausgabe der „Chemnitzer Allgemeinen Zeitung" lebhaft der Besuche: „Ich bin in Chemnitz im Jahre 1856 geboren. 7 Jahre alt war ich, da sah ich Richard Wagner, meinen Großonkel, zum ersten Male. Es war im Hause meiner Großeltern, Heinrich und Clara Wolfram, Innere Klosterstraße 9. Ich verlebte den größten Teil meiner Jugend bei meinen Großeltern. Der Großvater und die Großmutter, die ja in früheren Jahren beide an deutschen Theatern angestellt waren und sich seinerzeit in Augsburg am Theater kennen und lieben lernten, haben auch in späteren Jahren sich ihre Liebe zum Theater bewahrt. Ja, ich weiß ganz genau, daß sowohl der Großvater wie die Großmutter am Chemnitzer Theater noch tätig gewesen sind. In ihren älteren Jahren jedoch begnügten sie sich mit dem regelmäßigen Theaterbesuch. Die Großmutter war ungemein musikalisch. Oft saß sie am tafelförmigen Klavier, spielte mit meiner Tante Rosalie vierhändig oder begleitete sich selbst zum Gesang. Sie war es, die die Liebe zu guter Musik mir ins Herz pflanzte. Besondere Höhepunkte im Familienleben der Großeltern waren es, wenn die Großmutter ankündigte: ‚Morgen kommt Onkel Richard.' So habe ich denn im Jahre 1863 als siebenjähriger Junge zum ersten Male meinen schon damals berühmten Großonkel Richard Wagner gesehen. Er war von mittlerer Statur und hatte graues Haar. Onkel Richard, den wir in der Familie alle sehr verehrten, kam alle zwei Jahre einmal nach Chemnitz [...] Ich bin mit ihm viermal im Hause meiner Großeltern tagelang zusammen gewesen. Der Anlaß für den Besuch des Onkel Richard im Hause der Großeltern war fast immer der Geburtstag der Großmutter. Obwohl ihm noch als ehemaligem Revolutionär die Rückkehr nach Sachsen verboten war, trotzdem kam er wiederholt nach Chemnitz. Aber er vermied es, in der Stadt sich viel sehen zu lassen. So verlebte er seine Chemnitzer Zeit in der Wohnung der Großeltern. Er saß mit den Großeltern in der Wohnstube. An einem Fenster die Großmutter, am anderen der Großvater, Onkel Richard am Tisch. In einem kleinen Stübchen im zweiten Obergeschoß stand für ihn das Gastbett [...] Die meiste Zeit aber verbrachte er am tafelförmigen Klavier. Da saß er stundenlang und phantasierte. Niemand durfte ihn dabei stören. So manches aus seinen Opern hat er uns vorgespielt. Oft hat Großmutter auch gesungen. Eine besonders große Freude bereitete er der Großmutter, als er gelegentlich eines Geburtstages ihr ein ganz neues schwarzes Pianoforte schenkte. Onkel Richard kam nie mit leeren Händen. Auch mir brachte er stets eine Kleinigkeit mit. Zur Einweihung des Instrumentes am Geburtstag seiner Schwester Clara kam Onkel Richard selbst nach Chemnitz".

Mag der alte Herr über den Zeitpunkt der Amnestie etwas ungenau unterrichtet gewesen sein, mag auch die Vorsicht Wagners bei öffentlichem Auftreten in Chemnitz eher seinem Bekanntheitsgrad geschuldet gewesen sein als der Angst vor Verhaftung, so wurde die Glaubwürdigkeit des Berichts gegenüber dem Musikforscher Walter Rau doch auch von anderen Seiten bestätigt. Allzu beeindruckt schienen die Chemnitzer ohnehin nicht, den steckbrieflich Gesuchten dingfest zu machen, veranstalteten die Signalchöre des örtlichen Regiments doch bereits 1851 Konzerte mit Ausschnitten aus „Rienzi" und „Tannhäuser". Längst populär waren auch andere Teile aus seinen Opern, als die Amnestie wirksam wurde. Dem Städtischen Musikdirektor Gustav Hermann Mannsfeldt kommt das Verdienst zu, sich intensiv für Wagners Musik eingesetzt zu haben. Während er den „Tannhäuser" noch für die Bühne vorbereitete, setzte er in einem Abonnementskonzert die „Holländer"-Ouvertüre an und machte die Chemnitzer auf das bevorstehende Ereignis neugierig.

Der Erfolg des „Tannhäuser" 1864 sollte eigentlich eine Aufführung des „Lohengrin" zur Folge haben, wofür Wagner seinen Schwager Wolfram ermächtigte, die Verhandlungen mit Direktor Grosse zu führen. Doch erst unter dessen Nachfolger Sasse betrat der Schwanenritter am 13. November 1872 erstmals die Chemnitzer Bühne. Zuvor gab es den durchschlagenden Erfolg des „Rienzi", und auch „Das Liebesmahl der Apostel" konnte schon 1871 bruchstückhaft den Weg nach Chemnitz finden, ehe es vier Jahre nach Wagners Tod als Ganzes durch den Lehrergesangsverein aufgeführt wurde. Die Eheleute Clara und Heinrich Wolfram hatten die Freude, die Erfolge der Opern Wagners in Chemnitz miterleben zu können. Doch die folgenden Jahre trübten das Bild: Am 24. Oktober 1874 starb Heinrich, gerade als Wagner sich mit der Absicht trug, Clara nach Wahnfried einzuladen. Und schon am 17. März 1875 ereilte Clara selbst bei einem Besuch der Familie in Leipzig überraschend der Tod.

Gedenktafel an der Webstuhlfabrik Louis Schönherr Chemnitz

Neues Stadt-Theater, Chemnitz

Direktion: Richard Tauber

Freitag den 13. Februar 1914

Anfang 6½ Uhr Außer Abonnement Ende gegen 12 Uhr

Zur Gedenkfeier
von Richard Wagner's Todestag!
Erste Festaufführung

»Parsifal«

Ein Bühnenweihfestspiel in 3 Aufzügen von Richard Wagner

Musikal. Leitung: Oskar Malata Leiter der Aufführung: Fritz Diener

Personen der Handlung:

Amfortas	Albert Herrmanns
Titurel	Benno Dlabal
Gurnemanz	Paul Seebach
Parsifal	Curt Taucher
Klingsor	Paul Walther-Schäffer
Kundry	Lina Boeling
Erster Gralsritter	Georg Lohse
Zweiter Gralsritter	Hans Kreutz

Gralsritter und Knappen. Klingsors Zaubermädchen

Ort der Handlung: auf dem Gebiete und in der Burg der Gralsritter „Monsalvat“; Gegend im Charakter der nördlichen Gebirge des gotischen Spaniens; sodann: Klingsors Zauberschloß, am Südabhange derselben Gebirge, dem arabischen Spanien zugewandt, anzunehmen.

Inspizient: Max Fiedler

Die neuen Dekorationen sind in dem Atelier der Königl. Preuß. Hoflieferanten Brüder Kautsky und Rottonara in Wien; die neuen Kostüme in dem Atelier des „Neuen Stadt-Theaters“ durch den Obergewandmeister Otto Rinck angefertigt worden. Dekorative und maschinelle Einrichtung: Obermaschinenmeister Fritz Hansing u. Beleuchtungsinspektor Ernst Gaitzsch

Nach dem 1. und 2. Aufzuge je 30 Minuten Pause

Textbücher à 30 Pfg. sind an der Theater-Kasse zu haben

Sonntag, den 15. Februar nachm. 5 Uhr: Zweite Festaufführung „Parsifal“
Freitag, den 20. Februar abends 6½ Uhr: Dritte Festaufführung „Parsifal“

Theaterzettel der Chemnitzer Erstaufführung des „Parsifal“ vom 13. Februar 1914

Die Wagner-Rezeption in Chemnitz

Was seit der Dresdner Uraufführung den Namen Wagner überall bekannt machte, setzte sich nach der hiesigen „Rienzi“-Aufführung verstärkt fort. Singakademie und Stadtorchester wetteiferten darin, Novitäten aus der Feder Wagners in ihren Konzerten zu präsentieren. Kirchenmusikdirektor Theodor Schneider führte beispielsweise im Konzert der Singakademie (!) 1876 den Trauermarsch aus „Götterdämmerung“ auf und geriet damit in Streit mit Hans Sitt, dem Städtischen Musikdirektor und nachmals berühmten Violinlehrer, über Zuständigkeit für Interpretationen von Orchesterwerken. Hans Sitt dirigierte in den nächsten zwei Jahren u. a. den „Walkürenritt“, „Wotans Abschied“, das „Waldweben“ aus „Siegfried“ und das „Siegfried-Idyll“. Getragen wurde die sich ständig erweiternde Konzerttätigkeit durch eine steigende Einwohnerzahl, die sich praktisch alle zehn Jahre verdoppelte und in den 1880er Jahren bereits die Ausmaße einer Großstadt erreichte. Dem versuchte natürlich auch das Theater, das 1862 durch Kauf des „Actientheaters“ in städtische Regie übergegangen war, zu entsprechen. Bereits 1875 kündigte es die Aufführung der „Meistersinger von Nürnberg“ an. Doch da hatte man etwas zu hoch gegriffen. Bis zum 29. Januar 1897 mussten sich die Chemnitzer gedulden, ehe sie die Oper zu sehen bekamen. So wagte sich Direktor Emil Schönerstädt denn am 23. Februar 1881 zunächst an die lange ausstehende große romantische Oper „Der fliegende Holländer“ und Direktor Schindler vier Jahre später am 23. Januar 1885 an „Die Walküre“. Ihre Chemnitzer Erstaufführungen dürfen mit vier bzw. sechs Wiederholungen als Erfolge gewertet werden, waren doch die Maßstäbe gewachsen und das Vorbild Bayreuth nicht unerreichbar.

Auf den Tod Richard Wagners reagierten Schönerstädt mit der Ansetzung des „Tannhäuser“ am 22. Februar 1883 und Musikdirektor Fritz Scheel (nachmals Gründer des Philadelphia Symphony Orchestra) mit einem großen Konzert, in dem u. a. auch Ausschnitte aus „Tristan und Isolde“ und „Parsifal“ erklangen. Allerdings trieb die Wagner-Verehrung in den achtziger und neunziger Jahren zuweilen auch seltsame Blüten: Die Kasinogesellschaft bot ihren Mitgliedern z. B. „lebende Bilder nach Szenen aus Wagnerschen Opern mit Vorspruch und verbindendem Texte“ (Walter Rau). Ernst gemeint und mit viel Aufwand vorgetragen, förderte solcherlei Bruchstückhaftes eher das Missverständnis Wagners als die umfassende Gesamtsicht. Um so deutlicher zeichnete sich ab, dass das Stadttheater den Anforderungen der neuen Werke nur unzulänglich gewachsen war. Lediglich fünf erste Violinen erlaubte die räumliche Enge normalerweise für eine Orchesterbesetzung. Dessenungeachtet schrieb das „Tageblatt“ anlässlich der ersten „Meistersinger“-Aufführung vom 29. Januar 1897: „Die Nerven werden derartig erschüttert, daß es wohl keinem Besucher, der durch die Nähe des Orchesters im Genuß beeinträchtigt wird, verargt werden darf, wenn er es vorzieht, das Werk nicht auf einmal, sondern vertheilt auf zwei Abende zu genießen.“ Die Lösung für dieses Problem konnte natürlich auf Dauer nur im Neubau eines Opernhauses liegen. Die Opernfreunde sahen die Gelegenheit zur Erfüllung ihrer Wünsche gekommen, als man seitens der Stadt beabsichtigte, die 25-jährige Regentschaft des sächsischen Königs Albert im Jahre 1898 mit einem Museumsneubau und der Umgestaltung des Neustädter Marktes zu feiern. Es dauerte jedoch noch eine Reihe von Jahren, ehe am 1. September 1909 die Eröffnung des Neuen Stadttheaters in Anwesenheit des sächsischen Königs Friedrich August III. begangen werden konnte (mit einem Festprogramm, dem Kaisermarsch und der „Festwiese“ aus den „Meistersingern“ sowie der Aufstellung einer Marmorgruppe „Siegfried und Hagen“ in der Halle des neuen Opernhauses). Aber bis dahin wollte man nicht gänzlich auf eine Wagner-Premiere verzichten. Am 24. Januar 1903 fand mit „Siegfried“ die letzte der Erstaufführungen im alten Theater statt. (Ob ein Großteil der Besucher die sieben Aufführungen bis Saisonende an verschiedenen Tagen erlebte, weiß die Chronik nicht zu berichten.)

Mit der Eröffnung des Opernhauses waren endlich die technischen Voraussetzungen gegeben, die Umsetzung der Werke Wagners, Verdis, Strauss', Pfitzners und anderer ohne künstlerische Abstriche vorzunehmen. Unter der Direktion Richard Jesses, der das Theater bereits seit 1889 leitete, erreichte die Wagner-Verehrung ihren Höhepunkt: Am 20. Oktober 1909 wurde „Das Rheingold“, am 23. März 1910 „Götterdämmerung“ zum ersten Male gegeben, wodurch an den folgenden vier Aprilsonntagen der gesamte „Ring“ geschmiedet werden konnte. Die zweite Spielzeit im Neuen Theater enthielt schließlich unter den 143 Opernabenden allein 42 Werke Wagners, gekrönt von der Erstaufführung der Handlung in drei Aufzügen „Tristan und Isolde“ am 1. März 1911. Auch in den folgenden Jahren, die nun von der Intendanz Richard Taubers geprägt werden, hält die Woge der Verehrung für den sächsischen Komponisten an. In Voraussicht, dass nach Ablauf der 30-jährigen Schutzfrist der Reichstag der Lex Parsifal die Zustimmung verweigern wird, trifft Tauber die Vorbereitungen künstlerischer und finanzieller Art für eine Festvorstellung des Bühnenweihfestspiels. Mit der Ausstattung wird eine Wiener Firma betraut, Jakobikirchenchor und Lehrergesangsverein studieren unter Franz Mayerhoff die Chöre ein, und unter der szenischen Leitung von Fritz Diener und dem Dirigat Oskar Malatas findet am 13. Februar 1914 die erste Festaufführung des „Parsifal“ – zugleich die erste sächsische Aufführung – mit Curt Taucher in der Titelrolle in Chemnitz statt. Der Erfolg war enorm, schon der eine Woche zuvor beginnende Vorverkauf hatte trotz winterlicher Kälte „eine nach vielen Hunderten zählende Menge angesammelt“, wie das Chemnitzer „Tageblatt“ vom 8. Februar 1914 berichtete, und den geplanten drei Festvorstellungen mussten zwei weitere hinzugefügt werden. Der denkwürdige Tag wurde denn auch fast achtzig Jahre später Anlass, das rekonstruierte Opernhaus mit „Parsifal“ in Anwesenheit des Wagner-Enkels Wolfgang wieder zu eröffnen.

Nachklänge?

Nicht lange nach dem künstlerischen Höhepunkt beherrschten andere Töne das öffentliche Leben. Es gehört zu den Verdiensten Richard Taubers, Vater eines berühmten Sohnes, das Opernhaus über die Wirrnisse des Ersten Weltkriegs ohne allzu große Beeinträchtigungen geleitet zu haben. So gab es auch zwischen Februar und April 1916 einen „Ring des Nibelungen“ zu sehen. Und nach Kriegsende gelang ihm das Anknüpfen an die Wagner-Tradition der Aufführungen mit der Verpflichtung klangvoller Namen, so dass man in Chemnitz zunehmend vom „sächsischen Bayreuth“ sprach. Doch die Krise der Weltwirtschaft und nationalistische Angriffe ließen ihn 1930 sein Amt als Chemnitzer Generalintendant vorzeitig aufgeben. Für das Profil des Hauses bedeutete es Einschränkung der finanziellen Mittel, Abbau der Planstellen des Orchesters, künstlerische Einengung. Zwar konnte man noch 1931 mit einer vielbeachteten „Tristan“-Aufführung aufwarten (mit den Ensemblemitgliedern Göta Ljungberg als Isolde, Gustaaf de Loor als Tristan, Ferdinand Frantz als Marke, Karl Kamann als Kurwenal), präsentierte am 13. Februar 1933 mit dem Opernfragment „Die Hochzeit“ und am 6. September 1936 mit Wagners Frühwerk „Das Liebesverbot“ Erstaufführungen,

„Die Meistersinger von Nürnberg“, 1974. Heidi Küster (Eva), Konrad Rupf (Hans Sachs), Musikalische Leitung: Christian Kluttig, Inszenierung: Carl Riha

„Götterdämmerung“, 8. April 2000. Musikalische Leitung: Oleg Caetani, Inszenierung: Michael Heinicke. Janice Baird (Brünnhilde), Yue Liu (Hagen), John Treleaven (Siegfried)

doch die Inszenierungen gerieten zunehmend in das Fahrwasser einer ideologischen Stagnation, die sich wie Mehltau über Wagners Werk legte. Junge Kräfte, wie Hilde Konetzni oder Torsten Ralf, die hier erste Engagements erhielten, konnten bald nicht mehr gehalten werden und machten international Karriere. An Stelle der ursprünglich überschäumenden Begeisterung, mit der Chemnitz das Werk Wagners aufgenommen hatte, trat eine von Bayreuth gesteuerte Erwartung, die von einem Ensemble mit Sängern wie Elly Doerrer, Hannel Lichtenberg, Emmi Senff-Thieß, Rudolf Wedel, Adolf Savelkouls und Friedrich Wilhelm Hezel mit Selbstverständlichkeit zu erfüllen war. Das Repertoire enthielt daher bis in die Kriegsjahre hinein ein breites Angebot an Wagner-Opern, und noch zu Zeiten der Bombenangriffe und bei Aufrufen zur Verdunkelung dirigierte ein junger Rudolf Kempe beispielsweise eine Neueinstudierung des „Lohengrin“. Allen künstlerischen Betätigungen setzte allerdings die Zerstörung des Opernhauses im Februar/März 1945 ein abruptes Ende, nachdem schon ein halbes Jahr zuvor „für den totalen Krieg“ der Spielbetrieb eingestellt werden musste.

Chancen für einen neuen Wagner?

Was der Krieg übriggelassen hatte, war wenig genug: Keine der Spielstätten hatte ihn überstanden, schon gar nicht die Ausstattungen der Stücke, die Dekorationen und Kostüme. Doch die Sehnsucht der Menschen nach einem bisschen Kulturgenuss endlich im Frieden war riesengroß. In Behelfsspielstätten, wie dem „Marmorpalast“, einem ehemaligen Vorstadtlokal, fanden sich die Heimkehrer zusammen, den Neuanfang zu wagen. Schon am 24. Februar 1946 zeigte man „Tannhäuser“ in neuer Inszenierung mit anschließenden 13 Reprisen, „Tristan und Isolde“ brachte es ab 1947 innerhalb von zwei Jahren auf 8 Aufführungen und der am 10. Januar 1948 neu von Walter Hageböcker inszenierte „Fliegende Holländer“ unter Kempes Leitung gar auf 18 Vorstellungen. Dass die zwölf Jahre nationalistisch gefärbter Einwirkung auf das Wagner-Bild durch Bayreuth nicht spurlos an den Konsumenten vorübergegangen waren, bekam „Die Walküre“ zur Spielzeiteröffnung 1947/48 durch die Presse vorgehalten: Die „Volksstimme“ sah sich zu einem Kommentar veranlasst: „Für Erziehungsarbeit im Sinne demokratischer Erneuerung

Deutschlands ist sicherlich das Schwert, Nothung' das denkbar schlechteste Instrument [...] Wir haben an Heldenpathos und Schwertgeklirr nicht den geringsten Bedarf". Unter diesen Umständen hatte auch Alfred Eichhorns „Lohengrin"-Inszenierung von 1950 mit Martin Egelkraut am Pult trotz vorsichtiger Abkehr von alten Vorbildern keinen leichten Stand. Und als es um die Wiedereröffnungsvorstellung des Opernhauses im Mai 1951 ging, musste der vorgeschlagene und der Chemnitzer Traditionslinie folgende „Rienzi" Beethovens „Fidelio" weichen. „Das andere Werk wird im Laufe der Spielzeit aufgeführt und gründlich diskutiert werden", hieß es nach einer Aussprache mit politisch Verantwortlichen aus Dresden und Berlin. Richard Wagner schien nicht mehr tauglich für repräsentative Zwecke. Das Verweisen in die zweite Reihe fiel um so leichter, als es für die Intendanz immer schwieriger wurde, das Sängerensemble entsprechend den Anforderungen Wagners zu erneuern und zu verjüngen. Der kleinere von den nunmehr zwei deutschen Staaten hatte sich auf seine Möglichkeiten zu beschränken. Und doch gab es immer wieder ermutigende Versuche, das Werk Wagners einer jüngeren Generation nahezubringen. „Die Meistersinger" in Walter Brunkens Regie (mit Alfred Krohn als Sachs 1953) und sein Versuch, einen neuen „Ring" zu schmieden, trafen wohl auf ein bereitwilliges Chemnitzer Publikum, nach „Siegfried" und einem „Holländer" 1956 war aber vorerst das Thema Wagner ausgereizt.

Von den Methoden Walter Felsensteins ausgehend, die die Operntexte auf realistische Menschendarstellung neu befragten, wurden in der DDR zunehmend andere Prioritäten in den Spielplänen gesetzt. Für Regisseur Carl Riha, der – von der Komischen Oper in Berlin kommend und wie Felsenstein Österreicher – ab 1957 die Operndirektion in Chemnitz übernahm, war Wagner in seinen Werken dort anziehend, wo er sich dem Vorbild Mozart stärker verpflichtet fühlte. So bleibt von den Wagner-Inszenierungen während seiner Direktion bis 1990 („Lohengrin", „Tannhäuser, „Holländer", „Meistersinger") vor allem seine ausgefeilte Darstellung der „Meistersinger von Nürnberg" (1974) mit Konrad Rupf (Hans Sachs) in Erinnerung. Als ganz junger musikalischer Leiter bewährte sich dabei Christian Kluttig, Bühnenbild und Kostüme schuf Ralf Winkler, langjähriger Ausstattungsleiter der Chemnitzer Oper. Eine wichtige Erfahrung für kommende Aufgaben bedeutete dem am Anfang seiner Laufbahn stehenden Regisseur Harry Kupfer seine „Lohengrin"-Inszenierung von 1962.

„Die Meistersinger von Nürnberg", Premiere 30. März 1997. Musikalische Leitung: Oleg Caetani, Inszenierung: Michael Heinicke. Reiner Goldberg (Walther von Stolzing), Nancy Gibson (Eva)

„Tristan und Isolde", Premiere, 19. Juni 2004. Musikalische Leitung: Niksa Bareza, Inszenierung: Michael Heinicke. Evelyn Herlitzius (Isolde), John Charles Pierce (Tristan)

Veranstaltung „Der Ring an einem Abend“ mit Vicco von Bülow alias Loriot, Ehrenmitglied des Richard-Wagner-Verbandes Chemnitz, am 5. Mai 2000 im Opernhaus

„Tannhäuser“, 1995, mit Stig Andersen in der Titelpartie
Musikalische Leitung: Oleg Caetani, Inszenierung: Michael Heinicke

Wagner neu entdeckt?

Was Wagner bei der Eröffnung des Opernhauses nach Zerstörung und Wiederaufbau 1951 verwehrt wurde, holte das von 1988 bis 1992 rekonstruierte Theater nach: „Parsifal“ als echtes Bühnenweihfestspiel im ungeteilten, demokratischen Deutschland wurde am 19. Februar 1992 für die Chemnitzer ein Stück Identitätsfindung. Ost und West fanden sich auf der Bühne wie im Zuschauerraum zusammen, um ein Stück gemeinsamer Zukunftshoffnung zu demonstrieren. In der Inszenierung des neuen Operndirektors Michael Heinicke stand Heinz Fricke am Pult; Ruthild Engert als Kundry, James O'Neal in der Titelpartie, Manfred Schenk als Gurnemanz, Jürgen Freier als Amfortas, Egon Schulz als Klingsor und Werner Kraft als Titurel versprachen mit ihrer Darstellung eine neue Qualität des Chemnitzer Wagner-Bildes. Anerkennung bedeutete dabei auch unter zahlreichen prominenten Gästen die Anwesenheit von Angela Merkel und Kurt Biedenkopf. Begeisterte Zuschauer fanden sich auch weiterhin ein, insbesondere nachdem die Chemnitzer anlässlich der 150. Wiederkehr der „Tannhäuser“-Uraufführung mit der bis dahin nicht wieder gespielten Urfassung in Ústí (Außig) und später in Venedig gastierten. Hier wurden auch die ersten Verbindungen zum Wagner-Verband International geknüpft, die 1997 zur Gründung des Ortsverbandes Chemnitz führten. Mit seiner langjährigen Vorsitzenden Monika Mainz hat er seitdem wesentlichen Anteil an der Förderung junger Musiker in Sachen Wagner.

Bisheriger Höhepunkt in der Wagner-Pflege nach der politischen Zeitenwende sind die Inszenierungen Michael Heinickes. Ihm ist es gelungen, 1998 bis 2000 den ersten „Ring des Nibelungen“ in den neuen Bundesländern herauszubringen und sieben Zyklen mit international gefragten Dirigenten, wie Oleg Caetani oder Niksa Bareza, erfolgreich zu gestalten. Zur Seite standen ihm die Bühnenbildner Wolfgang Bellach und Ralf Winkler, die Solisten Janice Baird (Brünnhilde), Hans-Peter Scheidegger (Wotan), John Treleaven (Siegfried), Jürgen Freier (Alberich) und andere, denen hier die Möglichkeit gegeben wurde, sich auszuprobieren und in das Wagner-Fach hineinzuwachsen.
Inzwischen hat Heinicke seine Interpretationen um die „Meistersinger von Nürnberg“, „Tristan und Isolde“, die Urfassung des „Fliegenden Holländers“, „Lohengrin“ und einen neuen „Tannhäuser“ komplettiert, von denen in einer Festwoche zum 200. Geburtstag des Komponisten 2013 der letztere und „Tristan und Isolde“ gezeigt werden.

„Die Walküre", Premiere 1. November 1998. Musikalische Leitung: Oleg Caetani, Inszenierung: Michael Heinicke. Hans-Peter Scheidegger (Wotan), Walküren

„Das Rheingold", 1998. Musikalische Leitung: Oleg Caetani, Inszenierung: Michael Heinicke. Jürgen Freier (Alberich), Hans-Peter Scheidegger (Wotan)

RICHARD WAGNER UND OEDERAN

Ulli Schubert

„Lebensgefährtin in ruhelosen und sorgenreichen Jahren“

Alexander von Otterstedt, Minna Planer (1809 bis 1866), 1835

Man stelle sich einmal vor, Richard Wagner hätte im Jahr 1834 Minna Planer nicht getroffen. Man könnte trefflich darüber spekulieren, wie dann sein Leben und vor allem sein Schaffen verlaufen wären. Womöglich gäbe es gar keine Jubelfeiern zum 200. Geburtstag des berühmten Komponisten. Das wohl nicht, aber man kann mit Fug und Recht davon ausgehen, Wagners Lebensweg und sein Lebenswerk hätten anders ausgesehen ohne Minna.

Durch die eheliche Verbindung aber fällt nun ein kleiner Abglanz des Wagner-Jahres 2013 auch auf Oederan. Christiana Willhelmina Planer, genannt Minna, wurde am 5. September 1809 in der Kleinstadt im Erzgebirge geboren und am 8. Oktober desselben Jahres in der hiesigen Stadtkirche getauft. Ihr Vater, Gotthelf Planer (1770–1855), war Stabstrompeter im Kürassierregiment „Churfürst“ in Oederan, in Minnas Taufurkunde wird er indes als „Mechanici“[36] bezeichnet. Denn nach seiner Entlassung aus dem Militärdienst stellte er in Heimarbeit sogenannte Wollkrempel her. Auch die Kinder mussten beim Biegen des Drahtes zu Häkchen kräftig mit anpacken, bis 1819 ein Großauftraggeber aus Chemnitz in Konkurs ging und Planers Geschäft mit in den Ruin riss. In jenem Jahr zog die Familie Planer nach Dresden, wo Gotthelf Planer ein Mechanikergewerbe gründete. Von Minna Planers Mutter, Johanna Christiana Meyer (1782–1856), ist nur wenig bekannt. Sie gebar zehn Kinder, von denen die meisten früh starben.

Es dauerte über hundert Jahre, bis man in Oederan die Bedeutung Minna Planers für die Stadt erkannte. Noch in Richard Rentschs Chronik „Geschichte der Stadt Oederan“ von 1927 fand sie nicht einmal Erwähnung. Wenige Jahre darauf aber wurde im Stadtpark ein Richard-Wagner-Denkmal aufgestellt. Die drei Findlinge tragen ein Bronzerelief mit dem Konterfei des Komponisten und zwei Bronzetafeln. „Dem deutschen Meister Richard Wagner – Minna Planer – seine 1. Lebensgefährtin in ruhelosen und sorgenreichen Jahren wurde zu Oederan 1809 geboren. Errichtet vom Chorbund Oederan mit Unterstützung der Gruppe Oederan des Deutschen Sängerbds. und der Stadtverwaltung. Geweiht a. 19. Mai 1935.“[37] Auch eine Richard-Wagner-Straße gibt es nahebei. Und der Weg, der von der Gerichtsstraße zum Stadtpark führt, wurde 2013 nach Minna

links: Stadtkirche Oederan, Minna Planers Taufkirche

Taufeintrag von Christiana Willhelmina Planer im Taufregister 1807–1824 der Stadtkirche Oederan

Minna Wagner mit Hund Peps, Aquarell von Clementine Stockar-Escher, Zürich 1853

Wagner benannt. Im Dezember 1995 wurde dort die Beschilderung erneuert. Das ist eine der spärlichen Nachrichten, in deren Zusammenhang die Öffentlichkeit von der Frau an Wagners Seite erfährt.

Erst in diesem Jahrhundert rückte Minna Planer tatsächlich in den Fokus der Öffentlichkeit – auch in ihrer Geburtsstadt. Hier stand sie zur Museumsnacht am 20. September 2005 im Blickpunkt. Die Dresdner Schauspielerin Birgit Lehmann schlüpfte in die Rolle der Planer und plauderte über die Familie Wagner, deren Umfeld und die Zeit, in der sie lebte. Zu Minnas 199. Geburtstag wurde am 5. September 2008 an ihrem Geburtshaus in der Chemnitzer Straße 11 eine Gedenktafel angebracht, vorwiegend durch Spenden der Einwohner finanziert. Die Stadt Oederan, um sorgsamen Erhalt historisch wertvoller Bausubstanz bemüht, hat hier etwas Besonderes entstehen lassen: Zwischen der denkmalgeschützten Fassade und einer Seniorenwohnanlage ist ein Raum entstanden, der die Kulisse für eine kleine Feierstunde für die Frau, die es dreißig Jahre mit Richard Wagner aushielt, bildete. Natürlich war Birgit Lehmann als Minna Planer wieder mit dabei, und auch die bildende Kunst erschloss in einem Gestaltungsprojekt der Volkskunstschule Oederan nun das Leben dieser couragierten Frau.

Erika Wünsch, Kulturverantwortliche der Stadtverwaltung, hatte sich vorgenommen, den 200. Geburtstag von Minna Planer zu einem Höhepunkt im kulturellen Leben der Stadt werden zu lassen. Den Auftakt dazu gab es am 15. August 2009 im Geburtshaus von Minna Planer, als in Zusammenarbeit mit der Volkskunstschule zu Wagner-Klängen gemalt wurde. Zur Festveranstaltung am 5. September „kamen Besucher nicht nur aus Oederan, Leipzig oder Dresden, sondern sogar aus Bayern. Mit einem Grußwort brachte sich die Planer-Biografin Eva Rieger ins Programm ein. Sie ist sicher: Minna war für Wagner lange unentbehrlich. Liebesbriefe sind Zeugnisse der Bindungssehnsucht: Er war auf sie angewiesen. Während die Musikwissenschaft nicht eben schonend mit ihr umgegangen sei, stellte Georg Herweghs Frau Emma fest: ‚Der Kern war vortrefflich'. Denn Minna Wagner verstand es, die Sorgen ums täglich Brot von dem Komponisten fernzuhalten, nahm vieles auf sich, auch die nicht seltene Flucht vor den Gläubigern."[38] Birgit Lehmann unterhielt die Besucher trefflich mit Bildern aus dem Leben der Minna Planer, einer Frau, die ein ähnlich flottes Mundwerk gehabt haben soll. „Wenn Minna Planer, also Birgit Lehmann, spricht, dann hat auch ein frischgebackener Landtagsabgeordneter meist Sendepause", stellte Gernot Krasselt, der frühere Bürgermeister der Stadt, fest.[39]

links: Gedenktafel am Geburtshaus von Minna Planer

Natürlich durften Wagner-Klänge zum Festakt nicht fehlen. Eine Lesung der Autorin Sibylle Zehle aus ihrem Buch „Minna Wagner. Eine Spurensuche" konnte krankheitsbedingt nicht stattfinden.

Anlässlich von Richard Wagners 200. Geburtstag am 22. Mai 2013 gibt es nun erneut einen Anlass, in Oederan auf dessen erste Ehefrau aufmerksam zu machen. Eingerahmt von einem Wagner-Konzert im Januar und einer Plauderstunde mit Birgit Lehmann im September wird ein Kunstprojekt, bei dem fünf Künstler das Thema „Tannhäuser" nach Wagners Oper (die sie am Mittelsächsischen Theater sahen und diskutierten) umsetzen werden, realisiert. Zwei weitere Arbeiten werden in einem Kurs der Volkskunstschule entstehen, und am 25. Mai schließlich wird in Minna Wagners Geburtshaus erneut nach Wagnerscher Musik gemalt. Acht 2 mal 1,25 Meter große Tafeln sollen danach dort dauerhaft zu sehen sein. Sie werden, wie die Aktivitäten in den vergangenen Jahren auch, dazu beitragen, dass Christiana Willhelmina Planer nicht mehr aus dem Gedächtnis ihrer Geburtstadt Oederan verschwindet.

Die letzte Ruhestätte von Minna Wagner, geborene Planer, auf dem Alten Annenfriedhof in Dresden

Gedenksteine im Stadtpark von Oederan

RICHARD WAGNER IN SACHSEN-ANHALT

Das Land ist die Wiege des deutschen Staates, zählt aber zu den jüngsten im heutigen Deutschland, da es mit der Zerschlagung Preußens 1947 ähnlich Nordrhein-Westfalen gebildet wurde. Es bietet ein Feuerwerk an politischer und Kulturgeschichte sowie landschaftlichen Reizen. In Sachsen-Anhalt bündelt sich Geschichte wie an keinem anderen Ort. Magdeburg, wo Richard Wagner 1834 seine erste Festanstellung erhielt und mit „Das Liebesverbot“ erstmals eine Oper zur Uraufführung brachte, besitzt die älteste gotische Kathedrale Deutschlands (1209); hier befinden sich die Gräber des ersten deutschen Kaisers Otto I. (912–973) und seiner ersten Frau Editha. Die Stadt ist der Schnittpunkt von Routen zur Erkundung des deutschen Kernlandes in romanischer Zeit mit beeindruckenden Bauzeugnissen. Sie ist Ausgangspunkt in die ehemals brandenburg-preußischen Gebiete im Norden, die ehemals sächsischen Gebiete im Osten und Süden, dort, wo auch das romantische Weinland an Saale und Unstrut historischen Reichtum birgt, das sich südlich der Stadt von Osten bis Westen ziehende ehemalige Fürstentum Anhalt, den sagenumwobenen Harz im Westen und die mit einer besonderen Geschichte behafteten Städte Magdeburg und Halle sowie die Grafschaft Mansfeld. Dort, in Martin Luthers Geburtsstadt Eisleben, finden sich ebenfalls die Spuren Richard Wagners, der unweit vom Markt 1822 beim Bruder seines Stiefvaters Ludwig Geyer lebte und lernte. Die Geschichte hat dem Land eine einzigartige Kulturlandschaft zugewiesen, erfahrbar vor allem auch in den ehemaligen Schlössern und Domen der einst sächsischen Sekundogenituren Merseburg, Weißenfels und Zeitz. In Weißenfels wird an den Geburtsort von Richards Mutter erinnert, im Theater der merseburgisch-sächsischen Kurstadt Bad Lauchstädt lernte er seine erste Frau Minna kennen. Auf dem Weg von dort nach Leipzig liegt das Gut Ermlitz, ein ländlicher Musenhof der Familie des Leipziger Schulfreundes Guido Theodor Apel. In Dessau aber wurde wahre Wagnergeschichte geschrieben beginnend mit der Unterstützung der aufgeklärten kunstsinnigen Fürsten für das Festspielorchester in Bayreuth, deren besondere Stipendiatenförderung, reiche Aufführungstradition Wagnerscher Werke bis zu den Richard-Wagner-Festwochen der 1950er Jahre – eine bis dahin währende Geschichte als Bayreuth des Nordens.

RICHARD WAGNER UND WEISSENFELS

Ingo Bach

„Sie besaß […] eine wohltuende Heiterkeit, einen unversieglichen Witz, der rasch über die Situation verfügt, und ein praktisches Geschick, das sich die Dinge so gut als möglich zurechtlegt."

Das sachsen-anhaltische Weißenfels, um 1185 gegründet und an der mittleren Saale gelegen, ist heute einschließlich seiner zwölf Ortsteile mit über 41 000 Einwohnern das bevölkerungsreichste Stadtgebiet im Burgenlandkreis. Es zeichnet sich durch eine vorteilthafte Verkehrslage unweit von Leipzig und Halle aus. Wirtschaftlich bestimmt wird das Territorium von der Lebensmittelindustrie mit Fleischverarbeitung, Herstellung von Backwaren, Milchverarbeitung und Getränkeindustrie, aber auch vom Bauwesen und der Metallverarbeitung.

Weißenfels kann auf eine reiche Geschichte mit markanten Zeugnissen verweisen. Nicht nur die Neue Augustusburg mit dem Schuhmuseum und ihrer frühbarocken Schlosskirche, sondern auch die Barock- und Renaissancebauten in der Stadt mit ihren Gedenkstätten aktivieren Neugier und Schaulust bei Leuten, die sich für vergangene Zeiten, für das Leben und Wirken berühmter Persönlichkeiten interessieren und sich gern im historischen Milieu bewegen. Auf einem ersten Gang durch die historische Altstadt lernt man das einstige Kloster, vier Kavaliershäuser in der Marienstraße, drei stattliche Barockhäuser in der Leipziger Straße, mehrere Bürgerhäuser aus dem 17. Jahrhundert am Markt und an der Marienkirche, das Rathaus und die gotische, mit einer Ladegast-Orgel ausgestattete Marienkirche kennen. Ein Speisezettel von 1303 für ein Festmahl zu kirchlichen Feierlichkeiten an der Stadtkirche St. Marien gilt als das älteste Verzeichnis dieser Art.

Weitere Anziehungspunkte sind die Gustav-Adolf-Gedenkstätte im Geleitshaus Große Burgstraße 22, das Heinrich-Schütz-Haus Nikolaistraße 13, das Novalis-Haus in der „Clostergasse" (heute Klosterstraße 24) und die ständige Friedrich-Ladegast-Ausstellung in der Laurentius-Kirche für den bedeutendsten Orgelbauer des 19. Jahrhunderts. Gewichtige Männer dominieren zwar, vergangenen Zeiten geschuldet, aber wenigstens zwei aus der Reihe berühmter Damen, Schriftstellerinnen, deren Lebenswege mit Weißenfels besonders verbunden sind, seien noch erwähnt: Louise von François (1817–1893), Autorin des Romans „Die letzte Reckenburgerin", der das Schicksal ihrer Großtante, einer der zahlreichen Geliebten Prinz Constantins,

Johanne Rosine Wagner (1774–1848). Ölgemälde von Ludwig Geyer, 1813. Das Bildnis zeigt sie nach Glasenapp „in voller jugendlicher Frische: ihre Gesichtszüge wohlgebildet und sinnig, jeden Augenblick bereit sich in freundlicher Schalkhaftigkeit zu beleben; das Häubchen mit dem ‚Bandeau' unter dem Kinn, wie sie es zu tragen pflegte, und wie es das ebenmäßige Oval ihres Gesichtes recht hervortreten ließ."

links: Marktplatz Weißenfels mit Blick auf das Schloss Neu-Augustusburg

Weißenfels von Nordwesten aus gesehen, im Vordergrund die Saale, Kupferstich, um 1800

verschlüsselt wiedergibt, hat im Haus Promenade 25 von 1860 bis 1874 gewohnt; gestorben ist sie 1893 in einem im April 1945 zerstörten, ebenfalls an der Saale gelegenen Haus (Große Deichstraße 2, wo sie seit 1874 lebte). Ihr Grab befindet sich auf dem Weißenfelser Friedhof. Die andere

Heinrich-Schütz-Haus Nikolaistraße 13

ist Hedwig Courths-Mahler (1867–1950), die in Weißenfels als Halbwaise bei einem Schuhmacherehepaar aufwuchs und früh die Schule verließ, um als Gesellschafterin einer alten Leipzigerin ihr erstes Geld zu verdienen. Beim Vorlesen reifte ihr Wunsch, selber zu schreiben: 208 Unterhaltungsromane und -novellen gehören zu ihrer Lebensbilanz. Uns interessieren jedoch mehr die mit Weißenfels verbundenen Persönlichkeiten der Musikgeschichte und aus der Reihe der über zehn Prominenten, die hier gelebt bzw. gewirkt haben, die überregional bedeutenden. Da ist zuerst zu nennen der bereits erwähnte Heinrich Schütz (1585 bis 1672). Er verbrachte seine Kinderzeit und die letzten zwanzig Jahre seines Lebens in dieser Stadt. Die Mitteldeutschen Heinrich-Schütz-Tage halten sein Werk und das seiner Zeit alljährlich im Oktober lebendig. Sein Haus, ein imposanter Renaissancebau, heute Musikergedenkstätte, ist das einzige noch erhaltene Wohnhaus des ersten deutschen Komponisten von Weltrang.

Auch im Leben des nach ihm geborenen Johann Sebastian Bach (1685–1750) gibt es Spuren in Weißenfels. Nicht nur seine zweite Frau Anna Magdalena, geborene Wilcke (1701 bis 1760) hat hier gewohnt und gewirkt (als „Singejungfer“ um 1720), sondern auch Bach selbst hat hier die Uraufführung seiner frühesten weltlichen Kantate, der „Jagdkantate“ (BWV 208), anlässlich des Geburtstags des Herzogs Christian von Sachsen-Weißenfels am 23. Februar 1713 in dessen Jägerhaus (heute Nikolaistraße 51) erlebt.

Die letzte der weit und breit bekanntesten Musikerpersönlichkeiten ist der mit Bach gleichaltrige Georg Friedrich Händel (1685–1759). Die Pläne seines Vaters, ihn als Juristen ausbilden zu lassen, änderten sich nach einem Spiel des musikalisch begabten knapp achtjährigen Jungen auf der Orgel der Weißenfelser Schlosskirche. Dabei soll das Talent des Jungen erkannt worden sein, und Herzog Johann Adolf I. von Sachsen-Weißenfels und Hofkapellmeister Johann Philipp Krieger überzeugten den Vater, seinen Sohn eine musikalische Laufbahn einschlagen zu lassen. Die frühbarocke Schlosskirche ist im Original erhalten; die herzogliche Familie ruht in einer Gruft mit 38 Sarkophagen unter dem Altarraum.

Den drei weltbekannten, mit Weißenfels auf verschiedene Weise verbundenen Komponisten ist noch ein vierter von Weltrang an die Seite zu stellen: Richard Wagner. Seine Mutter kam in Weißenfels am 19. September 1774 zur Welt. Das ist hinreichend belegt mit der Eintragung im Taufregister der Stadtkirche St. Marien. Der Text lautet:[40] „Den 19. Sept. ist Meister Johann Gottlob Pätzen, Bürger und Weißbecker eine Tochter gebohren, und den 21 eiusd. getauft worden, wobey sie den Namen Johanne Rosine empfangen. Die Taufzeugen waren:

1. Frau Johanna Rosina, Meister Heinrich Wilhelm Schwabens, Bürgers und Weißbeckers Ehefrau.

2. Meister Johann Gottfried Blaumann, Bürger und Weißbecker.

3. Frau Rosina Elisabeth, Meister Johann Andreas Iglitzschens, Bürgers und Lohgerbers Ehefrau."

Die neue Erdenbürgerin ist das sechste Kind (von acht) der Familie des am 13. Oktober 1741 geborenen Weißbäckers Pätz. Ihr Geburtshaus geht im März 1745 in den Besitz ihrer Großeltern über, das sind der Bäckermeister und Bürger Johann Gottfried Pätz und Frau Elisabeth, geborene Kühn. Deren Sohn, Johanne Rosines Vater Johann Gottlob Pätz, erwirbt das Bürgerrecht am 26. November 1762. Nur 2 Taler, 14 Groschen zahlt Pätz für diesen respektablen Status, weil er Spross einer alteingesessenen Bürgerfamilie ist. Am 11. Januar 1763 heiratet Pätz die 20-jährige Erdmuthe Iglitzsch aus der Familie eines Lohgerbers, die vor dem Saaletor wohnt. Sie stirbt jedoch bereits am 5. Januar 1789, und Witwer Pätz heiratet noch im selben Jahr, am 28. Oktober, die 26-jährige Johanna Regina Schenck aus Eythra. Johanne Rosine und ihre rund elf Jahre ältere Stiefmutter vertragen sich nicht.

Da bietet sich eine Gelegenheit für das Mädchen, von zu Hause wegzukommen, wie Weimarer Archivalien belegen. 1790, vom März bis in den Oktober, sind Teile des Regimentsstabes „Prinz von Weimar" in Weißenfels stationiert und dessen Chef, Generalmajor Prinz Friedrich Ferdinand Constantin von Sachsen-Weimar-Eisenach (1758–1793), jüngerer Bruder des Goethe-Freundes Carl August, hält sich in der Saalestadt auf, logiert vom 1. März bis 17. Juni 1790 im Haus des Kaufmanns Johann Gottlieb Hänsel in der Leipziger Straße (heute „Fürstenhaus") und vom 17. Juni bis 18. September 1790 beim Kürschner Heinrich Andreas Schüchler in der Jüdengasse (heute Jüdenstraße). Die 15-Jährige schließt sich der „Hofhaltung" des Prinzen gleich während dieses ersten Aufenthaltes in Weißenfels „nur kurze Zeit" an. Spätestens im Herbst desselben Jahres kommt das Mädchen auf Kosten Constantins in Leipzig am Brühl bei einer Sophie Friederike Hesse, geborene Fischer, in Kost und Logis, wo sie „mit vielem Aufwande" erzogen wird. Der Prinz, der in der Pension Hesse häufig absteigt (letzter Nachweis im Januar 1793) und dort Johanne Rosine besucht, „mag mit ihr die Absicht gehabt haben, aus ihr eine Persohn zu bilden, welche er einsten mit Anstand

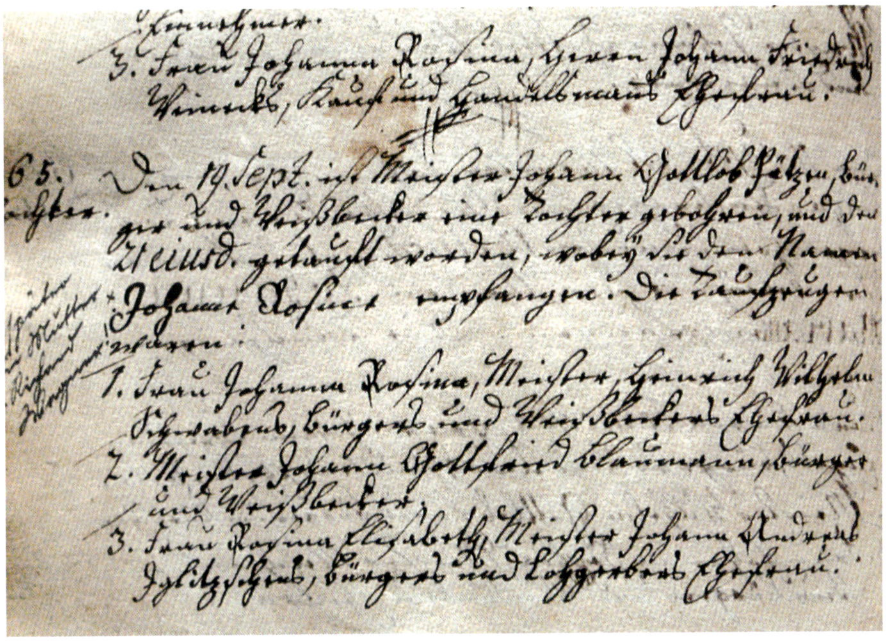

Taufeintrag von Johanne Rosine Pätz vom 19. September 1774 im Taufregister 1764–1787 der Stadtkirche St. Marien Weißenfels, Seite 252. Links daneben befindet sich der nachträgliche Hinweis „später die Mutter v. Richard Wagner!"

praesentiren könnte". Er begleicht für sie nicht nur Kost- und Wäschegeld, Unterkunft, Beichtgeld, Schneider und Friseur. Ebenso bezahlt er die kleinen Gegenstände des täglichen Bedarfs, wie Haarnadeln, Schnürsenkel, Federn, Papier, Nähmaterial usw. Auf einer Rechnung des Apothekers über zwei Reichstaler stehen neben Rhabarbertropfen „Kräuter und Umschläge wegen eines bösen Halß". Die „Pflegetochter" erhält Unterricht bei einem Schreib- und auch einem Sprachmeister sowie einer Lehrerin, die „Demoiselle Rößgen" die Putzmacherei beibringen soll. Ein Mediziner stellt eine Rechnung „für 3jährige Bemühungen" bei J. R. Pätz, was eine Mindestdauer von Beziehung und Leipziger Aufenthalt andeutet. Das alles endet abrupt mit dem Tod des „hohen väterlichen Freundes" im September 1793. Frau Hesse kann die bevorstehende Situation in einem Schreiben nach Weimar am 5. Oktober 1793 nur andeuten: „Die hofnungslose Nachricht in betref der Pflegebefohlenen ist sehr traurig" – was auch Realität wird. Bei der Nachlassregelung für Constantin legt Herzog Carl August auf Vorschlag des Weimarer Rates Ludecus, von ihm mit der Aufstellung des gesamten Nachlasses einschließlich der noch zu leistenden Zahlungen, Verbindlichkeiten und sonstigen Verpflichtungen Constantins und um Vorschläge zu deren Regelung beauftragt, für die „Pflegetochter Nahmens Betz" fest, „da mit ihr kein Kind gezeuget worden ist, soll diese person 50 Reichsthaler aus obiger Caße, welche zu Michaelis [29. September] noch nachzuzahlen sind, ausgezahlt erhalten und ihrem Schicksal überlaßen werden". Am 4. März 1794 bestätigt dann in Leipzig Frau Hesse den

Geburtshaus von Richard Wagners Mutter in der Weißenfelser Marienstraße 13 mit dem später eingebauten Ladenlokal, um 1970. Die Gedenktafel über dem linken Erdgeschossfenster befindet sich seit dem 1982 erfolgten Abriss des Hauses im Museum Weißenfels.

Erhalt dieser Summe „vor jungfer Betzin", nachdem das Geheime Konsilium in Weimar, dem auch Goethe angehört, Ende Oktober 1793 dazu endgültig Stellung genommen hatte. Damit kann also eine später von der Familie Wagner beförderte Legende über eine adlige Herkunft von Richard Wagners Mutter ausgeschlossen werden.
Im Oktober 1794 scheidet Stiefmutter Johanna Regina, die zweite Frau des Weißbäckers, an den Folgen einer Fehlgeburt aus dem Leben. Das Haus seiner Eltern und Geburtshaus der Johanne Rosine verkauft Vater Pätz am 28. März 1798 für 170 Taler dem Bäckermeister aus Burgwerben, Gottlob Wahren. Pätz stirbt nach einer dritten Ehe mit Friederike Dorothea, Tochter des Fischermeisters Mund, am 17. Januar 1802.
Der Lebensweg seiner Tochter kommt bald in geregelte Bahnen. Darüber lesen wir bei dem Wagner-Biografen Carl Friedrich Glasenapp Folgendes:
„Drei Jahre nach dem Tode des Vaters begründete Friedrich Wagner seinen eigenen Hausstand. Aus dem freundlichen Weißenfels an der Saale führte er sich am 2. Juni 1798 die Gattin heim: die neunzehnjährige [dabei war sie bereits 24 Jahre alt] anmutige Johanna Rosina Bertz (oder Berthis).[41] – ‚Sie war eine schöne, mit praktischem Blick und frischem Mutterwitz begabte Frau, deren natürliche Anlagen für den Mangel an Tiefe und Vielseitigkeit ihrer Bildung entschädigten. In ihren Briefen lebt sie mit der Orthographie auf gespanntem, mit Menschen- und Weltkenntnis auf desto vertrauterem Fuße. (Buchstäblich dasselbe ist bekanntlich von Goethes Mutter zu sagen!) Aus allen Zuschriften aber, welche andere an sie richteten, spricht die hohe Achtung, welche sie allgemein genoß, und welche ihr auch ihr großer Sohn bis zu ihrem Hinscheiden zollte.' So wird sie uns nach den Erinnerungen ihrer Kinder geschildert. Und wiederum: ‚Sie war nicht groß von Gestalt, und aus ihrem lieblichen, aber kaum noch von den Nachwirkungen des früheren Residenzlebens berührten Heimatsorte hatte sie weder eine tiefe, noch vielseitige Bildung mitgebracht; aber sie besaß etwas Wertvolleres als dies: eine wohltuende Heiterkeit, einen unversieglichen Witz, der rasch über die Situation verfügt, und ein praktisches Geschick, das sich die Dinge so gut als möglich zurechtlegt.' Mit diesen Gaben ausgestattet, die ‚selbst einem begrenzten Leben Reiz und Wert zu verleihen vermochten', bewährte sie sich ihrem Manne als treu sorgende Hausfrau und der ihrem Schoße entwachsenden zahlreichen Nachkommenschaft als liebevolle Mutter."[42]

Nach dem Tod von Richard Wagners Vater, Carl Friedrich Wilhelm Wagner, im Jahre 1813 heiratete sie 1814 in Pötewitz, bis 1950 die südlichste Gemeinde des Landkreises Weißenfels, den Hofschauspieler und Maler Ludwig Geyer und folgte ihm mit den Kindern nach Dresden, wo Geyer bereits 1821 starb. Ende 1827 nach Leipzig zurückgekehrt, blieb sie dort bis zu ihrem Tod am 9. Januar 1848 wohnen und fand auf dem Alten Johannisfriedhof in der Grabstätte ihrer ältesten Tochter Rosalie die letzte Ruhe. Nach dem Abriss ihres Geburtshauses Marienstraße 13 im

Frühjahr 1982 gab es lange Zeit keinen Erinnerungsort an die Mutter Richard Wagners, die Gedenktafel kam in den Fundus des Weißenfelser Museums. Am 13. Mai 2012 weihten Ideengeber Thomas Krakow, Vorsitzender des Richard-Wagner-Verbandes Leipzig, Oberbürgermeister Robby Risch und Dr. Angelika Diesener, Leiterin Öffentlichkeitsarbeit der Mitteldeutschen Braunkohlen AG (MIBRAG), die aus dem Braunkohletagebau Profen einen Findling anliefern und als Gedenkstein bearbeiten ließ, diesen in einer musikalisch-literarischen Feierstunde am Standort des Hauses der Bäckerfamilie Pätz zwischen Rathaus und Marienkirche ein. Er trägt die Aufschrift:

Marienstraße 13
Hier stand das Geburtshaus von Johanne Rosine Pätz
1774–1848
Mutter des Komponisten Richard Wagner 1813–1883
abgerissen 1982

In speziellen Stadtführungen wird neben den anderen mit Weißenfels verbundenen historischen Frauengestalten auch der Mutter Richard Wagners die gebührende Aufmerksamkeit gezollt.

Grabmal von Richard Wagners Mutter und seiner Lieblingsschwester Rosalie auf dem Alten Johannisfriedhof in Leipzig, im Jahre 2010 vom Richard-Wagner-Verband Leipzig restauriert. Der Stein trägt unter einem Relief, das zwei Engel mit dem Körper einer Toten zeigt, die Inschrift: „Was der Erde entspross/Nahm sie mütterlich auf./Was sich vom Himmel ergoss/Schwang sich zum Himmel hinauf." Darunter: „Hier ruhen in Gott/Johanne Rosine Wagner-Geyer/geb. Berthis/Rosalie Marbach geb. Wagner/Mutter und Schwester Richard Wagner's"

Enthüllung des Gedenksteins durch Robby Risch, Angelika Diesener und Thomas Krakow (von links) am 13. Mai 2012

RICHARD WAGNER UND EISLEBEN

Burkhard Zemlin

„Wie fühlte ich mich groß, als die schwerfällige Kutsche endlich durch das Eislebener Tor rollte!“

In der Lutherstadt erinnern zwei Gedenktafeln daran, dass Richard Wagner als Kind hier fast ein ganzes Jahr bei seinem „Onkel Goldschmied“[43] Karl Geyer[44] verbracht hat. Die eine befindet sich in prominenter Lage am Haus Markt 55 mit Blick auf Rudolf Siemerings Lutherdenkmal, das dort am 10. November 1883 während der Feierlichkeiten zum 400. Geburtstag des Reformators enthüllt worden ist, die zweite entdecken wir einige Häuser weiter eingangs der Vikariatsgasse,[45] in der sich die Schule befand, die Richard besuchte.

Karl Geyer war der jüngere Bruder des Schauspielers, Bühnenautors und Malers Ludwig Geyer,[46] der 1814 Johanne Rosine Wagner, die Witwe seines Freundes Carl Friedrich Wilhelm Wagner, geheiratet und sich ihrer sieben Kinder angenommen hatte. Ein vielgelobter Künstler, dessen früher Tod am 30. September 1821 der Familie in Dresden den Ernährer raubte. In dieser Situation nahm Karl Geyer den achtjährigen Richard zu sich nach Eisleben, um die „hilflos gewordene Familie“[47] zu unterstützen. Das war Anfang Oktober 1821. Karl hatte an der Trauerfeier für seinen Bruder in Dresden teilgenommen, die Heimreise trat er dann gemeinsam mit Richard an. Um den 10. Oktober dürften die beiden in der Lutherstadt eingetroffen sein, die nach der von den westfälischen Behörden[48] im Jahr 1809 verfügten Zwangsfusion mit der benachbarten Neustadt zu den größten Städten im mitteldeutschen Raum gehörte. In der 1819 erschienenen „Anleitung zur Natur- und Völkerkunde“ findet sich der Eintrag: „Eisleben, beträchtliche Stadt, wo 1483 Luther geboren, 5000 Einwohner“.[49] Es war eine Stadt des Kupferschieferbergbaus, in der 1798 die später weithin gerühmte Bergschule ihre Pforten öffnete, eine der ältesten Fachschulen Deutschlands.

Der Eislebener Markt um 1833, Lithografie von Karl Friedrich August Giebelhausen

links: Der Marktplatz heute mit Rathaus, Andreaskirche und Lutherdenkmal

Im Vergleich zu Dresden mag Eisleben dem jungen Richard wohl eher ländlich und beschaulich erschienen sein. Die Straßen waren kaum gepflastert, das alltägliche Geschäftsleben spielte sich weitgehend auf dem Markt zwischen dem Rathaus, der Ratswaage und der Mohren-Apotheke ab, die sich 1817 im ehemaligen Stadtsitz der Grafen von Mansfeld-Mittelort etabliert hatte. Der vornehme Renaissancebau war bis zum Erlöschen des Mansfelder Grafengeschlechts im Jahr 1780 Sitz der kursächsischen Oberaufseher, die angesichts des bereits in der zweiten Hälfte des 16. Jahrhunderts hoffnungslos überschuldeten Grafenhauses für die Verwaltung des sächsischen Teils der seit 1570 unter Sequester stehenden Grafschaft Mansfeld verantwortlich zeichneten.

Der Plan in Eisleben um 1833 nach einer Lithografie von Karl Friedrich August Giebelhausen und heute. Im Eckhaus rechts befand sich einst das Hotel Goldenes Schiff, in dem die Wagners 1873 Station machten.

Vor der Mohren-Apotheke bauten an Markttagen die Holzhändler ihre Stände auf, ein paar Häuser weiter gab es den Kornmarkt und die Naschgasse, in der von alters her die Zuckerbäcker ihre Waren feilboten. Neben dem Rathaus am Fuße der Marktkirche St. Andreas hatten die Töpfer auf dem Topfmarkt ihr Domizil, während der Bereich vor dem Geschäft des Goldschmiedes Karl Geyer den Fischhändlern vorbehalten war und somit Fischmarkt genannt wurde.

Richard soll beeindruckt gewesen sein von dieser neuen Umgebung. „Wie fühlte ich mich groß, als die schwerfällige Kutsche endlich durch das Eislebener Tor rollte! Die Stadt flößte mir ein besonderes Interesse ein: ich wußte, daß in dieser Stadt der große Luther geboren war; er war einer der Helden meiner Kindheit“, zitiert Carl Friedrich Glasenapp einen, wie er schreibt, „späteren Bekannten des Meisters“[50] (dessen biografische Angaben sonst allerdings nur mit größter Vorsicht aufzunehmen sind).

Karl Geyer wohnte im ersten Stock des Hauses Markt 55, das einem Seifensieder gehörte.[51] Was den Jungen von diesem Mann besonders in Erinnerung blieb, war dessen „unbegrenzte Verehrung für das Gedächtnis“ seines verstorbenen Bruders, Richards Stiefvater. „Er sprach oft und gern von ihm, von seiner Begabung als Künstler und von seiner Herzensgüte, und endete immer mit dem trostlosen Seufzer: ‚daß der so jung sterben mußte!‘“[52]

In Karl Geyers Haushalt lebten noch dessen Mutter Christine Geyer, die Richard wohl ganz selbstverständlich als seine Großmutter ansah, und der 17-jährige Julius Wagner, Richards älterer Bruder, der schon seit einem Jahr beim Onkel Goldschmied in die Lehre ging.

Richards erste Begegnung mit der Großmutter war von einer Lüge begleitet, einer Notlüge, wenn man so will. Die 75-jährige Frau, „deren baldiges Ende man voraussah“,[53] hatte nämlich keine Ahnung vom Tod ihres Sohnes Ludwig in Dresden. Keiner brachte es fertig, ihr diese traurige Nachricht zu übermitteln, aus Sorge, dass sie das nicht verkraften könnte. Auch Richard war angehalten, die Wahrheit tunlichst zu verschweigen. Das „glückte mir ohne Anstrengung, da ich selbst kein deutliches Bewußtsein davon hatte“,[54] schreibt er rückblickend. Und so taten alle im Haus, als sei in Dresden überhaupt nichts gewesen. Das Dienstmädchen nahm dem kleinen Neuankömmling den Trauerflor ab, den dieser immer noch trug, damit die Großmutter bloß nichts merkte. Der Junge mochte die alte Frau, die eine „einfache, stille in sich gekehrte und liebreiche, vollkommen harmonische Persönlichkeit“ gewesen sein soll.[55] Sie lebte „in einer finsteren Hinterstube, auf einen engen Hof hinaus und hatte gern frei umherflatternde Rotkehlchen bei sich, für welche stets frisch erhaltene grüne Zweige am Ofen ausgesteckt waren“, wie sich Wagner erinnert, dem es, wie er schreibt, sogar gelang, „ihr welche einzufangen, als die alten von der Katze getötet worden waren: hierüber freute sie sich sehr und hielt mich sauber und reinlich“.[56] Die Erinnerungen an Christine Geyer, der Richard „öfter vom Vater erzählen“[57] musste, lassen vermuten, dass sie dem Jungen in vielem die Mutter ersetzte. Aber nur kurze Zeit, keine drei Monate. Denn bereits am 29. Dezember 1821 folgte sie ihrem Mann, dem promovierten Advokaten Christian Geyer, der 22 Jahre vor ihr gestorben war.

Doch das Leben ging weiter. Tagen der Trauer und des Leids folgten wieder fröhliche Stunden. Am Eislebener Markt rund um die alte Arche gab es oft Interessantes zu sehen. Mal waren es Bären- und Kamelführer, die mit ihren Tieren für Aufsehen sorgten, mal waren es die Seiltänzer, die mit ihren Kunststücken hoch oben zwischen Rathaus und dem Turm der Ratswaage den Jungen in ihren Bann zogen und in ihm „lange Zeit die Leidenschaft für ähnliche Kunststücke erweckte. Ich brachte es wirklich dazu", schreibt Wagner in seinen Lebenserinnerungen, „auf zusammengedrehten Stricken, welche ich im Hof ausspannte, mit der Balancierstange mich ziemlich geschickt zu bewegen; noch bis jetzt ist mir eine Neigung, meinen akrobatischen Gelüsten Genüge zu tun, verblieben".[58] Auch von dressierten Affen ist in der Ortsüberlieferung die Rede, die an den Laternenpfählen emporkletterten. Nicht zu vergessen die musikalischen Erlebnisse, die sich dem Knaben einprägten. „Am wichtigsten wurde mir die Blechmusik eines in Eisleben garnisonierenden Husarenregimentes", erinnert er sich später und fährt fort: „Ein von ihr häufig gespieltes Stück erweckte damals als Neuigkeit unerhörtes Aufsehen: es war der ‚Jägerchor' aus dem Freischütz, welche Oper soeben in Berlin zur Aufführung gekommen war. Onkel und Bruder frugen mich lebhaft nach dem Komponisten, den ich in Dresden als Kapellmeister Weber doch gewiß im Hause der Eltern gesehen haben müßte. Zu gleicher Zeit ward in einer befreundeten Familie von den Töchtern der ‚Jungfernkranz' eifrig gespielt und gesungen. Diese beiden Stücke verdrängten nun bei mir meine Vorliebe für den Ypsilanti-Walzer, der mir bis dahin als das wunderbarste Tonstück galt."[59]

Man darf annehmen, dass sich solche musikalischen Erlebnisse auf besondere Tage beschränkten, denn der Alltag war von der Schule geprägt. Diese befand sich in der Vikariatsgasse 4 neben dem Alten Vikariat, das Haus wurde um das Jahr 1900 abgerissen, um einem Verwaltungsgebäude der Mansfeldischen Kupferschiefer bauenden Gewerkschaft Platz zu machen. Wenn man der Überlieferung Glauben schenken darf, hat der Junge zuvor eine Zeitlang die Parochialschule in der Schulgasse besucht, bevor er an die Privatschule in der Vikariatsgasse wechselte. Wagner erinnert sich an einen „Magister Weiß", der bei ihm einen „ernsten und würdigen Eindruck"[60] hinterlassen habe. Allerdings ist ein Magister dieses Namens in den Annalen nicht zu finden, sondern der Kandidat des Predigtamtes Christian Wilhelm Weise.[61] Er wurde 1793 in Millingdorf geboren, hatte 1813 als Lützower Jäger an den Befreiungskriegen teilgenommen und war 1815 nach Eisleben gezogen, wo er 1834 als Seminarlehrer genannt wird. Da er vordem vom Eislebener Superintendenten als „im Lehrgeschäft sehr geübt" gepriesen worden war, ist es denkbar, dass er „vor seiner Anstellung als Seminarlehrer eine Privatschule gehalten hat".[62]

An diesen Lehrer konnte sich Wagner also erinnern. Umgekehrt war es nicht anders. Denn „mit Rührung" las der Meister Ende der 1850er Jahre den Bericht „über eine in

Ludwig Geyer (1779 bis 1821), Selbstporträt, Ölgemälde, 1806

Eine Seiltanztruppe auf dem Eislebener Markt um 1850. Im Hintergrund die alte Ratswaage, auf deren Grundmauern 1877 das heute bekannte Waagehaus entstand. Ein ähnliches Bild mag sich 1822 Richard Geyer geboten haben.

Eisleben stattgefundene Musikaufführung[63] mit Stücken aus dem Tannhäuser, welcher der ehemalige Lehrer des Kindes mit voller Erinnerung an dasselbe beigewohnt hatte".[64]

Weniger angenehme Erinnerungen hatte Wagner an die Eislebener Jungen, mit denen er des öfteren in Konflikt geriet. Mag sein, dass der sächsische Tonfall des Dresdners in der eingesessenen Knabenwelt nicht so gut ankam, mag sein, dass der zugereiste Junge einfach nur anders war als die meisten: ein Schüler, dessen ungewöhnliche Mütze auf die Einheimischen wohl eher komisch wirkte und so manchen Spott erregte. Vielleicht lag es tatsächlich an der anders geformten Mütze, wie Wagner vermutet. „Ich entsinne mich, viele Raufereien mit der autochthonen [einheimischen] Knabenbevölkerung, welche ich namentlich durch meine viereckige Mütze zu beständiger Verhöhnung reizte, zu bestehen gehabt zu haben", heißt es in seiner Autobiografie.[65]

Ob er dabei auch mit dem Nachbarsjungen Alwin Sörgel[66] aneinandergeraten ist, an dessen Geburtshaus Markt 54 eine Gedenktafel an den ersten Direktor der Deutschen Genossenschaftsbank Berlin erinnert? Heimatforscher halten das für möglich und meinen, dass der zwei Jahre jüngere Alwin durchaus zu Richards Spielgefährten gezählt haben könnte. Vielleicht hat dieser sogar an den „abenteuerlichen Streifereien durch die felsigen Uferklippen" der Bösen Sieben[67] teilgenommen, die Wagner in seiner Autobiografie erwähnt. Wie dem auch sei, „nachbarschaftlich-freundschaftliche Beziehungen zwischen den Angehörigen beider Knaben haben bestanden, wie aus einer im Besitz der Enkelin Sörgels, Frau Geheimrat Krukenberg-Halle, befindlichen schönen Meissener Teekanne von M. Natalie Wankel, einem Geschenk einer Verwandten Richard Wagners, zu schließen ist", so Johannes Gutbier im Jahr 1939.[68]

Festzuhalten bleibt dennoch, dass die Nachrichten aus den Jahren 1821 und 1822 in Eisleben spärlich sind und sich die Quellen der Ortsüberlieferung teilweise verschwommen darstellen. Die Überlieferung erwähnt beispielsweise eine von Richards Spielgefährtinnen: Emma Roloff geborene Scholz, die bis ins hohe Alter stolz gewesen sein soll auf ihre Bekanntschaft mit dem ein Jahr älteren Richard Wagner. Genannt wird überdies der jüdische Kaufmann Isidor Simon, der im Februar 1906 im Alter von nahezu 101 Jahren gestorben ist. Es heißt, er habe sich noch als Hundertjähriger „sowohl des Onkels Geyer wie auch des Knaben Richard" auf das deutlichste erinnern können. „Geyer, meinte er, habe so etwas Adliges an sich gehabt", lesen wir[69] und rätseln, auf wen sich dieser Satz wohl beziehen könnte: den Goldschmied oder den Knaben? Simon soll einen massiv goldenen Siegelring besessen haben, den Geyer ihm zur Konfirmation schmiedete. Seinen Angaben zufolge[70] hatte das Domizil Geyers einen kleinen Vorbau, zu dem fünf bis sechs mit einem Eisengeländer versehene Stufen hinaufführten. „An diesen probierte die Jugend allerlei Kletterkünste, wobei sich Richard besonders hervorgetan zu haben scheint. Unter diesem Vorbau befand sich ein in mythischem Dunkel liegender, aber von der Straße zugänglicher Fischkeller, auf den es das Publikum an Markttagen (Mittwoch und Sonnabend) besonders abgesehen hatte. Jenem Keller entnahmen die Leute ihren Bedarf an ‚Seefischen', die im Mansfelder Salzigen See[71] in großen Mengen gefangen wurden. Vor dem Hause aber standen noch fünf bis sechs große Wannen mit Fischen, für die sich die Jugend besonders interessierte. Alle 14 Tage kam – und das war wohl ein Höhepunkt der Freuden für die Knaben Wagner und seine Spielkumpane – ein Reisender zu Pferde, der eine phantastische Kopfbedeckung, nämlich ein großes Wachstuch trug, und einen großen Säbel umgeschnallt hatte. Dessen Ankunft wurde von der Jugend stets mit großem Jubel begrüßt. War der Reiter in Sicht, so lief man ihm, und Richard mit seiner viereckigen Mütze wohl voran, bis zum ‚Plane' [Straßenname] entgegen, ihn im Triumph einholend."

Wie zuverlässig ist diese Überlieferung, deren Quelle wohl nicht mehr nachzuprüfen ist? Der Hinweis auf den Fischkeller erscheint glaubwürdig, weil wir wissen, dass jene Seite des Marktes, an der der Goldschmied Geyer wohnte, auch als Fischmarkt bekannt war. Wir wissen aber auch, dass Wagner sich gern an Eisleben erinnert hat: „Die kleine altertümliche Stadt mit dem Wohnhause Luthers und den mannigfachen Erinnerungen an dessen Aufenthalt, ist mir noch in spätesten Zeiten oft im Traume wiedergekehrt; es blieb mir immer der Wunsch, sie wieder zu besuchen, um die Deutlichkeit meiner Erinnerungen bewährt zu finden: sonderbarerweise bin ich nie dazu gekommen."[72]

Als Wagner ab Mitte der 1860er Jahre diese Zeilen schrieb, ahnte er nicht, dass er die Lutherstadt noch einmal wiedersehen würde. Im Sommer 1872 nahmen seine Reisepläne Gestalt an, wie aus einem Brief hervorgeht, den er am 16. Juli 1872 an den Eislebener Realschuldirektor I. W. Otto Richter richtete. „Noch in diesem Jahre", heißt es da, „gedenke ich Sie übrigens zu sehen, da ich jetzt altes Verlangen zu stillen hoffen darf, meinerseits die Stadt Eisleben, in welcher ich mein volles 8. Jahr verlebt habe, und an

Der ehemalige Fischmarkt mit den Häusern Markt 53, 54, 55 und 56 (von links). Im Haus Nr. 55 wohnte Richard Wagner bei seinem Stiefonkel Karl Geyer. Nebenan, im Vorgängerbau der Nr. 56 (Gewerkenhaus, heute Hotel Graf von Mansfeld), starb Martin Luther.

der meine Erinnerung noch mit fast schwärmerischer Treue fortlebt, endlich wieder einmal zu besuchen."[73]
Richter wird über diese Mitteilung hocherfreut gewesen sein. Er hatte in jenem Jahr seine in mehreren Städten gehaltenen Vorträge über die „Dichtungen des Mittelalters" in einem Buch zusammengefasst, und da einer dieser Vorträge den Dichter Tannhäuser, die Tannhäusersage und die Wagnersche Tannhäuserdichtung zum Inhalt hatte, sandte er das Buch an Richard Wagner, dessen Antwort mit dem in Aussicht gestellten Eisleben-Besuch der Schuldirektor nicht für sich behalten konnte, wie sich denken lässt. Er informierte die Stadtväter von der Absicht des Meisters, was diese sogleich in Betriebsamkeit versetzte. Man überlegte, welche Ehrungen dem berühmten Komponisten dargebracht werden sollten. „Die Mehrheit war für eine Begrüßung desselben bei seiner Ankunft und womöglich für ein Festessen, auch eine musikalische Veranstaltung wurde in Erwägung gezogen."[74]
Richter schrieb an Wagner, dass sich dessen Verehrer in Eisleben sehr auf den Besuch freuen, und bat darum, Tag und Stunde der Ankunft rechtzeitig mitzuteilen, um die erforderlichen Vorbereitungen treffen zu können. Doch die Antwort blieb aus, was vermuten lässt, dass Wagner an einem „großen Bahnhof" nicht gelegen war, sondern dass er privat und ohne Aufsehen die altvertrauten Stätten wiedersehen wollte. Erst im folgenden Jahr legte er gemeinsam mit seiner Frau Cosima bei einer Fahrt von Kassel nach Leipzig zu deren Vater Franz Liszt eine Zwischenstation in Eisleben ein, ohne Vorankündigung, nur für ein paar Stunden. Im Hotel Goldenes Schiff am Plan stiegen sie ab, und Wagner erkundigte sich nach Richter. Allerdings ohne Erfolg, der Realschuldirektor war nicht auffindbar und erfuhr erst einen Tag später vom Besuch der Wagners. Wir können nur ahnen, wie sehr er sich über diese verpasste Gelegenheit, den Komponisten in Eisleben begrüßen zu können, geärgert hat.
So kam es, dass der berühmte Gast völlig unbeachtet von möglichen Verehrern blieb. Er zeigte Cosima die Stätten seiner Kindheit, besuchte den Eisenhändler August Freyse, der einst neben der Goldschmiede Geyer wohnte, und bat ihn, ihm doch seine alte Schule zu zeigen. Er soll wohl auch gesagt haben, dass er sich ein Foto von dem Haus anfertigen lassen möchte, zur Erinnerung. Freyse möchte ihm doch dabei behilflich sein. So habe es der damals 84-Jährige jedenfalls später erzählt, heißt es in der Ortsüberlieferung.[75]

Georg Richter fand dazu in Cosimas Tagebüchern unter dem 27. April 1873 einige Notizen, die, wie er schreibt, „den Zwischenaufenthalt an dem betreffenden Sonntagnachmittag – auf der Bahnfahrt von Kassel zu Franz Liszt nach Leipzig – skizzieren: ‚Richard zeigt mir das Haus, wo er wohnte; die Frau, die er nach dem früheren Besitzer, den Seifensieder fragt, sagt. ‚Ach, das ist lange her.' Ich seh auch die Stelle, wo ein Pferd, das er reizte, ihm einen Schlag gab und er in Ohnmacht fiel. Besuch des Luther'schen Hauses. – Traurigkeit über Verkümmerung des Ortes; R. sagt: ‚Die Preußen halten ihre Städte schlecht'. Im ‚Goldenen Schiff' gespeist".[76]

Somit wissen wir, dass die Wagners Luthers Geburtshaus gesehen haben, das seit 1693 Museum ist, seit 1996 wie die benachbarte Luther-Armenschule zum Weltkulturerbe der UNESCO gehört und im Jahr 2007 nach großzügiger Erweiterung und Neugestaltung als Teil des neuen Luther-Ensembles wieder seine Pforten öffnete, ein Ensemble, für dessen Planung Jörg Springer den Architekturpreis des Landes Sachsen-Anhalt erhielt.

Das Sterbehaus des Reformators, das ebenfalls 1996 in die Welterbeliste der UNESCO Aufnahme fand, können die Wagners hingegen noch nicht als solches wahrgenommen haben. Es wurde erst 1894 als Museum eröffnet, nachdem es durch einen aufwändigen Umbau sein heute bekanntes spätgotisches Aussehen erhielt. Dass Luther gar nicht hier gestorben ist, sondern neben jenem Haus, in dem Richard Wagner bei seinem Onkel Goldschmied wohnte, ahnte damals noch keiner.

Ob der Onkel jemals erfahren hat, dass unmittelbar neben seiner Wohnung bis in das 18. Jahrhundert das Andenken Martin Luthers gepflegt worden ist? 1723 schreibt der Chronist über ebenjenes Nachbarhaus Markt 56: „In diesem Hause hat ehedessen der seel. Lutherus, wenn er in Eißleben gewesen, sein Logis gehabt, maßen noch sein Stuhl, Tisch, Bette, ingleichen ein Spinett vorhanden, damit er zu Zeiten die Melancholie vertrieben."[77] Und von Superintendent Berger erfahren wir 1827, dass hier den Reisenden die „Bettstelle, (Bettspinde), worin Luther gestorben" und der Lehnstuhl, in dem er seine „letzten 4 Predigten" abgefasst hatte, gezeigt wurden.[78]

Diese Mitteilungen führen zwangsläufig zu der Frage: Wieso konnten diese Andenken an den Reformator in den Markt 56 gelangen? Erst seit dem Jahr 2003 ist die Antwort klar, da nämlich teilte die Stiftung Luthergedenkstätten in Sachsen-Anhalt offiziell mit, dass der Reformator im Markt 56 gestorben sei. Der Chronist Eusebius Francke, der das Sterbehaus 1726 am Andreaskirchplatz 7 oberhalb des Marktes lokalisierte, habe sich geirrt, wie unter Hinweis auf archivalische Belege erläutert wurde. Aus ihnen gehe hervor, so die Stiftung: „Das eigentliche Sterbehaus Luthers befindet sich wenige hundert Meter unterhalb des heutigen Sterbehauses. An seiner Stelle wurde 1707 nach einem Stadtbrand fast von Grund auf die gräfliche Kanzlei erbaut (heute Markt 56)."[79] Martin Luthers und Richard Wagners Spuren in Eisleben liegen somit unmittelbar nebeneinander. Nach den neuen Forschungsergebnissen stellte sich die Stiftung Luthergedenkstätten als Eigentümerin des „altbekannten Sterbehauses" Andreaskirchplatz 7 die Aufgabe, dieses Haus „als den historisch gewachsenen Ort des Gedenkens an Luthers Tod zu profilieren und die Restaurierung des 19. Jahrhunderts als komplette ‚Neuschöpfung' einer Luthergedenkstätte darzustellen."[80] Nach umfangreicher Sanierung und um einen aufwändigen Anbau erweitert, öffnete es im Februar 2013 wieder seine Pforten.

Doch nicht allein das Wissen um Martin Luthers Sterbehaus hat in der Vergangenheit eine bemerkenswerte Entwicklung erfahren, sondern auch das Wissen um die Stätten, die mit Richard Wagners Kindheit in Eisleben in Zusammenhang stehen. „In der Wagner-Literatur wird allgemein dargestellt, daß Richard Wagner in Eisleben nicht die allgemeine Schule, sondern die Privatschule des Pastors Alt besucht habe, an der ihn der Kandidat der Theologie Wilhelm Weise unterrichtete", schrieb 1983 Bernd Baselt[81] und fügte hinzu, „sein Stiefonkel, der Goldschmied Karl Fr. W. Geyer, hatte übrigens seine Werkstatt in der damaligen Viktoriastraße Nr. 7 [gemeint ist sicher die Vikariatsgasse] und zog erst am 19. September 1822 in das Haus am Markt um, so daß Richard Wagner vermutlich nur kurze Zeit in dieser letzteren Wohnung zugebracht hat". Diese von Baselt geäußerte Vermutung und sein Hinweis auf einen Umzug vom 19. September 1822 finden sich in einer Inschrift wieder, die seit 1996 am Haus Markt 55 zu lesen ist: „Aufenthalt von Richard Wagner. In diesem Hause hielt sich Richard Wagner ab 19. September 1822 bei seinem Stiefonkel Goldschmiedemeister Carl Geyer eine Zeitlang auf."

Angesichts dieser Information könnte man fragen: Hat Wagner nun hier gewohnt oder nicht? Ende der 1890er Jahre hatte Otto Richter[82] diese Frage noch eindeutig mit Ja beantwortet. Doch seine im Jahr 1898 veröffentlichten Mitteilungen gerieten offenbar schon bald wieder in Vergessenheit. Denn als Ferdinand Neißer[83] nur fünf Jahre später bei einem Eisleben-Besuch Nachforschungen nach jenem Haus anstellte, in dem Richard Wagner gewohnt hat, konnte er die Adresse nicht finden. Seine Recherchen endeten in einer Sackgasse. Er wollte nicht aufgeben und schrieb zu guter Letzt einen Brief an das Eislebener Tageblatt, der am 13. Juni 1903 erschien. Hier bat er die Öffentlichkeit, ihm bei der Suche behilflich zu sein. „Trotz meiner großen Bemühungen ist es mir nicht gelungen, das Haus bzw. den Ort ausfindig zu machen, wo Wagner seinerzeit hier gewohnt hatte", bekannte er und fügte hinzu: „Vielleicht kann mir jemand Auskunft geben, wenn ich ihm folgende Angabe von Segnitz bekannt gebe: ‚Für längere Zeit war Richard's Aufenthalt bei dem Bruder seines Stiefonkels, dem ‚Onkel Goldschmied' in Eisleben, wohin er im Oktober reiste, bestimmt. Nachdem der Oheim den Neffen in allerlei Wissenswertem unterwiesen hatte, übergab er ihn der Privatschule des Pastors Alt. Richard trieb sich gern auf den stillen Gassen der an Erinnerungen reichen Lutherstadt umher'",[84] zitiert Neißer aus der Schrift jenes Segnitz, dessen Name heute nicht einmal in der Mansfelder Bibliografie zu finden ist, die sämtliche Autoren auflistet, die je Arbeiten über Eisleben veröffentlicht haben.

Trotzdem sind diese Angaben zu Wagners Kindheit zweifellos zutreffend, wenngleich anzumerken wäre, dass der Hinweis auf die „Privatschule des Pastors Alt", der auch in anderen Quellen zu finden ist, nicht stimmen kann, weil ebenjener Pastor erst seit 1823 in Eisleben nachzuweisen ist, wie Carl Rühlemann anhand der Eislebener Seelenlisten herausgefunden hat.[85] Ferdinand Neißer schließt seine Anfrage an das Eislebener Tageblatt mit der Bemerkung, „daß Wagner oft als Wilhelm Richard Geyer (der Name seines Stiefvaters) in den Schülerverzeichnissen angegeben wurde".

Die Antwort ließ nicht lange auf sich warten. Bereits drei Tage später konnte die Redaktion ihren Lesern mitteilen: „Herr Königlicher Musikdirektor Otto Richter sendet uns folgende Zuschrift: Vielleicht interessiert es Sie, zu erfahren, daß ich in meiner Broschüre ‚Musikalische Programme mit Erläuterungen' (Eisleben, Reichardt'sche Buchhandlung 1898, 2. verm. Auflage 1902) Seite 14[86] folgende Angaben über Richard Wagner in Eisleben gemacht habe: ‚Wagner verlebte das Jahr 1822 in Eisleben bei seinem Onkel, dem Goldarbeiter Geyer. Er war während dieser Zeit Zögling der in dem jetzt gewerkschaftlichen Hause Vicariatsgasse 4 befindlichen Privatschule des Pfarrers an St. Petri-Pauli Dr. Alt (dessen Bildnis sich im Altarraum genannter Kirche befindet) und wohnte in dem jetzt Göthe'schen Hause Markt 55. Im September 1873[87] hat Wagner in Begleitung von Frau Cosima W. die Lutherstadt wieder aufgesucht und ist im Hotel ‚Zum goldenen Schiff' abgestiegen. Der Städtische Singverein hofft seine seit längerer Zeit bestehende Absicht, zum Besten zweier Gedenktafeln eine Wagner-Aufführung hierselbst zu veranstalten, im nächsten Winter zur Aufführung bringen zu können."[88] Diesen Zeilen von Otto Richter, der 1906 einem Ruf nach Dresden folgte und dort die Leitung des Kreuzchores übernahm, fügte die Tageblatt-Redaktion noch einen Nachsatz hinzu: „Von anderer Seite wird behauptet, daß Geyer im jetzigen Kaufmann Thiemann'schen Hause, Ecke Markt und Jüdengasse gewohnt habe."

Diese Behauptung wird allerdings von späteren Autoren nie wieder erwähnt, sondern immer nur Markt 55 genannt, wenngleich das Wissen über den Aufenthalt Wagners noch einmal verlorengehen sollte, weil Richters Wunsch, hier eine Gedenktafel anzubringen, unerfüllt geblieben ist. Als nämlich 1925 der Eisleber Museumsleiter Carl Rühlemann der Frage nachging, ob Richard Wagner Schüler in Eisleben war, wusste er offenbar nichts von Richters Veröffentlichungen zu diesem Thema. Ihm war lediglich bekannt, dass der von ihm hochgeschätzte Heimatforscher Hermann Größler[89] vergebens einen Nachweis für Wagners Aufenthalt in Eisleben gesucht hatte (!).

Rühlemann musste notgedrungen noch einmal von vorn beginnen, wobei er eine Quelle zu Rate zog, die vor ihm mit Blick auf Karl Geyer noch keiner verwendet hatte: die „Eisleber Seelenlisten" der Jahre 1816 bis 1828, in denen festgehalten wird, wer wo wohnte und welche Personen dem jeweiligen Haushalt angehörten. Dabei kam er zu demselben Ergebnis wie vor ihm Otto Richter und gab die Adresse des Goldschmiedes Karl Geyer wie folgt an: „Geyers Wohnung befand sich nach der Seelenliste des bezeichneten Jahres [1821] in dem Seifensieder Dresselschen, neben dem Grundstücke des Kaufmanns Scholz am Markt gelegenen Hause. Das Haus [...] war das vierte von dem Eckhause am Jüdenhofe marktaufwärts, und da wir bestimmt wissen, daß das Haus des damaligen Kaufmanns Scholz das heutige Gewerkenhaus [Markt 56] war, so kann die Wohnung Geyers nur in dem ehemals Götheschen, heute Rosenthalschen, am Markt 55 gelegenem Haus gewesen sein. Nach weiteren Seelenlisten hat der Juwelier Geyer in dem Hause bis zum Jahre 1822 gewohnt."[90] Damit ist die Sache klar, (fast) alles passt zusammen,[91] auch wenn die Namen der von Rühlemann erwähnten Kaufleute längst verklungen sind. Kein Widerspruch zu Wagners ab 1865 aufgezeichneten Erinnerungen „Mein Leben", in denen es heißt: „Wir wohnten am Markte, der mir oft eigentümliche Schauspiele gewährte".[92]

RICHARD WAGNER UND ERMLITZ

Christine Pezold

„Mein Horizont umwölkt sich immer mehr. Ich nehme Dein Anerbieten einer Zuflucht in Ermlitz an“

Zum Gedenken an Gerd-Heinrich Apel

Den Leipziger Wagnerianern ist das östlich von Schkeuditz gelegene, 20 Kilometer von Leipzig entfernte Kultur-Gut Ermlitz ein vertrauter und lieber Ort, durften sie doch mehrere Male in dem schönen Herrenhaus unter dem Motto „Zu Gast in Ermlitz wie ehedem Richard Wagner“ ihr Sommerfest ausrichten. Richard Wagner verdankte die Aufenthalte seinem Jugendfreund Guido Theodor Apel (1811 bis 1867). Wie oft er hier weilte, ist nicht bekannt. Ermlitz scheint für den jungen Komponisten besonders in Krisenzeiten ein Sehnsuchtsort gewesen zu sein, wie aus einem Brief vom 6. Mai 1836 aus Magdeburg an „Herrn Theodor Apel in Leipzig, Neuer Neumarkt, Apels Haus“ hervorgeht: „Mein Horizont umwölkt sich immer mehr. Ich nehme Dein Anerbieten einer Zuflucht in Ermlitz an; gieb Auftrag, daß man mich wenn ich ankomme, aufnimmt u. mir ein Zimmer zuweist. Leb wohl Dein Richard W.“[93] Der Brief zeigt aber auch, wie eng die Beziehung zwischen beiden zu dieser Zeit gewesen sein muss.

Die Jugendfreundschaft zwischen Richard Wagner und dem als Initiator der an die Völkerschlacht bei Leipzig 1813 erinnernden Apelsteine noch heute bekannten Guido Theodor Apel begann beim gemeinsamen Besuch der Nikolaischule in Leipzig in den Jahren 1828 bis 1830, nachdem schon beide Familien eine Generation zuvor befreundet gewesen waren.

Die vermögende Leipziger Kaufmannsfamilie Apel besaß in Ermlitz einen Sommersitz, den der Jurist, Ratsherr und spätere Bürgermeister Dr. Heinrich Friedrich Innozenz Apel (1732–1802) 1771 von der Familie Bose erworben hatte. Theodors Vater Johann August Apel (1771–1816) liebte Ermlitz sehr und nutzte das Anwesen, um hier in Ruhe arbeiten zu können, denn er war – neben seiner Ratsherrentätigkeit – vielseitig interessiert und schriftstellerisch tätig. Er besaß eine große Büchersammlung, verfasste Rezensionen und schrieb Versdichtungen und Dramen im antiken Stil. Aus seinem „Gespensterbuch“, einer Sammlung von Feen- und Geistergeschichten, die er mit seinem Freund Friedrich Laun (1770–1848) im Jahre 1810 herausgab, stammt die Novelle „Der Freischütz“, die Vorlage für die gleichnamige Oper von Carl Maria von Weber, der – wie auch der Librettist des „Freischütz“ Friedrich Kind (1768 bis 1843) – in Ermlitz zu Gast war. Hier spielte Weber 1812

Heinrich Friedrich Innozenz Apel (1732–1802), Ölgemälde von Anton Graff, 1770

links: Herrenhaus, Gartenfassade mit Blumenrondell

Roter Salon mit Hammerflügel der Firma Joseph Brodmann, Wien, um 1800, und Vioala da Gamba

auf dem Hammerflügel seine Klaviersonate C-Dur Nr. 1. Die Atmosphäre auf dem Rittergut mit seinem schönen Park war somit die denkbar günstigste, um Künstler und Freunde zu empfangen und einen regen Gedankenaustausch zu pflegen.

In diesem Umfeld wuchs Theodor Apel, der wichtigste Jugendfreund Richard Wagners, auf. Seiner Herkunft gemäß erhielt er eine gründliche und gediegene Ausbildung, die – von der Mutter gesteuert – auch Musikunterricht einschloss. Er absolvierte die Nikolaischule und studierte danach in Leipzig und Heidelberg Rechtswissenschaft, um schließlich zum Doktor der Jurisprudenz zu promovieren. Dabei zeigte er stets auch großes Interesse an Literatur und Musik. Und auf dieses Interesse eben gründete sich die Freundschaft mit dem um zwei Jahre jüngeren Richard Wagner. Dies bezeugen die mehr als 40 Briefe, die Wagner in den Jahren 1832 bis 1836 an Theodor Apel geschrieben hat. Von Apel sind demgegenüber nur einzelne Briefe überliefert. Seine Tagebücher warten insgesamt noch auf ihre Erschließung und Auswertung.

Das Bild ihrer Beziehung ist also noch nicht ganz ausgewogen. Da sich Wagners Briefe aber durch Offenheit und ein großes Mitteilungsbedürfnis auszeichnen, werden sowohl ihre Gemeinsamkeiten als auch die Unterschiede ihrer sozialen Lebenswelten deutlich. Auf diese Weise sind die Briefe Dokumente aus einer wichtigen Periode in Wagners Leben, aus seiner turbulenten Jugendzeit, seinem schwierigen Berufsstart in Magdeburg und Lauchstädt sowie seinen Anfängen als Komponist.

Sein Stil ist überschwänglich, was sich schon in den Anreden ausdrückt: „Mein Theodor", „Mein liebster Theodor", „mein theurer, einziger, einziger Freund", „Du lieber, guter Junge", „Mein lieber guter Herzenstheodor" – Zeichen für eine emotional bewegte Beziehung, eine echte große Jugendfreundschaft, wie sie Wagner nur mit Theodor Apel verbunden hat. Ihren Höhepunkt erlebte sie in einer gemeinsamen Reise nach Böhmen im Jahre 1834. Daran erinnert sich Wagner noch 1853 voller Begeisterung in einem Brief an Apel: „Wenn ich mich entsinnen will, je wirklich und recht heiter gewesen zu sein, so muß mir nur jene Reise einfallen, Gesundheit, Jugend und eine Fülle von wilden Hoffnungen waren mit Dir damals mein Begleiter."[94] Später beschreibt er in seiner Autobiografie „Mein Leben" diese Reise sehr detailliert, die von Übermut und Ausgelassenheit, aber ebenso von ernsthaften Gesprächen über E. T. A. Hoffmann, William Shakespeare, Ludwig van Beethoven oder den „Ardinghello" von Wilhelm Heinse geprägt gewesen ist und während der auch Wagners erste Entwürfe zu einem Operngedicht nach Shakespeares „Maß für Maß", dem späteren „Liebesverbot", entstanden. Über Teplitz und Prag war man schließlich in ausgelassenster Stimmung nach Leipzig zurückgekehrt: „Und mit dieser Heimkehr", konstatiert Wagner in „Mein Leben", „schließt sich sehr be-

August Apel (1771–1816), Ölgemälde von Moritz Rentzsch, um 1800

stimmt die eigentliche Jugendperiode meines Lebens ab."[95]
Die Briefe Wagners an Apel sind außerordentlich facettenreich. Einmal zeichnen sie sich durch Berichte über ernsthaftes Arbeiten als Chordirektor beim Theater in Würzburg, als Musikdirektor in Magdeburg und Lauchstädt aus. Über Proben, Erfolge als Operndirigent, aber auch über die ständige finanzielle Misere des Theaters, über Schwierigkeiten mit Orchester und Sängern wird detailliert berichtet. Apel ist wohl der Erste, der von seinen Vorhaben und kompositorischen Arbeiten erfährt. So schreibt er ihm am 26. Oktober 1835 aus Magdeburg, er habe ihm nicht wie versprochen seine bisherigen Kompositionen zur Weitergabe an Mendelssohn geschickt, weil er eine grundsätzliche Entscheidung getroffen habe: „[...] ich nehme für jetzt gänzlich Abschied vom Conzertsaal [...] ich gebe mich den Flittern der Bühne hin; ich bin jetzt nur noch Opernkomponist".[96]
Immer möchte Richard Wagner den Freund bei sich haben. Er stellt Besitzansprüche im Namen dieser Freundschaft, wenn er etwa am 14. März 1833 aus Würzburg an Apel in Heidelberg schreibt: „[...] liebster, theuerster Freund, vernimm jetzt die heißeste Bitte, die ich jemals an Dich gerichtet habe; ist es Dir irgend möglich, irgend ausführbar, so durchschneide so bald Du kannst, die 18 Meilen, die uns trennen, und komme zu mir, wenn auch nur auf ein paar Tage; ach, auch nur ein Augenblick wird mich unendlich glücklich machen; – Sag's mir, kannst Du unsrer Freundschaft dies Opfer bringen? – Du kannst es nur, wenn Du mich so liebst wie ich Dich, – ja, und fast muß ich daran zweifeln."[97] Immer wieder spricht er Einladungen an Apel aus, doch zu ihm zu kommen, und ist enttäuscht, wenn dies nicht geschieht. Stimmungsschwankungen und Eifersucht schwingen mit, wenn er glaubt, dass Apel andere Freunde bevorzugt: „Liebe mir den Heidelberger nicht zu sehr, sonst hast Du eine eifersüchtige Geliebte. Adieu! Adieu!"[98]
Doch war es nicht nur diese emotionale Abhängigkeit Wagners von seinem Freund, die beide verband, sie einte auch die Begeisterung für die durch die Pariser Julirevolution 1830 ausgelösten Bestrebungen nach Erneuerung in Deutschland, vor allem für die literarische Bewegung des Jungen Deutschland. Hinzu kam Wagners Interesse an den künstlerischen Versuchen seines Freundes. Er ist vom dichterischen Talent Apels überzeugt, dessen Gedicht „Abendglocken" ihn im Herbst 1832 zu der Liedkomposition „Glockentöne" anregt. Und er lobt später sein historisches Drama „Columbus" in höchsten Tönen: „Du hast etwas

Guido Theodor Apel mit seinem Sekretär, Ölgemälde eines unbekannten Künstlers, um 1850

Herrliches geliefert, mein Theodor, – ich bin erstaunt über Dein Werk, – Du hast all' meine Erwartungen übertroffen! Das ist wol das erste Mal, daß Du so etwas von mir hörst, Du kennst meine Kargheit im Lob [...] Ich erblicke in Deinem Columbus etwas ganz bewunderungswürdiges; [...] ich mag aufschlagen, wo ich will, so finde ich einen Beweis Deines Talentes und der überraschenden Reife, zu der es so erstaunlich schnell gelangt ist."[99] Viele Briefe Wagners zeugen von seinem intensiven Einsatz für das Werk des Freundes, das schließlich nach etlichen Verschiebungen und Schwierigkeiten am 16. Februar 1835 in Magdeburg mit einer Schauspielmusik von Wagner aufgeführt wird. Geblieben ist die Ouvertüre, die danach auch im Konzertsaal erklang. In Wagners Autobiografie „Mein Leben" heißt es: „Immerhin hatte Apel eine wirkliche Aufführung eines Stückes von sich erlebt, das zwar keine Wiederholung erfuhr, mir jedoch Gelegenheit verschaffte, durch die verlangte Wiederaufführung meiner Ouvertüre in Konzerten meine Popularität beim Magdeburger Publikum zu vermehren."[100] Den goldenen Siegelring, den Apel ihm für die Komposition der Ouvertüre verehrt hatte, musste Wagner jedoch, nachdem er seine Musikdirektorenstelle in Magdeburg verloren hatte, zwecks Geldbeschaffung zu verkaufen versuchen, denn er steckte in finanziellen Nöten.

Briefchen Richard Wagners an seinen abwesenden Freund, undatiert. Der Text lautet: „An Theodor Apel. Daß zum Andenken an Richard Wagner, denn daß ich Dich wieder besuchen soll, kannst Du unmöglich verlangen, da ich Dich niemals zu Hause finde. R. W."

An dieser Stelle soll ein besonderes Kapitel der Beziehung zwischen Wagner und dem aus vermögenden Verhältnissen stammenden Apel beleuchtet werden. Ihre beiden sozialen Lebenswelten waren so unterschiedlich wie nur möglich. In „Mein Leben" betont Richard Wagner diesen Aspekt, wenn er über den Freund schreibt: „Vermögend und in angesehenen Familienverhältnissen, bot mir sein Umgang außerdem die in meinem Leben nicht häufig vorkommenden Punkte der Berührung mit dem höheren bürgerlichen Komfort."[101] Er wurde sich dessen vor allem dann immer wieder bewusst, wenn er selbstverschuldet oder durch die Umstände bedingt in schwierige Situationen geriet und den Freund um Geld bitten musste. So schreibt er im September 1834 aus Rudolstadt, dass er „gespielt und beständig verloren, mithin kein Geld habe", und ergänzt: „Ist denn aber auch zwischen uns ein Vergleich? Du der Glückliche und Selbständige von Gottes Gnaden, auf eigenem Grund und Boden, mit alle dem voraus, was bei Anderen noch kommt – und ich [...]"[102] Bitten um kleinere Geschenke, aber auch um größere Geldbeträge ziehen sich durch die ganze Korrespondenz. In einem Atemzug mit dem Lob für Apels dichterisches Talent im oben zitierten Brief aus Magdeburg vergleicht er seine „armselige Existenz" mit der des Freundes, spricht von seinen angehäuften Schulden und bittet am 12. Dezember 1834: „Sage mir, wäre Dir's möglich, mich jetzt wieder zu einem Menschen zu machen, und mich aus all meinem Jammer und Elend herauszureißen [...] Ich bitte Dich, nimm ein kleines Kapital von 200 Thalern, lege es bei mir auf ein Jahr an, Du büßest höchstens nur die Geldzinsen ein, die ich Dir doch unmöglich anbieten könnte."[103] Am 19. April 1835 heißt es dann: „Meine Geldaffairen, Du Rettungsengel, sind noch nicht ganz in Ordnung; – das weiß der liebe Gott! [...] Will ich vollkommen rein sein, und zugleich für meine nächste ungewisse Zukunft etwas gedeckt, so sind mir noch 200 Thaler nötig! – Erschrick nicht! Aber es ist so!"[104] Und in verzweifelter Stimmung, voller Selbstkritik und Selbstmitleid schreibt er im August 1835 aus Frankfurt: „Theodor, – habe ich noch einen Freund? Besitze ich noch Deine Liebe, Dein Vertrauen?" Und nachdem er zugegeben hat, seine finanziellen Möglichkeiten in jeder Hinsicht überschritten zu haben: „Ich kann aber Magdeburg nicht eher wieder betreten, bis ich eine Schuldenlast von 400 Thalern von mir gewälzt habe [...] Du bist der Einzige, auf den ich noch hingewiesen bin, und ich habe den Muth, dieß noch auszusprechen, ohne zu fürchten, Dich zu erzürnen u. von mir abzuwenden."[105] Zurück in Magdeburg hofft Wagner auf die Einnahmen seiner Oper „Das Liebesverbot", die im Februar 1836 zur Aufführung kommen soll. Für einen weiteren Kredit von 100 Talern bietet er diese Apel als Deckung an. Überliefert sind mehrere Zahlungen Apels in dieser Zeit an Wagner – man könnte sagen, der Jugendfreund wurde so zum ersten Mäzen des Komponisten. Auf ihn richtet sich erneut Wagners Hoffnung, als er vier Jahre später in Paris mit seiner Frau Minna, die er 1836 in Königsberg geheiratet hatte, in große Not gerät. Nach vier Jahren Unterbrechung ihres Kontakts schreibt er am 20. September 1840 an den infolge eines Reitunfalls inzwischen erblindeten Jugendfreund: „[...] ich bin im äußersten Unglück, u. Du sollst mir helfen! [...] Mein erstes Wort an den kaum wiedergefundenen Freund ist: – sende mir schleunige Hülfe; mein Leben ist verpfändet, löse es ein! Somit!: – ich gehe Dich um 300 Thaler an. [...] Sieh, das ist mein Ruf aus dem Elend!"[106] Theodor Apel erhielt Wagners Brief verspätet, da er sich nicht in Leipzig bzw. Ermlitz aufhielt. Er übergab eine 125 Franken umfassende Summe – ein höherer Betrag war ihm zu dieser Zeit nicht möglich – an ihren gemeinsamen Freund Heinrich Laube, der das Geld in einen Wechsel auf Paris umwandelte und an Wagner weiterleitete, der diese Hilfe jedoch erst mit großer Verspätung erhielt.

Für Heinrich Laube, den Wortführer des Jungen Deutschland, von dessen Werken sowohl Apel als auch Wagner begeistert waren, hatten sich beide im Jahre 1835 eingesetzt, als Laubes Schriften verboten wurden und er aus Sachsen ausgewiesen worden war. Da er einen Aufenthaltsort außerhalb Sachsens aber möglichst in der Nähe von Leipzig benötigte, hofften die Freunde, ihn als Gast in Ermlitz – also auf preußischem Boden – unterbringen zu können, was allerdings an Bedenken der Familie Apel scheiterte. An diese Episode erinnerte sich Wagner, als er „Mein Leben" verfasste. Wie überhaupt seine späteren Erinnerungen als weiterer Beleg für das Gewicht seiner Jugendfreundschaft zu Theodor Apel gelten können. Und diese sind immer wieder auch mit Ermlitz verbunden, einem authentischen und heute wieder zu besichtigenden Ort aus Wagners Biografie. Es lohnt sehr, das wieder instand gesetzte Herrenhaus und Kultur-Gut Ermlitz mit einem schönen Landschaftspark, der sich zum Flusstal der Weißen Elster hin öffnet, zu besuchen, seit 2004 ein Ortsteil von Schkopau. Der letzte direkte Nachkomme der Familie, Gerd-Heinrich Apel (1931–2012), konnte im Jahre 2001 den Besitz, der 1945 enteignet worden war und jahrelang als Kinderheim diente, zurückerwerben und 2003 die Apelsche Kulturstiftung gründen. Gemeinsam mit seinem Cousin Arnd Mackenthun und dessen Frau Gabriela, die sein Werk seit seinem Tod allein fortsetzen, bemühte er sich, unterstützt durch einen Förderverein sowie mit Fördermitteln von Bund und Land, mit großem Einsatz um die Restaurierung des gesamten Ensembles, das zu einem Kultur- und Veranstaltungszentrum ausgebaut wurde. Konzerte und Lesungen erfreuen sich inzwischen großer Beliebtheit. Die an vielen Standorten verstreuten Kulturgüter: Gemälde, Handschriften – u. a. von Richard Wagner –, Bücher und Musikinstrumente wurden und werden nach und nach an ihren alten Platz zurückgeführt. So erklingt der erwähnte Hammerflügel der Firma Joseph Brodmann in Wien, auf dem Carl Maria von Weber spielte, bereits wieder bei Konzerten in Ermlitz. Die schönen Räume mit den Stuckdecken und den restaurierten seltenen Rokokotapeten erfreuen die Besucher. Die um das Jahr 1770 entstandenen und ungewöhnlich vollständig erhaltenen, mit Gouachefarben bemalten Leinwandtapeten zeigen landwirtschaftliche Motive und Gesellschaftsszenen, aber auch heroische Landschaften mit antiken Ruinen. Das gesamte Ensemble von Herrenhaus, Gutshof und Landschaftspark steht unter Denkmalschutz. Die in unmittelbarer Nähe liegende Dorfkirche romanischen Ursprungs wird heute wieder für Gottesdienste und Feierlichkeiten genutzt. Auf dem dazugehörigen Friedhof befindet sich eine Grabstätte der Familie Apel.

Auch in Leipzig existieren noch Erinnerungsstätten an die Familie von Wagners Jugendfreund. Die Apelsteine wurden bereits genannt. Zu den kulturgeschichtlich bedeutsamsten Bauten in der Leipziger Innenstadt zählt das Apelsche oder Königshaus am Markt, das Andreas Dietrich Apel (1662–1718) in den Jahren 1706/07 durch Maurermeister George Fuchs umbauen ließ und das heute als Geschäftshaus dient. Das Restaurant Apels Garten in der Kolonnadenstraße erinnert an den Barockgarten, den der erfolgreiche Seidenwarenhändler vor den Toren der Stadt anlegen ließ. Die Kopien der Kolossalstatuen Jupiter und Juno von Balthasar Permoser (1651–1732) stehen noch heute an der Stelle am Dorotheenplatz, wo sich der Eingang des Gartens befand. An das nicht mehr vorhandene Geburtshaus von Guido Theodor Apel am Neumarkt erinnert eine bronzene Gedenktafel.

Der Weiße Saal wird für Konzerte genutzt.

Gedenktafel an das nicht mehr vorhandene Geburtshaus von Guido Theodor Apel am Neumarkt in Leipzig

Kasse
Kasse

RICHARD WAGNER UND BAD LAUCHSTÄDT

Ute Boebel

„Hausgenosse des hübschesten und liebenswürdigsten Mädchens"

Kur und Theater in Lauchstädt

An der Wende vom 17. zum 18. Jahrhundert beginnt mit der Entdeckung der Heilkraft einer Quelle eine neue Entwicklung für das Ackerbürgerstädtchen Lauchstädt.
Amtsschösser (Steuereintreiber) Edeling, Besitzer eines Gartengrundstücks, entdeckt in seinem Garten aufquellendes Wasser. Er lässt diese Quelle aufgraben und legt mit ihrem Wasser einen kleinen Fischteich an. Entsprechend der Überlieferung sterben die Fische binnen weniger Stunden. Dieser Misserfolg lässt Edeling den Teich wieder verfüllen, und er leitet das Wasser in einen Graben ab. Edeling berichtet seinem Freund, dem Geheimen Pharmazierat Doktor Friedrich Hoffmann (1660–1742), Professor der Medizin im nahen Halle an der Saale, davon. Daraufhin unterzieht Hoffmann das Quellwasser einer Analyse und stellt einen erheblichen Eisengehalt fest, welcher das Wasser zur Heilung von Krankheiten nutzbar macht. Seine Erkenntnisse fasst er wie folgt zusammen: „[...] daß es ein gesund Wasser sey, welches in vielen sonderlich langwierigen Kranckheiten, als Fiebern, Geschwulst, Bleichsucht bey den Frauenzimmern etc., insonderheit aber äusserlich als ein Bad, zu Stärckung der schwachen Glieder, mit nicht geringem Nutzen würde können gebraucht werden".[107]
Dieses Geschehen beschert dem kleinen Ort ungeahnten Glanz. 1710 entstehen erste hölzerne Gebäude, in denen Heilungsuchende dieses besondere Wasser nutzen. Nach einem Regierungswechsel im Jahre 1738 vom Herzogtum Sachsen-Merseburg zu Kursachsen gewinnt das Kurbad nochmals an Bedeutung, denn der sächsische Kurfürst Friedrich August III. (1750–1827), ein Urenkel Friedrich Augusts I. von Sachsen (1670–1733), genannt August der Starke, beauftragt den Architekten Johann Wilhelm Chryselius (1744–1793) mit der Einrichtung einer attraktiven Kuranlage im Stil des Dresdner Spätbarock, die auf kleinstem Raum keinen Wunsch eines damaligen Kurgastes unerfüllt lässt. Den ursprünglichen Quellort des Heilwassers flankieren nun zwei zierliche Pavillons im Stil von Kavaliershäusern. Ein Tanz- und Speisesaal dient Bällen und anderen geselligen Zusammenkünften und in den Kolonnaden, einem hölzernen Wandelgang, bieten Händler ihre Waren feil. Der Kurparkteich lädt zu Kahnpartien ein. Die geografische Abgeschiedenheit des kleinen Lauchstädt bei gleichzeitiger Lebendigkeit eines Kurbades wissen zahlreiche Dichter in der Zeit des 18. Jahrhunderts zu genießen. So nutzen unter anderen Johann Wilhelm Ludwig Gleim (1719–1803), Friedrich Heinrich Jacobi (1743–1819), Johann Christoph

Die Lauchstädter Heilquelle zu der Zeit, da Goethe und Schiller dort zur Kur weilten, Lithografie von Emil Rabeding, 1847

links: Goethe-Theater Bad Lauchstädt, 2011

Gottsched (1700–1766) und Günther von Goecking (1748 bis 1828) mehrmals das kursächsische Kleinod als Treffpunkt des gegenseitigen geistigen Austauschs. Parallel zum Kur- und Badeleben entwickelt sich das Theaterspiel. Zunächst wird in Schenken, Scheunen, im Park und anderen sich bietenden Orten Theater gezeigt – durch Wandertruppen, wie in dieser Zeit üblich. 1776 entsteht das erste eigens als Theater errichtete Gebäude. Bauherr und Betreiber ist Friedrich Koberwein aus Dresden. 1785 vollzieht sich eine nützliche Verknüpfung des kleinen Lauchstädt mit Weimar. Joseph Bellomo (1754–1833), Direktor der seit 1784 in Weimar spielenden Schauspielergesellschaft, erhält die Erlaubnis, ein komfortableres Komödienhaus zu bauen und während der sommerlichen Lauchstädter Badezeit für Aufführungen zu sorgen. Diese „Filialbühne" erweist sich tatsächlich als überaus Gewinn bringend, denn auch die halleschen Studenten strömen aufgrund des Theaterverbots im preußischen Halle jahrzehntelang in den benachbarten Kurort. Ab 1791 bekleidet Johann Wolfgang von Goethe (1749–1832) das Amt des Oberdirektors der Weimarer Hofschauspielgesellschaft. Der mittlerweile aufgelösten Truppe des Joseph Bellomo folgt nun Goethe mit seinen Mimen nach Lauchstädt. Infolge räumlicher Unzulänglichkeiten lässt Goethe 1802 ein neues Theatergebäude nach seinen Wünschen errichten. Er bestimmt die äußere Form des Hauses sowie dessen Gestaltung im Inneren. Als Besonderheit gilt die aus Zeltleinwand gefertigte Decke im Zuschauerraum. Diese Idee wird später von Richard Wagner bei der Einrichtung seines Bayreuther Festspielhauses aufgegriffen. Die Lauchstädter Bühne entspricht in Abmessung und hölzerner barocker Technik der des Weimarer Theaters zur Goethezeit.

Richard Wagners Eltern in Lauchstädt

Bereits die zweite Spielzeit im neuen Lauchstädter Haus 1803 lässt die Eltern Richard Wagners aufhorchen. Carl Friedrich Wilhelm Wagner (1770–1813), der Vater, ist ein begeisterter Verehrer Friedrich Schillers (1759–1805). Mit seiner Ehefrau Johanne Rosine (1774–1848) besucht er Lauchstädt im Sommer 1803, um das neue Theater kennenzulernen. Der sommerliche Ausflug seiner Eltern nach Lauchstädt findet Beachtung in Richard Wagners Lebenserinnerungen: „Über meinen für mich so früh verstorbenen Vater erfuhr ich später, daß er im allgemeinen sehr für Poesie und Literatur eingenommen, namentlich dem damals von den gebildeten Ständen sehr gepflegten Theater eine fast leidenschaftliche Teilnahme zuwendete. Meine Mutter erzählte mir unter anderm, daß er mit ihr

Lauchstädt, gouachierte Lithografie, 1836

zur ersten Aufführung der ‚Braut von Messina' nach Lauchstedt reiste; dort zeigte er ihr auf der Promenade Schiller und Goethe, sie enthusiastisch ob ihrer Unkenntnis dieser großen Männer zurechtweisend. Er soll selbst nicht frei von galanter Leidenschaftlichkeit für Künstlerinnen des Theaters gewesen sein. Meine Mutter beklagte sich scherzend, daß sie öfters sehr lange mit dem Mittagsessen auf ihn habe warten müssen, während er einer damals berühmten Schauspielerin begeisterte Besuche abstattete; von ihr gescholten, behauptete er durch Aktengeschäfte zurückgehalten worden zu sein, und wies zur Bestätigung auf seine angeblich mit Tinte befleckten Finger, welche bei erzwungener näherer Besichtigung sich als vollkommen sauber auswiesen."[108]

In einem wichtigen Punkt irrt Richard Wagner. Es war Friedrich Schiller, dem die Eltern begegneten. Goethe und Schiller weilten nie gleichzeitig in dem kursächsischen Badeort. Schillers Drama „Die Braut von Messina" begeistert die Wagners in Lauchstädt am 3. Juli 1803. Eine überaus bemerkenswerte Vorstellung, denn ein Gewitter tobt passend zum Bühnengeschehen. Schiller selbst berichtet am Folgetag über dieses Ereignis in einem Brief an seine Frau Charlotte (geborene von Lengefeld, 1766–1826): „[...] es war eine drückende Gewitterluft, und ich habe mich weit hinweggewünscht. Dabei erlebte ich den eigenen Zufall, daß während der Comödie ein schweres Gewitter ausbrach, wobei die Donnerschläge und besonders der Regen so heftig schallten, daß eine Stunde lang man fast kein Wort der Schauspieler verstand, und die Handlung nur aus der Pantomime errathen mußte [...] Wenn sehr heftige Blitze kamen, so flohen viele Frauenzimmer aus dem Haus heraus, es war eine ganz erstaunliche Störung [...] bei den Worten des Chors ‚Wenn die Wolken getürmt den Himmel schwärzen, Wenn dumpftosend der Donner hallt, Da, da fühlen sich alle Herzen In des furchtbaren Schicksals Gewalt, –' fiel der wirkliche Donner mit fürchterlichem Knallen ein, so daß [der Schauspieler] Graff ex tempore eine Geste dabei machte, die das ganze Publicum ergriff!"[109]

Richard Wagners Eintreffen in Lauchstädt

Die erfolgreichen sommerlichen Gastspiele der Goetheschen Theatertruppe aus Weimar endeten in Lauchstädt 1814. Vier Jahre lang gab es kaum Spielbetrieb, aber ab 1818 wird wieder über reges Leben im Goethe-Theater berichtet. Unterschiedliche Schauspieltruppen, zum Beispiel aus Köthen oder Leipzig, gastierten in den Sommermonaten und sorgten für die Unterhaltung der Kurgäste. 1834 ist es das Ensemble des Heinrich Bethmann (1774–1857), das während der Badesaison Vorstellungen gibt. Der mit Bethmann über das Theater geschlossene Mietvertrag wird im Archiv der Goethestadt Bad Lauchstädt bewahrt. Bethmann ist seit 1. Januar 1834 Direktor des Magdeburger Stadttheaters und verleiht dessen Profil eine enorme Prägung vom Volkstheater mit Komödien und „leichter Kost" hin zum Spartentheater bis zur Etablierung eines Opernensembles. Während seiner Intendanz ist Richard Wagner ab Jahresmitte 1834 als Musikdirektor engagiert. Eine erste Begegnung Wagners mit dem Magdeburger Intendanten erfolgt allerdings im August 1834 in Lauchstädt, die Wagner in seiner Autobiografie folgendermaßen anschaulich beschreibt: „Meine Familie hatte angelegentlich auf meine Zurückkunft gewartet, um mir zu melden, daß mir die Musikdirektorstelle bei der Magdeburger Theatergesellschaft angetragen sei. Diese Gesellschaft befand sich im gegenwärtigen Sommermonat zu Gastvorstellungen in dem Bade Lauchstedt; der Direktor derselben konnte mit einem unfähigen Musikdirektor, den man ihm zugewiesen, nicht auskommen und hatte sich in seiner Not nach Leipzig gewandt, um dort einen schleunigen Ersatz zu erlangen [...] Ich entschloß mich daher [...] zu einem vorläufigen Besuch in Lauchstedt, um mir die Sache anzusehen.

Dieser kleine Badeort hatte zur Zeit Goethes und Schillers eine höchst rühmliche Bedeutung gewonnen; das aus Holz errichtete Theater war nach Goethes Plan ausgeführt; dort hatte die erste Aufführung der ‚Braut von Messina' stattgefunden. Obwohl ich mir dies alles sagte, machte der Ort

Goethe-Theater, Stahlstich, um 1850

Goethe-Theater Bad Lauchstädt, Bühne und Zuschauerraum, 2010

doch einen sehr bedenklichen Eindruck auf mich. Ich erkundigte mich nach dem Hause des Theaterdirektors; dieser war ausgegangen: ein kleiner schmutziger Junge, sein Sohn, sollte mich nach dem Theater führen, um ‚Papa' aufzusuchen. Doch schon unterwegs begegnete er uns, ein ältlicher Mann im Schlafrock und eine Mütze auf dem Kopf. Seine Freude, mich zu begrüßen, unterbrach er durch Klagen über große Üblichkeit, gegen welche ihn sein Sohn mit einem Schnaps aus der nahe gelegenen Bude versorgen sollte [...] Dieser Direktor war Heinrich Bethmann, der Witwer der berühmten Schauspielerin Bethmann [Friederike Bethmann-Unzelmann (1760–1815)], welche, noch der schönen Periode des deutschen Schauspiels angehörend, namentlich die Gunst des Königs von Preußen so dauernd gewonnen hatte, daß diese sich noch lange Zeit über ihren Tod hinaus selbst auf ihren Gatten fortgesetzt erstreckte. Bethmann bezog stets eine gute Pension von seiten des preußischen Hofes und genoß andauernd die Protektion desselben, ohne diese Gunst durch sein abenteuerliches und unsolides Wesen je gänzlich verscherzen zu können [...] Er führte mich in sein Haus zurück, wo er mich der ‚Frau Direktorin' vorstellte, welche, an einem Fuße gelähmt, auf einem sonderbaren Kanapee lag, während ein ältlicher Bassist, über dessen zu große Anhänglichkeit Bethmann sich ohne alle Umstände gegen mich beklagte, an ihrer Seite seine Pfeife rauchte. Von da führte mich der Direktor zu seinem Regisseur, welcher in dem gleichen Hause wohnte. Diesem, welcher soeben in Beratungen mit dem Theaterdiener, einem zahnlosen alten Gerippe, über das Repertoire begriffen war, überließ er mich zur Abmachung alles Nötigen, worüber Herr Schmale, der Regisseur, achselzuckend lächelte, indem er mir beteuerte, das wäre so die Art des Direktors, ihm alles auf den Hals zu schicken und sich um nichts zu bekümmern: [...] er hätte gut ‚Don Juan' anzusetzen; wie aber eine Probe zustande bringen, da die Merseburger Stadtmusiker, welche das Orchester bildeten, Sonnabend nicht zur Probe herüberkommen wollten? [...] Ich erklärte dem Regisseur, daß er wegen des ‚Don Juan' am Sonntag sich gar nicht zu bemühen habe, da ich meinerseits, falls man auf mein Debüt bei dieser Vorstellung gerechnet hätte, dem Direktor jedenfalls auch einen Strich durch die Rechnung machen müßte, indem ich notgedrungen sofort noch einmal nach Leipzig zurückkehren müßte, um dort meine Angelegenheiten in Ordnung zu bringen. Diese höfliche Wendung meines gänzlichen Abschlages der Anstellung, welchen ich sofort bei mir beschlossen hatte, nötigte mich noch zu einiger Verstellung, durch welche ich in die Lage geriet, mich in Lauchstedt noch um einiges zu bekümmern, was bei meinem Entschlusse, nicht wieder zurückzukehren, an sich ganz unnötig war."[110]

Wagner unterliegt erneut einem Irrtum, Schillers „Braut von Messina" wurde nicht in Lauchstädt, sondern am 19. März 1803 im Weimarer Hoftheater uraufgeführt. Mit einem Dirigat des „Don Juan" in Goethes Theater konnte sich der junge Ungestüme unter diesen dürftigen Verhältnissen zunächst nicht anfreunden. Er ändert jedoch seine Meinung, als er eine schöne junge Frau kennenlernt.

Verliebt in Minna Planer

Um im idyllischen Badeort Lauchstädt vor der Rückkehr nach Leipzig zu nächtigen, benötigt Wagner eine Unterkunft. Ein junger Schauspieler führt ihn zu einem recht unscheinbaren Haus, gelegen in unmittelbarer Theaternähe. Sein Begleiter wolle ihm, so erinnert er sich, „zugleich die Annehmlichkeit verschaffen, mich zum Hausgenossen des hübschesten und liebenswürdigsten Mädchens, welches gegenwärtig in Lauchstedt anzutreffen, zu machen: dies sei die erste Liebhaberin der Gesellschaft, Fräulein Minna Planer, von welcher ich gewiß schon gehört haben würde.
Der Zufall fügte es, daß schon unter der Tür des bewußten Hauses uns die Verheißene entgegentrat. Ihre Erscheinung und Haltung stand in dem auffallendsten Gegensatze zu all den unangenehmen Eindrücken des Theaters, welche ich soeben an diesem verhängnisvollen Morgen empfangen: von sehr anmutigem und frischem Äußern, zeichnete die junge Schauspielerin sich durch eine große Gemessenheit und ernste Sicherheit der Bewegung und des Benehmens aus, welche der Freundlichkeit des Gesichtsausdruckes eine angenehm fesselnde Würde gaben; die sorgsam saubre und dezente Kleidung vollendete den überraschenden Eindruck der sehr unerwarteten Begegnung. Nachdem ich ihr im Hausflur als der neue Musikdirektor vorgestellt war und sie überrascht den für diesen Titel so jugendlichen Ankömmling gemessen hatte, empfahl sie mich der Hauswirtin freundlich zur guten Unterkunft und ging mit stolz ruhigem Schritte über die Straße dahin in die Theaterprobe. Auf der Stelle mietete ich die Wohnung, sagte für Sonntag Don Juan zu, bereute sehr, mein Gepäck von Leipzig nicht mitgebracht zu haben, und beeilte mich schleunigst dahin zurückzukehren, um noch schleuniger wieder nach Lauchstedt zu kommen. Das Los war geworfen. Der Ernst des Lebens trat sogleich in bedeutungsvollen Erfahrungen mir entgegen.“[111]
Wagner genießt die Aufmerksamkeit der vier Jahre älteren Minna Planer (1809–1866), die mit ihrer Tochter zusammenlebt, diese aber als ihre Schwester ausgibt, über alle Maßen. Fürsorglich bemüht sie sich um „ihren Hausgenossen“: „Als ich eines Abends spät in mein Parterre-Zimmer, weil ich den Hausschlüssel nicht mit mir führte, durch das Fenster zurückkehrte, zog das Geräusch dieses Einbruches Minna an ihr über dem meinigen gelegenes Fenster; ich bat sie, immer auf meinem Fenstersims stehend, mir zu erlauben, ihr noch gute Nacht zu sagen; sie hatte nicht das mindeste dagegen, nur müsse dies vom Fenster aus geschehen, da sie ihr Zimmer stets von ihren Wirtsleuten schließen ließ und dort niemand hereinkönnte: freundlich erleichterte sie mir den Händedruck durch weites Herabbeugen ihres Oberkörpers, so daß ich die Hand, auf meinem Fenster stehend, erfassen konnte. Als ich darauf von der Gesichtsrose, an welcher ich häufig litt, ergriffen wurde und mit geschwollenem, widerlich entstelltem Gesicht mich in meiner traurigen Kammer vor aller Welt barg, besuchte mich Minna wiederholt, pflegte mich und meinte, daß das entstellte Gesicht gar nichts ausmache. Wieder genesen, besuchte ich nun sie und beklagte mich über einen an meinem Munde zurückgebliebenen Ausschlag, den ich für so unangenehm hielt, daß ich sie um Entschuldigung bäte, mich ihr damit zu zeigen; sie wollte auch dies noch erträglich finden: da meinte ich, sie würde mir doch keinen Kuß

Richard Wagner und Minna Planer vor dem Lauchstädter Quartier, 1834, Bildpostkarte

Wagner-Haus, 2012

Goethe-Theater Bad Lauchstädt, Orchestergraben, 2000

geben; wogegen sie mir sofort durch die Tat bewies, daß sie auch davor sich nicht scheue. Dies alles geschah ihrerseits mit einer freundlichen Ruhe und Gelassenheit, die fast etwas Mütterliches an sich hatte und keineswegs auf Leichtfertigkeit oder Gefühllosigkeit deutete."[112]
Der Überlieferung zufolge soll Richard Wagner zum Andenken an seine Liebe zu Minna Planer in eine Fensterscheibe des Lauchstädter Hauses in französischer Sprache folgende Zeilen eingeritzt haben: „So wie er durch sein Glück verwirrt ist, So glücklich ist sie durch seine Verwirrung."[113]
Zwei Jahre später heiraten Richard Wagner und Minna Planer in Königsberg. Dreißig Jahre währt ihre Ehe. Sie endet 1866 mit Minnas Tod.

Musikdirektor in Lauchstädt

Der erste Anblick und letztlich die Bekanntschaft der gefeierten Schauspielerin Minna Planer lassen Wagner die Begegnung mit dem unsoliden Theaterdirektor Bethmann vergessen. Alle Zweifel an einer Kapellmeistertätigkeit in Lauchstädt schwinden und so begibt er sich auf den Weg in Goethes Theater. In wenigen Tagen, am 2. August 1834, soll Mozarts (1756–1791) „Don Juan" perfekt über die Bühne gehen. Ein in dieser Situation verfasster Brief Wagners an seinen Freund Theodor Apel (1811–1867) lässt die Lage im Theater erahnen: „Ich habe hier furchtbare Arbeit vorgefunden, Freitag von früh bis Abends 9 Uhr beständig Probe, – gestern früh Orchesterprobe und Abends Aufführung von Don Juan, [...] die Aufführung ging recht gut von Statten."[114] Wenn es auch nach Wagners eigener Aussage „einige Male mangelte [...] an Präzision im Rezitativ der Donna Anna", so „zog [ihm] das keinerlei Feindseligkeit zu".[115]
Ein herber Verlust plagt Wagner allerdings – diesen soll ihm Theodor Apel ersetzen, wenn er ihn in Lauchstädt besucht: „Du kannst mir ein recht erwünschtes Präsent machen und mitbringen: – man hat mir hier meinen hübschen Takt-Stock verloren, und hier bekomm ich nichts Gescheutes. Besorg mir doch einen, nicht zu groß und besonders nicht zu dick, sondern hübsch schlank und zierlich, meiner würdig! Hörst Du!"[116] In dieser Spielzeit bleibt es nicht nur bei einem Dirigat des jungen Wagner: Vier Tage nach dem erfolgreichen „Don Juan" steht er erneut im Orchestergraben. „Maurer und Schlosser", eine komische Oper von Daniel François Esprit Auber (1782–1871), begeistert das Publikum. Und ein drittes Dirigat Wagners wird bezeugt. Am 10. August 1834 sind Richard Wagner und Minna Planer im Theater vereint – sie brilliert graziös auf der Bühne und er leitet das Orchester. Gegeben wird „Lumpaci Vagabundus". Wagner erinnert sich: „[...]und als ich bei ‚Lumpaci Vagabundus', welchen ich vollständig einzustudieren hatte, mich rührig und unverdrossen anstellte, schien man bald allgemein volles Vertrauen in die neue Akquisition zu gewinnen. Daß ich bei dieser unwürdigen Verwendung meiner musikalischen Fähigkeiten mich ohne Bitterkeit und sogar gut gelaunt anließ, verdankte ich weniger meiner um diese Zeit, wie ich es nannte, sich in den Flegeljahren befindenden Richtung meines Geschmackes, sondern hauptsächlich dem Umgange mit Minna Planer, welche in jener Zauberposse als ‚Fee Amorosa' verwendet war. Immer erschien sie mitten unter dieser Staubwolke von Frivolität und Gemeinheit wirklich wie eine Fee, von der man nicht wußte, wie sie in diesen Wirbel, der sie in Wahrheit nie mit hinriß, ja kaum berührte, hineingeraten war."[117]
In Lauchstädt betätigt sich Wagner nicht allein als Dirigent, sondern auch als Komponist und arbeitet an „der Konzeption einer zweiten großen Symphonie in E dur [...] Die noch erhaltene Skizze des ersten Allegro-Satzes, ganz eng auf ein großes Doppelblatt starken gelblichen Notenpapiers geschrieben, trägt an der Spitze das Datum ‚Lauchstädt den 4. August 34' am Schlusse: ‚29. August Rudolstadt'."[118]

rechts: Brief von Richard Wagner an Theodor Apel, zwischen Ende Juli und 8. August 1834

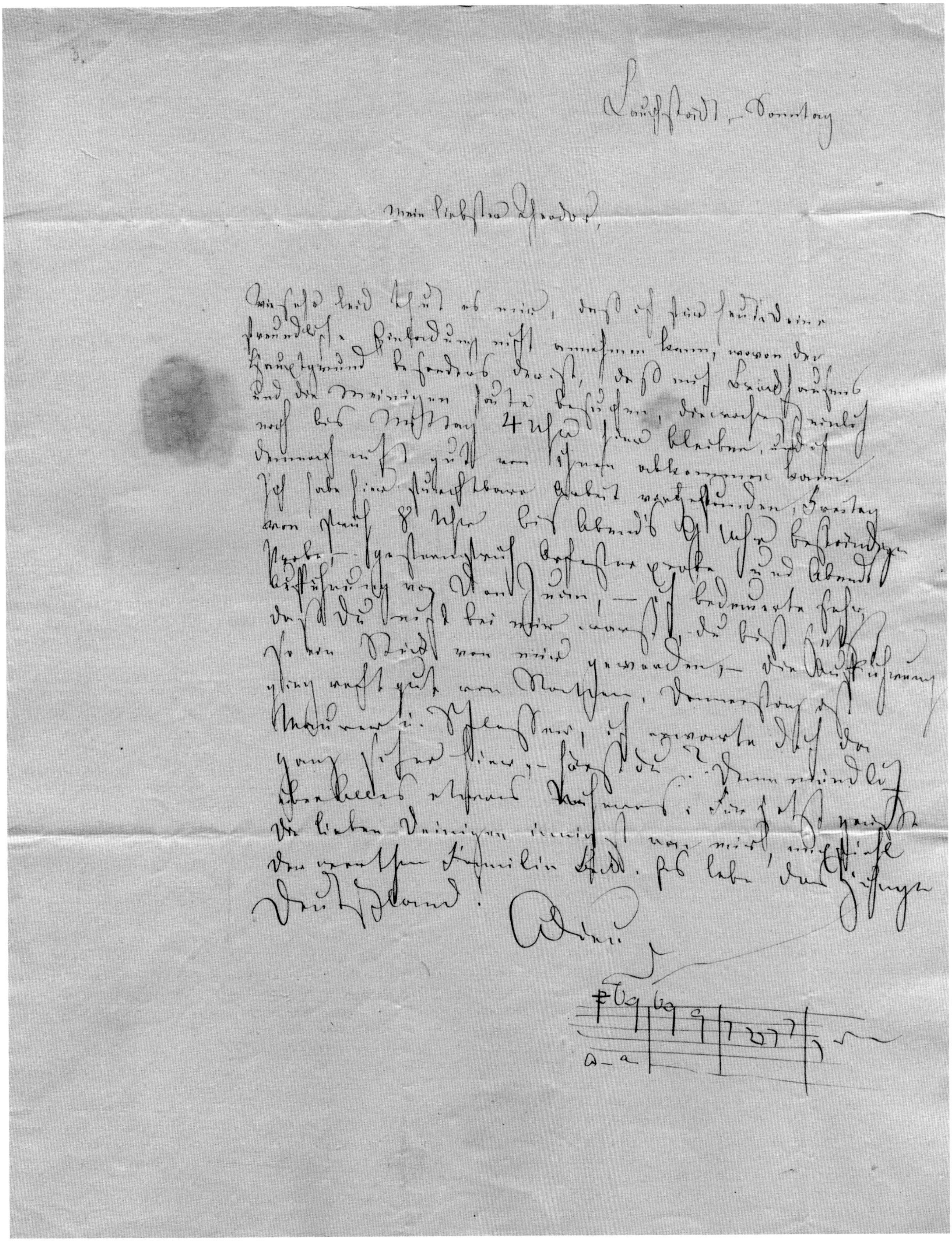
Lauchstädt, Sonntag

a – a

Zwei Tage nach der letzten Aufführung, am 12. August 1834, verlässt die Magdeburger Truppe den kleinen Badeort Lauchstädt nach insgesamt 22 sommerlichen Aufführungen und setzt ihre Gastvorstellungen in Rudolstadt fort. Die Reise nach Rudolstadt hätte Wagner gern sofort mit Minna Planer gemeinsam unternommen, jedoch vereitelt die unzureichende Zahlungsmoral des Theaterdirektors Bethmann diese Absicht. So lässt Wagner sich von Freund Apel in Lauchstädt abholen und reist mit ihm über dessen Familiengut Ermlitz nach Leipzig, wo er Geld von seiner Familie erhält, um die Reise fortsetzen zu können.

„Nach Leipzig selbst aber war ich über das Gut Apels mit diesem, welcher in Lauchstedt dazu mich abgeholt hatte, gereist. Diese Abholung von Lauchstedt ist mir durch ein wüstes Gelage in Erinnerung geblieben, welches mein vermögender Freund mir zu Ehren im Gasthofe veranstaltet hatte. Bei dieser Gelegenheit nämlich war es mir und einem der Genossen gelungen, einen ungeheuren Kachelofen von massivster Bauart, wie er sich in unsrem Gasthofzimmer befand, vollständig zu demolieren. Wie das zustande gekommen, waren wir am andren Morgen sämtlich unfähig zu begreifen."[119] Den Namen des Gasthofs hat Richard Wagner nicht mitgeteilt.

Im 19. Jahrhundert gastieren Ensembles aus nah und fern in Goethes Lauchstädter Theater. Von 1840 bis 1844 ist die „Fürstliche Anhalt-Bernburg'sche Hoftheater-Gesellschaft" unter Direktion von Herrn Dr. Lorenz engagiert, um im sommerlichen Badeort Unterhaltung zu bieten. Welche Aufführungen auf dem Spielplan stehen, ist leider nicht vollumfänglich bekannt. Zu dieser Zeit ist Regisseur, Sänger und Schauspieler Albert Wagner (1799–1874), der älteste Bruder Richard Wagners, am Bernburger Theater engagiert und tritt, laut Überlieferung des Lauchstädter Heimatforschers Paul Daehne, gemeinsam mit seiner Tochter Johanna Wagner (1826–1894) in Lauchstädt auf. 1843 wird Heinrich Marschners (1795–1861) romantische Oper „Der Vampyr" gegeben. Johanna Wagner ist siebzehnjährig als Janthe zu erleben, ihre Mutter spielt Sir Berkley, Janthes Vater, und ihr Vater, Albert Wagner, führt Regie und ist gleichzeitig Darsteller des Lord Ruthwen.

Zwei Jahre nach dem Lauchstädter Bühnenerfolg singt die jugendliche Johanna Wagner in Dresden die von ihrem Onkel, Richard Wagner, eigens für sie geschriebene Rolle der Elisabeth in der Uraufführung des „Tannhäuser".

Gedenken an seine erste Kapellmeisterstelle

Hundert Jahre nach Wagners Debüt als Kapellmeister in Goethes Theater gedenkt man dieses großen Ereignisses am Sonntag, dem 26. August 1934, mit einer würdigen Feier an authentischem Ort. Im Mittelpunkt der von Merseburger Künstlern mit Kompositionen Wagners umrahmten Festveranstaltung steht die Enthüllung einer Inschrift

Im Kurpark

Wolfgang Amadeus Mozart, „Don Giovanni“ Gastspiel des Theaters Magdeburg im Goethe-Theater, 2011 Inszenierung: Alfred Kirchner

entlang der Bühnenrampe: „Hier wirkte Richard Wagner im Juli und August 1834“. Diese Inschrift hat sich nicht erhalten. Sonderzüge der Reichsbahn verkehren ab Leuna über Merseburg mit einem um die Hälfte ermäßigten Fahrpreis und bringen zahlreiche Gäste zur Hauptprobe am Vortag und zur Festveranstaltung nach Lauchstädt.

1983 wird anlässlich der „Richard-Wagner-Tage der DDR“ auch das Wirken des Meisters im Goethe-Theater gewürdigt. Zum hundertsten Todestag erinnert am 4. Juni 1983 ein ausgewähltes musikalisch-literarisches Programm an seinen Aufenthalt in Lauchstädt. Friedrich-Wilhelm Junge vom Staatstheater Dresden interpretiert Texte von Thomas Mann (1875–1955) über Richard Wagner und Lyrik des französischen Schriftstellers Charles-Pierre Baudelaire (1821–1867). Vertonungen zu Goethes „Faust“ und Auszüge aus dem Liederzyklus von Richard Wagner nach Gedichten von Mathilde Wesendonck (1828–1902) singt die Mezzosopranistin Ute Walter, am Flügel begleitet von Klaus-Dieter Stephan.

Mit der Musikposse „Tannhäuser oder Die Keilerei auf der Wartburg“ gastiert das Kammerensemble der Staatsoper Hamburg zweimal im September 1992 im Goethe-Theater. Die gekonnt servierte vergnügliche Parodie auf Wagners „Tannhäuser“, verfasst von Johann Nestroy (1801–1862) mit Musik von Carl Binder (1816–1860), begeistert das Publikum im spätsommerlichen Bad Lauchstädt.

Wagner dirigierte einst Mozarts „Don Juan“ und somit gehört diese Oper zum Repertoire des Goethe-Theaters. Am 18. Juli 1840 lässt sich eine weitere Aufführung nachweisen, dann tritt eine lange Pause ein. Am 27. Mai 1995 hat Paul Stern Inszenierung des „Don Giovanni“ im Goethe-Theater Premiere. Insgesamt 22 erfolgreiche Aufführungen folgen. Die Handlung der Oper verlegt der Regisseur in die Lagunenstadt Venedig, die Akteure spielen auf Stegen, was akrobatische Leistungen abverlangt. Seit der Spielzeit 2011 brilliert das Theater Magdeburg mit „Don Giovanni“ in einer Inszenierung von Alfred Kirchner. Diese gilt als Meilenstein der Mozart-Rezeption am Magdeburger Haus. Die Übertragung der Inszenierung nach Bad Lauchstädt ist eine Reverenz des Opernensembles der sachsen-anhaltischen Landeshauptstadt an die Geschichte des Goethe-Theaters, insbesondere bezüglich Richard Wagners einstigem Lauchstädter Aufenthalt – reiste doch Heinrich Bethmanns Ensemble im Jahre 1834 ebenso aus Magdeburg an.

RICHARD WAGNER UND BERNBURG

Heinz-Rolf Müller

„Ein kümmerliches, schlecht versorgtes, ärgerlich-komödiantisches Leben"

In Bernburg, der einstigen Hauptstadt des Herzogtums Anhalt-Bernburg, war der junge Richard Wagner 1834 kurzzeitig als Musikdirektor tätig. Als er nach Bernburg kam, besaß die Stadt seit sieben Jahren ein Theater, das heutige Carl-Maria-von-Weber-Theater. Obwohl die Stadt seit 1603 Landeshauptstadt war, wurde hier erst 1827 ein Theater erbaut. Die Fürsten von Anhalt-Bernburg hatten ihre Residenz 1763 in das Schloss Ballenstedt im Harz verlegt, Bernburg blieb Regierungssitz und Landeshauptstadt. 1806 erhielt der Fürst von Anhalt-Bernburg vom letzten Kaiser des Heiligen Römischen Reichs, Franz II., das Recht, sich „Herzog" zu nennen. Am Ballenstedter Schloss entstand bereits 1778 ein Theater, in dem es bis zum Erlöschen der Linie der Anhalt-Bernburgischen Herzöge 1863 regelmäßig Aufführungen gab.

Im März 1826 wurde in Bernburg in unmittelbarer Nähe des Schlosses der Grundstein für das Theater gelegt. Am 2. März 1827, anlässlich des 22. Geburtstages des Erbprinzen Alexander Carl (1805–1863), wurde es feierlich eingeweiht.[120] Alexander Carl verbrachte vom Herbst 1825 bis 1833 auf Anordnung seines Vaters, Alexius Friedrich Christian von Anhalt-Bernburg (1767–1834), jährlich einige Monate im Bernburger Schloss, um dort selbstständig Hof zu halten.[121] Herzog Alexius beabsichtigte damit, seinen geisteskranken Sohn auf die Übernahme der Regierung vorzubereiten. Der Erbprinz wollte aber in Bernburg nicht auf die von Ballenstedt her gewohnten Theaterveranstaltungen verzichten. Er hatte vielseitige musische Interessen, wie Abrechnungen seiner Bernburger Hofhaltung zeigen. Dort werden Ausgaben für Instrumentalunterricht, Kauf von Noten, Klavierauszügen und Partituren sowie Schauspieltexten aufgeführt.[122]

links: das Bernburger Schloss heute, von der Saale aus gesehen

Das herzogliche Schloss, um 1846

Den Anlass zum Bau des Theaters beschreibt der Baumeister des Hauses, der Bernburger Geheime Oberbaurat Johann August Philipp Bunge (1774–1866), in einem Brief der Theaterdirektion vom 10. April 1854 an das Herzogliche Staatsministerium sehr anschaulich. Bunge gehörte zu dieser Zeit der Theaterdirektion an: „Die Grundidee zur Erbauung eines Schauspielhauses in Bernburg entsprang nach hohen Äußerungen des Hochseeligen Durchlauchtigsten Herzogs Alexius, aus der väterlichen Liebe und des daraus hervorgehenden Bestrebens, dem Durchlauchtigsten Herrn Sohn dem damaligen Erbprinzen Alexander Carl unseren jetzt regierenden Gnädigsten Landesherrn, den Aufenthalt in Bernburg angenehm zu machen. Ein hohes Wohlwollen für die Stadt selbst und der Wunsch daß ihre Bewohner durch die moralisch sittliche Bildung fördernden Versammlungen sich bilden und vergnügen mögten, sowie der Gedanke, sich bei denselben in freundlicher liebender Erinnerung zu erhalten, und das Streben, die schönen Künste, namentlich die Musik, durch die Ballenstedter Kapelle, auch in Bernburg Pflegen, sowie endlich auch die

Niccolò Paganini (1782–1840)

Wilhelmine Schröder-Devrient (1804–1860)

Johanna Jachmann-Wagner (1826–1894)

Sorge für Unterhaltung bei Höchsteigener Anwesenheit in Bernburg, welch hierdurch zu einer alljährlich regelmäßig wiederkehrenden werden sollte, waren hierbei mitwirkend."[123]
Schon lange vor dem Theaterbau war der Besuch „theatralischer Vorstellungen" bei den Bernburgern sehr beliebt. Auch Konzerte der Bernburger Militärmusiker, einheimischer Künstler und von Gastmusikern wurden gern besucht. Für die Veranstaltungen wurden Säle großer Gaststätten in und um Bernburg, der Saal des damaligen Rathauses am Markt der Talstadt oder die Orangerie am Schloss genutzt. Auch die „Hiesige Hochfürstliche Reitbahne" (jetzt Rathaus II an der Schlossstraße) diente zeitweise als Theater.[124]
Die Hauptstädter waren über den Theaterwunsch des Erbprinzen sehr erfreut. Daher förderten sie das Vorhaben nach Kräften, einige Bürger durch kostenlose Erledigung von Transportarbeiten, wohlhabendere durch den Kauf von Aktien. Für die Spielzeiten in Bernburg wurden ebenso wie für das Ballenstedter Theater wandernde Schauspielgesellschaften engagiert. Direktor der ersten Theater-Gesellschaft im neuen Haus war ein Herr Maske.[125] Hier konnten die Bernburger bald auch bedeutende Künstler erleben. Das Haus mit damals über 600 Plätzen war für diese sicher interessant. Auch verstand es die Theaterleitung offenbar, solche Künstler zu engagieren. So gab der italienische Violinvirtuose Niccolò Paganini (1782–1840) während seiner Konzertreise durch die deutschen Länder am 28. Oktober 1829 auch im Bernburger Schauspielhaus ein umjubeltes Konzert.

Dieser Kunstgenuss war einigen Bernburgern diese Anzeige in den „Anhalt-Bernburgischen wöchentlichen Anzeigen" wert:[126]
„Dank.
Für den ihnen durch das Spiel des Herrn Ritters Paganini am 28sten d. M. gewordenen seltenen Kunstgenuß, fühlen den Herren Entrepreneurs, welche die mannigfachen Bemühungen, die das Arrangement eines Concertes mit sich bringt, so bereitwillig und mit eigener Aufopferung zu übernehmen die Güte hatten, zu dem lebhaftesten Danke sich verpflichet
einige Musikfreunde.
Bernburg den 28sten October 1829"

Im März 1842 trat die berühmte Sängerin Wilhelmine Schröder-Devrient (1804–1860) als Norma, eine ihrer Glanzrollen, in der gleichnamigen Oper Bellinis auf. Ihr Auftritt wurde vom Herzog in einer „Ordre an die Regierung" vom 18. März 1842 genehmigt. Als der damalige Theaterdirektor Dr. Lorenz jedoch am 30. März um Rückerstattung des erheblichen Honorars von 36 Louisdor bat, erhielt er per 3. April nur 15 Louisdor bewilligt.[127]
Zur Gesellschaft des Dr. Lorenz, die von 1839 bis 1844 am Bernburger und Ballenstedter Theater spielte, gehörte auch Richard Wagners älterer Bruder Albert. Er war als Sänger und Schauspieler über mehrere Spielzeiten in Bernburg und in Ballenstedt sehr geschätzt. Zum Spielzeitschluss am 27. März 1844 wurde die Oper „Don Juan" von Wolfgang Amadeus Mozart „zum Benefiz der Familie Wagner" gegeben.[128] Albert Wagners Stieftochter, Richard Wagners Nichte Johanna Jachmann-Wagner (1826–1894), stand in Bernburg bzw. Ballenstedt bereits als 13-Jährige auf der Bühne.[129] Sie kam später nach Dresden in die Schule der Wilhelmine Schröder-Devrient und sang dort die Elisabeth in der Uraufführung von Richard Wagners „Tannhäuser" am 19. Oktober 1845.[130]
Diese Sängerin war in Bernburg offenbar noch lange bekannt und beliebt. So brachte die „Bernburgische Zeitung" am 24. März 1865 eine Notiz, nach der „eine junge, mit äußerem Liebreiz von der gütigen Mutter Natur wohlversehene Dame" aus Bernburg einen Maskenball in Berlin besuchte. Dort zog sie sich eine ungefährliche, jedoch stark blutende Wunde zu. Um diese zu verbinden, lieferte „die bekannte Sängerin Frau Johanna Wagner-Jachmann ihr Taschentuch."

Richard Wagner in Bernburg

Für die Spielzeit vom 5. Oktober bis 21. Dezember 1834 wurde die Gesellschaft des Schauspieldirektors Heinrich Bethmann (1774–1857) engagiert. Seit 1830 spielte sie jedes Jahr in Bernburg.[131] Von Rudolstadt zog sie nach Magdeburg. Ein Teil der Truppe machte in Bernburg Zwischenstation und spielte hier an 37 Tagen. Bethmann muss damals über eine sehr umfangreiche Gesellschaft verfügt haben, da er seine Truppe teilen und außer in diesen beiden Städten noch an anderen Orten gleichzeitig spielen lassen konnte.[132]

Richard Wagner, der im Sommer in Lauchstädt zur Bethmannschen Truppe gekommen war, musste ebenfalls in Bernburg Station machen. Über seinen kurzen Aufenthalt am Herzoglich Anhalt-Bernburgischen Schauspielhaus in Bernburg schreibt er in seiner Autobiografie: „Die Zeit, wo es von Rudolstadt fort endlich nach dem Hauptorte Magdeburg, zur Abhaltung der halbjährigen Wintersaison, gehen sollte, war mir sehr willkommen, vorzüglich weil ich dort auch wieder an die Spitze des Orchesters selbst treten konnte und überhaupt ein würdigeres Gedeihen meiner musikalischen Tätigkeit mir versprechen durfte. Vor meinem Einzug in Magdeburg hatte ich jedoch noch eine mühselige Zwischenzeit in Bernburg zu überstehen, für welche Direktor Bethmann, neben seinen übrigen Unternehmungen, ebenfalls Theatervorstellungen zugesagt hatte. Mit einem Bruchteile der Gesellschaft mußte ich dort im Vorbeigehen für das Herausbringen mehrerer Opern, welche wiederum der dortige fürstliche Kapellmeister dirigierte, sorgen und dazu ein kümmerliches, schlecht versorgtes, ärgerlich-komödiantisches Leben führen, was mir fast – wenn nicht für immer, doch für diesmal – das fatale Theatermusikdirektoren-Metier gründlich verleidet hätte. Doch ging es vorüber, und – Magdeburg sollte mich nun zur eigentlichen Glorie meines erwählten Berufs führen."[133]

Nach den Anzeigen in den „Anhalt-Bernburgischen wöchentlichen Anzeigen" hat Richard Wagner in Bernburg die Aufführung der Oper „Zampa" des ein Jahr zuvor verstorbenen französischen Komponisten Ferdinand Hérold für den 6. Oktober, den zweiten Tag der Spielzeit, einstudiert.[134] Auch wird er die Mozart-Oper „Don Juan" vorbereitet haben, mit der er in Lauchstädt bei Bethmann debütierte. Sie stand am 19. Oktober auf dem Spielplan.[135] Möglich ist, dass Wagner auch die Oper „Titus" von Mozart vorbereitete, die anlässlich der Rückkehr des neuvermählten Herzogspaars Friederike und Alexander Carl nach Bernburg am 23. November 1834 aufgeführt wurde.

Richard Wagner im Jahr 1842

Herzog Alexius Friedrich Christian war am 24. März 1834 gestorben. Die Regierung des Landes hatte er bereits 1832 einem Geheimen Konferenzrat übertragen. Dieser verwaltete das Land nach dem Regierungsantritt von Alexander Carl weiter und war auch für das Theater zuständig. Am 29. August 1834 wurde Alexander Carl mit Prinzessin Friederike Caroline Juliane zu Schleswig-Holstein-Sonderburg-Glücksburg verlobt. Am 30. Oktober des gleichen Jahres heirateten sie im Schloss Gottorf in Schleswig. Für die festliche Begrüßung des frisch vermählten Herzogspaares im Bernburger Theater hatte das Ensemblemitglied W. F. Seidel ein Festspiel mit Musik und Tanz, „Der Empfang", verfasst, das der Oper „Titus" vorangestellt wurde.[136] Für dieses Festspiel mussten aus Dessau ein Tänzer und sechs Tänzerinnen ausgeliehen werden. Außerdem hatte das Herzogliche Jägercorps Bernburg Statisten zu stellen. In dessen Rapportbuch vom Jahr 1834 ist folgender Befehl zu lesen:

„Befehl von 16ten Nov. 1834

Höchsten Befehle zu folge sollen zu einem am 23ten d. M. im hiesigen Theater stattfindenden Festspiele 24 Mann vom Herzogl. Jägercorps in voller Uniform, und zwar weißen Beinkleidern und Kamaschen auch mit Ober- und Untergewehr als Statisten gestellt werden, es sind hierzu per Kompagnie 12 passende Jäger auszuwählen die sich nicht nur zu der am 23ten stattfindenden theatralischen Vorstellung sonder auch zu denen etwa hierzu nöthigen vorherigen Proben zu stellen und den deßfalligen Anweisungen

der Theaterdirektion Folge zu leisten Haben. Dieser Dienst ist den Mannschaften für eine Wache anzurechnen.
von Wolframsdorf / Oberstleutnant und Kommandeur des Herzogl. Jägercorps."

Mit Datum vom 12. September 1834 baten die Mitglieder des Bernburger Geheimen Konferenzrates Anton von Krosigk und von Steinkopff um zwölf Hofmusiker aus Ballenstedt zur Unterstützung des Schauspielbetriebs in Bernburg. Es handelte sich dabei um drei erste Geigen (von denen einer auch 1. Flöte spielte), zwei zweite Geigen (davon einer auch 2. Horn), zwei Celli (davon einer auch Klarinette), ein Kontrabass, eine Flöte, ein Fagott, eine Oboe (auch 1. Geige).[137]

Bitten um Hofmusiker für Aufführungen größerer Opern oder Konzerte sind in den „das Herzogl. Anh. Bernb. Theater betreffenden Akten" der Abteilung Bernburg im Landeshauptarchiv Sachsen-Anhalt, Dessau, öfter zu finden. Meist hatten die Theaterdirektoren die damit verbundenen Kosten zu übernehmen. Als Richard Wagner ohne vorherige Rücksprache mit der Theaterdirektion noch einen Fagottisten aus Quedlinburg engagierte, gab es Ärger mit der Herzoglichen Regierung.

Der große Aufwand an zusätzlichen Musikern ist erstaunlich, da aus den Anzeigen in den „Anhalt Bernburgischen wöchentlichen Anzeigen" hervorgeht, dass in der gesamten Spielzeit nur fünf Opern, ein Melodrama und gegen Ende der Spielzeit „Preciosa", Schauspiel mit Musik von Carl Maria von Weber (1786–1826), aufgeführt wurden.

Wie Wagner Musikdirektor bei Bethmann wurde

Zu seinem Engagement bei Bethmann ist Wagner ohne eigenes Zutun gekommen. 1833 war er am Theater in Würzburg tätig. Durch seinen Bruder Albert, der zu der Zeit dort als Sänger engagiert war, hatte er den Posten eines Chordirektors erhalten. Seine Aufgaben waren vielseitig, er sammelte Theatererfahrungen und stellte nebenbei seine Oper „Die Feen" fertig. Ende des Jahres kehrte er in der Hoffnung nach Leipzig zurück, seine „Feen" dort aufführen lassen zu können. Als sich das Vorhaben immer weiter verzögerte, unternahm Wagner von Mai an mit seinem Freund Theodor Apel (1811–1867) eine Vergnügungsreise nach Böhmen. Wagners Familie, wohl der Ansicht, dass der inzwischen 22 Jahre alte Richard schnell wieder eine Arbeit und ein eigenes Einkommen haben müsse, hatte sich in dieser Zeit entsprechend umgesehen.

Wagner beschreibt in seiner Autobiografie kurz vor seinem Bericht über Bernburg, wie er zur Bethmannschen Gesellschaft kam: „Meine Familie hatte angelegentlich auf meine Zurückkunft gewartet, um mir zu melden, daß mir die Musikdirektorstelle bei der Magdeburger Theatergesellschaft angetragen sei. Diese Gesellschaft befand sich im gegenwärtigen Sommermonat zu Gastvorstellungen in dem Bade Lauchstädt; der Direktor derselben konnte mit einem unfähigen Musikdirektor, den man ihm zugewiesen, nicht auskommen und hatte sich in seiner Not nach Leipzig gewandt, um dort einen schleunigen Ersatz zu erlangen. Kapellmeister Stegmayer, der nicht Lust hatte in der heißen Sommerzeit die Partitur meiner ‚Feen', wie mir versprochen war, einzustudieren, empfahl mich eifrigst zu der Musikdirektorstelle und wußte auf diese Weise wirklich den sehr störenden Quälgeist sich vom Halse zu schaffen. […] Eine Ahnung sagte mir aber, daß eine solide Grundlage […] grade in Lauchstädt nicht zu gewinnen sein möchte; auch fiel es mir schwer, so gutmütig der der Aufführung meiner ‚Feen' gestellten Falle behilflich sein zu sollen. Ich entschloß mich daher nur zu einem vorläufigen Besuch in Lauchstädt, um mir die Sache anzusehen."

Bei seinem Besuch in Lauchstädt stellte Wagner schnell fest, dass es dort kaum Chancen für eine Aufführung seiner „Feen" geben werde, auch merkte er, dass seine finanzielle Situation ziemlich unsicher sein würde. Unter einem Vorwand wollte er deshalb schnell wieder nach Leipzig zurückkehren. Als er jedoch Minna Planer kennen lernte, die erste Liebhaberin der Gesellschaft, verliebte er sich in sie und blieb. So wurde er für die Jahre 1834 bis 1836 Musikdirektor der Bethmannschen Schauspielergesellschaft.

Theaterdirektor Heinrich Eduard Bethmann

In seiner Autobiografie schreibt Wagner über Bethmann, dass er „der Witwer der berühmten Schauspielerin Bethmann, welche, noch der schönen Periode des deutschen Schauspiels angehörend, namentlich die Gunst des Königs von Preußen so dauernd gewonnen hatte, daß diese sich noch lange Zeit über ihren Tod hinaus selbst auf ihren Gatten fortgesetzt erstreckte. Bethmann bezog stets eine gute Pension von seiten des preußischen Hofes und genoß andauernd die Protektion desselben, ohne diese Gunst durch sein abenteuerliches und unsolides Wesen je gänzlich verscherzen zu können. Gegenwärtig war er durch anhaltendes Theaterdirektionsführen bereits auf das tiefste herunterge-

kommen; seine Sprache und Manieren zeigten die süßliche Vornehmheit einer vergangenen Zeit, während alles, was er tat und was ihn umgab, den unwürdigsten Verfall bezeugte."
Wagner schildert in dieser Zeit wiederholt Probleme nicht nur finanzieller Art, die er und andere Ensemblemitglieder mit dem Theaterdirektor hatten. Das „kümmerliche, schlecht versorgte, ärgerlich-komödiantische Leben," das er während seiner Bernburger Zeit beklagt, dürfte also weniger auf den Ort als auf die Verhältnisse in der Bethmannschen Gesellschaft zurückzuführen sein.
Der Schauspieler und Theaterdirektor Heinrich Eduard Bethmann (1774–1857) begann 1793 als Mitglied der Bossanschen Truppe seine Bühnenlaufbahn. Er kam 1794 an das Berliner Hoftheater und übernahm 1824 das Königstädter Theater in Berlin. Später übernahm er das Aachener, danach das Magdeburger Theater und führte endlich die Direktion einer kleineren Truppe in Sachsen.[138]
1805 heiratete er die Schauspielerin und Sängerin Friederike Auguste Konradine Bethmann-Unzelmann (1766–1815). Mit ihrem ersten Mann, dem Komiker Unzelmann, kam sie 1788 an das Berliner Hoftheater. 1803 ließ sie sich von ihm scheiden. Sie „war nicht nur eine der genialsten, sondern auch eine der vielseitigsten Schauspielerinnen, ausgezeichnet durch feinste Charakteristik, seelenvollen Vortrag u. glücklichste Verwendung aller äußeren Hilfsmittel [...] Goethe schätzte sie, Schlegel warb um ihre Hand, Iffland war entzückt v. ihr, u. Friedrich Wilhelm III. hatte das wärmste Interesse für sie."[139] Das dürfte der Grund gewesen sein, weshalb Bethmann noch lange nach ihrem Tod vom preußischen König unterstützt wurde. 1835 ermöglichte ihm nur diese finanzielle Unterstützung, eine weitere Spielzeit in Magdeburg organisieren zu können, berichtet Wagner in seiner Autobiografie.

Das Bernburger Theater bis heute[140]

Bis 1863 wurden für das Bernburger Schauspielhaus jährlich ein bis zwei Schauspielgesellschaften engagiert, die oft auch im Theater in Ballenstedt spielten. Nach dem Tod des Herzogs Alexander Carl am 19. August 1863 verlor Bernburg den Hauptstadtstatus, Anhalt-Bernburg fiel an Dessau. Die Erbregelungen brachten Schloss und Theater Bernburg in den Allodialbesitz, den Privatbesitz der Dessauer Herzöge. Der regelmäßige Spielbetrieb am Bernburger Theater fand so ein Ende. Es gab im Ort jedoch wie in der Zeit vor dem Theaterbau weiter Theateraufführungen und Konzerte.

Das Bernburger Stadttheater im Jahr 1882

Am 10. Januar 1881 bat Bernburgs Oberbürgermeister Franz Ernst Friedrich Pietscher (1831–1897) im Auftrag des Magistrats Herzog Friedrich I. (1831–1904) in einem langen Schreiben, der Stadt das Theatergebäude zu schenken. Die Ansiedlung zahlreicher Industriebetriebe hatte der Stadt eine solide finanzielle Basis geschaffen. Bedeutendste Ansiedlung war die von Solvay im Jahre 1881.
Pietschers Bitte fand Gehör und im Mai 1881 war die Stadt Eigentümerin des Hauses. Der Berliner Architekt Eduard Titz wurde mit dem Umbau des Theaters beauftragt.
Am 4. Januar 1882 wurde das im klassizistischen Stil erneuerte Haus als „Städtisches Schauspielhaus" eröffnet. Das Ensemble des Herzoglich Anhaltischen Hoftheaters Dessau führte zu diesem Anlass Goethes „Iphigenie" auf. Bis zum Ende der Spielzeit 1894/95 spielte das Herzogliche Dessauer Theater in Bernburg.

Das Carl-Maria-von-Weber-Theater nach Umbau und Sanierung 1993 bis 1997

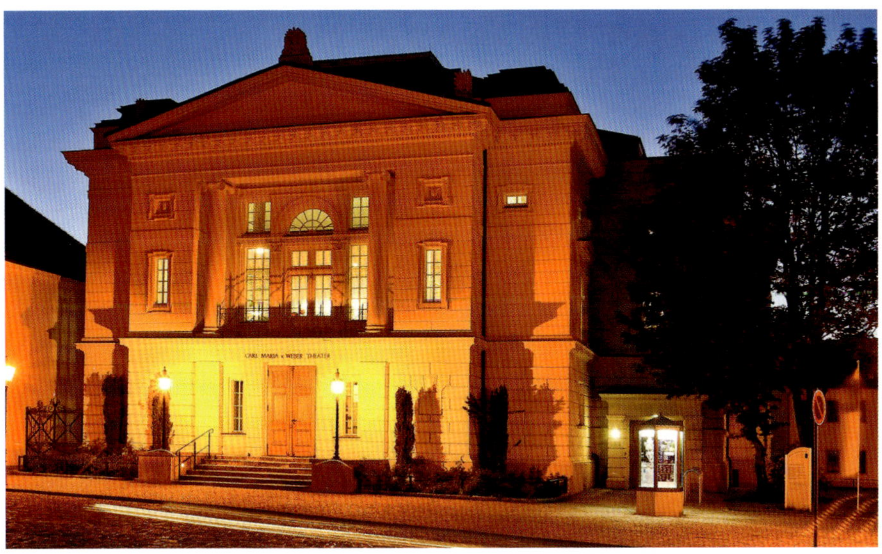

Zuschauerraum im Carl-Maria-von-Weber-Theater

Ab der Spielzeit 1895/96 spielte hier das Stadttheater Magdeburg unter Arno Cabisius. Als Cabisius 1907 plötzlich starb und seine Nachfolger in finanzielle Schwierigkeiten gerieten, fanden die Magdeburger Gastspiele 1912 ihr Ende. Da der Magistrat kein anderes Theater gewinnen konnte, besann man sich auf die privaten Theater in Bernburg. In den Jahren, in denen das Bernburger Theater geschlossen war, traten in Bernburger Gaststätten mit Erfolg private Theater auf, die oft über mehrere Jahre spielten und auch nach der Wiedereröffnung des Schauspielhauses Bestand hatten. Hauptspielort der „Sommertheater" wurde schließlich der 1894/95 errichtete Viktoriapark. Die Ensembles erhielten von 1900 an sogar städtische Zuschüsse für Volks- und Schülervorstellungen. So kam es zu Verträgen zwischen der Stadt und den Direktoren, im Viktoriapark und im Schauspielhaus zu spielen. Trotz häufiger Probleme mit Zuschüssen und Programmgestaltung konnten auf dieser Basis bis 1926 eigene Ensembles gehalten werden, nur von 1914 bis 1918 gab es keinen regelmäßigen Spielbetrieb.

1927 und 1928 wurde eine Modernisierung und Renovierung des Hauses auch wegen neuer Brandschutzbedingungen unumgänglich. Das Haus erhielt einen Anbau an der Ostseite und viele technische Verbesserungen. Die Stadtverwaltung wehrte mehrere Versuche ab, wieder eigene Ensembles zu etablieren. Der Spielbetrieb wurde zur Winterspielzeit 1928/29 mit Gastspielen des Dessauer Friedrichtheaters und des Mitteldeutschen Landestheaters Halle wieder aufgenommen.

1938 wurde nach vielen Verhandlungen und unter Druck des Reichspropagandaministeriums die „Landesbühne Magdeburg-Anhalt" mit Sitz in Bernburg gegründet. Als „Gau-Wanderbühne" spielte sie in vielen Städten, die Mitglieder dieses Theaters zu sein und es mit zu finanzieren hatten. Die Bühne bestand, bis im September 1944 wegen des „totalen Krieges" alle Theater geschlossen wurden.

Im Gründungsjahr der Landesbühne wurde auch das 800-jährige Bestehen der Stadt gefeiert. Aus diesem Anlass wurden am Theater Bronzetafeln angebracht, die an das Wirken Richard Wagners 1834 und an die Erstaufführung der Oper „Undine" von Albert Lortzing 1846 erinnerten. Die Tafeln wurden wenige Jahre später mit den Bronze-Denkmalen und Glocken der Stadt dem Krieg geopfert und eingeschmolzen. Von der an Wagner erinnernden Tafel fand sich beim Umbau des Theaters 1993 bis 1997 ein beschädigter Gipsabguss.

Gipsabguss der 1938 angefertigten Bronzetafel zur Erinnerung an Wagners Wirken in Bernburg. Der Abguss entstand, bevor die Tafel dem Zweiten Weltkrieg zum Opfer fiel.

Nach Ende des Zweiten Weltkriegs blühte Bernburgs Kulturleben schnell wieder auf. Mit wechselnden Intendanten und Organisationsformen bestand das Bernburger Stadttheater mit eigenem Ensemble bis 1950. 1951 kam es zu einer kurzen Fusion mit dem Staßfurter Theater. Die Auflösung des Landes Sachsen-Anhalt im Juli 1952 machte dieser ein Ende, Bernburg kam zum Bezirk Halle, Staßfurt zum Bezirk Magdeburg. Am Staßfurter Theater wurde das Schauspiel etabliert. Das Bernburger Theater wurde Musiktheater. In einer Feierstunde am 1. Januar 1954 wurde es in „Carl-Maria-von-Weber-Theater" umbenannt. Die Zuständigkeit für das Theater wechselte von der Stadt zum Kreis. 1956/57 hatte Kammersänger Rainer Süß hier sein Bühnen-

Szenenfoto aus „Lohengrin" in der Inszenierung des Nordharzer Städtebundtheaters, 3. März 2012
Katharina Warken (Elsa), Gerlind Schröder (Ortrud), Chor und Verstärkungschor des Nordharzer Städtebundtheaters und Coruso Chor e. V. Inszenierung: Kay Metzger, Musikalische Leitung: Musikdirektor Johannes Rieger

debüt. Das Theater bestand, bis Kammersänger Wolfgang Rainer nach 28 Jahren Tätigkeit als Intendant im März 1988 sein Amt niederlegte. Eine Fusion mit dem Elbe-Elster-Theater Wittenberg rettete seine weitere Existenz.
Die nach dem Ende der DDR geführten Verhandlungen zur weiteren Zusammenarbeit beider Bühnen scheiterten. Dem gesamten Bernburger Personal wurde zum Ende der Spielzeit 1992/93 gekündigt. Im März 1993 wurde das Haus geschlossen und mit dringend erforderlichen Sanierungs- und Umbauarbeiten begonnen, die bis 1997 dauerten. Während des Umbaus wurde das Theater an die Stadt rückübertragen. Diese ließ für das Foyer ein neues Projekt erstellen.
In den Jahren der Bauarbeiten sorgte ein Theaterverein für ein abwechslungsreiches kulturelles Programm in der Stadt. Genutzt wurden die Spielstätten im Haus „Metropol" neben dem Theater und der Saal des ehemaligen Bernburger Kurhauses, das seit 1964 durch die Kreisverwaltung als Kulturhaus genutzt wird.
Während des Umbaus wurde nach Wegen gesucht, wie die Bernburger Kulturstätten weiter betrieben werden sollten. Nach vielen Diskussionen kam es am 1. August 1997 zur Gründung der „Bernburger Theater- und Veranstaltungs gGmbH". Gesellschafter sind die Stadt, die das Theater, und die Kreisverwaltung, die Kurhaus und Metropol einbrachte. Die Wiedereröffnung des Hauses durch Oberbürgermeister Helmut Rieche erfolgte am 28. November 1997 mit der Oper in zwei Akten „Le nozze di Cherubino" von Giles Swayne. Schon im April 1995 hatte sich die Stadtverwaltung auf dieses Stück festgelegt. Einstudiert und gespielt wurde es von der Anhaltischen Musiktheaterwerkstatt, einem Zusammenschluss mehrerer Musikschulen in Anhalt, zu denen auch die Bernburger Musikschule gehörte. Seitdem organisiert die Bernburger Theater- und Veranstaltungs gGmbH mit Gastspielen mehrerer Bühnen Mitteldeutschlands ein abwechslungsreiches Schauspiel- und Musiktheaterprogramm. Auch gibt es in jedem Jahr Konzerte unterschiedlicher Genres sowie mehrere Kabarettprogramme. Dazu kommen noch Vorstellungen, die von Gastspielagenturen angeboten werden. Im Haus arbeitet seit Jahren erfolgreich mit ein bis zwei Aufführungen pro Spielzeit die Amateur-Theatergruppe MONA LISA. Sie wird, wie viele Amateurtheater der Bernburger Schulen, durch die Bernburger Theater- und Veranstaltungs gGmbH unterstützt.
Das Theater feierte am 2. März 2002 sein 175-jähriges Bestehen. Mit einem Festakt und der Premiere des „Freischütz" von Carl Maria von Weber in einer Inszenierung des Nordharzer Städtebundtheaters Halberstadt wurde das Jubiläum begangen. Anlässlich des 185-jährigen Bestehens des Hauses spielte ebenfalls das Nordharzer Städtebundtheater am 3. März 2012 Richard Wagners Oper „Lohengrin".

RICHARD WAGNER UND MAGDEBURG

Helmut Keller

„Ich habe eine nette, freundliche Stube, 3 Treppen hoch auf dem Breitem Weg [...] einen tüchtigen Flügel habe ich wohlfeil bekommen"

Zwei Spielzeiten, von 1834 bis 1836, verbrachte Richard Wagner als Musikdirektor am Magdeburger Theater, für die Musikgeschichte der Stadt ausgesprochene Höhepunkte. Am 12. Oktober 1834 wurde die Saison mit „Don Juan" von Wolfgang Amadeus Mozart eröffnet. Trotz finanzieller Engpässe versuchte er ein ähnliches Repertoire wie in Leipzig aufzubauen, und es gelang ihm sogar, die berühmte Sängerin Wilhelmine Schröder-Devrient zu Gastspielen zu verpflichten. In Magdeburg fand am 29. März 1836 die Uraufführung seiner zweiten Oper „Das Liebesverbot oder Die Novize von Palermo" statt, in der die freie Sinnlichkeit über puritanische Heuchelei triumphiert. Leider ging das Ereignis unter den denkbar ungünstigsten Umständen vonstatten, da sich das Ensemble wegen Zahlungsunfähigkeit von Direktor Heinrich Bethmann bereits in Auflösung befand, die Premiere infolge Krankheit verschoben werden musste und die Sänger weder über Textbücher verfügten noch genügend Zeit hatten, ihre Partien gründlich einzustudieren. Eine Benefizvorstellung zu seinen Gunsten einige Tage später, mit der Richard Wagner hoffte, seine Ausgaben und Schulden begleichen zu können, musste noch vor Beginn der Vorstellung abgesagt werden, weil sich die Hauptdarsteller aus Eifersucht so zurichteten, dass sie nicht auftreten konnten. Heftige Eifersucht bestimmte auch seine Beziehung zu seiner Verlobten, der vier Jahre älteren Minna Planer, die ihm – wie noch zu lesen sein wird – allen Grund dazu gab. Doch widmen wir uns zunächst seinen Wirkungsstätten.

Die Zeit der Wandertruppen des 18. Jahrhunderts, von denen viele regelmäßig Magdeburg besuchten, endete mit der Gründung eines „stehenden Theaters". Ideen zum Bau eines festen Gebäudes gingen auf einige theaterbegeisterte Vertreter des Magdeburger Bürgertums zurück, besonders der damals noch wirtschaftlich starken Kaufmannschaft, die allerdings neben ihren philanthropischen Ansichten auch der etwas unbekümmerten Vorstellung nachhingen, mit einem Theater Dividende einspielen zu können.

„Das ietzige Zeitalter und der Geschmack in Magdeburg verlangen neben den bereits errichteten Harmonien auch noch ein Schauspielhaus", lautete die Begründung des führenden Kopfes dieser Gruppe, des Kaufmanns Johann Georgy, in einem Gesuch um Überlassung eines geeigneten Geländes für einen Theaterbau Anfang 1794 an die Kaufleute-Brüderschaft. Am 5. April desselben Jahres rief er zusammen mit dem Kaufmann Christian Gottfried Keller zur Gründung einer Aktiengesellschaft zum Bau eines Schauspielhauses im bzw. hinter dem der Ratswaage gegenüberliegenden Gasthof Zu den Dreien Engeln (Breiter Weg 134) auf. Das Gebäude sollte auch als Konzertsaal dienen.

Ansicht von Magdeburg, um 1835, Postkarte, aus: Astrid Eberlein/Wolf Hobohm, Wie wird man ein Genie. Richard Wagner und Magdeburg, Oschersleben 2010

links: Magdeburger Dom

Silhouette Richard Wagners aus seiner Magdeburger Zeit, aus: Egon Voss (Bearb.), Richard Wagner. Dokumentarbiographie, München/Mainz 1982

Obwohl „für eine Kapitalanlage kein Objekt unsicherer ist als ein Theaterunternehmen", wurden Aktien in ausreichender Zahl gezeichnet, der Bau mit etwa 1 200 Plätzen nach einem Entwurf des Dessauer Architekten Friedrich Wilhelm Freiherr von Erdmannsdorff (1736–1800) ausgeführt, der auch das Wörlitzer Schloss und das Dessauer Schauspielhaus errichtete, und bereits 1794 abgeschlossen. „Als das neuste Schauspiel-Haus ist es gewiß das geschmackvollste; alle Schnitzereyen und Bildereyen, die man an den Logen in anderen gewohnt ist, fallen hier gantz weg, sondern Simplicität mit schönstem Geschmack verbunden machen es für das Auge sehr anziehend", schrieb ein junger Magdeburger Offizier an seinen Vater. Eröffnet wurde das Haus inoffiziell mit einem Konzert des Musikdirektors und Kantors an der Altstädtischen Schule Johann Friedrich Leberecht Zachariae (1753–1807) am 28. Februar 1795 mit einer konzertanten Aufführung von Mozarts „Zauberflöte". Richard Wagner leitete hier u. a. die Aufführung von Heinrich Marschners Oper „Der Templer und die Jüdin", die er 1829 als Sechzehnjähriger in Leipzig erlebt hatte, und durfte in der „Magdeburgischen Zeitung" vom 4. Dezember 1834 lesen, dass durch einen „ solchen Erfolg der treue Fleiß des trefflichen Musik-Direktors, Hr. Wagner, belohnt" wurde, wobei der Rezensent hervorhob, noch nie habe sich auf hiesiger Bühne ein Chor so hervorgetan. Auch Ludwig Spohrs mit Spannung erwartete Oper „Jessonda" unter Wagners Stabführung honorierte das zahlreich versammelte Publikum laut „Magdeburgischer Zeitung" vom 14. Dezember 1835 mit reichem Beifall, und dem Musikdirektor wurde „lobenswerthe Anerkennung" zuteil, „alle Partieen mit Fleiß einstudirt" zu haben. Wie überall, wo sie den Romeo gab, erntete Wilhelmine Schröder-Devrient überschwängliches Lob bei ihrer Gastvorstellung am 14. April 1835 in Bellinis „Romeo und Julia". Diesen unvergleichlichen Genuss verdankten die Magdeburger ebenfalls ihrem Musikdirektor. Zur Uraufführung des historischen Dramas „Columbus" von Theodor Apel am 16. Februar 1835 steuerte er eine eigens hierfür komponierte Ouvertüre bei. Direktor Bethmann hatte das Stück angenommen, weil Apel zusagte, neue Dekorationen und Kostüme zu bezahlen. Richard Wagner verknüpfte seine maßlos übertriebene Begeisterung für das Schauspiel seines Freundes, den er „seinen Shakespeare" nennt, und die Zusage, sich für das Werk einzusetzen, mit der kaum abzulehnenden Bitte, ihn von seiner drückenden Schuldenlast zu befreien.

In mindestens einem der regelmäßigen Logenkonzerte dirigierte Richard Wagner eine eigene Komposition. Er war aber keinesfalls Dirigent aller Logenkonzerte. Wo fanden diese statt? Das Gebäude der Loge „Ferdinand zur Glückseligkeit" wurde auf den Grundstücken Neuer Weg 6/7 (heute Weitlingstraße 2) errichtet, mehrmals umgebaut und erweitert und, nach dem Verbot der Logen 1933, schließlich Stadtbibliothek. Am 12. Januar 1792 feierlich eingeweiht, erhielt das Haus 1802 einen Anbau. Dadurch verfügte es nun über mehrere ausreichend große Räume für Konzerte, Essen und Veranstaltungen der Freimaurer.

Das „Große Vocal- und Instrumental-Concert unter Mitwirkung der Madame Schröder-Devrient", bei dem auch seine Ouvertüre zum Drama „Columbus" seines Freundes Guido Theodor Apel und „Adelaide" sowie „Wellingtons Sieg oder Die Schlacht bey Vittoria" von Ludwig van Beethoven auf dem Programm standen, veranstaltete Richard Wagner am 2. Mai 1835 im Saal des Hotels Stadt London, nicht ohne das Publikum darüber zu informieren, dass die hochgefeierte Künstlerin Magdeburg auf seine Initiative mit ihrem Besuch zu erfreuen gedenke. Dieses Hotel mit der Hausnummer 7 – Wagner nennt es in „Mein Leben" einen Gasthof – befand sich am Breiten Weg. Die meisten öffentlichen Konzerte der ersten Hälfte des 19. Jahrhunderts fanden hier statt.

Schier unglaublich scheint, was Wagner von diesem Konzert berichtet: „Ein andres unerwartetes Mißgeschick traf mein Konzert durch die Wahl der Orchesterstücke, welche in dem kleinen, übermäßig resonierenden Saal des Gasthofs Zur Stadt London von unerträglich lärmender Wirkung waren. Meine Kolumbus-Overtüre mit ihren sechs

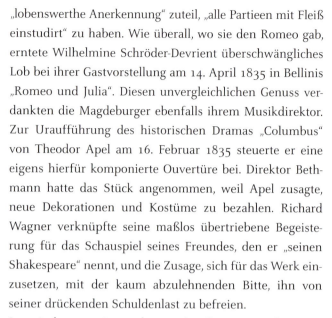

Hotel Zur Stadt London, Breiter Weg. Postkarte, Ausschnitt, aus: Astrid Eberlein/Wolf Hobohm, Wie wird man ein Genie. Richard Wagner und Magdeburg, Oschersleben 2010

Trompeten hatte bereits alle Zuhörer mit Entsetzen erfüllt; nun kam aber zum Schlusse die Schlacht von Vittoria von Beethoven, welche ich, in enthusiastischer Erwartung der reichlichen Entschädigung durch unerhörte Einnahmen, mit allem nur erdenklichen Orchesterluxus ausgestattet hatte. Geschütz- und Gewehrfeuer war durch besonders konstruierte kostbare Maschinen, sowohl auf der französischen wie auf der englischen Seite, mit größter Vollständigkeit organisiert, Trommeln und Signalhörner verdoppelt und verdreifacht; und nun begann eine Schlacht, wie sie grausamer wohl selten in einem Konzert geschlagen wurde, da das Orchester mit so entschiedener Übermacht auf das geringe Auditorium sich stürzte, dass dieses jeden Widerstand endlich vollständig aufgab und buchstäblich die Flucht ergriff. Frau Schröder-Devrient, welche freundlich verblieben war, um in einer der ersten Reihen der Aufführung vollends mit beizuwohnen, vermochte, so viel sie auch schon Schrecken dieser Art ertragen haben mochte, selbst aus Freundschaft für mich nicht Widerstand zu halten;

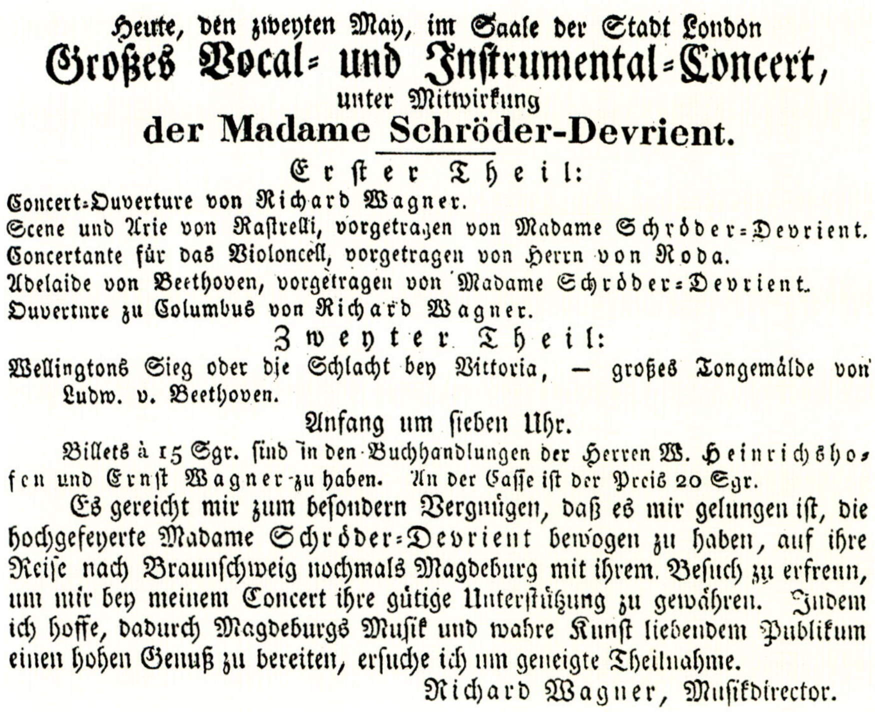

Heute, den zweyten May, im Saale der Stadt London
Großes Vocal- und Instrumental-Concert,
unter Mitwirkung
der Madame Schröder-Devrient.

Erster Theil:

Concert-Ouverture von Richard Wagner.
Scene und Arie von Rastrelli, vorgetragen von Madame Schröder-Devrient.
Concertante für das Violoncell, vorgetragen von Herrn von Roda.
Adelaide von Beethoven, vorgetragen von Madame Schröder-Devrient.
Ouverture zu Columbus von Richard Wagner.

Zweyter Theil:

Wellingtons Sieg oder die Schlacht bey Vittoria, — großes Tongemälde von Ludw. v. Beethoven.

Anfang um sieben Uhr.

Billets à 15 Sgr. sind in den Buchhandlungen der Herren W. Heinrichshofen und Ernst Wagner zu haben. An der Casse ist der Preis 20 Sgr.

Es gereicht mir zum besondern Vergnügen, daß es mir gelungen ist, die hochgefeyerte Madame Schröder-Devrient bewogen zu haben, auf ihre Reise nach Braunschweig nochmals Magdeburg mit ihrem Besuch zu erfreun, um mir bey meinem Concert ihre gütige Unterstützung zu gewähren. Indem ich hoffe, dadurch Magdeburgs Musik und wahre Kunst liebendem Publikum einen hohen Genuß zu bereiten, ersuche ich um geneigte Theilnahme.

Richard Wagner, Musikdirector.

Heute, den 2. Mai 1835, im Saale der Stadt London
Großes
Vokal- und Instrumentalkoncert
unter Mitwirkung
der Madame Schröder-Devrient.

Erster Teil.

Koncertouverture von Richard Wagner.
Scene und Arie von Rastrelli, vorgetragen von Mme. Schröder-Devrient.
Koncertante für das Violoncell, vorgetragen von Herrn v. Roda.
Ouverture zu „Kolumbus" von Richard Wagner.

Zweiter Teil.

„Wellingtons Sieg" oder „Die Schlacht bei Vittoria". — Großes Tongemälde von Ludwig van Beethoven.

Anfang um sieben Uhr.

Billets à 15 Sgr. sind in den Buchhandlungen der Herrn W. Heinrichshofen u. Ernst Wagner zu haben. An der Kassa ist der Preis 20 Sgr.

Es gereicht mir zum besonderen Vergnügen, daß es mir gelungen ist, die hochgefeierte Madame Schröder-Devrient bewogen zu haben, auf ihrer Reise nach Braunschweig nochmals Magdeburg mit ihrem Besuche zu erfreuen, um mir bei meinem Koncerte ihre gütige Unterstützung zu gewähren. Indem ich hoffe, dadurch Magdeburgs Musik und wahre Kunst liebendem Publikum einen hohen Genuß zu bereiten, ersuche ich um geneigte Teilnahme.

Richard Wagner,
Musikdirector.

Magdeburger Stadt-Theater.
Montag, den 6. April 1835.
(Zum Erstenmal:)
Der Eifersüchtige wider Willen.
Lustspiel in 1. Akt, von Ludwig Meyer.

Personen:

Herr von Valmont, — — — — Herr Meyer.
Adolphine, seine Gemahlin, — — — Dem. Clausius.
Seraphine, ihre Schwester, — — — Dem. Planer.
Rosette, ihr Kammermädchen, — — — Frl. v. Heßling.
Erster, } Bediente, — — — — Herr Lepin.
Zweiter, } Herr Hoffmann d. j.

Hierauf folgt:
Ouvertüre,
von Richard Wagner.
Dann:
Bruchstück einer noch unvollendeten Oper:
Das Liebesverbot.
von Richard Wagner.

Personen:

Mariana, } Novizen im Kloster der Elisabethinerinnen zu Palermo, } Dem. Franchetti.
Isabella, } Dem. Schindler.
Luzio, — — — — — Herr Schmitt.
(Die Scene ist im Kloster der Elisabethinerinnen zu Palermo.)

(Zum Beschluß:)
(Zum Erstenmal:)
Das Kirchweihfest,
Schwank in 1. Akt, von Wilhelm Schmale.

Personen:

Baron von Gran, — — — — Herr Hillprecht.
Ferdinand, sein Sohn, Student, — — Herr Meyer.
Claus, Dorfschulze, — — — — Herr Schmale.
Liese, seine Frau, — — — — Mad. Dietz.
Trudchen, ihre Tochter, — — — Frl. v. Heßling.
Franz Berger, ein junger Bauer, — — Herr Unzelmann.
Peter, Knecht des Schulzen, — — — Herr Trautschold.
Hansmichel, ein Bauer, — — — Herr Hoffmann d. ä.
Bauern und Bäuerinnen.

Preise der Plätze, wie gewöhnlich.

Einlaß 6 Uhr. — Anfang 7 Uhr. — Ende gegen 10 Uhr.

Dienstag den 7. April. Zampa oder die Marmorbraut. Oper in 3 Akten, Musik von Herold (Herr Wendt — Zampa.)

Die Direction.

Anzeige in der Magdeburgischen Zeitung vom 2. Mai 1835 zum Konzert mit Wilhelmine Schröder-Devrient

Programmzettel vom 2. Mai 1835

Theaterzettel vom 6. April 1835, aus: Astrid Eberlein/Wolf Hobohm, Wie wird man ein Genie. Richard Wagner und Magdeburg, Oschersleben 2010

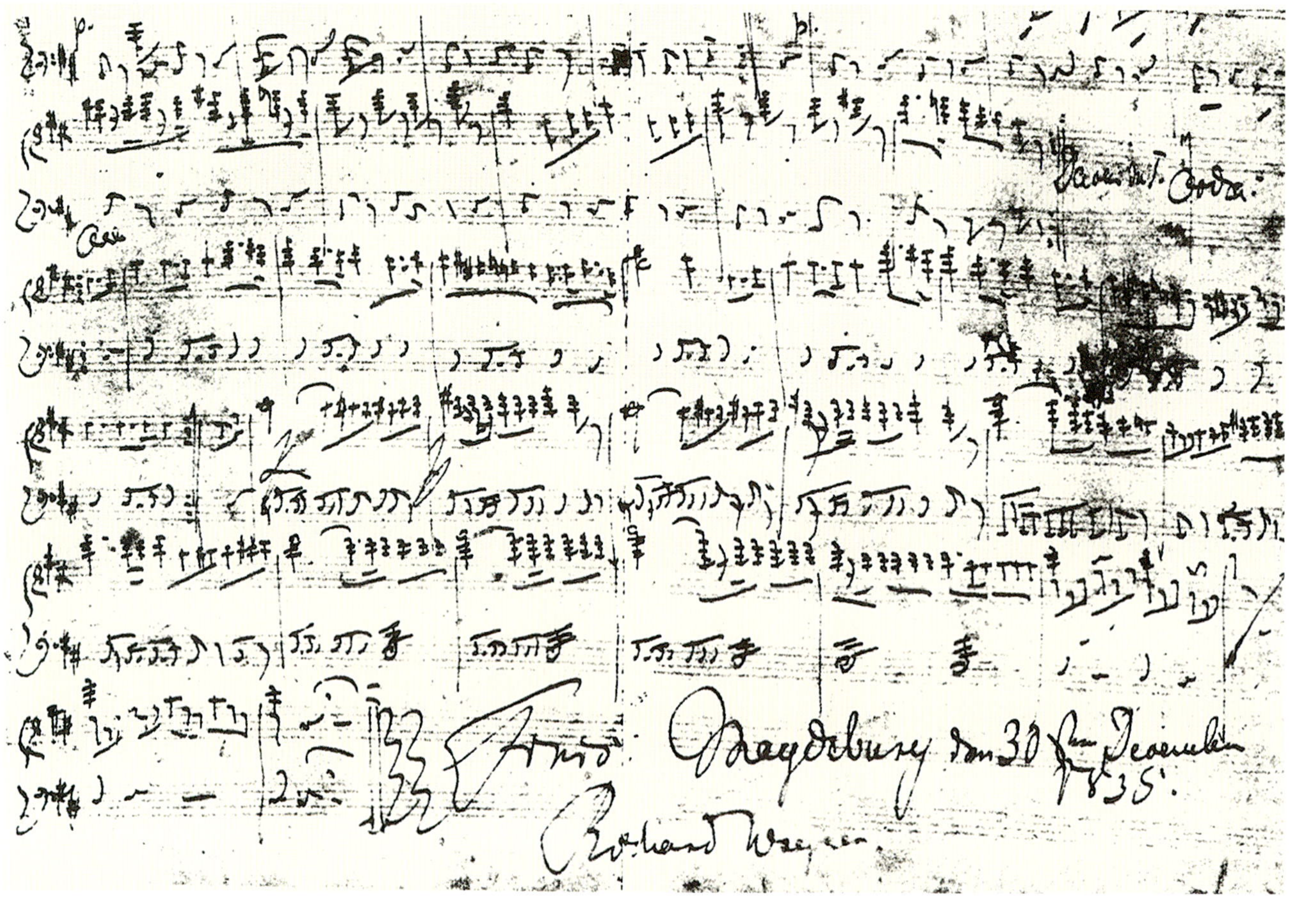

Kompositionsentwurf zum „Liebesverbot", letzte Seite, mit Wagners Vermerk: „Finis. Magdeburg den 30sten December 1835. Richard Wagner."
Aus: Egon Voss (Bearb.), Richard Wagner. Dokumentarbiographie, München/Mainz 1982

und als auch sie endlich bei einem neuen verzweifelten Angriff der Engländer auf die französischen Positionen fast händeringend die Flucht ergriff, ward dies zum Zeichen eines wahrhaft panischen Schreckens. Alles stürzte davon, und die Feier des Sieges Wellingtons ward schließlich zu einem traulichen Erguß zwischen mir und dem Orchester allein. – So endete dieses denkwürdige Musikfest." Man fragt sich, warum Wagner den Saal und seine Tücken nicht schon vorher kannte. Hatte ihn niemand gewarnt? Weshalb nahm er ausgerechnet Beethovens Schlachtengemälde in das Programm auf?

Einen großen Saal besaß auch das 1782/83 errichtete und am 1. Oktober 1783 eingeweihte Gebäude der im selben Jahr gegründeten Harmonie-Gesellschaft in der großen Petersstraße, der Großkaufleute und Mittelständler angehörten. Die Konzertreihen dieser Gesellschaft waren wohl die wichtigsten der Stadt. Sie fanden auch zu Wagners Zeit statt, doch wurde er vermutlich nie eingeladen, dort eine Komposition aufzuführen.

Nicht zum ersten Mal wirkte mit Richard Wagner ein Mitglied seiner Familie am Magdeburger Theater. Sein Stiefvater Ludwig Geyer war von August 1804 bis Januar 1806 als Schauspieler am „Nationaltheater" engagiert. Auf einem Theaterzettel einer Aufführung des „Nathan" vom 18. August 1804 ist Herr Geyer als Darsteller des jungen Tempelherrn genannt. Am 4. Januar 1806 veröffentlichte die „Magdeburgische Zeitung" seine Abschiedsanzeige vom Publikum. Richard Wagners Schwester Clara und ihr Mann Heinrich Wolfram waren zweimal an das Magdeburger Theater verpflichtet worden, in den Spielzeiten 1829/30 und 1835/36. In der erstgenannten Spielzeit unternahm der „kleine" Bruder Richard eine „Kunstreise" nach Magdeburg, wobei Kapellmeister Johann Christoph Kienlen die mitgebrachten Kompositionen verwarf.

Clara debütierte 1824 im Alter von 16 Jahren als Primadonna in Rossinis „Cenerentola" an der italienischen Hofoper in Dresden. Offenbar galten Clara und Heinrich Wolfram als eine Bereicherung des Magdeburger Ensembles. In seinem 1829 veröffentlichten Gedichtbändchen „Mein Glaubensbekenntniß über das hiesige Theater" widmete der „privatisierende Sekretär" August Böhringer jedem Schauspieler der Saison einige Verse. „Das Wolfram'sche Ehepaar" erhielt die nachstehenden Zeilen, die deutlich auf die 1828 erfolgte Hochzeit der beiden anspielen:

Richard Wagner wohnte 1834/35 in der Margarethengasse 2 und 1835/36 im Breiten Weg 34 (unten)

Breiter Weg, Ostseite, Blick nach Süden, zwischen Judengasse und Königshofstraße, Postkarte

„Wünschet Glück mit diesem Paare,
Das uns Augsburgs Bühne lieh;
Lächelt's doch am Kunstaltare
Uns in selt'ner Harmonie.
So im Schauspiel als Gesange,
Stark in beiden allzumal,
Sei das Künstlerpaar uns lange! –
Dank für solche würd'ge Wahl!"

Clara und Heinrich Wolfram spielten gerade in Nürnberg, als Richard Wagner, 1835 im Auftrag des Magdeburger Theaterkomitees an den deutschen Theatern unterwegs, um geeignete Sänger zu verpflichten, beide für Magdeburg gewann. Dem Brief an Rosalie vom 3. September 1835 ist zu entnehmen, dass die Neuverpflichteten Reisegeld überwiesen bekamen und dringend erwartet wurden: „Ich glaube [daß] wir mit der Oper hier sehr reüssiren werden; Alles [freut] sich auf Wolfram's; – daß sie nur kommen." Schwager Heinrich Wolfram überwarf sich jedoch schon im November mit Theaterdirektor Bethmann und ging etwa gleichzeitig mit Minna zu Gastspielen nach Berlin.
Rosalie, Richards „große" Schwester und Vertraute seiner Kindheit und Jugendzeit, war wohl von den Geschwistern die begabteste und entwickelte sich, von Dresden über Prag nach Leipzig engagiert, in kurzer Zeit zu einer bedeutenden Schauspielerin. In Leipzig war sie zum Beispiel das erste Gretchen in Goethes „Faust". Friedrich Hoffmann lässt uns in seinen 1834 veröffentlichten Rückblicken auf die letzten Theaterjahre wissen, dass Rosalie bereits im Mai 1829 in Magdeburg auftrat. Sie spielte am 14. Mai „Käthchen, im: Käthchen v. Heilbronn"; am 18. und 21. „Gabriele"; am 22. und 26. „Mirandolina, in: Mirandolina". Erneut gastierte Rosalie im Sommer 1833 in Magdeburg. Die „Allgemeine Theater-Chronik" von 1833 brachte einen längeren Bericht über ihr schönes Talent, die vollen Häuser, den geräuschvollen Beifall und lobte: „Dem. Wagner ist eine Künstlerin des Verstandes, sie fasst das darzustellende Kunstwerk durch die Reflexion bei der Wurzel und führt es uns auf eine Weise vor, die uns in seine Tiefen zurückleitet und gleichsam zur Dolmetscherin des Dichters [...] wird."
Das Leben Richard Wagners spielte sich im relativ kleinen Zentrum der von Befestigungswerken umgebenen Altstadt von Magdeburg ab. Nur wenige hundert Meter lagen das Theater, seine und die Wohnung der Schauspieler und Sänger, die in den Briefen erwähnten Weinlokale, Hotels, das Logengebäude und der Alte Markt mit dem Rathaus und dem Gebäude der Seidenkammerinnung, in dem Johann Heinrich Rolle einst seine Konzerte veranstaltete, voneinander entfernt. Man begegnete sich oft und kannte sich. Ein großer Teil der Bevölkerung bestand aus Militärangehörigen, Verwaltungsbeamten des Oberpräsidiums der preußischen Provinz Sachsen und des Regierungsbezirks Magdeburg, des Stadtmagistrats, Schullehrern (darunter zwei Gymnasien) und Pfarrern der sechs evangelisch-lutherischen Kirchen der Altstadt sowie der vielen anderen Kirchen.

Im „Magdeburger Adreß-Buch für alle Stände für das Jahr 1835" ist „Wagner, Rich., Musikdirektor, Margarethenstr. 2" verzeichnet, wo er während der Spielzeit 1834/35 wohnte. „Ich bin seit einer halben Woche in Magdeburg, und habe gestern das Theater mit einer Oper eröffnet", teilt er am Montag, dem 13. Oktober 1834, Freund Theodor Apel in Leipzig mit und schließt den Brief mit den Worten:
„Adieu! Ich hab' dich doch lieb! Zahl' einmal das Porto! Adieu!
Dein Richard.
Margaretenstraße No.: 2".
Den Brief vom 22. September 1835 an Apel beendet er ähnlich: „Schreibe mir, ich danke Dir schon im Voraus dafür. Breite[r] Weg, No. 34. Leb' wohl! Leb' wohl!
Dein Richard."
Einen Monat darauf, am 26. Oktober, schreibt er dem Freund: „Ich habe eine nette, freundliche Stube 3 Treppen hoch auf dem Breitem Weg, dem Baldini grade gegenüber, – einen tüchtigen Flügel habe ich wohlfeil bekommen".
Baldini & Comp. besaßen im Haus Breiter Weg 165 eine Konditorei.
Max Hasse, Musikkritiker, Zeitungsredakteur und Verfasser von Büchern über Peter Cornelius, schrieb 1898 in seinem Zeitungsartikel „Richard Wagner in Magdeburg", den er 1913 für die „Festschrift des Richard Wagner-Verbandes deutscher Frauen" überarbeitete, das „erste Heim" sei in der „Margarethengasse, Eckhaus Nr. 2, dicht neben der Korteschen Bierbrauerei" gewesen. „Die Fenster seiner Wohnung gingen auf den Breiteweg. Später (1835–36) zog Wagner nach dem 4. Stock des J. G. Knebelsschen Hauses, Breiteweg 34. Nicht weit von seinen Wohnungen lagen Richters Weinstuben, in denen sich die Kunstgenossen nach Schluss des Theaters versammelten".
Erich Valentin, ebenfalls Musikkritiker in Magdeburg, ging in seinem Aufsatz „Alt-Magdeburger Musikstätten" im Montagsblatt 1932 auch auf Richard Wagner ein: „[...] seine erste Wohnung war im ersten Stock Margaretenstraße 2, mit Blick zum Breiten Weg, gelegen. Die am Hause angebrachte Gedenktafel ist insofern falsch, als Wagner nicht bis zum Ende seiner Wirkungszeit im gleichen Hause blieb, sondern 1835 eine neue Wohnung im zweiten Stock des Knevelschen Hauses, Breiter Weg 34, bezog." Valentins Anmerkung lautet: „Nach Max Hasse wohnte Wagner im vierten Stock des ‚Knebelschen' Hauses. Dieses ist aber nur dreistöckig – es sei denn, dass das Erdgeschoß mitgerechnet ist –; zudem wird überliefert, Wagner habe im zweiten Stock gewohnt. Im übrigen gehörte das Haus einem Breiter Weg 40 wohnhaften Kaufmann J. G. Knevels (also nicht Knebel), der es, laut Adreßbuch, 1836 besaß, während es 1835 Eigentum eines gewissen Schlock war".
Wie vertragen sich diese Überlegungen mit Wagners Aussage „3 Treppen hoch"?
Wenn er Schulden hatte, zog Wagner um – von Riga nach Paris, in Paris vom Zentrum in ein Vorortdorf, innerhalb Dresdens, von Wien fort, auch später hielt er es noch so. Seine Magdeburger Gläubiger hatte er auf den Tag nach seinem Konzert vom 2. Mai 1835, von dem er sich „einen vorteilhaft unbestimmten Begriff von der Höhe meiner Konzerteinnahmen [...] machen zu dürfen" glaubte, „in den Gasthof, welchen ich jetzt am Schluß der Saison bezogen hatte", bestellt. Dort standen sie am 3. Mai in Doppelreihen. Im Jahr darauf, nach der „Liebesverbot"-Uraufführung, erging es ihm nicht besser: „Meine kleine Wohnung auf dem ‚Breiten Weg' war mir, da ich bei jeder Heimkehr eine gerichtliche Vorladung an die Tür genagelt fand, höchst widerwärtig geworden; ich vermied sie von nun an gänzlich".
Am 10. Dezember 1872 statteten Richard Wagner und seine zweite Frau Cosima Magdeburg einen kurzen Besuch ab, über den Cosima in ihrem Tagebuch notierte: „Wir sind in der ‚Stadt London', wo das Konzert mit der Schröder-Devrient stattfand [...] er zeigt mir die Straße, wo Minna gewohnt, bei der ‚er den ganzen Tag war'; auch die ‚Stadt Braunschweig', wo er seine Gläubiger besänftigen [abfinden] musste!" Wo Minna wohnte, ist nicht bekannt, vielleicht bei der Familie Heese, die die für die Heirat in Königsberg wichtigen Magdeburger Papiere besorgte. Ein „Ob. L. Ger. Kanzlei-Diätarius" Heese wohnte laut Adressbuch in der Großen Münzstraße 9, also sehr nahe beim Theater.
Die Beziehung seiner Verlobten Minna zu einem gewissen Herrn von Barby bereitete Richard Wagner großen Kummer. Wer war dieser Mann? „Sie hat Barby's Hand um meinetwillen ausgeschlagen", rühmt sich Richard Wagner in einem Brief vom 2. Oktober 1835 an Theodor Apel, in dem er Minnas „Liebesgefühle" für ihn, wohl arg übertreibend, schildert. Der Name begegnet uns auch in einem langen Brief an Minna in Königsberg, den er vom 23. bis 27. Mai 1836 in Berlin verfasste: „[...] u. man wollte mich nun durchaus eifersüchtig machen; – diesmal gelang es ihnen aber nicht, denn ich weiß wol, daß, wenn gleich Du auch dein Bild Hr. v. Barby überlassen hast, was Du mir doch durchaus läugnen wolltest, – eine völlige Untreue Dir jetzt jedoch unmöglich sein dürfte, weil ich dich kenne, daß Du mir herzlich gut bist".
Hier ist also, wie der zweite Brief nahelegt, kein bürgerlicher Barby gemeint, sondern ein „Herr von Barby". Bür-

gerliche Träger dieses Namens gab es laut Magdeburger Adressbuch von 1834 mehrere: je einen „Kleidermacher, Kornmäkler, Tapezir, Tischlermeister“. Ein Herr von Barby war „O. L. Ger. Auskultator“, also Oberlandesgerichtsauskultator, und wohnte im Haus Breiter Weg 189. Das Adressbuch von 1836 führt an:

„v. Barby, Prem. Lieutnant, Goldschmiedebr. 1
Ob. L. Ger. Referendar, Heil. Geiststr. 1“.

Aus dem „Auskultator“ war inzwischen ein „Referendar“ geworden. Die von Barbys besaßen das Rittergut I in Loburg. Sibylle Zehle sah im „Gotha“, dem bekannten Adelskalender, nach und teilte ihre Erkenntnisse mit: „Wieder eine honorige Familie und wieder kein Vorname, der uns weiterhelfen könnte. So viel ist sicher: Die Söhne des Königlich-Preußischen Rittmeisters Friedrich August Karl von Barby machen die ihnen vorgezeichnete Karriere, aus allen wird etwas: Friedrich von Barby war damals, in der Magdeburger Zeit, gerade 34 Jahre alt, er wird später Generalmajor; Eugen, 29, ist später preußischer Leutnant; Gustav, 24, für die Affäre mit Minna wohl eher zu jung, steht im ‚Gotha‘ als Königlich-Preußischer Regierungsassessor. Jeder der drei dieser von Barbys könnte Minnas Verehrer und, ökonomisch gedacht, als Ehepartner sinnvoller als Wagner gewesen sein.“

Es wird sich wohl doch um den Gerichts-Referendar und späteren Regierungsassessor gehandelt haben. Richard kam auf die Angelegenheit mit dem Bild in seinem Brief vom 5. Juni 1836 aus Berlin an Minna in Königsberg zurück – hochgradig eifersüchtig, sich hintergangen und zurückgesetzt fühlend, beleidigt, dennoch voller Sehnsucht und Verlangen, denn Minna hatte „ihrem Freund“, wie Richard ihn nannte, das Bild ein zweites Mal – wiederum ohne ihn davon zu unterrichten – gegeben. Da er sich in Minnas Gegenwart nicht freundlich genug von dem „Freund“ verabschiedet hatte, wollte er dies nachholen, besuchte ihn und sah in seiner Stube ihr Bild hängen: „[...]ich muß dir gestehen, Minna, – dieser Eindruck, den der Anblick auf mich machte, war nicht dazu geeignet, freundlicher von Deinem Freunde Abschied zu nehmen. Erstlich sah ich darin, daß Du mich hintergangen hattest, indem du hinsichtlich dieses Bildes wiederholt etwas ganz Andres vorgabst, – u. zweitens, sah ich mit Schmerz, wie wenig ich Dir in gewissen Beziehungen doch werth bin, da Du das Bild meiner Braut in die Stube Deines Freundes hängen läßt“.

Es ist hier nicht der Ort, der Sache weiter nachzugehen. Vieles deutet darauf hin, dass Minna bis zuletzt (in Königsberg) einen lukrativeren Partner zu finden suchte als den erfolglosen, verschuldeten, in Versprechungen großen Kapellmeister und Komponisten Richard Wagner. Doch alle Versuche schlugen fehl. Erzählte die ehrliche Minna diesen Herren zu früh von ihrem „Fehltritt“, der Tochter Natalie? Wagner hatte diese Tochter allerdings längst akzeptiert. Minna ergab sich erst in ihr Schicksal, als er wieder eine Stelle erhielt – in Riga – und sie ein Kind von ihm erwartete. Das Bild befand sich später im Besitz der englischen Wagner-Biografin Mary Burrell. Es liegt nahe, dass es über Natalie in ihre Hände gelangte. Also ist es wieder an Minna zurückgegeben worden. Wie kam es dazu? Minnas Verehrer wusste, dass sie beabsichtigte, von Magdeburg fortzugehen. Ob er sich das Bild ausbat, um sich zur Erinnerung eine Kopie anfertigen zu lassen, ist nicht bekannt.

„Tannhäuser“, Szene mit Lawrence Bakst und Roland Fenes Inszenierung: Holger Potocki, Musikalische Leitung: Francesco Corti, 2006

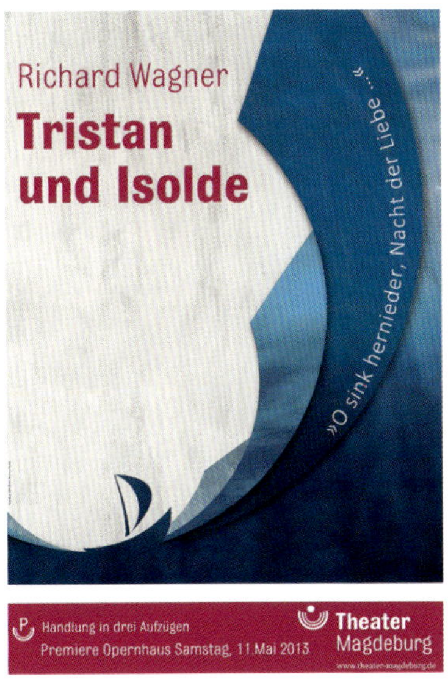

„Tristan und Isolde“ kommt im Wagner-Jahr unter der musikalischen Leitung von GMD Kimbo Ishii-Eto zur Premiere. Hasmik Papian und Roman Sadnik geben mit den Titelrollen ihre Rollendebüts. Regie führt der international gefragte Stephen Lawless. Premiere 11. Mai 2013

BAUHAUS

RICHARD WAGNER UND DESSAU

Günther Hinsch und Ronald Müller

„Dessau ist diejenige Stadt, in der nächst Bayreuth die Wagnerschen Werke am vollendetsten und getreusten im Geiste ihres Schöpfers dargestellt werden."

Wagners Werke in Dessau I (1857–1869)

Als Cosima Wagner im November 1894 anlässlich ihrer Inszenierung von Humperdincks Märchenoper „Hänsel und Gretel" in Dessau weilte und bei dieser Gelegenheit auch Aufführungen von „Rheingold" und „Walküre" erlebte, soll sie geäußert haben: „Dessau ist diejenige Stadt, in der nächst Bayreuth die Wagnerschen Werke am vollendetsten und getreusten im Geiste ihres Schöpfers dargestellt werden."[141] Sieht man ab von einer Aufführung der „Tannhäuser"-Ouvertüre im Rahmen eines von Friedrich Schneider geleiteten Abonnementskonzerts am 6. Mai 1853, so begann die Geschichte der Wagner-Aufführungen in Dessau am 20. März 1857. An diesem Tag erklang unter der Leitung des Herzoglichen Musikdirektors Eduard Thiele erstmals die Oper „Tannhäuser". Pikantes Detail am Rande: In den Büchern der Herzoglichen Hofkammer hat für diese Aufführung ein Buchhalter den Honorarbetrag für die Partitur des „Kiffhäuser" notiert.

Nach diesem großen Erfolg plante man, bald den „Lohengrin" folgen zu lassen. Der Dessauer Oberregisseur Grabowsky schrieb deshalb an Wagner. Beide kannten sich aus ihrer gemeinsamen Magdeburger Zeit 1834. Wagners Antwortbrief vom 10. Mai 1857 aus Zürich ist erhalten. Darin heißt es: „Lieber Herr Grabowsky! Das ist recht schön, daß Sie nun auch den Lohengrin geben wollen; aber daß Sie immer derjenige Direktor bleiben, der mir die schlechtesten Honorare zahlt, das ist doch sehr übel. Doch sollen Sie den Lohengrin auch noch für 12 Louisdor haben, nur müssen Sie diesmal für das Exemplar der Partitur besondere 15 Taler zahlen [...] Nehmen Sie auch meinen besten Dank für Ihre Sorgfalt für mich und meine Werke, und danken Sie, wenn ich bitten darf, auch Herrn Thiele für seine Bemühungen. Will Ihre Intendanz für die stets ausverkauften Häuser beim Tannhäuser, von denen ich gelesen, mir eine besondere Freude machen, und dem Honorar für Lohengrin noch etwas zulegen, so danken Sie auch ihr in meinem Namen; sonst aber möge sie mir danken. Schönsten Gruß von Ihrem ergebenen Richard Wagner."[142] Offenbar hat man sich 1857 nicht über ein höheres Autorenhonorar einigen können und so kam es erst zehn Jahre später, am 21. April 1867, zur Dessauer Erstaufführung des „Lohengrin". Nur knapp zwei Jahre später folgte das bis dahin sicher größte Ereignis in der Dessauer Theatergeschichte, deren Anfänge immerhin bis ins Jahr 1794 zurückreichen, die des Orchesters sogar bis 1766 – beides während der Regentschaft des Fürsten Leopold III. Friedrich Franz von Anhalt-Dessau (*1740, Reg. 1758–1817) begründet und seit 1798 im von Friedrich Wilhelm von Erdmannsdorff (1736–1800) entworfenen Theatergebäude. Am 30. Januar 1869, sieben Monate nach der Münchner Uraufführung und neun Tage nach der Dresdner Erstaufführung, spielte das Herzogliche Hoftheater zu Dessau als dritte Bühne weltweit Wagners „Meistersinger von Nürnberg"! Der mittlerweile zum Hofkapellmeister avancierte Eduard Thiele hatte zur Vorbereitung insgesamt 96 Proben abgehalten. Bereits die Generalprobe am 29. Januar hinterließ einen starken Eindruck. Ein Beobachter notierte: „Wir wissen zunächst die Bemerkung kaum in Worte zu fassen, mit denen wir die Leistungen des Orchesters, der Sänger, des Chores, szenische Ausstattung anstaunen. Herr Hofkapellmeister Thiele, als auch Herr Konzertmeister Bartels brachten große

Bühnenbildentwurf von Friedrich Wernecke für die Dessauer Erstaufführung des „Tannhäuser" 1857

Leistungen. Hoftheater zum ersten Mal ohne Zuziehung fremder Kräfte. Schwierigkeiten spielend überwunden. Wernecke hat das Bühnenbild verbessert. Besser als Münchner Bühnenbild."[143] Die Oper wurde bis zum Ende der Saison noch achtmal gegeben. Bereits am 16. November 1869 feierte „Der fliegende Holländer" seine Dessauer Premiere.

Exkurs: Richard Wagner in Dessau (1829, 1835, 1872)

Insgesamt sind drei Aufenthalte Wagners in der Muldestadt bezeugt. Der erste fand im Sommer 1829 statt. Er war 16 und mitten in der „lüderlichen Epoche der Jünglingsflegeljahre"[144], wie er selbst sich ausdrückte. Er kam zu Fuß aus Leipzig und wollte seine Schwester Clara, die mit ihrem Mann Heinrich Wolfram am Theater in Magdeburg engagiert war, besuchen. Da er „pudelnass" in Dessau ankam, übernachtete er in einem kleinen Gasthof. Auch für seinen zweiten Besuch kam er zu Fuß aus Leipzig. Sein Ziel war diesmal tatsächlich Dessau. Er wollte dem vom 11. bis 13. Juni 1835 stattfindenden Musikfest beiwohnen. Diesmal ist auch bekannt, wo er gewohnt hat: im Gasthof zum Erbprinzen in der Kavalierstraße. Über seine Eindrücke schrieb Wagner später in seiner Autobiografie „Mein Leben": „Die Abhaltung eines Musikfestes in Dessau, unter Friedrich Schneiders Leitung, bot mir einen willkommenen Anlass, mich von Leipzig zu entfernen. [...] Der Kunstgenuss [...] war von so wenig wohltätiger Bedeutung, dass er mich im Gegenteil in meinem Klassizitätshass bestärkte. Von einem Manne, dessen Physiognomie, ähnlich der eines besoffenen Satyrs, mich mit unüberwindlichem Abscheu erfüllte, hörte ich die Beethovensche c-Moll-Symphonie, trotz einer unabsehbaren Reihe von Kontrabässen, mit welchen gewöhnlich auf Musikfesten kokettiert wird, so ausdruckslos und nichtssagend aufführen, dass ich den wiederholt wahrgenommenen unbegreiflichen Abstand zwischen dem in mir lebenden Phantasiebild von diesen Werken und der stets einzig nur von mir gehörten lebendigen Aufführung derselben als ein beängstigendes und abschreckendes Problem empfand, von dessen Lösung ich mich verdrossen abwandte. Diese gequälte Stimmung durch Anhörung des Oratoriums ‚Absalom' des ‚Altmeisters' Schneider in das Burleske gezogen zu sehen, erheiterte mich für jetzt."[145] Ein hartes und sicher auch ungerechtes Urteil, das er über 20 Jahre später äußerte! Hinzu kam noch, dass er über seine Braut Minna von „leichtfertigen jungen Menschen in dem Tone reden" hörte, „in welchem gemeinhin junge schöne Schauspielerinnen in solchen Kreisen besprochen werden".[146] Das heißt, er war maßlos eifersüchtig, und das hat möglicherweise sein Urteil getrübt. 27 Jahre später weilte Richard Wagner zum dritten Mal in Dessau, als er in Begleitung seiner zweiten Frau Cosima eine Rundreise durch verschiedene deutsche Städte unternahm, um an den dortigen Theatern Mitwirkende für seine in Bayreuth geplanten Festspiele zu engagieren. Am 11. Dezember 1872 kam er aus Richtung Magdeburg. Er stieg im Hotel Goldener Beutel ab. Cosima notiert über den Verlauf des Abends in ihr Tagebuch: „Um 6 Uhr ins Theater; sehr hübsches vornehmes Haus; der Intendant Herr von Normann empfängt uns in liebenswürdiger Weise; die Vorstellung beginnt mit dem Vorspiel zu den Meistersingern, zum Schluss hebt sich der Vorhang und ein lebendes Bild zeigt: ‚die Krönung von Hans Sachs', es rührt uns ungemein. Der sinnige Intendant, da ein Teil seines Personals erkrankt ist, hatte zu diesem Auskunftsmittel gegriffen, und die schönste Wirkung war ihm vollständig gelungen. Die Aufführung des ‚Orpheus' [von Gluck] zeigte uns aber den ganzen Wert des bedeutenden Mannes; herrlich war der erste Akt mit dem Chor, der zweite nicht minder, und fielen einige Fehler im Elysium vor, so waren sie keineswegs störend. Auf unserer ganzen Reise der erste künstlerische Eindruck! Ganz ergriffen von dieser unerwarteten Entdeckung kehren wir heim, erstaunt, dass nicht mehr von der sinnvollen Leitung dieses Theaters die Rede ist."[147] Noch am gleichen Abend bedankte sich Wagner im Orches-

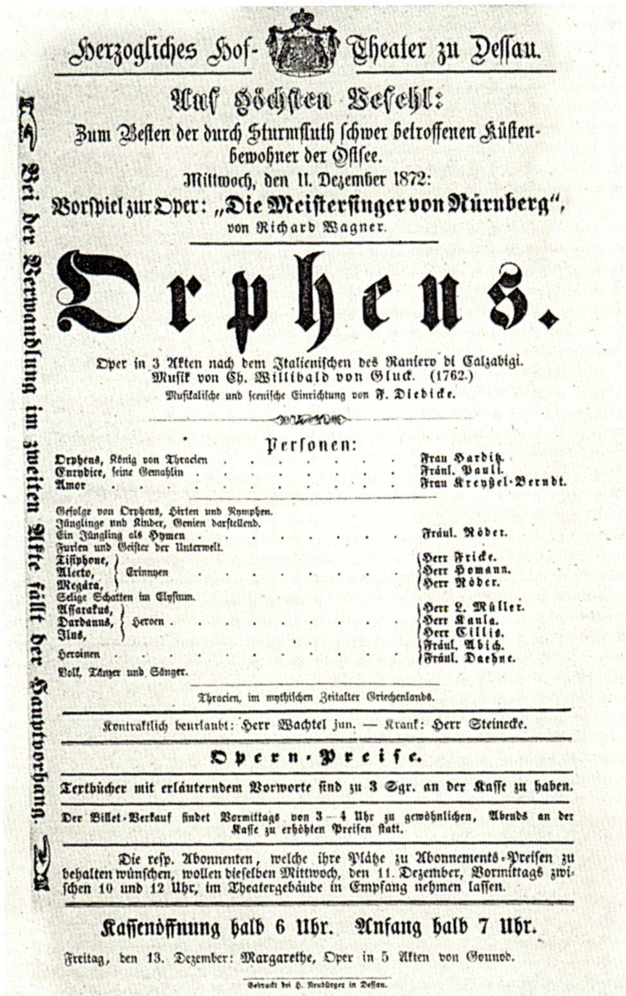

Herzogliches Hof-Theater zu Dessau.

Auf Höchsten Befehl:

Zum Besten der durch Sturmfluth schwer betroffenen Küstenbewohner der Ostsee.

Mittwoch, den 11. Dezember 1872:

Vorspiel zur Oper: „Die Meistersinger von Nürnberg“, von Richard Wagner.

Orpheus.

Oper in 3 Akten nach dem Italienischen des Raniero di Calzabigi.
Musik von Ch. Willibald von Gluck. (1762.)
Musikalische und scenische Einrichtung von F. Diebicke.

Personen:

Orpheus, König von Thracien . . . Frau Hardtß.
Eurydice, seine Gemahlin . . . Fräul. Pauli.
Amor . . . Frau Kreyßel-Berndt.

Gefolge von Orpheus, Hirten und Nymphen.
Jünglinge und Kinder, Genien darstellend.
Ein Jüngling als Hymen . . . Fräul. Röder.
Furien und Geister der Unterwelt.
Tisiphone, Alecto, Megära, Erinnyen . . . Herr Fricke. Herr Homann. Herr Röder.
Selige Schatten im Elysium.
Assarakus, Dardanus, Ilus, Heroen . . . Herr L. Müller. Herr Kaula. Herr Tillis.
Heroinen . . . Fräul. Abich. Fräul. Daehne.
Volk, Tänzer und Sänger.

Thracien, im mythischen Zeitalter Griechenlands.

Kontraktlich beurlaubt: Herr Wachtel jun. — Krank: Herr Steinecke.

Opern-Preise.

Textbücher mit erläuterndem Vorworte sind zu 3 Sgr. an der Kasse zu haben.

Der Billet-Verkauf findet Vormittags von 3–4 Uhr zu gewöhnlichen, Abends an der Kasse zu erhöhten Preisen statt.

Die resp. Abonnenten, welche ihre Plätze zu Abonnements-Preisen zu behalten wünschen, wollen dieselben Mittwoch, den 11. Dezember, Vormittags zwischen 10 und 12 Uhr, im Theatergebäude in Empfang nehmen lassen.

Kassenöffnung halb 6 Uhr. Anfang halb 7 Uhr.

Freitag, den 13. Dezember: Margarethe, Oper in 5 Akten von Gounod.

Gedruckt bei H. Neubürger in Dessau.

Bei der Verwandlung im zweiten Akte fällt der Hauptvorhang.

Herzogliches Hof-Theater.

Dessau, Freitag, den 30. November 1894.

4. Vorstellung im 3. Abonnement.

Zum ersten Male:

Hänsel und Gretel.

Märchenspiel in drei Bildern von Adelheid Wette.
Musik von Engelbert Humperdinck.

Personen:

Peter, Besenbinder . . . Herr Leonhardt.
Gertrud, sein Weib . . . Frau Markan.
Hänsel, Gretel, deren Kinder . . . Fräulein Königstätter. Fräulein Gleiß.
Die Knusperhexe . . . Fräulein Joachim.
Sandmännchen, Taumännchen . . . Fräulein Cl. Schulze.

Die vierzehn Engel. Kinder.

Die neuen Decorationen sind vom Hoftheatermaler Herrn Paul Wernecke gemalt.

Die neuen Costüme sind vom Ober-Garderobe-Inspector Herrn Woldemar Malthes gefertigt.

Die maschinellen Effecte sind vom Theatermeister Herrn Carl Raimund eingerichtet.

Textbücher sind zu 50 Pf. an der Kasse zu haben.

Preise der Plätze:

	Tageskasse:	Abendkasse:		Tageskasse:	Abendkasse:
Reservirte Loge, Vorderplatz	5 ℳ — ₰	5 ℳ 50 ₰	Sperrsitz	2 ℳ 50 ₰	3 ℳ — ₰
do. Rückplatz	4 ℳ 50 ₰	5 ℳ — ₰	II. Rang Mitte rechts, Nr. 32—69	1 ℳ 50 ₰	1 ℳ 75 ₰
I. Rang, Vorderplatz	3 ℳ 50 ₰	4 ℳ — ₰	II. „ „ links, „ 2—31	1 ℳ 75 ₰	2 ℳ — ₰
I. „ Rückplatz	3 ℳ — ₰	3 ℳ 50 ₰	II. „ „ „ „ 32—68	1 ℳ 50 ₰	1 ℳ 75 ₰
Proscениums-Loge, Vorderplatz	3 ℳ 50 ₰	4 ℳ — ₰	II. „ Seite, Rückplatz	1 ℳ — ₰	1 ℳ 25 ₰
„ „ Rückplatz	3 ℳ — ₰	3 ℳ 50 ₰	III. „ Mitte	— ℳ 70 ₰	— ℳ 80 ₰
Parket-Loge, Rückplatz	3 ℳ — ₰	3 ℳ 50 ₰	III. „ Seite	— ℳ 60 ₰	— ℳ 70 ₰

Der Einlaßkarten-Verkauf findet Vormittags von 11—12 Uhr und Abends an der Kasse statt.

Sämmtliche Einlaßkarten werden an der Thür der Vorhalle vorgezeigt.

Die Kasse wird um halb sieben Uhr geöffnet.

Anfang um 7 Uhr, Ende um 9 Uhr.

Sonnabend, den 1. Dezember (4. Vorst. im auswärt. Abonn., Bitterfeld-Wittenberg-Wörlitz Oranienbaum): Hänsel und Gretel. Märchenspiel in drei Bildern von Adelheid Wette. Musik von Engelbert Humperdinck. Anfang um ½6 Uhr.

Sonntag, den 2. Dezember (5. Vorst. im 3. Abonn.). Zum ersten Male: Der Misanthrop. Komödie in fünf Aufzügen von Molière. Hierauf, zum ersten Male: Gezierte Frauen. Posse in einem Aufzug von Molière.

Druck und Verlag von Weniger & Co., Herzogl. Hofbuchdruckerei, Dessau, Wolfstraße 9.

Theaterzettel der von Richard und Cosima Wagner besuchten Aufführung von Christoph Willibald Glucks „Orpheus“ am 11. Dezember 1872

Theaterzettel zu „Hänsel und Gretel“, von Cosima Wagner inszeniert. Premiere 30. November 1894

tergraben bei allen Musikern und besprach sich am darauffolgenden Tag während der Probe zum „Fliegenden Holländer“ über die Vorbereitung der ersten Bayreuther Festspiele. Sein emphatischer Ausruf „Sie müssen mir alle helfen!“ ist im Tagebuch des Dessauer Ballettdirektors Richard Fricke (1818–1903) festgehalten. Fricke wird Wagner im Bayreuther Sommer 1876 bei der Einstudierung der Festspielgesamtaufführung des „Rings“ zur Seite stehen, inszeniert ein Jahr später auf Empfehlung Wagners in Turin den „Lohengrin“, und 1882 ist es „Parsifal“, der beide noch einmal zusammenführt. Wagner bezeichnet Fricke in der diesem überlassenen „Parsifal“-Partitur als „seinen besten Freund und Coadjutor“.[148] (Köhler). Nach Beendigung der Reise verfasste Wagner einen Bericht, der im folgenden Jahr im „Musikalischen Wochenblatt“ veröffentlicht wurde. Er ist überschrieben „Ein Einblick in das heutige deutsche Opernwesen“ und ganz am Schluss geht es um Dessau und die von Wagner besuchte Vorstellung von Glucks „Orpheus“. Seine noch immer nachhallende Begeisterung darüber gipfelt in den Worten: „Ich bezeuge laut, nie eine edlere und vollkommenere Gesamtleistung auf einem Theater erlebt zu haben, als diese Aufführung. […] Dies aber geschah, wie gesagt, in dem kleinen Dessau.“[149] Herzog Friedrich I. (*1831, Reg. 1871–1904) hatte Wagner am 12. Dezember 1872 bei einer Audienz seine wohlwollende Unterstützung für das Bayreuther Festspielprojekt zugesagt. Der Herzog und seine beiden Söhne zählten dann auch 1876 zu den Besuchern der ersten Festspiele. Vor allem aber steuerte die Dessauer Hofkapelle 13 Musiker zum Festspielorchester bei und stellte damit nach Berlin und Meiningen das drittstärkste Kontingent! Unter den namentlich bekannten Musikern ist besonders der Hornist Julius Demnitz hervorzuheben, der als Erster den „Siegfried“-Ruf blies und dafür Wagners besonderes Lob erntete: Auf ein Blatt mit den Noten des Rufs schrieb der Komponist: „Sehr schön geblasen! Bayreuth 1876, Richard Wagner“.[150] Bei den Festspielen von 1882, bei denen der „Parsifal“ uraufgeführt wurde, wirkten außer Richard Fricke wieder Künstler aus Dessau mit – eine Tradition, die sich bis ins 20. Jahrhundert fortsetzen sollte.

Autogrammfoto Hans Knappertsbusch (1888–1956), 19. September 1922

Wagners Werke in Dessau II (1883–1944)

Am 1. Dezember 1882 übernahm August Klughardt von seinem Lehrer Thiele die Leitung des Dessauer Orchesters. Eine seiner ersten Amtshandlungen war die Gedächtnisfeier für den verstorbenen Richard Wagner, die am 5. März 1883 stattfand. Nach dem einleitenden Trauermarsch aus der „Götterdämmerung" wurden „lebende Bilder" aus Wagners Werken gezeigt, worauf sich noch eine Aufführung des „Tannhäuser" anschloss. Klughardts Bestreben ging dahin, das Wagner-Repertoire des Hoftheaters zu komplettieren. Und so gelangten unter seiner musikalischen Leitung am 16. Dezember 1887 erstmals „Rienzi" und am 5. April 1900 zum ersten Mal „Tristan und Isolde" auf die Dessauer Bühne. Klughardt, der das Glück gehabt hatte, im Festspielsommer 1876 Proben und Uraufführung der „Ring"-Tetralogie miterleben zu dürfen, richtete sein Augenmerk aber vor allem auf die Realisierung der vier „Ring"-Dramen. Am 21. Dezember 1891 schrieb er in einem Brief: „Rheingold – Walküre! Wir wollen sie in der zweiten Hälfte des Januar geben, danach kannst Du bemessen, wie mir jetzt zu Mute ist. Im Wachen, im Träumen, immer wühlt Wotan, wuchtige Wogen wälzend, mir mächtig mein Männerherz. Eine ungeheure Aufgabe, ja eigentlich ein grausames Ansinnen ist es, dieses Riesenwerk innerhalb eines laufenden Repertoires zu studieren, wo einem die Stimmung immer und immer wieder zerstört wird; aber eine ebenso große Freude ist mir's, dem Geiste des Unsterblichen auf weltentlegene Pfade folgen zu dürfen."[151] Und das Vorhaben gelang: Am 29. Januar 1892 wurde „Das Rheingold" in Dessau erstaufgeführt; es folgte am 7. Februar „Die Walküre", am 25. November „Siegfried" und am 18. Dezember „Götterdämmerung". In Klughardts Briefen und in den Presse-Rezensionen lässt sich die Begeisterung der Mitwirkenden wie des Publikums nachlesen. Die ersten beiden Zyklen des „Rings" gab es vom 24. bis 31. Januar 1893 und vom 12. bis 17. Februar 1893. Weitere Wiederholungen als Zyklus fanden in fast jeder der folgenden Spielzeiten statt, hinzu kamen noch Einzelvorstellungen für Abonnenten. Cosima Wagner erlebte während ihres Besuchs im November 1894 „Rheingold" und „Walküre" und setzte „Hänsel und Gretel" selbst in Szene. Heimgekehrt nach Bayreuth schrieb sie an August Klughardt folgenden Brief: „[...] In der Tat habe ich an Ihrer Wirksamkeit, lieber Herr Kapellmeister, eine echte Freude gehabt. Die Sorgsamkeit, mit welcher alles ausgeführt war, die Einheitlichkeit zwischen Bühne und Orchester (eines der seltensten, das man jetzt antrifft!), kurz alles im ganzen und einzelnen zeigte mir zu meiner Freude, wie Sie den Namen, den sich das Dessauer Theater erworben hat, ehrenvoll aufrecht erhalten. Wollen Sie die Güte haben, alle Künstler, mit denen ich einen so freundlichen Verkehr hatte, von mir zu grüßen. Ich gedenke der Leistungen der drei Abende mit ungeteiltem Vergnügen."[152] Der verdienstvolle Klughardt, unter dessen musikalischer Ägide sich Dessau endgültig den Ruf eines „Bayreuth des Nordens" erworben hatte, starb am 3. August 1902. Sein Nachfolger Franz Mikorey dirigierte bereits in seiner ersten Saison (1902/03) alle neun im Repertoire befindlichen Wagner-Opern. Es gab die Gepflogenheit, jede Saison mit einem Werk Wagners zu eröffnen und zu beschließen. Des Todestages am 13. Februar wurde stets gedacht, sehr oft gab man Wagner am Neujahrstag, am Karfreitag und zu Ostern. Auch auf Gastspielreisen, wie 1912 nach Budapest und 1917 nach Bukarest, gehörten Wagners Werke zum Repertoire. In Sachen „Parsifal" übte sich Dessau nach den Worten seines damaligen Dramaturgen Arthur Seidl in „pietätvollem Verzicht". Lediglich Ausschnitte erklangen 1914 in einem Sonderkonzert. Erst am 28. März 1926 fand die szenische Erstaufführung des „Parsifal" in Dessau statt.

Nach dem Ersten Weltkrieg und dem Ende der Monarchie in Deutschland gab es im Dessauer Theater große Veränderungen. Das bisherige Hoftheater und die Hofkapelle wurden in eine Theaterstiftung überführt. Zur Finanzierung der jetzt „Friedrich-Theater" genannten Einrichtung erhielt die Stiftung eine Reihe von Liegenschaften aus dem Besitz des herzoglichen Hauses. In Hans Knappertsbusch fand man einen neuen Generalmusikdirektor. Seinen Einstand am Opernpult gab er mit den „Meistersingern". Leider blieb Knappertsbusch nur drei Jahre in Dessau, bevor er nach München wechselte. Der verheerende Brand des Dessauer Hoftheaters am 25. Januar 1922 hatte zur Folge, dass zunächst nur Konzerte durchgeführt und erst ab September 1923 wieder große Opern gespielt werden konnten. Zur Eröffnung der neuen Spielstätte am 1. September 1923 hatte man „Die Meistersinger von Nürnberg" gewählt. Die „neue" Spielstätte war übrigens jene Fürstliche Reitbahn, in der bereits 1794 Theater gespielt worden war. Knappertsbusch blieb den Dessauern auch nach seinem Weggang verbunden und kehrte regelmäßig zu Konzerten hierher zurück. Nach dem Zweiten Weltkrieg wurde er einer der prägenden Dirigenten von Wieland Wagners „Neu-Bayreuth". Zwar gab es in der Fürstlichen Reitbahn nach wie vor die großen Wagnerschen Musikdramen einschließlich des „Rings" zu sehen (unter Dirigenten wie Albert Bing, Franz von Hoeßlin, Arthur Rother und ab 1934 Helmut Seydelmann), doch wurde die Spielstätte zunehmend als unzulänglich empfunden. Trotz wirtschaftlicher Notlage wurden Forderungen nach einem neuen Theaterbau immer lauter. Und endlich, am 29. Mai 1938, war es soweit: Das neue „Dessauer Theater" am heutigen Friedensplatz wurde mit Carl Maria von Webers „Freischütz" eröffnet. Drei Wochen später, am 19. Juni, hob sich mit der Premiere des „Rheingold" erstmals der Vorhang für ein Werk Wagners im neuen Haus, das auf Grund seiner Größe und modernen technischen Ausstattung für die Wagnerschen Musikdramen prädestiniert war. Offenbar plante man einen kompletten „Ring", doch nach der „Siegfried"-Premiere am 13. Februar 1940 war Schluss. Die „Götterdämmerung" kam anders als erwartet. Die Freude an dem neuen Haus währte nicht lange, denn der Zweite Weltkrieg kehrte an seinen Ausgangspunkt zurück. Noch bevor am 31. August 1944 im Zuge des „totalen Krieges" alle deutschen Theater schlossen, wurde das Dessauer Theater bei Luftangriffen am 28. und 30. Mai schwer getroffen. Ein Sprengbombenvolltreffer am 16. Januar 1945 vollendete das Zerstörungswerk. Beim schwersten Angriff am 7. März 1945 sank die alte Residenzstadt Dessau in Trümmer.

Willy Bodenstein
(1901–1981)

Wagners Werke in Dessau III (1945–1989)

Auf Befehl der Sowjetischen Militäradministration wurde bereits im Herbst 1945 in Dessau wieder Theater gespielt. Am 25. Dezember zeigte das Theater im Kristallpalast Beethovens „Fidelio". Schon im Sommer 1949 konnten die Dessauer das wiedererrichtete Theatergebäude am Friedensplatz wieder in Besitz nehmen. Am 20. August wurde es mit der Neuinszenierung von Mozarts „Zauberflöte" feierlich eröffnet. Zur Leitung des „Anhaltischen Landestheaters Dessau" (ab 1950 „Landestheater Dessau") wurde Intendant Willy Bodenstein (1901–1981) berufen, der bewusst an die Wagner-Tradition Dessaus anknüpfte und die Pflege des Werkes von Richard Wagner zu einer der wichtigsten Aufgaben des neuen Dessauer Theaters machte. Als Oberspielleiter der Oper übernahm er die Neuinszenierung der Wagnerschen Werke selbst und trat in ihnen auch als Sängerdarsteller auf. Er versprach dem Publikum: „Wagners Werke ‚zeitgemäß' und ‚stilgerecht' inszenieren, heißt: Den Willen und das Wollen des Meisters achten! Denn diese Achtung allein verbürgt die unverfälschte Erhaltung, liebevolle Pflege und werkgetreue Wiedergabe

Heinz Röttger
(1909–1977)

seines musikalischen Erbes."[153] Zielstrebig baute er das Repertoire auf. „Tannhäuser" und „Fliegender Holländer" machten 1950 den Anfang, beide noch dirigiert von Helmut Seydelmann, der jedoch 1951 nach 17 Jahren GMD-Tätigkeit in Dessau nach Leipzig wechselte. „Die Meistersinger" (1951, Dirigent: Walter Lutze) und „Lohengrin" (1952, Dirigent: Erich Riede) folgten, und so konnte mit diesen vier Werken vom 4. bis 9. Mai 1953 eine Richard-Wagner-Festwoche in Dessau stattfinden. Bereits diese erste Festwoche zog eine unglaubliche Resonanz und überregionale Breitenwirkung nach sich. Sie bildete den Auftakt für eine Reihe weiterer Richard-Wagner-Festwochen, die über ein Jahrzehnt lang zu den herausragenden Ereignissen im nationalen Kulturkalender zählten und den Ruf Dessaus als „Bayreuth des Nordens" auf neue Weise festigten. Innerhalb der 2. Richard-Wagner-Festwochen vom 8. bis 19. Mai 1954 wurde neben den vier Opern des Vorjahres erstmals auch der vollständige Zyklus „Der Ring des Nibelungen" in Bodensteins Inszenierung und mit den Bühnenbildern Manfred Schröters gezeigt. Als Dirigent zeichnete noch Erich Riede verantwortlich, der Dessau jedoch im Sommer 1954 verließ. Sein Nachfolger wurde Prof. Dr. Heinz Röttger, der in den folgenden 23 Jahren das Profil des Landestheaters und seines Orchesters nachhaltig prägen sollte. Röttger gab seinen Einstand am 5. September 1954 mit „Tristan und Isolde" und dirigierte das Wagner-Repertoire natürlich auch zu den Festwochen. Mit der Premiere des „Rienzi" am 22. Dezember 1956 hatte das Landestheater Dessau wieder alle zehn Werke Wagners im Spielplan. Bis 1958 wurden die Bühnenbilder Manfred Schröters durch die aller naturalistischen Attribute entkleidete und im Stile Neu-Bayreuths stärker abstrahierende Ausstattung Wolf Hochheims ersetzt. Doch der Höhepunkt war erreicht. Noch 1955 hatte Willy Bodenstein in seinem Vorwort zur 3. Richard-Wagner-Woche stolz auf die Programmerklärung des Ministeriums für Kultur der DDR verwiesen, in der es hieß, dass die Festwochen „fortzusetzen und zu bedeutenden künstlerischen Ereignissen zu entwickeln"[154] seien. Außerdem schrieb er, dass diese Einrichtung „alljährlich deutsche Menschen aus dem Osten und Westen unseres Vaterlandes und auch Freunde der deutschen Kunst aus dem Auslande unter dem Ziele zusammenführt, als mitwirkende Künstler oder als Besucher an einem bedeutenden künstlerischen Erlebnis teilzuhaben. Und wenn sich Künstler aus allen Teilen Deutschlands in Dessau treffen, um zum Gelingen der Festspiele beizutragen, die das Werk eines großen deutschen Musikers ehren und pflegen, dann ist das ein mächtiges Bekenntnis zu dem Willen, über alle noch trennenden Schranken hinweg für die Untrennbarkeit unserer gemeinsamen deutschen Kultur einzutreten."[155] Die Richard-Wagner-Festwochen als gesamtdeutsches Ereignis waren jedoch bald Geschichte. 1960 fanden sie zum achten und letzten Mal statt. Zwar gab es 1961 und 1962 Wagner-Aufführungen innerhalb der „Dessauer Theaterfestwochen" und 1963 zum 150. Geburtstag noch einmal eine umfangreiche Richard-Wagner-Ehrung, die sich in den beiden Folgejahren, wenn auch in bescheidenerem Rahmen, wiederholte. Doch die politischen Ereignisse, für die symbolisch das Datum 13. August 1961 steht, machten eine Fortsetzung der Festwochen unmöglich. Die Kontakte zu westlichen Künstlern und westlichem Publikum wurden unterbrochen, die Unterstützung der DDR-Regierung ging verloren, die materielle wie personelle Basis bröckelte und die Wagner-Pflege konzentrierte sich fortan auf das 1960 neu eröffnete Opernhaus in Wagners Geburtsstadt Leipzig. Nach 19 Jahren im Amt schied Willy Bodenstein 1968 aus dem Amt des Intendanten aus. Zwar lief seine alte „Lohengrin"-Inszenierung noch bis 1969, doch es kam vorerst nichts Neues nach. In den nun folgenden zwanzig Jahren gab es ganze fünf Wagner-Neuproduktionen. Zwischen 1975 und 1983 stand überhaupt kein Werk Wagners auf dem Spielplan – ein Negativ-Rekord in über 150 Jahren Wagner-Tradition in Dessau!

Exkurs: Dessau – Bauhausstadt im Grünen

Dessau bildet seit dem 1. Juli 2007 mit der nördlich der Elbe gelegenen Stadt Roßlau eine Doppelstadt. Dessau-Roßlau ist die drittgrößte kreisfreie Stadt sowie eines der drei Oberzentren im Bundesland Sachsen-Anhalt und hat etwa 87 000 Einwohner. Die Stadt Dessau als ehemalige Residenz- und Hauptstadt Anhalts hat eine lange Geschichte. Nach dem Jubiläumsjahr „800 Jahre Anhalt" 2012 kann Dessau im Jahr 2013 die 800. Wiederkehr seiner ersten urkundlichen Erwähnung feiern. Das verheerende Ende des Zweiten Weltkrieges war für die Stadt eine Katastrophe, 84 Prozent der Bausubstanz lagen in Trümmern. Dank dem Bürgerfleiß bei Wiederaufbau und Pflege des erhalten gebliebenen Erbes ist Dessau-Roßlau eine der wenigen Städte in der Welt mit drei UNESCO-Welterbestätten. Neben der im „Biosphärenreservat Mittelelbe" durch die UNESCO geschützten Landschaft werden vor allem die Welterbestätten „Gartenreich Dessau-Wörlitz" und „Bauhausstätten" gern besucht. Der Beschluss der Bundesregierung 1996, den Hauptsitz des Umweltbundesamts nach Dessau zu verlegen, ist dem Reservatsstatus der Elbauenlandschaft geschuldet. Das Hauptgebäude steht seit 2005 auf dem Gelände des ehemaligen Dessauer Gasviertels und korrespondiert mit den historischen Industriegebäuden in Hauptbahnhofnähe. Das „Gartenreich Dessau-Wörlitz“ entstand ab Mitte des 18. Jahrhunderts unter der Leitung des Fürsten Leopold III. Friedrich Franz von Anhalt-Dessau (*1740, Reg. 1758–1817) und seines Freundes, des Architekten Friedrich Wilhelm Freiherr von Erdmannsdorff (1736–1800). Entlang der durch das Urstromtal mäandernden Elbe entstanden englische Landschaftsgärten mit Kleinarchitektur, deren damalige und heutige Einmaligkeit durch den im Jahr 2000 verliehenen Welterbestatus hervorgehoben wird. Der Fürst verstand sich als Aufklärer und Wohltäter des Landes. Neben der englischen Gartenkunst sowie klassizistischer und neugotischer Architektur standen Reformen auf den Gebieten der Landwirtschaft, des Verkehrswesens, der Bildung, der Musik, des Theaters, der Literatur und der beginnenden Industrie auf der Agenda des Fürsten. Auf Reisen nach Österreich, Italien, Holland, in die Schweiz und mehrfach nach England holten sie sich Anregungen für des Landesherrn aufgeklärten fürstlichen Reformabsolutismus. Der damalige Wahlspruch „Das Schöne mit dem Nützlichen verbinden“ gilt den heutigen Zehntausenden Gästen, die Erholung in den Anlagen suchen. Die Einladung des Oberbürgermeisters Fritz Hesse (1881–1973) im Jahr 1925 an das in Weimar 1919 gegründete und von Schließung bedrohte „Staatliche Bauhaus“, nach Dessau zu kommen, gab den nächsten Impuls der Entwicklung Dessaus zur Kulturstadt. Die Stadt stellte großzügig Grundstücke für den Bau des Schulgebäudes und der Meisterhäuser zur Verfügung. Das Architekturbüro Walter Gropius übernahm die Planung der im Jahr 1926 fertiggestellten Gebäude. Die von den Nationalsozialisten erzwungene Schließung 1932 beendete nicht die Ideen der Bauhäusler, die sich mit Beginn der dreißiger Jahre in alle Welt verstreuten und ihr in Dessau erworbenes Wissen mitnahmen. Die Architekturbeispiele der Bauhäusler in Dessau und Weimar sind seit 1996 Welterbestätte und vielbesuchte Orte in Mitteldeutschland. Die Arbeiten der Bauhausschüler sind museal aufgearbeitet und zu besichtigen. Die Liste aller Kulturstätten in Dessau-Roßlau und Umgebung ist lang, zu nennen sind noch die Anhaltische Gemäldegalerie, das Moses-Mendelssohn-Zentrum (Mendelssohn 1729–1786) in der Törtener Bauhaussiedlung und das Kurt-Weill-Zentrum (Weill 1900–1950) in einem „Meisterhaus“. Beide sind Söhne unserer Stadt. Das alljährlich im März stattfindende internationale „Kurt Weill Fest“ wird mit einer Vielzahl von Veranstaltungen gefeiert. Der Dichter Wilhelm Müller (1794–1827), auch ein Sohn der Stadt Dessau, wurde durch die von Franz Schubert vertonten Liederzyklen „Die Winterreise“ und „Die schöne Müllerin“ bekannt. Es versteht

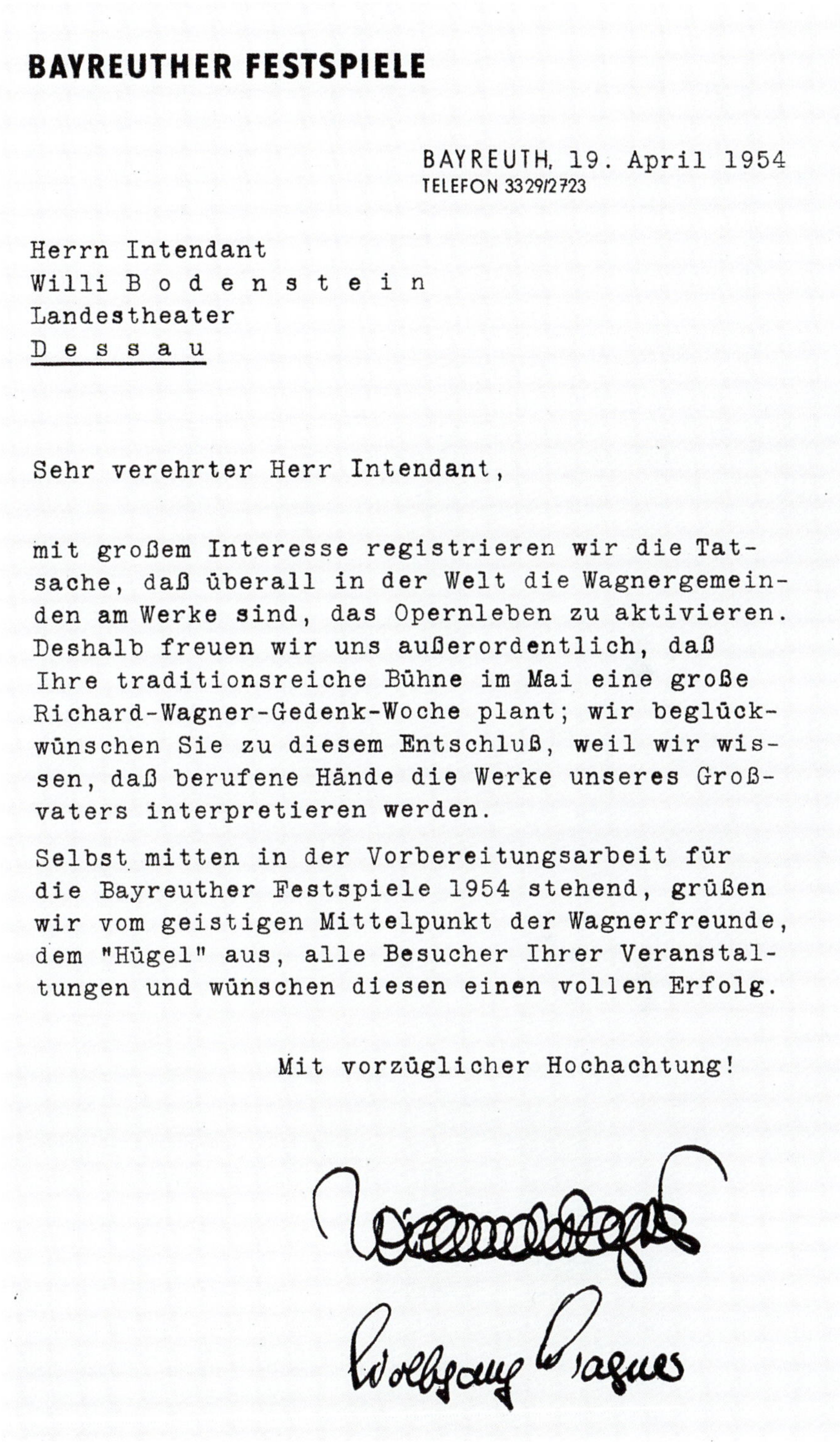

BAYREUTHER FESTSPIELE

BAYREUTH, 19. April 1954
TELEFON 3329/2723

Herrn Intendant
Willi B o d e n s t e i n
Landestheater
D e s s a u

Sehr verehrter Herr Intendant,

mit großem Interesse registrieren wir die Tatsache, daß überall in der Welt die Wagnergemeinden am Werke sind, das Opernleben zu aktivieren. Deshalb freuen wir uns außerordentlich, daß Ihre traditionsreiche Bühne im Mai eine große Richard-Wagner-Gedenk-Woche plant; wir beglückwünschen Sie zu diesem Entschluß, weil wir wissen, daß berufene Hände die Werke unseres Großvaters interpretieren werden.

Selbst mitten in der Vorbereitungsarbeit für die Bayreuther Festspiele 1954 stehend, grüßen wir vom geistigen Mittelpunkt der Wagnerfreunde, dem "Hügel" aus, alle Besucher Ihrer Veranstaltungen und wünschen diesen einen vollen Erfolg.

Mit vorzüglicher Hochachtung!

Brief von Wieland und Wolfgang Wagner an Willy Bodenstein, 19. April 1954

sich, dass die Stadt über ein naturkundliches und ein stadtgeschichtliches Museum verfügt. Nicht zu vergessen der Ingenieur, Wissenschaftler, Erfinder und Unternehmer Hugo Junkers (1859–1935). Er kam 1888 nach Dessau und gründete sein erstes Unternehmen in der Stadt. 1919 gründete er die Junkers-Flugzeugwerke AG und begründete damit den Bau des ersten Ganzmetallverkehrsflugzeuges der Welt. Im Technikmuseum „Hugo Junkers" wird an diesen Dessauer Ehrenbürger erinnert.

Wagners Werke in Dessau IV (1990–2012)

Zehn Tage nach der staatlichen Wiedervereinigung Deutschlands feierte am 13. Oktober 1990 ein neuer „Tannhäuser" Premiere (Inszenierung: Rüdiger Flohr). An jenem Abend gründete sich der Richard-Wagner-Verband Dessau neu. Einen Vorläufer als Richard-Wagner-Verband Deutscher Frauen e. V. hatte es in der Stadt bereits von 1940 bis 1945 gegeben. Unter der Generalintendanz von Johannes Felsenstein (ab 1991) gab es 1992 „Rienzi" (Inszenierung: Peter Gogler) und 1995 „Lohengrin" (Inszenierung: Gottfried H. Wagner). Felsenstein selbst inszenierte 1998 den „Fliegenden Holländer" (Dirigent: Carlos Kalmar), mit dem das Ensemble 2001 in Japan gastierte, „Tristan und Isolde" (2005, Dirigent: Golo Berg) und „Parsifal" (2007, Dirigent: Golo Berg). Ein Mitschnitt der „Tristan"-Inszenierung erschien beim Label ARTHAUS auf DVD. Nach Johannes Felsensteins Abschied eröffnete André Bücker seine Intendanz am Anhaltischen Theater mit einem Aufsehen erregenden „Lohengrin" in der Inszenierung von Andrea Moses, die im Jahr darauf für den Deutschen Theaterpreis DER FAUST nominiert war. 2010 gab es den nächsten Höhepunkt für die Wagner-Freunde: Die Solisten, der Opernchor sowie die Anhaltische Philharmonie unter der Leitung des seit Spielzeitbeginn 2009 amtierenden GMD Antony Hermus gestalteten eine „Große Richard-Wagner-Gala" mit Ausschnitten aus Wagners Hauptwerken – für den Richard-

Anhaltisches Theater
Dessau 2009

Wagner-Verband Dessau ein würdiger Rahmen zu seinem 20-jährigen Bestehen. Ballettdirektor Tomasz Kajdanski gelang 2011 mit dem Ballett „Die Nibelungen-Siegfriedsaga“ eine bemerkenswerte tänzerische Umsetzung des Mythos zur Musik Richard Wagners. Am 12. Mai 2012 begann mit der Premiere der „Götterdämmerung“ das Projekt „Der Ring des Nibelungen“ in der Bauhausstadt. Generalintendant André Bücker und Generalmusikdirektor Antony Hermus erschließen Wagners Opus summum vom Ende her. Die erste zyklische Aufführung ist zum Elbmusikfest vom 13. bis 17. Mai 2015 anlässlich des gleichzeitig in Dessau-Roßlau stattfindenden Internationalen Richard-Wagner-Kongresses geplant.

Bauhaus Dessau mit Bus als Werbeträger für den „Ring des Nibelungen“, 2012

Szenenfoto „Götterdämmerung“, 2012
Kammersängerin Iodanka Derilova (Brünnhilde), Ulf Paulsen (Gunther) und Damen des Opernchors

Arbeitswelten

RICHARD WAGNER UND HALLE

Susanne Holfter

„Das Unvergleichliche des Mythos ist, daß er jederzeit wahr und sein Inhalt [...] für alle Zeiten unerschöpflich ist.“

Familiäre Verbindungen

Wenngleich Richard Wagner in Halle an der Saale nie künstlerisch tätig werden sollte, so verbanden ihn immerhin familiäre Beziehungen mit der Universitätsstadt. Als Besuchsgast seines 14 Jahre älteren Bruders Albert (1799 bis 1874) betrat er halleschen Boden. Seit dem 19. Jahrhundert, vor allem aber Anfang des 20. Jahrhunderts entwickelte sich die Saalestadt zu einem wichtigen Zentrum der intensiven Pflege seiner Werke. So soll der Fokus im Folgenden auf die Kontinuität der Wagner-Rezeption mit all ihren Höhepunkten, Unterbrechungen und unterschiedlichen künstlerischen Prägungen und Visionen gerichtet sein.

Blickt man zunächst in das nahegelegene, einst kursächsische Luxus- und Modebad Lauchstädt, dessen Theater nicht nur wegen des Theaterverbots in Halle während des 18. Jahrhunderts eng mit der halleschen Theatergeschichte verbunden ist, so nahm hier die Karriere eines großen Erneuerers des Musiktheaters ihren Anfang. Am dortigen Goethe-Theater begann zunächst die Dirigentenlaufbahn des damals gerade einmal 21-jährigen Richard Wagner. Von 1791 bis 1811 hatte das Weimarer Hoftheater unter der Leitung von Johann Wolfgang von Goethe in Bad Lauchstädt regelmäßig während der Sommermonate für glanzvolle, auch von Hallensern vielbesuchte Aufführungen (nicht nur in der Zeit des halleschen Theaterverbots!) gesorgt. Mehrere Schauspielergesellschaften kamen fortan mit wechselndem Erfolg in die Kurstadt. Im Sommer 1834 bespielte die Theatergesellschaft des Magdeburger Schauspieldirektors Heinrich Bethmann das Theater und verpflichtete als Musikdirektor Richard Wagner. Dieser hatte zuvor eine schlechtbezahlte Stellung als Chordirigent am Würzburger Theater, wo sein Bruder Albert als Tenor engagiert war, inne. Allerdings fristete das hübsche Lauchstädter Theater, das seine besten Zeiten hinter sich zu haben schien, ein Dornröschen-Dasein. Der Spielplan bot kaum Abwechslung und ließ auch künstlerisch gesehen Wünsche offen. Ein Lichtblick in der künstlerischen Tristesse bot sich Wagner aber durch die mit ihm im selben Haus wohnende Schauspielerin Minna Planer (1809–1866), die später seine erste Ehefrau werden sollte. Das mag ihm über die als sehr dürftig empfundene Qualität des aus Merseburger Stadtmusikanten bestehenden Orchesters hinweggeholfen haben. Zumindest war das Goethe-Theater Bad Lauchstädt die Wiege seiner Karriere als Dirigent. Er leitete dort u. a. Aufführungen von „Don Giovanni“ und „Lumpaci Vagabundus“. Von hier aus führte ihn sein Weg über Rudolstadt, Bernburg, Magdeburg (jeweils mit der Bethmann-

Die Familie Albert Wagners, links Tochter Johanna, aus: 50 Jahre Stadttheater Halle. Festschrift zur 50-Jahr-Feier des Stadttheaters Halle, hrsg. von Curt Freiwald, 1936

Johanna Jachmann-Wagner (1826–1894)

schen Truppe), Königsberg, Riga, London und Paris 1842 schließlich nach Dresden. Über seine Erlebnisse in Bad Lauchstädt und die aufregenderen Ereignisse rund um die entflammende Liebe zu Minna gibt Wagner in seinen publizierten Erinnerungen „Mein Leben" (S. 103–107) höchstpersönlich und unterhaltsam Auskunft.[156]

In Halle spielte bereits vor dem Bau des Stadttheaters 1886 an der Alten Promenade (heute Universitätsring 24) der Name Wagner eine wichtige Rolle. Richards Bruder Albert war am 1837 eingeweihten ersten „stehenden Theater" Halles – im Volksmund damals liebevoll-spöttisch „Kunstscheune" genannt – als Tenor engagiert. Erster Pächter und Direktor des Theaters war ebenfalls jener Heinrich Bethmann, der schon Richard Wagner als Musikdirektor für seine Bethmannsche Truppe engagiert hatte. Nun gestaltete er mit der „Anhalt-Dessauer Hofschauspieler-Gesellschaft" die ersten Spielzeiten in der Saalestadt. Mit der „Herzoglich Anhalt-Bernburgschen Hofschauspieler-Gesellschaft", die ab 1842 unter der Leitung von Dr. Siegfried Lorenz fortan von April bis Juni sowie August und September hier gastierte, kam auch der begabte Heldentenor und Charakterdarsteller Albert Wagner nach Halle. Als Liebling des Publikums feierte er einige Triumphe. Zu seinen Glanzpartien gehörten vor allem diejenigen in den populären Lortzing-Opern. Er sang beispielsweise den Peter Iwanow in „Zar und Zimmermann" (auch am 3. September 1842 unter dem Dirigat des Komponisten!).[157] Im Juni 1842 sahen sich die beiden Wagner-Brüder in Halle. In „Mein Leben" erinnerte sich Richard Wagner: „Ich benutzte nun die Nähe zu einem Ausflug nach Halle, um dort meinen ältesten Bruder Albert zu besuchen. Es war für mich bedauerlich und sehr herabdrückend, den Ärmsten, dem ich das Zeugnis höheren Strebens und selbst bedeutender Begabung für den dramatischen Gesang geben mußte, in so höchst unwürdigen, kleinlichen Verhältnissen, wie das Hallesche Theater sie bot, mit seiner Familie anzutreffen. Die Kenntnisnahme solcher Zustände, denen ich einst selbst so nahe gewesen war, wirkte jetzt unbeschreiblich abschreckend auf mich. Noch bekümmernder war es mir aber, von diesen Zuständen meinen Bruder in einer Weise sprechen zu hören, die mir leider nur zu sehr verriet, mit welch trostloser Ergebung er sich bereits dareingefügt hatte. Nur eines berührte mich ermutigend, nämlich die Erscheinung, das kindliche Wesen und die bereits überraschend schöne Stimme der damals fünfzehnjährigen Stieftochter meines Bruders, Johanna, welche mir das Lied Spohrs: ‚Rose, wie bist du so schön', in rührender Weise vorsang."[158]

Über denselben Besuch schrieb er an Cäcilie Avenarius am 13. Juni 1842: *„Albert* habe ich in *Halle* besucht: ich fand ihn besser [sic!] als ich ihn vermuthet hatte; zumal war er in Leipzig seiner ‚Comödianterien' wegen, etwas verketzert; ich habe 2 Nächte bei ihm geschlafen u. mich viel u. herzlich mit ihm ausgesprochen: ihm muß mit der Zeit eine bessere Stellung angewiesen werden, das ist klar – dennoch hat mich etwas getröstet: – *er bekommt die Gage richtig!* – Man weiß, was das sagen will. Seine Frau ist schön wie ehemals. Johanna spielt ganz gut Comödie u. – hat eine Stimme, die unter Albert's Bildung zu großen Hoffnungen berechtigt."[159]

Vor allem für Alberts mit der Heirat der Schauspielerin Elise Gollmann angenommene Tochter Johanna Wagner (1826–1894; später verheiratete Jachmann-Wagner) sollte der Besuch von großer Bedeutung werden. In der „Kunstscheune" nahm die professionelle Bühnenlaufbahn der jungen Schauspielerin und Sängerin als Mitglied der „Herzoglich Anhalt-Bernburgschen Hofschauspieler-Gesellschaft" ihren Anfang. Sie debütierte als Sängerin in der Partie der Irma in Aubers Oper „Maurer und Schlosser" und übernahm auch Donna Elvira in „Don Giovanni" (damals wurde Mozarts Oper noch „Don Juan" betitelt) und Baronin in Lortzings „Wildschütz". 1844 engagierte ihr Onkel Richard Wagner sie und ihren Vater schließlich an die Dresdner Hofoper, wo Johanna bereits ein Jahr später als 19-Jährige u. a. die Elisabeth in der Uraufführung seines „Tannhäuser" verkörperte. Fortan feierte sie zunächst an der Hamburger und Berliner Hofoper Erfolge, dann an den großen Bühnen Deutschlands sowie in London, bevor sie zur Grundsteinlegung des Bayreuther Festspielhauses 1872 die Alt-Partie in Beethovens 9. Sinfonie sang und in der Uraufführung des „Rings des Nibelungen" 1876 als Schwertleite („Die Walküre") und 1. Norn („Götterdämmerung") zu erleben war.[160]

Die erfolgreiche Künstlerin und Königlich Sächsische Hofsängerin gab mit einigen Gastspielen Halle wiederholt die Ehre, so u. a. am 11. und 14. März 1847 in den Titelpartien von Bellinis „Norma" und Boieldieus „Die weiße Dame".[161]

Wagners Werke auf der halleschen Bühne – Ein Anfang

Glaubt man den Ausführungen des ersten Wagner-Biografen Carl Friedrich Glasenapp, so wurde als erste Wagner-Oper „Rienzi" während der Wirkenszeit Alberts in der Kunstscheune, also zwischen 1842 und 1844, in Halle aufgeführt: „Königsberg verhielt sich hoffnungerweckend, und während Prag und Danzig über den ‚Holländer' für den bevorstehenden Winter verhandelten, machten selbst noch kleinere Bühnen Miene durch die Tat zu beweisen, daß ‚Rienzi' keineswegs die ‚monströse Oper' sei, an welcher die Kräfte ihrer Sänger und Musiker notwendig scheitern müßten. So lesen wir in einer gleichzeitigen Journalnotiz: ‚Rienzi' sei an dem kleinen Theater zu Halle

„Kunstscheune", Schauspielhaus an der Alten Promenade, aquarellierte Federzeichnung von Hans von Volkmann, um 1880

angenommen und ‚vom Komponisten für die dortigen Kräfte zusammengezogen'. Die letztere seltsame Nachricht ist wohl nur durch den Umstand erklärlich, daß um jene Zeit Bruder Albert daselbst als Regisseur und Schauspieler tätig war, nachdem ihn die Einbuße seiner Gesangstimme in immer engere Wirkungskreise gedrängt hatte. Die Hineinzwängung in die beschränkten Verhältnisse des Halleschen Stadttheaters blieb dem Tribunen erspart, indem die offenbar rein persönliche Anknüpfung dafür, durch die Übersiedelung Alberts nach Bernburg, in Wegfall kam. Leider aber hielten auch die anderweitig erweckten Hoffnungen größtenteils nicht Stich, teils weil die Schwierigkeiten der Inszenierung übertrieben wurden, teils weil in der Tat für eine glückliche Durchführung der Hauptrolle ein ausnahmsweise kräftiger Tenor gehörte, wie er nicht überall zu finden war."[162]

Da sich diese These aber nicht durch Nachweise in der Theatersammlung des Stadtarchivs Halle stützen lässt, gilt den verfügbaren Quellen nach die Premiere des „Lohengrin" im Mai 1872 in der „Kunstscheune" als erste Wagner-Aufführung in der Geschichte der Stadt Halle. „Rienzi" wurde demnach sogar erst am 14. März 1896 im Stadttheater gespielt.[163]

In dem 1886 neu erbauten „Stadt-Theater zu Halle a. S." erfuhr Richard Wagner schon dadurch eine besondere Wertschätzung, dass sein Name neben denen Händels, Mozarts und Beethovens an den Ausgangsvestibülen des Parketts auf Schildern in venezianischer Glasmosaikausführung verewigt wurde. Die Bedeutung des Komponisten und die Relevanz seiner Werke sollten über die nächsten gut 125 Jahre in immer wieder neuem Gewand bewiesen werden.

Zu den ersten Wagner-Inszenierungen im neuen Stadttheater zählen „Lohengrin" (2. November 1886), „Die Walküre" (Ende November 1886), „Der fliegende Holländer"

Westfront des Stadttheaters Halle, 1886, aus: Das Stadt-Theater zu Halle a. S. Ein Beitrag zum Eröffnungstage von Gustav Staude, Oberbürgermeister der Stadt Halle, 1886 – Festschrift zur Eröffnung des Stadttheaters

(15. September 1887), „Das Rheingold (März 1889), „Tannhäuser“ (23. November 1890), „Götterdämmerung“ (Dezember 1892), „Die Meistersinger von Nürnberg“ (15. November 1894), „Siegfried“ (Februar 1896) und der bereits erwähnte „Rienzi“ (14. März 1896).[164]

Mit der Hallenser Erstaufführung der „Walküre“ Ende November 1886 als erste der „Ring“-Opern war eine nicht nur heute kurios anmutende Begebenheit verbunden. Das Publikum applaudierte mitten in der Aufführung und veranlasste den Kritiker M. Krause zu seiner in der „Saale-Zeitung“ zum Ausdruck gebrachten Empörung: „Ein schwerer Tadel kann aber dem Publikum nicht erspart bleiben. Es ist im Sinne Richard Wagners geradezu eine Verletzung des Kunstwerkes, wenn mitten in die Musik hinein Beifall gespendet wird, es ist nicht minder ein grober Verstoß gegen des Meisters Intentionen, wenn die theilweise herrlichen Nachspiele nach dem Niedergehen des Vorhanges einfach todtgeklatscht werden. Es bedarf wohl nur des Hinweises auf das Unstatthafte solcher Vorgänge, um dieselben für alle Zeiten aus unserem schönen Hause zu verbannen.“[165]

Am 8. Dezember 1886 wurde bereits die vierte Vorstellung der „Walküre“ gegeben bei größtenteils gleichbleibender Besetzung, allerdings wurde der Fricka (und zugleich Ortlinde im 3. Aufzug) der Premiere, Fräulein Goldsticker, zur vierten Vorstellung erstmals die Partie der Brünnhilde anvertraut, die sie mit großem Erfolg bewältigte. Die Besetzungsänderung hatte man vermutlich aus zwei Gründen vorgenommen: Zum einen war Fräulein Will, die Brünnhilde der Premiere, wohl angeschlagen gewesen, zum anderen hatte sie keine gute Kritik erhalten. Frau Schaffnit, die die Schwertleite verkörperte, wurde kurzerhand zur Fricka ernannt, war aber mit der neuen Partie offenbar etwas überfordert, hatte man sie doch eher für kleinere Partien engagiert.[166]

Hier wie auch in den folgenden knapp drei Jahrzehnten war es gängige Praxis, die Inszenierung an das Bayreuther Muster anzulehnen. Zu sehen war meist eine schablonenartige Regie, die es auch leichter ermöglichte, die damals üblichen vielen Vorstellungen innerhalb einer Woche spielen zu können, den Aufwand für szenische Proben so gering wie möglich zu halten und damit das planmäßige oder unplanmäßige Einspringen eines Sängers zu erleichtern. Nicht zufällig erscheint vor diesem Hintergrund auch die damals häufig gewählte Bezeichnung „Spielleitung“ anstelle der heute gebräuchlichen „Inszenierung“ für die Tätigkeit des Regisseurs.

Blütezeit und erste Wagner-Festspiele in Halle – Max Richards

Die erste umfassende Auseinandersetzung mit Wagners Werk wurde erst durch den von 1897 bis 1915 als privater Pächter und Theaterdirektor am halleschen Stadttheater wirkenden Max Richards ermöglicht. Er machte sich ebenso um zeitgenössische Opern und deren Komponisten verdient. So zeigte er „Salome" und „Der Rosenkavalier" von Richard Strauss bald in Halle. Auch Humperdincks Melodram „Königskinder" war noch im Jahr der Uraufführung (1897) zu sehen, und Siegfried Wagner wohnte 1910 der Erstaufführung seines „Herzogs Wildfang" auf der halleschen Bühne bei. Diese kleineren Errungenschaften strebten letztlich auf einen großen Höhepunkt hin – die ersten Wagner-Festspiele in Halle im Mai 1910. Dem gingen zahlreiche einzelne Aufführungen von Wagner-Werken voraus, auch wenn diese nicht immer unproblematisch waren, wie Dr. W. im November 1903 im „Halleschen Central-Anzeiger" formulierte: „Es gereicht einer Provinzbühne zur Ehre, wenn sie auch vor Aufgaben wie ‚Siegfried' nicht zurückschreckt, selbst wenn [...] das Gelingen hinter dem Wollen erheblich zurückbleibt. Zum Vollgenuß und zur Vollwürdigung des Bayreuther Kunstwerkes ist ja die Entgegennahme der Offenbarungen der Wagnerschen Kunst im Bühnenfestspielhause in Bayreuth erforderlich. Dort werden durch eine Anwesenheit mehr Vorurteile gegen den Bayreuther Meister zerstört als in hundert Provinzaufführungen. Aber wer das Originalgemälde nicht sehen kann, muß eben mit einer guten Photographie zufrieden sein. Und die wurde uns am Freitag vorgeführt. [...] Der Kunstfreund sah gerne darüber hinweg, daß die Mittel an verschiedenen Punkten – namentlich was die Stärke des Orchester anlangt – unzulänglich sind, das Zusammenspiel, die Textverständlichkeit (die völlige Dunkelheit in unserem Theater macht ja das Textnachlesen zur Unmöglichkeit) hie und da auch die Inszenierung manches von dem vermissen lassen, was Wagner gewollt hat. Eifrigstes Bestreben, dies Niveau zu erreichen, machte sich am Freitag vor allem das Orchester geltend. Die Farben waren so frisch aufgetragen, alle Klangfeinheiten mit so viel intimen [sic!] Verständnis herausgearbeitet, dass man wieder einmal ermessen konnte, was Herr Kapellmeister Tittel mit der doppelten Künstlerschar leisten könnte, die er eigentlich zur richtigen Interpretierung Richard Wagners nötig hätte."[167]

Doch zu den Wagner-Festspielen 1910 wurde das Beste vom Besten aufgeboten. Dem Publikum wurden der ganze „Ring des Nibelungen" in der Bayreuther Besetzung sowie „Die Meistersinger von Nürnberg" mit den Künstlern der Münchner Festspiele geboten. Als Anerkennung verlieh der anwesende Herzog von Anhalt dem Theaterdirektor Richards für sein Verdienst um Richard Wagner den Titel des Geheimen Hofrats, nachdem dieser schon 1907 vom Herzog von Coburg-Gotha zum Hofrat ernannt worden war.

Theaterdirektor Max Richards (1858–1932), Fotografie E. Motzkus, Halle

Als weiterer Höhepunkt in der Ära Richards muss die Hallenser Erstaufführung des Bühnenweihfestspiels „Parsifal" im Februar 1914 gelten als eine der ersten Nicht-Bayreuther Aufführungen nach der Freigabe des Werkes für andere Bühnen. Bereits am 22. November 1911 konnte man im Stadttheater Halle eine erste Choraufführung mit Vorspiel, Abendmahlfeier, Karfreitagszauber und Titurels Totenfeier erleben. Daran waren neben fünf Solisten auch etwa 225 Chorsänger beteiligt, die sich aus dem Verein „Sang und Klang" und dem Hallischen Stadtsingechor sowie „Damen und Herren aus hiesiger Stadt" zusammensetzten.[168] Die Leitung hatte der Kapellmeister des Stadttheaters Eduard Mörike. Die Vorbereitungen zur kompletten Festaufführung begannen bereits in der zweiten Hälfte des Jahres 1913. Für die hallesche Erstaufführung am 11. Februar

Die Altistin Ottilie Metzger-Lattermann (1878–1943), Postkarte

Der Bassbariton Walter Soomer (1878–1955), Postkarte

1914 wurden keine Kosten und Mühen gescheut für eine der ersten „Parsifal"-Vorstellungen außerhalb des Grünen Hügels. Auch hier griff Richards auf bewährte Solisten der Bayreuther Festspiele zurück, die unter der musikalischen Leitung von Hans Wetzlar reüssierten. Selbst die Preise waren mit 25 bis 5 Mark denen in Bayreuth ähnlich. Die Bühnendekoration wurde von dem Dessauer Hoftheatermaler Professor Frahm gefertigt, die Kostüme kamen aus den Werkstätten der Rheinischen Theaterkostümfabrik Düsseldorf. Die Aufführung war *das* große gesellschaftliche Ereignis der Stadt.[169]

Richards hatte ein Gespür dafür, junge Künstler für sein festes Ensemble zu entdecken, die später Karriere machten. Unter den aus der halleschen Talentschmiede hervorgegangenen namhaften Sängern befanden sich im Wagner-Fach beispielsweise die Altistin Ottilie Metzger-Lattermann (1878–1943) und der Bassbariton Walter Soomer (1878 bis 1955). Sie beide sowie der Dirigent Eduard Mörike (1877 bis 1929), einer der bedeutendsten Dirigenten des frühen 20. Jahrhunderts, Großneffe des gleichnamigen spätromantischen Lyrikers und von 1902 bis 1912 Musikdirektor am Stadttheater Halle, wurden zu bedeutenden Künstlerpersönlichkeiten herangebildet: Ottilie Metzger-Lattermann gab 1898 in Halle ihr Debüt. Zügig stellten sich internationale Erfolge ein, die sie vor allem mit Wagner-Partien feierte und sie u. a. nach Wien, St. Petersburg, an die Londoner Covent Garden Opera, die New Yorker Metropolitan Opera sowie zu den Bayreuther Festspielen führten. (Als Jüdin wurde sie vermutlich 1943 in Auschwitz vergast.) Walter Soomer war ein gefragter Wagner-Interpret und häufig Gast bei den Bayreuther Festspielen (u. a. Wotan, Hagen,

„Parsifal", Szene aus der Hallenser Erstaufführung, 1914

Hans Sachs) und an den großen Opernhäusern der Welt, wie etwa der Metropolitan Opera New York. Zudem wirkte er an der Einspielung zahlreicher Schallplatten mit. Eine seiner ersten Partien, die er während seines Engagements von 1902 bis 1906 in Halle sang, war 1903 der Fliegende Holländer. In dieser Titelpartie war er kurz darauf – noch während seines Engagements in der Saalestadt – auch bei den Bayreuther Festspielen zu erleben.

Neben dem Künstlernachwuchs leistete sich Richards auch Engagements zahlreicher namhafter Gäste aus dem In- und Ausland. Seinen größten Traum konnte er sich allerdings nicht erfüllen – Enrico Caruso als Stargast in der Saalestadt zu verpflichten. Die Summe von 20000 Mark, die dieser für einen Auftritt verlangte, war selbst für den erfahrenen und geschickten Geschäftsmann Richards unerreichbar.

Als Richards nach 18-jährigem, überaus erfolgreichem Wirken am 2. Mai 1915 seinen Hut nahm, verabschiedete er sich „standesgemäß" mit einer Festvorstellung von „Tristan und Isolde" vom Publikum. Er, der Theatermann, der die günstigen Umstände des Wilhelminischen Zeitalters zu nutzen wusste, Fachverstand und ein Gespür für wirkungsvolle Spielplanpolitik besaß, hatte Halles Theater zu einer bisher nicht gekannten Blüte geführt. Das Stadttheater hatte sich im gesellschaftlichen Leben der Stadt etabliert.[170]

Auf dem Weg zur Moderne – Leopold Sachse

Von 1915 bis 1922 prägte Leopold Sachse (1880–1961) ein an hohem künstlerischem Anspruch orientiertes Theaterschaffen. Der Regisseur, der unter hundert Bewerbern für den Posten als Sieger hervorgegangen war, übernahm das von Richards kommerziell geführte Theater in einer schwierigen Zeit. Zwar hatte der Erste Weltkrieg nicht zur Schließung des Theaters geführt, doch die Menschen benötigten vieles dringender als Theaterkunst. Umso höher ist es ihm anzurechnen, dass unter seiner Ägide die Kunst über den Kommerz siegte. Entscheidende Unterstützung erfuhr er von Oberbürgermeister Richard Robert Rive. Sachse war daran gelegen, mit seinem Theater ein Gesamtkunstwerk entstehen zu lassen. Mit einem eingespielten und beständigen Ensemble strebte er ein gleichbleibend hohes künstlerisches Niveau an, ein harmonisches Ganzes, das sich durch Konstanz auszeichnen sollte. Vor allem in der Inszenierungsästhetik beschritt er neue Wege. Er legte großen Wert auf sorgfältige Einstudierungen und lehnte die bisher praktizierte Schablonenregie ab. Eine kongeniale Partnerschaft verband ihn mit dem Architekten und Bühnenbildner Paul Thiersch (1879–1928), dem ersten und langjährigen Direktor der Kunstgewerbeschule Burg Giebichenstein in Halle. Mit ihm zusammen entwickelte er völlig neuartige Inszenierungen, die auch überregional für Aufsehen sorgten und einen Markstein in der halleschen Theatergeschichte darstellen. Bei den meisten Opernaufführungen führte er selbst Regie. 1915 inszenierte er „Tannhäuser" (22. Oktober) und den „Fliegenden Holländer" (26. November), 1916 folgten „Das Rheingold" (26. März), „Die Walküre" (31. März), „Siegfried" (10. September), „Tristan und Isolde" (26. November), „Lohengrin" (25. Dezember), 1919 „Götterdämmerung (22. Juli) und 1920 „Die Meistersinger von Nürnberg" (24. Juni). Der einzige „Ring"-Zyklus während seiner Intendanz kam zwischen dem 17. und dem 22. Juli 1919 unter seiner Regie zur Aufführung.[171]

In seiner ersten Wagner-Inszenierung war mit Frida Leider (1888–1975) eine hochdramatische Sängerin engagiert worden, die als Venus im „Tannhäuser" ihr Debüt gab, jedoch nach einem Streit mit Sachse das Theater am Ende ihrer ersten Spielzeit wieder verließ. Später wurde sie u. a. an der Deutschen Staatsoper Unter den Linden Berlin, in Bayreuth, London, New York vor allem mit Wagner-Partien (z. B. Brünnhilde, Isolde) gefeiert und verewigte ihre Stimme auf zahlreichen Schallplatten.

Der Dirigent Eduard Mörike (1877–1929)

Der Architekt und Bühnenbildner Paul Thiersch (1879–1928)

links: Intendant Leopold Sachse (1880–1961), aus: Jahrbuch des hallischen Stadttheaters 1927/28, hrsg. von Kurt Hennemeyer

Die hochdramatische Sopranistin Frida Leider (1888–1975), aus: Frida Leider: Das war mein Teil. Erinnerungen einer Opernsängerin, Berlin 1981

Paul Thiersch, „Die Meistersinger von Nürnberg", Figurinen für die Neuinszenierung am Stadttheater Halle, 1920

Die letzte Wagner-Inszenierung in Halle – „Die Meistersinger von Nürnberg" – ist ein herausragendes Beispiel für den neuen, unkonventionellen Inszenierungsstil und die damit im Einklang stehenden Bühnenbilder Thierschs. Der Neuinszenierung am 24. Juni 1920 ging ein zwei Tage vorher in der „Saale-Zeitung" abgedruckter Artikel von Sachse über die Auffassung des Werkes und seine Kritik an der gängigen Aufführungspraxis voraus: „Missverstandene Götzendienerei hat die sogenannten Wagnerianer dazu gebracht, für alle außerhalb Bayreuths gegebenen Werke eine Bayreuther Schablone zu fordern. Persönliche Durchdringung eines Werkes wurde keinem Regisseur gestattet. Bayreuther musikalische Assistenzen und Bühnenhilfskräfte brachten die allein seligmachende Tradition in die größeren Theater. Die kleinen Bühnen kopierten wieder die größeren und so sind wir heute glücklich so weit, daß der König Heinrich in Kattowitz im gleichen Takt den rechten Arm hebt wie in Wien, dass ein Elisabeth-Mantel in Berlin das gleiche Ornament hat wie in Sondershausen! Kein Werk hat unter der Einzwängung in das Prokrustesbett Bayreuther Tradition so gelitten wie die ‚Meistersinger von Nürnberg'. Denn gerade in den Meistersingern, dem Höhengipfel der komischen Oper, gibt Wagner sein Bekenntnis ab gegen die Beckmesserei, die im Althergebrachten ihr einziges Heil sucht. Wenn Hans Sachs sagt: ‚Einmal im Jahr fand ich's weise, daß man die Regeln selbst probier, ob in der Gewohnheit trägem Gleise ihr Kraft und Leben nicht sich verlier!', so sind wir dieser Mahnung gefolgt."[172]

Um das Bühnenbild zu rekonstruieren (die farbigen Entwürfe sind nicht erhalten), kann man sich auf die Ausführungen im Katalog der Paul-Thiersch-Ausstellung in der Staatlichen Galerie Moritzburg Halle des Jahres 1995 stützen: „Die erste Szene zeigte auf drei Kulissen ein aufragendes Domschiff mit einem einfachen runden Vorraum und großen roten Fahnen. Im zweiten Akt säumen die Häuser von Pogner und Sachs eine krumme Gasse, Giebelkulissen und ein knorriger Lindenbaum ergänzen das Stadtbild; die ärmliche Schusterwerkstatt ist im Renaissancestil gehalten, der luxuriöse Palast des Goldschmieds dagegen hat Treppenfluchten, hohe Barockbögen und goldverzierte Fenster. Rote Lampen hinter den Fenstern sind als Beleuchtungseffekt eingesetzt. Die perspektivisch verzerrten Häuser dieses Entwurfs stießen fast ausschließlich auf Ablehnung".[173] Besonders die Darstellung der Häuser Nürnbergs und die verkrüppelte Linde wirkten befremdlich auf die Kritiker – und sicherlich auch auf Teile des Publikums. Dagegen gefiel die Einrichtung der Schusterstube des Hans Sachs gut. Sie war schlicht und naturgetreu gehalten. Auch mit der Festwiese erklärte man sich einverstanden. Durch die umfangreichen Studien, die Thiersch im Hinblick auf die

Szene aus „Rienzi", aus: Hallesche Bühnenblätter, Vierte Folge, November 1936

Szene aus „Götterdämmerung" mit Hans Reisenleitner (Gunther), Hans Bonneval (Hagen) und Anni Helm (Brünnhilde), aus: Saale-Zeitung Nr. 129, 4. Juni 1938

Kostüme machte, konnte er den früheren Darstellungen sogar historische Fehler nachweisen. So war es folgerichtig, dass Thiersch sich mit seinen Figurinen an den tatsächlichen Stil der Mode des 16. Jahrhunderts hielt. Im Großen und Ganzen fiel die Resonanz der Presse und des Publikums sehr positiv aus, was bewies, dass man bereit war, sich auf den Revolutionär der Theaterästhetik und des Selbstverständnisses des Theaters einzulassen. In den „Leipziger Neuesten Nachrichten" war gar von einer „epochalen Bedeutung" die Rede, denn in der Inszenierung sehe man den Beginn eines Weges „in verheißungsvolles Neuland".[174]
Sachse verließ das hallesche Theater 1922 gen Hamburg, wo er als Intendant der Staatsoper (damals noch Stadttheater) nationale Bedeutung errang. 1935 emigrierte er als Jude und Leiter des Hamburger Jüdischen Kulturbundes notgedrungen in die USA, wo es ihm als einem von wenigen gelang, auch als Künstler Fuß zu fassen und eine neue Heimat zu finden. Bis zu seinem Tode 1961 inszenierte er an der berühmten Metropolitan Opera und der City Center Opera New York und war Dozent an verschiedenen Musikhochschulen. In Amerika galt er als der maßstabprägende Wagner-Regisseur.[175]

Manöver „neutrales" Theater – Willy Dietrich

Die Nachfolge des bedeutsamen, aber auch umstrittenen Leopold Sachse trat Willy Dietrich an, der bis 1945 als Intendant die Geschicke des halleschen Theaters leitete und versuchte, in politisch schwierigster Zeit Theater für alle anzubieten und sich so neutral wie möglich zu verhalten. Nachdem Sachse mit seinen Neuerungen nicht nur Begeisterung hervorgerufen und dem Theater rückläufige Auslastungszahlen beschert hatte, erwartete der Magistrat der Stadt Halle von Willy Dietrich, dass er wieder für Ruhe und eine stabile Publikumsbindung – also volles Haus – sorgte.[176] Schon im Juni/Juli 1923 fanden Wagner-Festspiele statt, bei denen auch ein „Ring"-Zyklus aufgeführt wurde. Am 18. April 1924 kehrte das einstige Ensemblemitglied Frida Leider, inzwischen an der Staatsoper Berlin engagiert, als Kundry im „Parsifal" als Gast nach Halle zurück. Vor allem „Die Walküre" (1924, 1927, 1930/31) stand mehrere Jahre auf dem Spielplan. In der Spielzeit 1926/27 erfuhr der „Ring des Nibelungen" in Halle seine letzte Aufführung. In den Folgejahren wurden auch „Parsifal" (1928, 1932, 1936), „Tannhäuser" (1939) und „Die Meistersinger von Nürnberg" (1937) gespielt.[177]

Blumenmädchenszene und Abendmahlszene im Gralstempel aus „Parsifal", Fotografie: Pieperhoff, undatierte Werbekarten (Stadtarchiv Halle)

Am 3. Juni 1938 wurde mit einer Festvorstellung der „Götterdämmerung", die knapp zwölf Jahre nicht in Halle zu sehen gewesen war, des 125. Geburtstags von Richard Wagner gedacht. Als Brünnhilde gastierte Anni Helm, eine Wagner-Sängerin von internationalem Ruf, die an der Städtischen Oper Berlin engagiert war. Den Siegfried sang Heinrich Niggemeier unter der musikalischen Leitung von Richard Kraus. Spielleiter war Fritz Wolf-Ferrari, der während der 1930er Jahre für das hallesche Stadttheater zahlreiche Werke auf die Bühne brachte.[178]
So führte er auch im April 1939 bei „Tristan und Isolde" Regie, das neue Bühnenbild hatte Ludwig Zuckermandel entworfen und die musikalische Leitung lag in den Händen von Richard Kraus. Diese Premiere war anlässlich von Hitlers 50. Geburtstag als Festvorstellung auf den Spielplan

Das zerstörte Stadttheater Halle nach dem Bombenangriff am 31. März 1945

gesetzt worden. Damit wird deutlich, dass die Theaterleitung trotz beabsichtigter politischer Neutralität in gewisser Weise Erwartungshaltungen der Machthaber des Naziregimes erfüllen musste.[179]

1942 fanden die letzten nachweisbaren Wagner-Opernaufführungen statt. Neben „Tristan und Isolde" war es vor allem die Neuinszenierung der „Walküre" im April, die erstmals Heinz Rückert übernahm, der ab 1952 als bedeutender Händel-Regisseur in Zusammenarbeit mit Horst-Tanu Margraf und dem Bühnenbildner Rudolf Heinrich Theatergeschichte schreiben sollte. Am Dirigentenpult stand Richard Kraus, der ein Sängerensemble mit Heinrich Niggemeier als Siegmund, Siegfried Tappolet (Volksoper Berlin) als Wotan, Lucas Barth als Hunding, Käthe Glenewinkel als Sieglinde, Lydia Dertil als Brünnhilde u. a. leitete. Der Kritik ist zu entnehmen, dass die Einstudierung bei den kriegsbedingten Einschränkungen kein leichtes Unterfangen gewesen sei, ebenso wie die „Götterdämmerung" vor „einigen Jahren".[180] Beim letzten Bombenangriff des Zweiten Weltkriegs fiel das Stadttheater am 31. März 1945, einem Ostersamstag, in Schutt und Asche.

Neuanfang und Wende

Nach dem Ende des Zweiten Weltkriegs übernahm Karl Kendzia die Leitung des Theaterbetriebs. Da das Stadttheater durch die massive Zerstörung nicht nutzbar war, wurde im Thalia-Theater als Interimsbühne gespielt. Dort kam als erste Wagner-Oper nach Kriegsende „Der fliegende Holländer" am 5. Oktober 1947 als Neuinszenierung von Kurt Seipt unter der musikalischen Leitung von Walter Schartner mit Gästen von der Staatsoper und Volksoper Berlin und der Staatsoper Hamburg heraus. Kurt Ernst betitelte die Aufführung in der „Freiheit" als „Wagner-Wiederauferstehung", „Der Neue Weg" sprach von einem „Fest der schönen Stimmen".[181] In 27 Vorstellungen folgten 21 646 Besucher zwischen Oktober 1947 und Dezember 1950 dem Wagner-Klang.[182]

Eine wenn auch zaghafte Fortsetzung der Wagner-Pflege wurde von dem neuen Generalmusikdirektor Horst-Tanu Margraf (1903–1978) maßgeblich getragen. Bis heute wird seine große Bedeutung für Halle zwar überwiegend mit der Pflege von Händel-Opern in Verbindung gebracht, schließlich war er einer der Begründer der seit 1952 bis heute jährlich stattfindenden Händel-Festspiele. Doch die fünf Wagner-Premieren, die er musikalisch leitete, sind Aussage genug, dass er zu dem Musikdramatiker und dessen Schöpfungen eine besondere Affinität hatte, die dem halleschen Publikum nicht vorenthalten werden sollte. Als erste Wagner-Oper unter seiner Leitung wurden „Die Meistersinger von Nürnberg" am 1. Juli 1951 in einer Gastinszenierung von Leonhard Geer mit Hellmuth Kaphahn als Pogner aufgeführt.[183] Dies war zugleich die erste Wagner-Oper im wiederaufgebauten ehemaligen Stadttheater, das nun den Namen „Landestheater Sachsen-Anhalt" trug und wenig später den Zusatz „Theater des Friedens" erhielt. Bühnenbildner war Albrecht Langenbeck, mit dem zusammen auch Händels „Tamerlan" (Premiere am 6. Juli 1952) sowie „Siegfried" (Premiere am 5. Februar 1953) und „Lohengrin" (Premiere am 13. Februar 1954) entstanden.[184]

„Siegfried" wurde – bereits unter der Intendanz von Kurt Jung-Alsen – von Hans Wolfgang Vogt-Vilseck inszeniert, der zugleich auch in der Titelpartie zu erleben war. An seiner Seite sang Lydia Dertil in den zwölf Aufführungen[185] die Brünnhilde.[186] Der Kritiker Stephan Stompor bezeichnete die Aufführung als „Beitrag zur kritischen Auseinandersetzung mit den Werken Wagners und zu ihrer schöpferischen Erneuerung". Es muss demnach eine sowohl szenisch als auch musikalisch eindrucksvolle Neuinszenierung gewesen sein, die auf insgesamt zwölf Vorstellungen kam.[187]

Die Inszenierung des „Lohengrin" 1954 von Siegmund Skraup war die vorerst letzte dieses Werks mit dem eigenen Ensemble und wurde 19-mal gespielt. Horst-Tanu Margraf stand am Dirigentenpult und versammelte u. a. mit Philine Fischer als Elsa, Werner Grafe als Lohengrin, Hellmuth

Kaphahn als König Heinrich und Lydia Dertil als Ortrud ein namhaftes und stimmgewaltiges Ensemble um sich.[188]
Die letzten beiden Wagner-Opern unter Generalmusikdirektor Margraf waren „Tristan und Isolde“ (Premiere am 21. November 1956) und „Die Meistersinger von Nürnberg“ (Premiere am 18. Dezember 1960). Für die Inszenierungen zeichnete Wolfgang Gubisch, für die Bühnenbilder Rolf Döge verantwortlich. Als Regieassistent und Mitredakteur des Programmheftes für „Tristan und Isolde“ ist Harry Kupfer genannt, der in Halle seine künstlerische Laufbahn begann. Es war eine puristische Aufführung, die dem Geist der damals in Deutschland verbreiteten Ästhetik entsprach. Dass dies in Halle aber nicht jedem gefiel, wird aus der Kritik von Prof. Alfred Hetschko deutlich: „Im Gegensatz zu den Inszenierungen im Rahmen der Wagner-Festspiele in Dessau, die sich bisher der Befolgung der von Wagner selbst gegebenen szenischen Anweisungen befleißigen, griff Halle den immer noch problematischen und umfochtenen modernen Bayreuther Inszenierungsstil Wieland Wagners auf.“[189] Dennoch muss die Premiere ein großer Erfolg gewesen sein, denn Hetschko berichtet von mindestens 30 Vorhängen. Doch es wurden nur drei Vorstellungen gespielt.[190]
Mit den „Meistersingern“ 1960 endete Margrafs Wagner-Reihe. Mit Franz Stumpf als Hans Sachs, Philine Fischer als Eva, Walter Richter-Dührss als Stolzing, Ruth Schob-Lipka als Magdalena und Siegfried Joachim als David u. a. erlebte die Inszenierung 19 Aufführungen.[191]
Erwähnung sollen auch die zwei „Holländer“-Inszenierungen finden. Am 2. Juli 1958 fand die Premiere der Interpretation des Leitungsteams Ernst Schwaßmann (Musikalische Leitung), Wolfgang Gubisch (Regie), Rolf Döge (Bühne) statt und erlebte 13 Aufführungen. Unter Volker Rohde (Musikalische Leitung), Heinz Runge (Regie), Rolf Klemm (Bühne) und Helga Müller-Steinhoff (Kostüme) kam es ab dem 19. Februar 1978 zu 17 Aufführungen. Die Besetzung glänzte mit Irmgard Boas als Senta und Jürgen Krassmann als Holländer. Dies sollte zwischen 1960 und 1993 die einzige Wagner-Operninszenierung bleiben.[192]
Erst unter der Intendanz von Klaus Froboese kamen nach einer 15-jährigen Zäsur in Halle wieder Wagner-Werke wie „Der fliegende Holländer“ (1993 und 2003), „Tannhäuser“ (1999), „Tristan und Isolde“ (2004) und „Das Rheingold“ (2006, als Koproduktion mit dem Puppentheater) auf den Spielplan, die teils kontrovers betrachtet wurden. Der Regisseur Frank Hilbrich inszenierte 2007 „Die Meistersinger von Nürnberg“ als gesellschaftskritisches und zugleich psychologisch dichtes Kammerspiel.

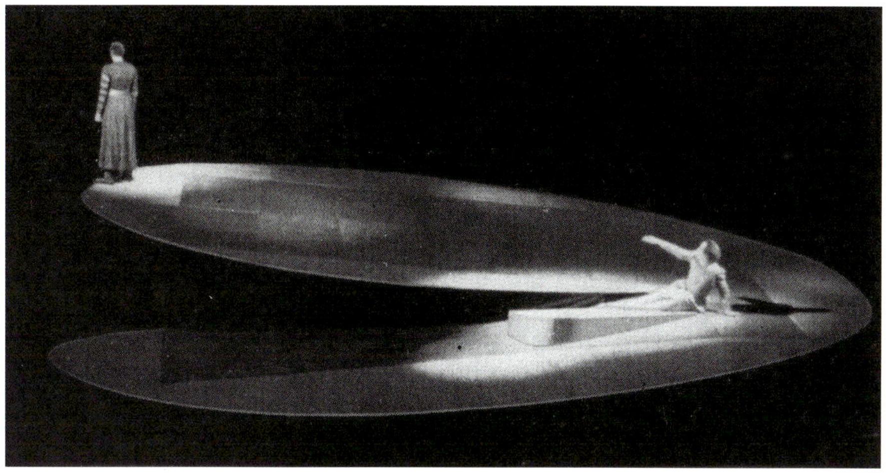

Szene aus „Tristan und Isolde“, 3. Akt, mit Franz Stumpf (Kurwenal) und Walter Richter-Dührss (Tristan), 1956, aus: Programmheft, Landestheater Halle (Hrsg.), Halle 1956, S. 124 (Stadtarchiv Halle)

Erwartung und Aufbruch

Unter diesem Spielzeitmotto des Konzertspielplans nahm 2008 der neue Generalmusikdirektor Karl-Heinz Steffens (bis 2007 noch Solo-Klarinettist der Berliner Philharmoniker) seine hochgesteckten Ziele mit der Staatskapelle Halle und dem Musiktheater in Angriff. Dabei war sein Dirigat des ersten Aufzugs der „Walküre“ mit Angela Denoke, Jeffrey Dowd, James Moellenhoff und der Staatskapelle Halle in der Georg-Friedrich-Händel Halle im Rahmen eines Sinfoniekonzerts als ein Auftakt zu dem umfassendsten Wagner-Projekt nach vielen Jahrzehnten zu begreifen. Denn auch im Musiktheater stellte er rasch entscheidende Weichen. Bei der von ihm musikalisch geleiteten Neuinszenierung des „Tannhäuser“ 2010 gab der Schwede Lars Cleveman sein Debüt in der Titelrolle in Halle. Im Sommer 2011 debütierte er in der gleichen Partie bei den Bayreuther Festspielen.
Auf Initiative von Karl-Heinz Steffens, der seit 2009 auch Chefdirigent der Deutschen Staatsphilharmonie Rheinland-Pfalz ist, entstand der Plan, gemeinsam mit Hansgünther Heyme, Intendant des Theaters im Pfalzbau Ludwigshafen (einem großen Theaterbau ohne eigenes Ensemble), von 2010 bis zum Wagner-Jahr 2013 einen städte- und bundesländerübergreifenden „Ring des Nibelungen“ in Halle und Ludwigshafen zu schmieden. Mit den Premieren von „Das Rheingold“ (2010), „Die Walküre“ (2011), „Siegfried“ und „Götterdämmerung“ (beide 2012) ist aus der Vision bereits Wirklichkeit geworden. Während Hansgünther Heyme für Regie und Ausstattung verantwortlich zeichnete, lag die musikalische Leitung in den Händen von Karl-Heinz Steffens, unter dessen Dirigat die beiden Orchester in ihrer jeweiligen Heimatstadt spielten. Die Sängerbesetzung, aus Ensemblemitgliedern und Gastsolisten der Oper Halle bestehend, war hingegen an beiden Spielstätten

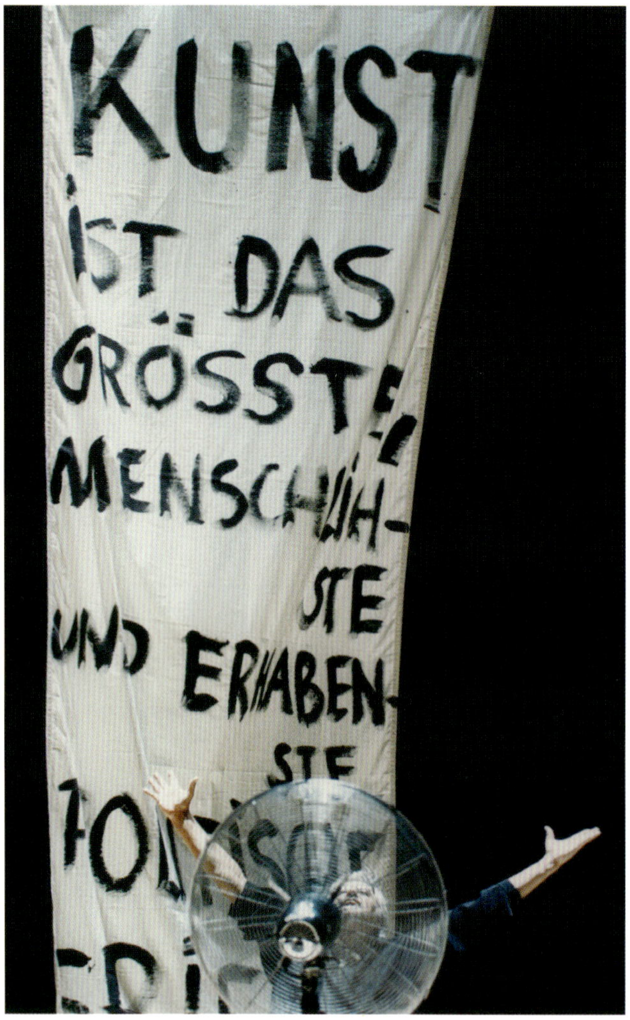

Szene aus „Die Meistersinger von Nürnberg" mit Friedemann Kunder (Hans Sachs), 2007

Szene aus „Tristan und Isolde" mit Graham Sanders (Tristan), Kirsi Tihonen (Isolde), Ulrike Schneider (Brangäne), 2004

zu erleben. Den Höhepunkt des gemeinsamen Vorhabens bildeten im Frühjahr 2013 die Aufführungen des kompletten „Rings" sowohl in Halle (3. bis 9. März) als auch in Ludwigshafen (21. bis 27. April). Doch gerade in ökonomisch bedrohlichen Zeiten ist die Umsetzung eines solchen Mammut-Projekts für ein „Stadttheater" heutzutage keineswegs selbstverständlich und bedarf der ideellen und finanziellen Unterstützung. Von Beginn an fand Karl-Heinz Steffens in Rolf Stiska, Geschäftsführer der 2009 gegründeten Theater, Oper und Orchester GmbH Halle, und Kammersänger Axel Köhler, Künstlerischer Intendant der Oper Halle, wichtige und zuverlässige Partner. Die Schirmherrschaft der Ministerpräsidenten der beiden Bundesländer Sachsen-Anhalt und Rheinland-Pfalz war ein Bekenntnis zu dem Projekt auf höchster politischer Landesebene, das Interesse der Oberbürgermeisterinnen beider Städte bewies ebenfalls Anerkennung und Fürsprache. Die Sponsoren trugen das Ihrige zum Gelingen bei, um einen Teil der Kosten aufzufangen. Das große Medieninteresse und die anhaltende überregionale Berichterstattung bekräftigen die Anziehungskraft dieses „Rings". Auch in Zukunft wird diese von den Künstlern und Mitarbeitern aller Bereiche mit Begeisterung und Aufopferungsbereitschaft herausgebrachte Inszenierung des „Rings des Nibelungen" in zyklischer Form den Spielplan der Oper Halle bereichern.

Dass aber selbst eine solche Leistung keine Gewähr dafür bietet, die Existenz eines breiten und vielseitigen Musiktheaterangebots mit großer Oper, Operette, Musical und Ballett langfristig zu sichern, ist ebenso bitter wie realistisch. Dabei ist die traditionsreiche, in den Jahrzehnten der ehemaligen DDR durch die Industrie und nach der Wende durch den Wegfall vieler Arbeitsplätze geprägte Kulturstadt damals und heute umso mehr darauf angewiesen, sich für Kultur, Bildung und Tourismus stark zu machen. Diesen Schatz zu bewahren und zu fördern muss die Aufgabe der nächsten Jahre und Jahrzehnte bleiben, wenn die Lebensqualität in einer strukturschwachen Region gesichert werden soll. Dabei sind Tradition und Innovation gleichermaßen unentbehrlich. Was über Jahrhunderte aufgebaut wurde, ist schützenswert, wenngleich auf epochal bedingte gesellschaftliche Veränderungen mit neuen Ideen und Wegen der Weiterentwicklung geantwortet werden muss. Kreativität und Engagement sind gefragt, um Mitteldeutschlands Kulturvielfalt zu Recht und mit Stolz aufrechtzuerhalten und die hochinteressante Theatergeschichte als Gegenstand des öffentlichen Interesses der Bürger der Stadt Halle weiterzuführen.

Szenen aus der Neuinszenierung „Der Ring des Nibelungen“

„Die Walküre“ mit Anke Berndt (Ortlinde), Eva-Maria Wurlitzer (Schwertleite), Susanne Wild (Siegrune), Gérard Kim (Wotan), Uta Christina Georg (Waltraute), Melanie Hirsch (Roßweiße), Susanne Gasch (Helmwige), Sandra Maxheimer (Grimgerde), 2011

„Das Rheingold“ mit Gerd Vogel (Alberich), 2010

„Götterdämmerung“ mit Melanie Hirsch (Wellgunde), Sandra Maxheimer (Floßhilde), Ines Lex (Woglinde), Christoph Stegemann (Hagen), 2012

RICHARD WAGNER UND KÖSEN

Klaus-Dieter Fichtner

„Der Eindruck […] ist mir als einer der traurigsten und unglückweissagendsten in Erinnerung geblieben“

In seiner Lebensbeschreibung erwähnt Richard Wagner einen Besuch bei seinem Freund Heinrich Laube im Dorf Kösen. Auch sein erster Biograf Carl Friedrich Glasenapp widmet sich dem Zusammentreffen mit dem Dichter des „Jungen Europa“ und teilt mit, Laube habe sich oben beim Kuchenbäcker Hammerling (sic) am Heerwege eingemietet, wo er Novellen schrieb, um „den Hafer für seine Graditzer Stute zu erwerben, auf welcher er seinen täglichen Spazierritt machte“.

Was bewog den jungen Richard Wagner, sich im Juni 1835 aus Leipzig kurzzeitig zu Heinrich Laube nach Kösen, einem kleinen Dorf bei Naumburg, zu begeben?

Ein Exkurs soll das Umfeld und die Entstehung des Dorfes erläutern. Ein Jahrtausend lang verlief auf den Höhenzügen über dem Saaletal eine uralte Handelsverbindung, die Via regia. Die Reichsstraße verband das Rheingebiet mit Schlesien. Auf ihr wurden Güter aus dem Osten und Waren aus dem Westen transportiert. Das Tal berührte man kaum, denn es bot bei den Wetterunbilden nicht ausreichend Sicherheit eines ungestörten Transports. Auf der Saale fand dagegen seit dem frühen Mittelalter ein Floßhandel statt, zunächst mit Langholz, später auch mit Scheitholz für den Brennhandel. Daher kam es im 16. Jahrhundert zu Ansiedlungen von Flößern, welche Holz an Land zogen, auf Messen anboten oder es weiterleiteten. Frühere Ansiedlungen von sorbischen Fischern sowie der Wirtschaftshof des nahegelegenen Klosters Pforta sollen wegen ihrer geringen Bedeutung in die Darstellung der Ortsentwicklung nicht einbezogen werden.

Erst seit dem Ausgang des Mittelalters führte eine Abzweigung der Via regia ins Tal hinab und nutzte die alte Holzbrücke aus der Klosterzeit zur Verkürzung des Weges nach Naumburg, so dass in der Folge eine steinerne Straßenbrücke mithilfe Naumburgs nötig wurde, wodurch der Verkehr sich auch in das Dorf erstreckte.

Im 18. Jahrhundert vollzog sich mit der Abteufung von Solequellen durch Kursachsen ein wirtschaftlicher Aufschwung. Wegen des hohen Salzbedarfs im Land war man bis dahin auf teure Importe aus Preußen angewiesen. Nun berührten sich Rechte der kommunalen Unterordnung des Dorfes unter die Landesschule in Schulpforta, der Saline des sächsischen Landes und des Floßhandels. (Ein zeitgenössischer Stich zeigt die Landesschule in der ersten Hälfte des 19. Jahrhunderts).

Langsam wuchs die Bevölkerung an. Eine erste Übersicht der Einwohnerzahl aus dem Jahr 1739 nennt bereits 103 Familien, die sich links des Flusses angesiedelt hatten: in der Dorfstraße, der Grünen Gasse und der Petersiliengasse. Wir lesen darin den Namen Hemmerling (später Hämmerling geschrieben), der in der Begegnung zwischen Wagner

links: das alte Dorf Kösen an der Saale mit dem Berghotel Wilhelmsburg

Ansicht des Dorfes Kösen nach Einführung des Eisenbahnverkehrs, Lithografie, nach 1846

Heinrich Laube (1806 bis 1884), Lithografie von F. Randel nach einer Zeichnung von Friedrich Elias, 1886

und Laube eine Rolle spielte. Die Förderung von Steinsalzvorkommen im Harzer und Thüringer Vorland zog 1859 die Schließung der Salzproduktion nach sich. Jedoch schon Jahrzehnte zuvor hatte man erkannt, dass die aufsteigenden Dämpfe in den Siedeanlagen zur Linderung von Atemwegserkrankungen genutzt werden können. Mit dem preußischen Hofarzt Christoph Wilhelm Hufeland, dem Kösen aus seiner früheren Thüringer Arztzeit bekannt war, kam eine amtliche Bestätigung der Heilwirkung der hiesigen Solequelle (1825), was den Badebetrieb enorm anwachsen ließ. Sein Urteil, dass sich Kösen zu einer wirksamen Stätte der Hygiene herausbilden werde, zog Gäste aus nah und fern an. Als 1846 eine erste Eisenbahnverbindung zwischen Halle und Erfurt eingerichtet wurde, stieg der Zugang der Badegäste an. Wagner konnte 1835 diese Möglichkeit allerdings noch nicht nutzen, sondern fuhr offensichtlich mit der sogenannten Karriolpost – einer Postkutsche.

Die wesentliche Ursache des Treffens an diesem Ort ergab sich aus einem behördlich angeordneten Zwangsaufenthalt Heinrich Laubes. Der Freund war, nach seiner Ausweisung aus Leipzig und Sachsen, kurz zuvor aus neunmonatiger Untersuchungshaft entlassen worden, nachdem er geloben musste, sich bis zur Fällung des Urteils nicht außer Landes zu begeben. „Der Eindruck, den sein leidendes Aussehen, seine zwar männlich gefaßte, aber hoffnungslos resignierte Stimmung in betreff aller früheren Erwartungen für das Gedeihen neuer, besserer Weltzustände [...] auf mich machte, ist mir als einer der traurigsten und unglückweissagendsten in Erinnerung geblieben", heißt es bei Richard Wagner. Ihm selbst ging es während des Besuches auch nicht sehr gut, litt er doch unter der Trennung von Minna.

Nach seiner Entlassung wurde Laube Naumburg als Aufenthaltsort zugewiesen, wo er unter Polizeiaufsicht stand, eine ähnliche Situation, wie sie Friedrich Ludwig Jahn mit seiner Ausweisung nach dem nahegelegenen Freyburg erfahren musste. Sich in die nähere Umgebung der Stadt zu begeben, war ihm offensichtlich gestattet worden und erklärt, warum er sich in Kösen aufhalten durfte, um sich dort, wo niemand wusste, wer er war, zu erholen und zu schreiben.

Richard Wagner hatte augenscheinlich das Bedürfnis, mit Heinrich Laube, den er aus seiner Leipziger Zeit gut kannte und der 1834 seinen ersten Aufsatz „Die deutsche Oper" in der „Zeitung für die elegante Welt" veröffentlicht hatte, Gespräche über ihrer beider künstlerische und schriftstellerische Pläne zu führen und sich mit ihm über seine neue Oper „Das Liebesverbot" auszutauschen. Obwohl der Freund seine Intentionen, sich seine Operntexte selbst zu schreiben, nicht teilte, fand er Worte der Anerkennung für die „ziemlich sorgfältigen" Verse der „lebhaft und kühn" entworfenen Szenen, die Wagner ihm vortrug. Unbekannt war Wagner der Ort in der Nähe Weimars nicht. Schauspieler und Künstler aus Weimar, Dresden und Leipzig schätzten die ruhige Lage des kleinen, aufstrebenden Badeortes und suchten denselben gern auf. Die von ihm verehrte Sängerin Wilhelmine Schröder-Devrient gehörte beispielsweise zu den ersten Badegästen.

Die langansässige Familie des Bäckers Hämmerling, bei dem sich Laube eingemietet hatte, besaß Grundbesitz und Ansehen im Ort, ein Hämmerling war zuvor zwölf Jahre Ortsrichter gewesen. Der Bäcker verfügte über das nur wenigen Einwohnern verliehene Konzessionsrecht zum Verkauf von Branntwein. In seinem Anwesen befand sich die Ausspanne für Durchreisende auf der Heerstraße in Richtung Weimar. Man musste mit der Kutsche aus dem Tal zur Höhe einen Unterschied von 120 Metern überwinden, was mit dem normalen Gespann schwer möglich war. Daher erfolgte hier ein Halt, mitunter Pferdewechsel und vor allem das Ausleihen von sogenannten Vorspannpferden. Wenn die Höhe erreicht war, kehrten die Vorspänner mit ihrem Kutscher wieder zu Hämmerling zurück. Das brachte ihm zusätzliche Vergütungen. Diese sogenannte Heerstraße erlebte die Durchzüge Gustav Adolfs (1632), Friedrichs II. (1757) und zwischen 1806 und 1813 ständige Bedrängnisse durch die Truppen der beteiligten Länder. Die Ausspanne ist historisch mehrfach belegt, denn auch die junge preußische Königin Luise hielt hier und ließ sich den damals weithin bekannten „Matzkuchen" (Quarkkuchen) Hämmerlings an den Wagen bringen – noch heute bei den Nachfolgern, der Konditorei Schoppe, ein Werbeeffekt. Napoleon wurde bei einer seiner Durchfahrten vom Bäcker mit einer Schüssel frischer Birnen erfreut, die Schüssel als wertvolles Zeugnis bewahrte die Familie jahrzehntelang auf.

Ab 1825 erfuhr die Nutzung der Ausspanne einen Rückgang, weil mithilfe der Landesregierung eine Umgehungsstraße oberhalb der Häuser am Waldrand gebaut wurde, womit der Verkehr im Ort weitgehend zum Erliegen kam. An dieser Straße wurde eine andere Ausspanne eingerichtet, Zum Blauen Schild genannt, die den Pferdewechsel vornahm und natürlich an der Beköstigung der Reisenden während ihres kurzen Aufenthalts verdiente. Hämmerling suchte nun nach neuen Verdienstmöglichkeiten. Das Beherbergungsrecht im Ort besaß ausschließlich der ehemalige Salinengasthof, der zu Beginn des 19. Jahrhunderts in Privatbesitz übergegangen war. Hämmerling verstand es aber aufgrund seiner privilegierten Stellung, ein Sonderrecht im Vermieten für Fremde zu erlangen. Das erklärt, warum Laube Quartier bei ihm nehmen durfte. Vielleicht entschied sich Laube auch dafür, weil er hier mehr Ruhe als im Gasthof fand. Sein Pferd konnte er in den Stallungen Hämmerlings unterbringen.

Was haben nun die beiden Freunde während jener acht Tage noch getan, außer den geistigen Diskurs zu pflegen? Hier können nur Vermutungen angestellt werden. Wandermöglichkeiten hatte der neue Badearzt Dr. Otto Rosenberger in seiner langjährigen Praxis für die Verbesserung der sozialen Verhältnisse im Dorf und für die Badegäste ins Auge gefasst und beschrieb sie in einer Schrift, die allerdings erst 1846 erschien. Er wohnte und praktizierte gegenüber vom Bäcker Hämmerling.

Neun Jahre vor dem Besuch Wagners hatte der 18-jährige Student Franz Kugler im Kreise von gleichgesinnten Kommilitonen auf der nahen Rudelsburg sein Gedicht „An der Saale hellem Strande" geschrieben, welches, auf die Melodie eines alten Soldatenliedes gesungen, eine rasche Verbreitung fand und viele Besucher anzog. Wahrscheinlich unternahmen Wagner und Laube in jener Woche ausgedehnte Spaziergänge und Wanderungen, wie Wagner es von jeher liebte – das Fremdenbuch der Rudelsburg und die Unterlagen der Landesschule Schulpforta weisen jedoch ihre Besuche nicht nach. (Die Lithografie gibt einen Eindruck von der Landschaft, der Heerstraße, der Saale und der alten Saalbrücke wieder.)

Außer Richard Wagner und Heinrich Laube weilten auch andere Persönlichkeiten in Kösen. Belegt sind zahlreiche Besuche Weimarer, Leipziger und Dresdner Schauspieler und Künstler. Franz Liszt war einige Male in Begleitung der Fürstin Sayn-Wittgenstein hier zu Gast und gab laut mündlicher Überlieferung im Ort Anfang der 1860er Jahre ein Wohltätigkeitskonzert. Richard Wagners Aufenthalt ist in örtlichen Quellen nicht nachweisbar und entging damit der örtlichen Geschichtsschreibung.

Ludwig Puttrich, Schulpforta, seine Kirche und sonstigen Alterthümer, Kupferstich, 1838, aus: Denkmale der Baukunst des Mittelalters in Sachsen, Bd. 1, Ldg. 5/6, H. 3, 1838

Blick in die Lindenstraße (ehemals Heerstraße). Links der Kirche befindet sich im oberen Teil die Bäckerei Hämmerling.

RICHARD WAGNER IN THÜRINGEN

Seit der Zerschlagung des Reichs der Thüringer durch die Franken 531 war Thüringen weniger Land denn eine höchst beeindruckende Landschaft. Vor allem das Baummeer des Thüringer Waldes, von den Zinnen der Wartburg betrachtet, lässt romantischen Träumereien freien Lauf. Die Wartburg war Richard Wagners erste inspirierende Begegnung mit Thüringen, als er 1842 von Paris kommend auf der Via regia seinem ersten großen Erfolg, der Premiere des „Rienzi" in Dresden, entgegenfuhr. Der Ort bei den Hörselbergen oberhalb von Eisenach beflügelte seine Phantasie zur wohl romantischsten, im eigentlichen Sinne deutschen Nationaloper – „Tannhäuser". Sie spielt in der Blütezeit des letzten umfassenden Staates, der Landgrafschaft Thüringen. Der zerfiel, als Heinrich Raspe, letzter Landgraf aus dem Geschlecht der Ludowinger und Gegenkönig zum in Italien kämpfenden Staufer Friedrich II., 1247 kinderlos starb und die folgenden Zwistigkeiten zur Herrschaft der Wettiner in weiten Teilen des Landes führten, zum Verlust der hessischen Gebiete und, neben der dauerhaften Existenz reußischer und schwarzburgischer Fürstentümer, zur vielmaligen Aufsplitterung in sächsisch-ernestinische Territorialstaaten. Thüringen als Land trat erst 1920 wieder in die Geschichte ein. Erfurt wurde erst 1948 Hauptstadt. Mehr noch als in Sachsen und Sachsen-Anhalt führte die Existenz politisch und militärisch unbedeutender Kleinstaaten zu kultureller Blüte und der Anlage von Musenhöfen. Das Großherzogtum Sachsen-Weimar-Eisenach als bedeutendster Staat erlebte dank der russischen Mitgift der Großherzogin Maria Pawlowna ein silbernes Zeitalter. Hofkapellmeister Franz Liszt, Freund, Verehrer und späterer Schwiegervater des Komponisten, spielte eine entscheidende Rolle bei der Flucht Wagners 1849 ins Schweizer Exil und setzte mit der Uraufführung des „Lohengrin" am 28. August 1850 in Weimar den Schlussakkord der prägenden Beziehung Richard Wagner und Mitteldeutschland. Rudolstadt im Sommer 1834 brachte den Sachsen mit der Bratwurst in Berührung, während man in Weimar, Altenburg, Gera und Meiningen Rezeptionsgeschichte schrieb. Letzteres stellte unter seinem kunstsinnigen Herzog Georg II. den Bayreuther Festspielen zu Beginn die meisten Musiker.

RICHARD WAGNER UND ALTENBURG

Felix Eckerle

„Auf das Andringen namentlich meiner Frau […] übernahm es mein Schwager, mich des Nachts in seinem Wagen nach Altenburg zu begleiten“

Kurzer Zwischenstopp – Große Wirkung

Nachweislich war Richard Wagner nur ein einziges Mal im Herzogtum Sachsen-Altenburg, und zwar auf der Flucht aus dem revolutionären Dresden in der Nacht vom 12. auf den 13. Mai 1849. So schreibt er in seiner Autobiografie „Mein Leben“: „Auf das Andringen namentlich meiner Frau, welche nun für meine eigene Sicherheit in die größte Sorge geriet, übernahm es mein Schwager, mich des Nachts in seinem Wagen nach Altenburg zu begleiten, von wo ich mit dem Postwagen alsbald die Reise nach Weimar fortsetzte, wohin mein eigentlicher Kapellmeister-Urlaub mich zu führen gehabt hatte und wo ich nun allerdings auf sonderbaren und unvorhergesehenen Abwegen anlangte.“[193]

Von Altenburgs einstiger Größe und Bedeutung als staufische Kaiserpfalz, gelegen an der Via Imperii, oder als welfische Residenz, wovon das majestätisch auf einem Felsen thronende Schloss, der große, trapezförmige Marktplatz, das schmucke Rathaus im Stil der Renaissance sowie zahlreiche stattliche Sakralbauten bis heute Zeugnis ablegen, bekam er wohl kaum etwas zu sehen. Und auch von der Entwicklung als aufstrebendes Industriezentrum mit Eisenbahnanschluss, das Altenburg in der Mitte des 19. Jahrhunderts darstellte – es dominierten die Leder- und Textilherstellung –, wird er wenig etwas wahrgenommen haben. Dabei ist die Stadt, in der das Skatspiel erfunden wurde, nur etwa 50 Kilometer von Wagners Geburtsort Leipzig entfernt. Doch es lassen sich zahlreiche interessante Bezüge von Altenburg zum Leben und Wirken Richard Wagners und seiner Nachkommen herstellen; zudem wird in dieser Stadt im äußersten Osten Thüringens bis heute das Werk Richard Wagners gepflegt. Beide Aspekte sollen im Folgenden dargestellt werden.

Wagners Musiklehrer Christian Gottlieb Müller

Bevor Christian Gottlieb Müller 1838 eine Stelle als Musikdirektor des Herzogtums Sachsen-Altenburg antrat und dort als Komponist und Dirigent seiner Opern „Rübezahl“ (1840) und „Oleando“ (1859) sowie mit dem Oratorium „Christus am Kreuze“ große Erfolge feierte, wirkte der 1800 in Niederoderwitz geborene Sohn eines Leinenwebers in Leipzig. Unter anderen bei Louis Spohr und Carl Maria von Weber ausgebildet, gelang es ihm 1825, in Leipzig als Geiger im Gewandhausorchester Fuß zu fassen. Mit dem von ihm 1824 mitgegründeten Musikverein Euterpe gelangte er zu einiger Anerkennung; viele seiner Werke wurden hier uraufgeführt. Besonders zu erwähnen ist sein

links: Landestheater Altenburg

Das neue Hoftheater zu Altenburg, 1871, Holzschnitt, aus: Chronik des Theaters in Altenburg, hrsg. von Bernd Lürgen, Leipzig 1937

Zuschauerraum des Landestheaters Altenburg

Concertino Es-Dur op. 5 für Bassposaune und Orchester, das ihn über Leipzigs Grenzen hinaus bekannt machte. Es gilt als eines der bedeutendsten Werke der Hochromantik und gehörte bis in die 1950er Jahre zum Standardrepertoire der Posaunisten. Auch seine 3. Sinfonie fand allgemeinen Anklang und wurde u. a. von Robert Schumann gelobt. Müller verstarb 1863 in Altenburg.[194]

Rund zwei Jahre, von 1829 bis 1831, unterrichtete Müller den damaligen Gymnasiasten Richard Wagner in Harmonielehre und den Grundlagen des Dirigierens. In seiner Autobiografie schreibt Wagner: „In dieser Zeit erreichte meine musikalische Ekstase einen besonders phantastischen Höhepunkt. Ich hatte heimlichen Unterricht in der Harmonie-Lehre bei einem tüchtigen Musiker des Leipziger Orchesters, G. Müller (später Organist in Altenburg), genommen: während die Bezahlung auch dieses Stundengeldes mir später große häusliche Verlegenheiten bereiten sollte, vermochte ich nicht einmal meinen Lehrer durch Freude an wahrnehmbaren Fortschritten meiner Studien für das Ausbleiben der Stundengelder zu entschädigen. Seine Lehren und Aufgaben erfüllten mich bald ihrer vermeintlichen Trockenheit wegen mit großem Widerwillen."[195]

Es waren wohl die am Vorbild der Wiener Klassik geschulte strenge Ästhetik und Pädagogik, die Wagner wenig behagten und von ihm als trockener Zwang empfunden wurden. Wagner hingegen war eher von romantischen Vorbildern fasziniert, allen voran von dem Schriftsteller und Komponisten E. T. A. Hoffmann. „Die Musik war mir durchaus nur Dämonium, eine mystisch erhabene Ungeheuerlichkeit: alles Regelhafte schien sie mir durchaus zu entstellen. Bei weitem entsprechendere Belehrung, als von meinem Leipziger Orchester-Musiker, suchte ich daher in Hoffmanns ‚Phantasiestücken' auf; und jetzt war die Zeit, wo ich so recht eigentlich in diesem Hoffmannschen Kunstgespensterspuk lebte und webte."[196]

Otto Brückwald
(1841–1917)

Architekt des Herzoglichen Hoftheaters zu Altenburg und des Bayreuther Festspielhauses: Otto Brückwald

Ein weiterer Name, der eine interessante Verbindung zwischen Richard Wagner und Altenburg herstellt, ist der des Architekten Otto Brückwald. 1841 in Leipzig geboren, erlernte er in der Pleißestadt das Maurerhandwerk und besuchte anschließend die Leipziger Baugewerbeschule. Aufgefallen durch Fleiß und Begabung erhielt er ein Stipendium an der Königlichen Akademie der schönen Künste in Dresden. Hier wurde er Teil der Gruppe von Georg Hermann Nicolai, dem Nachfolger Gottfried Sempers. Nachdem er 1864 bis 1867 den Bau des – im Zweiten Weltkrieg zerstörten – Leipziger Neuen Theaters geleitet hatte, beauftragte ihn Herzog Ernst I. von Sachsen-Altenburg mit dem Bau eines Theaters, des heutigen Landestheaters Altenburg.

Das Vorbild Gottfried Sempers bzw. dessen Dresdner Hoftheater war damals bei der Außenansicht im Stil der Neorenaissance genauso unverkennbar wie bei der Gestaltung des – in Altenburg selbstverständlich wesentlich kleineren – Innenraumes mit seinen drei Rängen, wie schon eine Zeitungsmeldung vom 29. Juli 1871 bemerkte: „Wenn ein Fremder zum ersten Mal nach Altenburg kommt, wird er sicherlich überrascht sein, dort Gebäude zu finden, wie die Landesbank zur Seite der Bartholomäuskirche, der ältesten Kirche der Stadt, das Gymnasium hinter dem Johannisgraben, eins der schönsten Schulgebäude von ganz Deutschland, und die eleganten Häuser des Herrn von Stieglitz und Commerzienrath Schmidt an der Pauritzer Straße, gegenüber dem majestätischen, historisch berühmten Schloss auf seinem mächtigen Porphyrfelsen. Diesen Prachtbauten, welche selbst den größten Städten zur Zierde gereichen könnten, reiht sich seit vorigem Jahre das neue Hoftheater würdig an, welches sich am Ende der Burgstraße mit der Hauptfront nach dem Josephsplatz erhebt. Es ist nach dem Plan des Baurath Enger in Altenburg vom Baumeister Otto Brückwald, dem Erbauer des leipziger Stadttheaters, und dem ihm beigeordneten Architekten Feller im Renaissancestil ausgeführt und durch seinen Rundbau am meisten dem abgebrannten Dresdner Hoftheater ähnlich."[197]

1871 wurde das Haus mit Carl Maria von Webers „Freischütz" feierlich eröffnet. Zwei Jahre später wurde mit dem „Tannhäuser" erstmals eine Wagner-Oper in diesem Theater aufgeführt und eine bis heute andauernde Aufführungstradition begründet, von der an anderer Stelle noch zu berichten sein wird. 1904/05 wurde das Theater noch einmal umgebaut und bekam im Zuge dessen einen markanten Vorbau, der heute noch die Außenansicht dominiert.[198]

Mit den Namen Gottfried Semper und Otto Brückwald ist auch der Bau des Bayreuther Festspielhauses in den Jahren 1871 bis 1876 aufs Engste verbunden. Gottfried Semper plante ursprünglich für Wagner ein Festspielhaus in München in der Nähe der Alten und der Neuen Pinakothek. Dieses ehrgeizige Projekt scheiterte jedoch aus politischen und finanziellen Gründen. Infolgedessen kam es zu einem Zerwürfnis zwischen Semper und Wagner.

Nachdem sich Wagner dann für Bayreuth als Standort entschieden hatte, fiel seine Wahl zunächst auf Wilhelm Neumann aus Berlin. Doch die Erstellung der Pläne verzögerte sich so sehr, dass Wagner sich nach einem anderen Architekten umsah. Auf Vermittlung des Darmstädter Maschinenmeisters Karl Brandt wurde nun Brückwald als verantwortlicher Architekt engagiert, der wiederum Carl Runkwitz aus Altenburg als Bauführer mitbrachte, mit dem er bereits beim Bau des Altenburger Theaters zusammengearbeitet hatte.[199]

Neben den beiden erwähnten Theaterbauten sind in Leipzig, wo Brückwald 1917 verstarb, mehrere Gebäude bis heute erhalten, so u. a. der Sitz des Musikverlags C. F. Peters (Talstraße 10), das Wohngebäude Beethovenstraße 9 sowie die einstige Öffentliche Handelslehranstalt (Löhrstraße 3–7, heute Volkshochschule).[200]

Lehrjahre in Altenburg: Wieland Wagner

1917 in Bayreuth geboren, war der Weg Wieland Wagners, eines Enkels von Richard Wagner, früh vorgezeichnet: Er sollte zu gegebener Zeit die Leitung der Festspiele übernehmen. Bevor er sich dem Regieführen zuwandte, studierte er in München 1938 bis 1943 Malerei und seit 1940 Musik bei Kurt Overhoff (1902–1986). Der gebürtige Wiener und einstige Assistent Wilhelm Furtwänglers wirkte von 1932 bis 1940 als Generalmusikdirektor in Heidelberg und pflegte in dieser Zeit enge Kontakte zu den Nachkommen Richard Wagners. Diese, allen voran Winifred Wagner, wählten ihn in Absprache mit der Reichsregierung als Lehrer Wieland Wagners.[201]

Die Wahl der Ausbildungsstätte, an welcher sich der junge Regisseur erproben sollte, fiel auf Altenburg. Die Provinzstadt schien fern von den Wirren des Zweiten Weltkriegs; auch war es ja zu allen Zeiten ein übliches Verfahren, dass sich angehende Regisseure, Dirigenten und Sänger zunächst in einem Ensembletheater in der Provinz erprobten, bevor sie die großen Bühnen betraten und im Fokus einer großen Öffentlichkeit standen. Bis auch das Altenburger Theater 1944 mit der Ausrufung des totalen Kriegs geschlossen wurde, realisierte Wieland Wagner ab 1942 in Altenburg unter der Mentorschaft von Generalmusikdirektor Kurt Overhoff verschiedene Inszenierungen und betätigte sich auch als Bühnenbildner.[202] Aus seinem bis heute erhaltenen Arbeitsvertrag geht hervor, dass Wieland Wagner eine Gage von 500 Reichsmark erhielt. Die ursprünglich vereinbarte Gage von 700 RM hatte Wieland selbst reduziert, da das Altenburger Theater – die Ereignisse wiederholen sich regelmäßig – an chronischer Unterfinanzierung litt.[203]

Höhepunkt dieser frühen Schaffensperiode war zweifelsohne die Inszenierung des „Rings des Nibelungen". Auf die „Walküre" im September 1943 folgte „Götterdämmerung" im Dezember desselben Jahres, „Siegfried" im Januar und schließlich „Das Rheingold" im Mai 1944. Für Altenburg war dies selbstverständlich ein ganz außerordentliches Ereignis. Karl Gabler schrieb in der „Altenburger Zeitung" vom 26. August 1943: „Wenn nunmehr der Erbe Bayreuths für die nächste Spielzeit an unser Landestheater kommt, um sich für seinen hohen Beruf vorzubereiten, so darf auch die große Gemeinde der Altenburger Theater- und Kunstfreunde diese Tatsache mit hoher Freude begrüßen. Bei der traditionellen Verbundenheit, die immer zwischen Altenburg und Bayreuth bestanden hat, und noch besteht, dürfte es leicht werden, den nötigen Kontakt mit den an unseren Bühnen tätigen Künstlern, insbesondere der Oper, und ebenso mit der sehr theaterfreundlichen Bevölkerung bald zu finden. In diesem Sinne heißen wir darum Wieland Wagner mitten in dem schweren Ringen um unseres Volkes Zukunft, in den Mauern unserer Stadt aufs herzlichste willkommen."[204]

Wie der devote Tonfall dieses Artikels verrät, war das Altenburger Engagement Wieland Wagners durchaus mit machtpolitischen Interessen seitens der Familie Wagner wie auch der nationalsozialistischen Machthaber verbunden. In der Tat bekam Wieland Wagner in den schwierigen Zeiten des Zweiten Weltkriegs Sonderkonditionen für seine Arbeit: Das Altenburger Theater erhielt Extrakontingente an Holz und anderen Materialien, um die intendierten Ausstattungen realisieren zu können.[205]

Insgesamt zeigte sich Wieland Wagner dankbar für die Möglichkeiten, die ihm das Landestheater Altenburg bot. Dies belegt auch ein Brief an seinen Lehrmeister Overhoff im September 1944: „Ich danke Ihnen viel – ohne je an sich zu denken haben Sie mir geholfen, einen Weg zu finden,

den ich alleine nicht mehr hätte gehen können. Sie haben mir von Ihrem Können und Wissen gegeben, was in so kurzer Zeit nur zu geben war. Dass dies sehr viel war, weiss ich besser als irgendein anderer."[206]

Gerne kultiviert man in Altenburg bis heute die These, dass Neu-Bayreuth, die ästhetische Neuorientierung, welche die Bayreuther Festspiele unter der Leitung der Gebrüder Wieland und Wolfgang Wagner ab 1951 erfuhren, bereits in Altenburg – sozusagen im toten Winkel der braunen Machthaber – geschaffen und erprobt wurde. In der Tat legen die zeitgenössischen Dokumente diesen Schluss nahe, wenngleich die Schlussfolgerungen bzw. Bewertungen sehr unterschiedlich ausfielen. So lobte etwa Arthur Schmolitzky in der „Altenburger Zeitung" in seiner Rezension der „Walküre" vom 13. September 1943: „Erfahrene Weisheit sagt: ‚Was einer werden kann, das ist er schon'. Die Aufführung hat eindrucksvoll gezeigt, dass W. Wagner ‚ES' schon ist, aus den Kräften seines Erbes und aus den Bemühungen der letzten Jahre. Die Walküre ist ein Mythos, Gestaltung der geistigen Wirklichkeit ‚Richard Wagner', der hier sein eigenes Leben spielte [...] Den Bildkünstler W. Wagner verraten auch die bildhaft geformten Szenen, etwa die Tischszene im 1. Akt, die Walkürenszene im 3. Akt. Stilvolle Kostüme zeigen ein Wissen um den Symbolgehalt der Farbe und ordnen sich in die Gesamtstimmung ein. Alles aber, was er mit Inbrunst schafft, spricht zugleich für unseren Kurt Overhoff [...] Das Herrliche dieses Abends ist nicht erklärbar. Es genügt, daß das ‚Gesamtkunstwerk' gewaltig und bewunderungswürdig vor uns stand, Erinnerungen an das Erlebnis ‚Bayreuth' heraufbeschwörend."[207]

Wesentlich skeptischer fiel Friedrich Preuß' Rezension der „Götterdämmerung" vom 19. Dezember 1943 in derselben Zeitung aus: „Freilich fragen wir uns, warum oft die reichhaltige Szenenanweisung des Meisters nicht befolgt wird; wir ändern doch auch nichts an der Partitur? Warum stehen die Nornen da, ohne sich zu bewegen, während bei Wagner die erste unter der Tanne (die nicht da war) sitzt, die zweite an der (fehlenden) Steinbank hingestellt ist und die dritte auf einem Felsenstein sitzt? Das Seil riß wohl in der Musik – aber nicht auf der Bühne. Dann sind Vorhänge, wie in der Gibichungenhalle, immer ein Notbehelf, und ein Baum, mag er noch so groß sein, ist noch keine ‚waldige' Gegend. Zudem möchten wir dasselbe Steingebilde, das auf dem Walkürenfelsen steht, nicht vor Gunthers Halle am Rhein wiedersehen."[208]

Wieland Wagner begnügte sich demnach nicht damit, die Werke seines Großvaters einfach nur zu bebildern und

Wieland Wagner (1917 bis 1966). Fotografie von Siegfried Lauterwasser, um 1940

nachzuerzählen, sondern verstand das Regieführen als einen nachschöpfenden Akt, welcher Neuinterpretationen der Figuren und Konflikte ausdrücklich zuließ. In der Nachbetrachtung sind es besonders die reduzierte, symbolisch aufgeladene Ausstattung und die subtile Lichtführung, welche Wieland Wagner in Altenburg erprobte und die als Signum seines Neu-Bayreuther Stils mit der Festspielära der Nachkriegszeit fest verwoben sind.[209]

Manch ein Rezensent würdigte bereits damals diesen Aspekt im inszenatorischen Schaffen Wieland Wagners. So schrieb Arthur Schmolitzky über die „Walküre": „Die in elementarer Zügigkeit gesehene Gesamtbewegung geschieht vor einer Kulisse, in der das Bühnennotwendige in ein Kunstnotwendiges verwandelt wurde [...] Eine fein abgestimmte Beleuchtung hilft mit, die Seele zu bewegen. Wunderbare Beleuchtungseffekte geben dem Ende des 2. Aktes eine unbeschreibbare Weihe und mythische Größe."[210] Und angesichts des „Rheingold" urteilte er: „Den hohen Verstand, das tiefe Einfühlungsvermögen und den feinsinnigen künstlerischen Geschmack, mit denen Wieland Wagner die im Werke ruhenden, seelischen und symbolischen Werte zur äußeren Entfaltung und zum ungehemmten Ausdruck zu bringen weiß, konnte der erfahrene Theaterbesucher wieder an viel neuen Prägungen erkennen [...] Wie weiß W. Wagner auch sonst zu packen, zu erschüttern, zu beseeligen [sic], durch charaktervolle Gestalten, mitreißende Bewegungen (Zug der Nibelungen), durch ein stimmungsvolles, eindrucksstarkes Bühnenbild, durch wunderbare Farben und Lichtwirkungen."[211]

In der Nachbetrachtung urteilt Ingrid Kapsamer: „So entstanden in der Altenburger Lehrzeit erste Ansätze zu seiner als Regisseur und Bühnenbildner nach 1951 international Maßstab setzenden Bühnenästhetik mit der von Wieland Wagner bevorzugten symbolischen Lichtführung." Wielands erster „Ring" in Bayreuth 1951 entstand in enger Anlehnung an die Altenburger Produktion.[212] „Mit dem Verzicht auf die herkömmliche Illusionserzeugung", so Kapsamer, „entwarf Wieland Wagner in den fünfziger und sechziger Jahren eine ‚Dramaturgie des unsichtbaren Theaters'"[213]

Gastspiel in Bayreuth „An allem ist Hütchen schuld"

Wieland inszenierte in Altenburg nicht nur Werke seines Großvaters, sondern 1943 auch Carl Maria von Webers „Freischütz" und ein Jahr später die 1917 in Stuttgart uraufgeführte Oper „An allem ist Hütchen schuld" seines Vaters Siegfried, in welcher Motive aus verschiedenen Märchen der Gebrüder Grimm verarbeitet werden.[214] Der Rezensent Schmolitzky zeigte sich abermals begeistert: „All die Märchen, die der Tondichter zu einem sinnvollen Ganzen verworren hat, [...] wollen unbefangen mit dem Herzen erfaßt sein [...] Dass dies in der Altenburger Erstaufführung geschehen konnte, verdanken wir zuerst der wundervollen Inszenierung Wieland Wagners, die das ‚Märchen' ganz ‚ernst' nahm, als reine Wirklichkeit, die so wahr ist wie unsere Alltagswelt. Diese Inszenierung meistert die schwere

„Tannhäuser und der Sängerkrieg auf Wartburg", Landestheater Altenburg, 2011. Inszenierung: Philipp Kochheim

Aufgabe, das Unwirkliche, das Märchen, den Traum ‚wirklich' zu machen, im höchsten Sinne ‚Kunst' zu sein und damit der Wahrheit des Werkes zum Siege zu verhelfen. Ein bis in alle Einzelheiten echtes, ausdrucksvolles Spiel verband sich mit zauberhaften, herrlichen Bühnenbildern und stilvollen, farbenfreudigen Trachten, alles nach künstlerischen Entwürfen Wieland Wagners, zum vollen, tiefen, reinen Klang des deutschen Märchens."[215]

Mit dieser Inszenierung gastierte das Altenburger Theater vom 6. bis 9. Juni 1944 anlässlich des 75. Geburtstags von Siegfried Wagner im Markgräflichen Opernhaus Bayreuth. Auch hier fielen die Reaktionen sehr positiv aus. So schrieb Rupert Limmer: „Der Abend, bei dem das Märchenspiel ‚An allem ist Hütchen schuld' von Siegfried Wagner zur Aufführung kam, wurde zu einem künstlerischen Ereignis, würdig der Festspielstadt und der Einmaligkeit seines barocken Prunktheaters [...] Die Aufführung wurde musikalisch von Kurt Overhoff betreut, der in straffer, temperamentvoller Führung seines ausgezeichnet spielenden Orchesters dem Werk eine Ausdeutung gab [...] Mit diesem Gesamteindruck aber war eine der wichtigsten Voraussetzungen für das Gelingen der Aufführung erfüllt, die dann ihre Vollendung in der glänzenden Inszenierung erfuhr, die ihr Wieland Wagner [...] zuteilwerden ließ [...] In diesem schönen Rahmen vollzog sich ein Spiel, das in jeder Bewegung seiner Rollenträger die sinnvolle Arbeit des in seine Aufgabe verliebten Spielleiters erkennen ließ."[216]

Von 1873 bis heute: Wagner-Rezeption in Altenburg

Besonders stolz ist man in Altenburg auf die kontinuierliche Pflege des Œuvres von Richard Wagner, die in einer Stadt bzw. einem Theater dieser Größenordnung zu allen Zeiten einer ganz besonderen Kraftanstrengung bedurfte. Wiederholt gab es Sonderkonzerte zu besonderen Anlässen, in denen Wagners Werke in Ausschnitten interpretiert wurden, so 1925 unter der Leitung von Siegfried Wagner, 1947 anlässlich des 75. Jubiläums des Theaters sowie 1963 zum 150. Geburtstag des Meisters .

Den Anfang der szenischen Aufführungen machte 1873 der „Tannhäuser". Abgesehen von dem Zeitraum 1974 bis 1991, als man in Altenburg für eineinhalb Jahrzehnte keine Wagner-Opern spielte, sind in der Regel alle zwei Jahre Neuinszenierungen zu verzeichnen. Bis 1919 kam es zweimal zu zyklischen Aufführungen der „Ring"-Tetralogie; nach 1945 gelang dies allerdings nicht mehr. Seit das Theater 1995 mit den Bühnen der Stadt Gera fusionierte, ermöglicht es die dadurch erlangte Orchestergröße bis heute, Wagner-Opern zur Aufführung zu bringen.

WAGNER-INSZENIERUNGEN IN ALTENBURG

1873	„Tannhäuser und der Sängerkrieg auf Wartburg"
1875	„Lohengrin"
1876	„Der fliegende Holländer"
1886	„Die Meistersinger von Nürnberg"
1893	„Die Walküre"
1905	„Siegfried"
1907	„Götterdämmerung"
1908	„Das Rheingold"
1909	1. zyklische Aufführung des „Rings des Nibelungen"
1911	„Rienzi, der letzte der Tribunen"
1913	„Tristan und Isolde"
1919	2. zyklische Aufführung des „Rings des Nibelungen"
1921	„Parsifal" (zum 50-jährigen Theaterjubiläum)
1929	„Das Rheingold"
1943	„Die Walküre", „Götterdämmerung"
1944	„Siegfried", „Das Rheingold"
1948	„Der fliegender Holländer"
1949	„Tannhäuser und der Sängerkrieg auf Wartburg"
1950	„Rienzi, der letzte der Tribunen"
1952	„Lohengrin"
1953	„Der fliegender Holländer"
1954	„Tannhäuser und der Sängerkrieg auf Wartburg"
1957	„Die Walküre"
1958	„Siegfried"
1959	„Götterdämmerung"
1961	„Tannhäuser und der Sängerkrieg auf Wartburg"
1967	„Die Meistersinger von Nürnberg"
1971	„Der fliegender Holländer"
1974	„Tannhäuser und der Sängerkrieg auf Wartburg"
1991	„Der fliegender Holländer"

SEIT DER FUSION MIT DEN BÜHNEN DER STADT GERA:

1998	„Tannhäuser und der Sängerkrieg auf Wartburg"
2003	„Der fliegende Holländer"
2008	„Lohengrin"
2011	„Tannhäuser und der Sängerkrieg auf Wartburg"

RICHARD WAGNER UND EISENACH

Martin Scholz

„Einen wirklichen Lichtblick gewährte mir die Begegnung der Wartburg“

Richard Wagner, Eisenach, die Wartburg und der „Tannhäuser“

Richard Wagner, der seit September 1839 in Paris weilte, hoffte dort auf seinen großen Durchbruch als Komponist von europäischem Rang, galt doch Paris als die erste europäische Kulturmetropole ihrer Zeit. Trotz Empfehlung des großen Meisters der französischen Grand opéra Giacomo Meyerbeer (1791–1864) gelang es Wagner jedoch nicht, in den inneren Zirkel der Pariser Musikszene aufgenommen zu werden. Mit journalistischen Gelegenheitsarbeiten, kleineren Kompositionen sowie Klavierbearbeitungen verdiente er kaum das Geld für den täglichen Bedarf. Die Pariser Jahre waren für Wagner wohl die Zeit des größten Geldmangels und des geringsten Erfolges. Tief verbittert vom dauernden Misserfolg verließ er mit seiner Frau Minna[217] am 7. April 1842 Frankreich und reiste zurück nach Dresden. Die Rückfahrt führte ihn durch Hessen und Thüringen, vorbei an Eisenach und der Wartburg.[218] Richard Wagner schreibt in seinen Erinnerungen „Mein Leben“:
„Einen wirklichen Lichtblick gewährte mir die Begegnung der Wartburg, an welcher wir in der einzigen sonnenhellen Stunde dieser Reise vorbeifuhren. Der Anblick des Bergschlosses, welches sich, wenn man von Fulda herkommt, längere Zeit bereits sehr vortheilhaft darstellt, regte mich ungemein warm an. Einen seitab von ihr gelegenen fernen Bergrücken stempelte ich sogleich zum ‚Hörselberg‘, und construirte mir so, in dem Thal dahin fahrend, die Scene zum dritten Akte meines ‚Tannhäusers‘ […]“.[219] Drei Jahre später, am 19. Oktober 1845, wurde Richard Wagners Oper „Tannhäuser und der Sängerkrieg auf Wartburg“ in Dresden uraufgeführt. In ihr verknüpfte der Komponist die auf der Wartburg verorteten Legenden um den sagenhaften Ritter Tannhäuser und den „Sängerkrieg auf der Wartburg“[220] mit der historischen Gestalt der heiligen Elisabeth (1207–1231), die als Thüringer Landgräfin auf der Wartburg und in Eisenach wirkte.

Die Wartburg von Westen, kolorierter Stahlstich von I. G. Martini nach Friedrich Herwart, 1836

Der Legende zufolge wurde die Wartburg im Jahr 1067 (erste urkundliche Erwähnung 1080) von Graf Ludwig dem Springer (1042–1123) gegründet. Mit ihm begann die Entwicklung des Geschlechts der „Ludowinger“, das in den rund zweihundert Jahren seiner Machtausübung zu den einflussreichsten im Heiligen Römischen Reich (Deutscher Nation) zählte und dem 1130 vom Kaiser die Landgrafen-

Eisenacher Marktplatz und Wartburg von Nordosten, kolorierter Stahlstich von G. Heisinger nach einer Zeichnung von Ludwig Rohbock, um 1850

würde verliehen wurde. Der „Sängerkrieg", obgleich wohl nur Legende, wird in das Jahr 1206 datiert und veranschaulicht die Regierungszeit Landgraf Hermanns I. (um 1155 bis 1217), die von höfisch-ritterlicher Dichtkunst geprägt war. Er gilt als bedeutendster Förderer der höfischen Hochkultur im deutschsprachigen Raum mit dem thüringischen Landgrafenhof als Zentrum. Sein Sohn Ludwig IV. (1200 bis 1227) folgte ihm auf dem Thron. Er heiratete 1221 die ungarische Königstocher Elisabeth, die seit 1211 als Braut seines verstorbenen Bruders auf der Wartburg lebte. Ihr asketisches Leben, das sie an den Idealen Franz von Assisis (1181/82–1226) ausrichtete, sorgte für Aufsehen am vornehmen Landgrafenhof. Sie ließ am Fuße der Wartburg und in Eisenach erste Hospitäler und Armenhäuser errichten. Nach dem Tode Ludwigs IV. im Jahre 1227 verließ sie die Wartburg, trennte sich von ihren Kindern und folgte ihrem Beichtvater nach Marburg, um dort ein Leben in Armut, Keuschheit und Demut zu führen und mit ihrem Wittum ein weiteres Hospital zu finanzieren. Bereits vier Jahre nach ihrem frühen Tod wurde sie 1235 von Papst Gregor IX. (um 1167–1241) heilig gesprochen.[221]

Den Stoff für seine Oper „Tannhäuser und der Sängerkrieg auf Wartburg" entnahm Richard Wagner zahlreichen Quellen, deren Inhalte er miteinander verschmolz. Die wichtigste Anregung erhielt er zweifelsohne aus dem im Jahr 1838 erschienenen Werk „Über den Krieg von Wartburg" von C. T. L. Lucas (1796–1854). Michael von Soden schreibt: „Die darin vertretene Auffassung, Heinrich von Ofterdingen, die Hauptfigur des (historisch nicht exakt nachweisbaren) Wartburgkrieges und der sagenumwobene Ritter und Minnesänger Tannhäuser seien identisch, inspirierte Wagner, die ursprünglich getrennten Sagenkreise miteinander zu verknüpfen."[222]

Aber auch andere Werke nutzte Wagner zur inhaltlichen und textlichen Gestaltung des „Tannhäuser", so beispielsweise die im zweiten Band der „Serapionsbrüder" von E. T. A. Hoffmann (1776–1822) im Jahr 1819 veröffentlichte Erzählung „Der Kampf der Sänger" wie auch Ludwig Tiecks (1773–1853) Novelle „Der getreue Eckart und der Tannenhäuser" von 1812, Novalis' (1772–1801) „Heinrich von Ofterdingen", 1802 posthum veröffentlicht, und die 1816 erschienenen „Deutschen Sagen" der Brüder Jakob (1785–1863) und Wilhelm Grimm (1786–1859). Wesentlich für Wagner war sicher auch die Darstellung des Venusbergstoffes in Ludwig Bechsteins (1801–1860) Werk „Sagenschatz und die Sagenkreise des Thüringerlandes" (1835 bis 1838) bzw. darin „Die Sagen von Eisenach und der Wartburg, dem Hörselberg und Reinhardsbrunn" von 1835. Dem Einfluss Bechsteins ist es gewiss zu verdanken, dass Wagner den Venusberg zum nahe bei Eisenach und der Wartburg gelegenen Hörselberg verlegte.[223]

Den Text der Oper entwarf Wagner während eines Urlaubs in Teplitz. Am 22. Juni 1842 verfasste er auf der Burg Schreckenstein bei Außig einen ersten und am 8. Juli desselben Jahres einen zweiten Prosaentwurf mit dem Titel „Der Venusberg". An seinem 30. Geburtstag am 22. Mai 1843 hatte er die inzwischen umbenannte Dichtung abgeschlossen, wie er in „Mein Leben" schreibt. Zuvor wurde Richard Wagner am 2. Februar 1843 zum Königlich Sächsischen Kapellmeister ernannt. Die fertige Partitur des „Tannhäuser" lag schließlich am 13. April 1845 vor.[224]

Der erste Burghof der Wartburg nach Norden, kolorierte Lithografie von Ludwig Eduard Lütke, vor 1850

„Tannhäuser und der Sängerkrieg auf Wartburg"

Der erste Aufzug der Oper beginnt im Inneren des Venusberges, dem Ort erotischer Mythen und Phantasien, in dem Tannhäuser bei Venus weilt. Sven Friedrich beschreibt Tannhäuser in seinem Werkführer als Grenzgänger zwischen den Konventionen der höfischen Gesellschaft und der sinnlich-erotischen Welt der Venus, „erfahrungs- und erlebnishungrig aus der sozialen und moralischen Enge des Hofes Landgraf Hermanns von Thüringen auf der Wartburg und damit auch vor dessen ihn liebenden Nichte Elisabeth in den Venusberg geflohen. Doch nun, offenbar nach einigen Jahren, ist er der statischen Zeitlosigkeit des künstlichen Venusberg-Paradieses überdrüssig geworden. [...] So will er zwar der ‚kühne Streiter' der Venus und ihrer sinnlichen Wunder bleiben, aber es drängt ihn wieder in die Welt zurück."[225]

Die Jagdgesellschaft des Landgrafen findet ihn in einem Tal nahe der Wartburg im Gebet vor einem Marienstandbild. Gegen seinen Widerstand versuchen die Ritter ihn zur Rückkehr an den Hof der Wartburg zu drängen. Erst Wolfram von Eschenbach schafft es, Tannhäuser zu überreden, indem er ihn an Elisabeth erinnert.

Im zweiten Aufzug lädt Landgraf Hermann zum Sängerwettstreit. Als Thema des „Sängerkrieges" bestimmt er die Liebe, die Beschwörung der „Hohen Minne". Wolfram von Eschenbach eröffnet den Wettstreit und preist die Liebe „als romantisch-minnesängerisches Ideal einer entrückten, unberührbaren Ferne".[226]

Doch Wolfram bedient sich dabei durchaus doppeldeutiger Vergleiche, wie Sven Friedrich „der Liebe reinstes Wesen" im Bild eines „Wunderbronnens" interpretiert: „Das scheinbar so harmlose Bild des ‚Bronnens' erweist sich mithin wie der ‚Abendstern', der nichts anderes als die Venus selbst ist, als eminent sexuell befrachtete Metapher."[227] Er deutet die Wolfram-Lieder vom „Wunderbronnen" und vom „Abendstern" als verschlüsselte „Huldigung der dämonischen Sinnlichkeit [...], die nur nicht ausgesprochen wird, sondern sozusagen im Gewande der ideellen, sehnsuchtsvoll-romantisch verbrämten Geistigkeit der ‚Hohen Minne' erscheint."[228]

Tannhäuser setzt dieser doppeldeutigen Idealisierung der Liebe Wolframs ein klares sinnliches Verständnis des Brunnen-Bildes entgegen und enthüllt sehr deutlich das eigentlich Gemeinte. Walther von der Vogelweide stellt dem „skandalösen" Ausbruch Tannhäusers sein Ideal von der Liebe als ritterliche Tugend, die höchste Opferbereitschaft verlange, gegenüber. Daraufhin preist Tannhäuser wiederum den Sinnengenuss als das Wesentliche der Liebe. Auch Biterolf, für den Liebe nichts anderes ist als die Motivation zum Kampf, wird von Tannhäuser verspottet, „der der Versammlung nun ‚in höchster Verzückung' sein begeistertes, sinnentrunkenes Preislied auf die Venus entgegenschleudert".[229]

Nach diesem Skandal will man „dem Schamlosen gar an den Kragen, doch Elisabeth wirft sich schützend vor ihn und erfleht Gnade, damit er seine Sünde durch die Kraft des Glaubens büßen könne".[230] Die Hofgesellschaft beschließt letztlich die Pilgerreise Tannhäusers nach Rom, um dort Buße zu tun.

Der dritte Aufzug spielt ein halbes Jahr später. Elisabeth erwartet sehnsüchtig Tannhäusers Rückkehr. Sie erfleht betend, sterben zu dürfen, um so Tannhäusers Schuld zu sühnen. Tannhäuser kehrt von Rom allein zurück, beschließt jedoch, für immer in den Venusberg zu entfliehen, da der Papst ihm die Absolution verweigert hat. Wolfram von Eschenbach versucht ihn zurückzuhalten, doch im selben Moment wird Elisabeths Tod verkündet. Während Venus entschwindet, wird Elisabeths offener Sarg im Trauerzug ins Tal geführt. Tannhäuser sinkt an ihrer Leiche nieder und stirbt. Sven Friedrich schreibt: „Elisabeths selbstloser Opfertod hat den Bannfluch des Papstes Lügen gestraft, denn der abgestorbene Bischofsstab ist in frischem Grün zum Leben erblüht und symbolisiert so Tannhäusers Erlösung durch Gottes Gnade."[231]

Friedrich folgend stellt Wagners Tannhäuser-Figur eine Verkörperung des modernen Künstlers dar, der Sitten und Regeln bricht und sich außerhalb gesellschaftlicher Konventionen bewegt. Wagner hat demzufolge ein autobiografisches Grundmotiv in den Mittelpunkt seines Musikdramas gestellt, im gleichberechtigten Spannungsverhältnis zwischen Künstlertum und Bürgertum, freier und bürgerlicher Moral, im Bilde der in Konventionen und scheinheiliger Moral erstarrten Welt von Wartburg und Kirche einerseits und der freien Sinnlichkeit des Venusberges andererseits. Am Ende scheitern jedoch die beiden antagonistischen und dogmatischen Prinzipien von Venus und Papst. Die Erlösung liegt vielmehr in der Verbindung von Eros und Agape, von niedriger und hoher Minne, in Gestalt von Wagners Elisabeth mit ihrer bedingungslos selbstaufopfernden weiblichen Liebe.[232]

Der Sängerkrieg auf der Wartburg, Fresko von Moritz von Schwind, 1854

Stadtschloss am Markt in Eisenach (heute Thüringer Museum Eisenach)

Schloss und Markt zu Eisenach, getönte Lithografie von Hans Anton Williard, Mitte des 19. Jahrhunderts

Richard Wagner selbst weilte erst sieben Jahre nach seiner „Wartburg-Begegnung" von 1842 zum ersten Male in Eisenach und auf der Burg. Als Beteiligter des Dresdner Maiaufstandes[233] in den Revolutionswirren der Jahre 1848/49 steckbrieflich „wegen wesentlicher Theilnahme an der in hiesiger Stadt stattgefundenen aufrührerischen Bewegung"[234] gesucht, flüchtete er zunächst zu seinem Freund Franz Liszt (1811–1886) nach Weimar. Liszt hatte erst am 16. Februar 1849 mit der umjubelten Erstaufführung des „Tannhäuser" in Weimar dem Werk zum Durchbruch verholfen. In einem Brief vom 16. Mai 1849 aus Eisenach an seine Frau Minna, die in Dresden geblieben war, schildert Wagner, dass er den nach Frankfurt[235] reisenden Franz Liszt nach Eisenach begleitet hat und wie er von der Großherzogin Maria Pawlowna von Sachsen-Weimar-Eisenach (1786 bis 1859) im Eisenacher Stadtschloss empfangen wurde: „[...] zufällig fuhr auch die Großherzogin mit dem selben Zuge nach Eisenach, um die Herzogin von Orleans zu besuchen; auf einer Station erfuhr sie, daß ich zugegen sei, u. ließ mich sogleich bitten, sie am Abend in Eisenach zu besuchen. Ich entschuldigte mich, daß ich in Reisekleidern sei, aber es half nichts, ich mußte es trotzdem zusagen. Als ich von der Wartburg kam [...] ging ich in Rock u. grauen Hosen mit der Mütze [...] in das Schloß durch die Reihen aller vornehmen Herrschaften zur Großherzogin, die mich ungemein freundlich empfing u. sich lange mit mir unterhielt: ich mußte ihr versprechen, sie in Weimar länger zu besuchen."[236]

Bereits vor der Begegnung mit der Großherzogin Maria Pawlowna am Abend des 15. Mai 1849 hatte Richard Wagner folglich, zusammen mit dem Eisenacher Musikdirektor Friedrich Kühmstedt (1809–1858), wie er in „Mein Leben" schreibt, an diesem Tage zum ersten Mal die Wartburg besucht:[237] „Seltsame Gedanken über mein Schicksal stiegen mir bei diesem Besuch auf; nun zum ersten Mal sollte ich diess mir so innig bedeutungsvolle Gebäude wirklich betreten, wo ich zugleich mir sagen musste, dass die Tage meines ferneren Verbleibens in Deutschland gezählt waren."[238]

Über den Empfang im Eisenacher Stadtschloss berichtet er später in seinen Erinnerungen: „Wirklich ward ich am Abend von der Grossherzogin, welche sich auf das Freundlichste mit mir unterhielt, [...] in überraschend wohlwollender Weise aufgenommen. Liszt behauptete späterhin, seine hohe Gönnerin habe bereits Nachricht davon gehabt, dass ich in den nächsten Tagen von Dresden aus verfolgt werden würde, und desswegen damit geeilt, eben jetzt noch meine persönliche Bekanntschaft zu machen, weil sie wusste, dass sie in wenig Tagen sich damit stark kompromittirt haben würde."[239]

Nach Weimar zurückgekehrt floh Wagner schließlich, um seiner drohenden Verhaftung zu entgehen, ins Schweizer Exil nach Zürich. Doch nach der Teilamnestierung[240] vom Juli 1860 reiste Wagner wiederum an der Wartburg vorbei. Er schreibt im August 1861: „So reiste ich wiederum durch Thüringen und der Wartburg vorbei, deren Anblick oder Besuch somit einen eigenthümlichen Zusammenhang mit meinem Scheiden von, oder meiner Zurückkehr nach, Deutschland erhielt."[241]

Festsaal im Palas der Wartburg

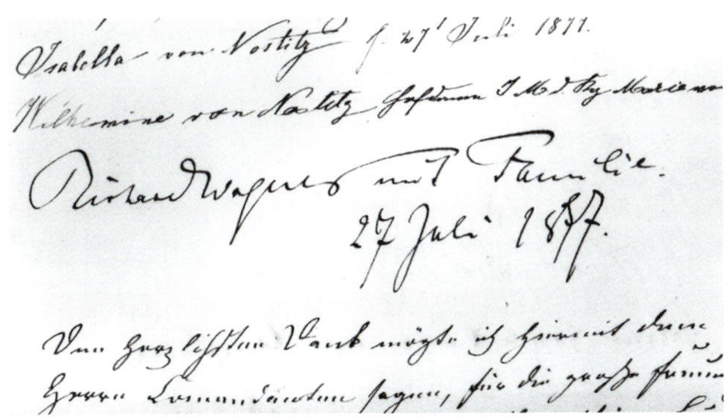

Eintrag Richard Wagners im Gästebuch der Wartburg, 27. Juli 1877

Zu einem zweiten Besuch in Eisenach und auf der Wartburg kam es am 29. Oktober 1862. Richard Wagner verpasste schlichtweg in Eisenach seinen Zug auf der Reise von Biebrich nach Leipzig. Er nutzte die Wartezeit auf den nächsten Zug nach Leipzig, um die damals bereits in Restaurierung begriffene Burg zu besuchen.[242] Als Ort des sagenhaften mittelalterlichen Sängerwettstreits, der heiligen Elisabeth, der Übersetzung des Neuen Testaments in die deutsche Sprache durch Martin Luther (1483–1546) und des ersten Wartburgfestes der deutschen Burschenschaften im Jahr 1817 anlässlich des 300. Reformationsjubiläums und des vierten Jahrestages der Völkerschlacht bei Leipzig[243] war die Wartburg im Laufe des 19. Jahrhunderts zu einem nationalen Symbol der Deutschen Einheit geworden. Doch anders als bei seiner ersten Visite fand die restaurierte Burg nur bedingt Wagners Sympathie. Ihm erschienen die 1854 entstandenen Fresken des spätromantischen Malers Moritz von Schwind (1804–1871) wohl als zu schwülstig und wenig übereinstimmend mit seiner Vorstellung vom „Sängerkrieg“.[244] Wagner schreibt im zweiten Band von „Mein Leben“: „[...] sah dort die vom Grossherzoge getroffene theilweise Restauration [...], auch den Saal mit den Schwind'schen Bildern mir an, fand mich von Allem sehr kalt berührt [...]“.[245]

Den letzten Besuch Richard Wagners auf der Wartburg am 27. Juli 1877 belegt sein eher knapp gehaltener Eintrag im Gästebuch: „Richard Wagner mit Familie“.[246]

Die Richard-Wagner-Sammlung von Nikolaus Oesterlein

Katalog
einer
Richard Wagner-Bibliothek
Nach den vorliegenden Originalien
zu einem
authentischen Nachschlagebuch
durch die
gesammte, insbesondere deutsche Wagner-Litteratur
bearbeitet und veröffentlicht
von
Nikolaus Oesterlein,
Ehrenmitglied des Wiener akademischen Wagner-Vereines.
Abgeschlossen: November 1881.
Leipzig,
Verlag von Gebrüder Senf.
1882.

Titelseite des Buches „Katalog einer Richard-Wagner-Bibliothek“ von Nikolaus Oesterlein, Leipzig 1882

Eine ganz andere Geschichte Richard Wagners in Eisenach beginnt in Wien. Der 1841 in Wien geborene Nikolaus Johannes Oesterlein (1841–1898), Angestellter einer Brauerei in Nußdorf bei Wien, sammelte mit manischem Eifer alles, was sich mit Richard Wagner in Verbindung bringen ließ, seit er mit dessen Werken in Berührung kam. So besuchte er u. a. die Aufführungen der Opern „Lohengrin“ in der Wiener Hofoper 1861, „Das Rheingold“ und „Die Walküre“ in München 1870. Er sammelte zudem Geld für die ersten Bayreuther Festspiele 1876 und durfte als „Patron von Bayreuth“ den Proben von Wagners selbst geleiteten Konzerten in Wien beiwohnen. Seit dieser Zeit war er Richard Wagner und seinem Werk regelrecht verfallen.[247] Neben dem Verfassen eigener kleinerer Schriften versuchte Oesterlein zunächst, seinen bisherigen Bestand an Publikationen von und über Richard Wagner zu einer Bibliothek aller erschienenen Werke zu erweitern und ein Verzeichnis drucken zu lassen. 1882 erschien der erste Band von insgesamt vier Bänden mit dem Titel „Katalog einer Richard-Wagner-Bibliothek“, der „dem Meister verehrungsvoll zugeeignet“[248] werden durfte. Wagner selbst fehlte jedoch das rechte Verständnis für die Leidenschaft Oesterleins für diese Seite seiner Kunst.[249]

Im Laufe der Zeit wuchs Oesterleins Bibliothek auf etwa 6000 Titel an. Sie enthielt nicht nur die Editionen sämtlicher Kompositionen, Bearbeitungen und Schriften Wagners, sondern auch die nahezu vollständige Sekundärliteratur des 19. Jahrhunderts zum Thema Wagner. Doch Oesterleins Sammelwut beschränkte sich nicht allein auf Bücher, sondern er dehnte seine Sammlung auf alles aus, was dem Begriff „Wagner“ zu subsumieren war: Bilder, Grafiken, Fotografien, Büsten, Autographen, Souvenirs und Kuriositäten, Theaterzettel und Plakate, Konzertrezensionen, Zeitungsausschnitte usw. Darüber hinaus bezog er auch das Umfeld Wagners in seine Sammlung mit ein: von Franz Liszt über König Ludwig II. von Bayern (1845–1886) bis hin zu den Dirigenten, Sängerinnen und Sängern sämtlicher Opernaufführungen.

Schließlich erkannte er, dass es zunehmend unmöglich wurde, alles zu erwerben, was ihm von Kunsthändlern, Antiquaren und Privatpersonen aus dem In- und Ausland angeboten wurde. Nach den zweiten Bayreuther Festspielen 1882 und dem Tode Richard Wagners ein Jahr darauf wuchs die Anzahl der im Handel verfügbaren Gegenstände und Dokumente ins Unermessliche und die Preise zogen kräftig an. Doch Beschränkungen wollte er sich persönlich nicht auferlegen. Er beschloss, seine Sammlung in eine andere Trägerschaft zu überführen, und veröffentlichte bereits 1884 seinen „Entwurf zu einem Richard-Wagner-Museum“. Es lag zunächst nahe, dieses Museum in Bayreuth anzusiedeln, doch die reservierte Haltung Bayreuths gegenüber derlei Plänen veranlassten Oesterlein in seiner 1884 erschienenen Schrift „Das Richard-Wagner-Museum und sein Bestimmungsort“, davon Abstand zu nehmen. Er befürchtete zudem, dass die Bayreuther Festspiele alle Aufmerksamkeit auf sich ziehen würden und sein Museum vom Besucherstrom unbeachtet bliebe. Schließlich eröffnete Nikolaus Oesterlein am 2. April 1887 ein eigenes Privatmuseum in Wien. Doch bald musste er sich eingestehen, dass das Museum seine persönlichen Kräfte überstieg und ihn finanziell an den Rand des Ruins trieb, zumal der Besucherandrang und die Einnahmen deutlich unter seinen Erwartungen blieben. So sah Oesterlein nur einen Ausweg: den Verkauf seiner Sammlung. Er verhandelte ohne Erfolg mit den Städten Wien, Leipzig und Berlin. 1890 stimmte zwar der Direktor des Königlichen Konservatoriums[250] in Dresden dem Kauf zu, sprang jedoch gegen Zahlung eines „Reuegeldes" wieder ab. Aus den USA erreichten Oesterlein verlockende Angebote aus New York und Philadelphia. Doch diese anzunehmen konnte er sich nicht entschließen. Um der „Gefahr" zu begegnen, dass die Sammlung ins Ausland wandern könnte, gründete sich schließlich am 8. Januar 1893 eine „Gesellschaft zum Ankauf des Oesterlein'schen Richard-Wagner-Museums für Deutschland". Diese Gesellschaft machte es sich zum Ziel, den von Oesterlein geforderten Preis von 90000 Mark aufzubringen und die Sammlung in einer deutschen Stadt öffentlich zugänglich zu machen. Man sicherte sich zudem das Vorkaufsrecht.[251]

Eines der Gründungsmitglieder dieser Gesellschaft war der Literatur- und Theaterwissenschaftler, Herausgeber, Publizist und Verleger Joseph Kürschner (1853–1902), der 1892 seinen Wohnsitz von Stuttgart nach Eisenach verlegt hatte. Er war selbst ein großer Verehrer Richard Wagners und kannte Oesterlein und seine Sammlung. Kürschner war fest entschlossen, die Sammlung nach Eisenach zu holen. Ein geeignetes Gebäude fand er schließlich nach dem Tode Luise Reuters am 9. Juni 1894, der Witwe des niederdeutschen Schriftstellers Fritz Reuter (1810–1874), in der Reuter-Villa, die Luise gemeinsam mit ihrem Fritz seit 1868 bewohnt hatte.[252]

Joseph Kürschner, mit Luise Reuter bestens bekannt, wusste um ihren Letzten Willen, demzufolge die Villa der Schiller-Stiftung in Weimar zufiel, verbunden mit der Auflage, ein Altersheim für Schriftsteller einzurichten. Für Kürschner stand jedoch fest: Die Reuter-Villa sollte Richard-Wagner-Museum werden. Er trat in Verhandlungen sowohl mit der Schiller-Stiftung in Weimar als auch mit der Stadt Eisenach. Schließlich konnte er die Schiller-Stiftung dazu bewegen, von der Einrichtung eines Altersheims für Schriftsteller Abstand zu nehmen und ihr Erbe an die Stadt Eisenach abzutreten. Kürschner überzeugte desgleichen die Stadtväter, allen voran Oberbürgermeister August Müller (1856–1926), davon, die Villa als städtisches Gebäude zu erwerben und ihn beim Ankauf der Wagner-Sammlung zu unterstützen. Dank zahlreicher privater Spender, die mittels erfolgreicher Spendenaufrufe in ganz Deutschland gewonnen werden konnten, und auch wiederum dank der Überzeugungskraft Kürschners, der den Eisenacher Stadtrat dazu bewegen konnte, schließlich eine Summe von 20 000 Mark für den Ankauf bereitzustellen, konnte die Oe-

Anzeiger.

Aufruf!

Am 13. d. M. jährt sich zum 12. male der Tag, an dem Deutschland einen grossen Sohn, das Jahrhundert eine seiner am meisten charakteristischen Persönlichkeiten verlor:

Richard Wagner.

Was irdisch an ihm war verging, aber unzerstörbar, von stets neu zeugender Kraft erwies sich, was er als hehres Vermächtniss der Welt hinterlassen. Der Welt — und doch in erster Linie dem Vaterlande! Denn wie gewaltig auch die Schöpfungen seines musikalischen Genies zündeten, wo immer sie vernommen wurden, wie tief er die Herzen bewegte als Dichter, wie markigen Ausdruck er als Schriftsteller den Empfindungen und Strömungen, dem Stürmen und Drängen einer neuen Geistesrichtung gab — stets steht er unserem Herzen besonders nahe als glühender Patriot, als ein Deutscher, der sein Vaterland mit Inbrunst liebte und der deutscher Art und Kunst auch da warme Freunde schuf, wo politische Abneigung gegen uns daheim ist.

Ein Denkmal hat ihm sein Volk bisher nicht errichtet, vielleicht weil er wie ein Mitlebender durch die Festspiele in Bayreuth noch mitten unter uns steht. Wohl aber ist es eine unabweisbare Pflicht zur Festigung und Verbreitung seiner bahnbrechenden Kunst- und Kulturgedanken, zur lebendigen Erfassung seiner Wesenheit und seines Wirkens eine Stelle zu schaffen, an der sich alle Zeugnisse vereinen, die der an ihn anknüpfenden Forschung dienen, ebenso bedeutsam für den Meister selbst, wie für die Kulturgeschichte seiner Zeit.

In vieljähriger Thätigkeit hat Nikolaus Oesterlein in Wien diese Zeugnisse zu einer Sammlung von etwa 25000 Nummern zusammengetragen, die, einzig in ihrer Art, nicht allein die gesammte Litteratur von und über den Meister, sein Wirken und seinen Einfluss aufweist, sondern die auch zahlreiche Originalhandschriften und eine Fülle von Bildwerken, Denkwürdigkeiten, Curiositäten etc. enthält, wie sie gleich umfassend, gleich reichhaltig niemals von dem Zeitgenossen eines hervorragenden Mannes vereinigt worden ist.

Diese Sammlung droht Deutschland verloren zu gehen, wenn nicht noch in letzter Stunde die fehlende Summe für den Ankauf und die Übergabe des kostbaren Besitzes an eine Stadtgemeinde zu unveräusserlichem Eigentum aufgebracht wird. Bis heute hat das 1892 gebildete „Comite zur Erwerbung des Richard-Wagner Museums" einige 20000 M. gesammelt, während der Kaufpreis 90000 Mark beträgt, der gering ist sowohl im Hinblick auf den ideellen wie auf den materiellen Wert der Sammlung.

Schon 1893 entstand der Gedanke, der Residenzstadt **Eisenach** das Wagner-Museum zu sichern, heute wird er unter veränderten Verhältnissen und reger Antheilnahme von neuem aufgenommen. Bereits sind namhafte Beiträge gezeichnet, andere in Aussicht gestellt worden, und es ist zugleich die begründete Hoffnung vorhanden, dass auch die Stadt zur Erwerbung des Museums beisteuern und für seine Unterkunft und Verwaltung sorgen wird.

Eisenach ist als Stadt nicht reich an Sehenswürdigkeiten; jede neue Anziehung die ihr zugeführt wird, ist bedeutsam für sie in ihrer Eigenschaft als Fremdenstadt. Bei ihrer Lage an einem der verkehrsreichsten Schienenwege, würde der Besitz des Museums ihr erhöhten Besuch zuführen und damit zugleich die lebendige Wirkung der Sammlung gesichert sein. Namentlich würde in den Jahren eine Steigerung des Besuchs zu erwarten sein, in denen die Bayreuther Festspiele stattfinden, deren Besucher grossentheils über Eisenach reisen und die um so lieber hier Rast machen werden, als über dem Weichbilde der Stadt die ehrwürdige Veste thront, die in dem volksthümlichsten Werke des Meisters, dem „Tannhäuser", ihre poetische Verklärung gefunden hat.

So vereinen sich ideale und praktische Gesichtspunkte Eisenach als besonders geeignet für den Sitz des Richard Wagner-Museums erscheinen zu lassen, und in diesem Sinne fordern wir zu Zeichnungen für dessen Ankauf auf. Jeder von uns nimmt solche entgegen und betrachtet sie als nur für den Fall gültig, dass das Museum in den städtischen Besitz Eisenachs übergeht.

Mögen unsere Mitbürger, denen deutsche Kunst und das Interesse unserer Stadt am Herzen liegen, werben für die angeregte Sache in ihren Kreisen, und mögen auch Die unsere Absicht fördern helfen die, fern von Thüringens Bergen, gern der bei uns im Sommer verlebten Stunden gedenken!

Eisenach, den 6. Februar 1895.

Hauptmann v. **Cranach**, Commandant der Wartburg. — Oeconomierat **Dittenberger**, Vorsitzender des Gemeinderats. — **Müller**, Oberbürgermeister.

Geh. Hofrat Joseph **Kürschner**, Mitglied des Comites zur Erwerbung des Richard Wagner-Museums.

Aufruf zum Ankauf des Richard-Wagner-Museums für die Stadt Eisenach, erschienen am 8. Februar 1895 in der „Eisenacher Tagespost"

Der zweite Burghof der Wartburg nach Süden, kolorierte Lithografie, Verlag von E. Müller Dresden, um 1870

Blick auf die Reuter-Villa und die Wartburg, Postkarte

Reuter-Villa (Reuter-Wagner-Museum) heute

sterleinsche Richard-Wagner-Sammlung für Eisenach am 31. März 1895 erworben werden. Im Dezember desselben Jahres ging die Reuter-Villa für 32000 Mark äußerst günstig in den Besitz der Stadt Eisenach über.
Kürschner verkaufte zugunsten des Museums zahlreiche Möbel und Einrichtungsgegenstände aus dem Reuterschen Haushalt und begann mit den Umbauarbeiten für die Unterbringung der Richard-Wagner-Sammlung. Einzig drei Räume, mit Arbeits- und Schlafzimmer, wurden dem Andenken Fritz Reuters und seinem Schaffen gewidmet, alles übrige der Villa sollte im Zeichen Richard Wagners stehen. Am 20. Juni 1897 wurde das nun so genannte Reuter-Wagner-Museum schließlich feierlich eröffnet und die Oesterleinsche Richard-Wagner-Sammlung in zwölf Räumen der Öffentlichkeit präsentiert. Joseph Kürschner wurde Direktor auf Lebenszeit. Allein Nikolaus Oesterlein konnte den Verkaufserlös nicht lange genießen. Einen Großteil des Geldes verlor er noch im Jahr 1895 an der Börse. Er starb im Alter von 57 Jahren am 7. Oktober 1898.[253]
Das Reuter-Wagner-Museum ist mit seinem Gründungsdatum das älteste Museum der Stadt Eisenach und besteht fortan, wenn auch seit 1958 unter dem Dach des 1899 gegründeten Thüringer Museums Eisenach. Mit seinen rund 20000 Objekten gilt die Oesterleinsche Richard-Wagner-Sammlung in Eisenach weltweit als die zweitgrößte nach Bayreuth. In der 1997, dem Jahr des 100-jährigen Museumsjubiläums, neu eingerichteten Richard-Wagner-Ausstellung werden ein repräsentativer Querschnitt und einige ausgesuchte Kostbarkeiten der Oesterlein-Sammlung gezeigt: allen voran die rund 6000 Titel umfassende Bibliothek, das Tafelklavier des Thomaskantors Christian Theodor Weinlig (1780–1842), an dem dieser nachweislich Richard Wagner in seiner Leipziger Studienzeit Kompositionsunterricht erteilte, ein Taktstock von 1878, ein Erstguss der Totenmaske Wagners, die der Bildhauer Augusto Benvenuti (1838–1899) am Tage nach dessen Tod abgenommen hat, und ausgesuchte Autographen Wagners, beispielsweise die Kostüm-Figurinen von Franz Seitz (1817–1883) zur Oper „Das Rheingold" aus der Zeit der Uraufführung in München 1869 und ein Manuskript der „Rienzi"-Partitur aus der Zeit der Uraufführung in Dresden 1842 mit vielen eigenhändigen Zusätzen und Anmerkungen Richard Wagners.

Arbeitszimmer von Fritz Reuter in der Reuter-Villa

Richard-Wagner-Bibliothek mit Tafelklavier von Thomaskantor Christian Theodor Weinlig und Wagner-Büste von Lorenz Gedon, 1882, in der Reuter-Villa

Die Richard-Wagner-Sammlung von Rüdiger Pohl und das Archiv der Deutschen Richard-Wagner-Gesellschaft

Seit November 2007 beherbergt die Stadt Eisenach eine weitere Richard-Wagner-Sammlung in ihren Mauern: die Privatsammlung des Musikwissenschaftlers Rüdiger Pohl, langjähriger Vorsitzender der Deutschen Richard-Wagner-Gesellschaft. Rüdiger Pohl übergab seine umfangreiche Sammlung zu Leben und Werk Richard Wagners dem Thüringer Museum Eisenach als Dauerleihgabe. Es handelt sich dabei um einige tausend Objekte, vor allem um zahlreiche Autographen Wagners und seines Umfeldes, etwa 1200 Bücher, mehrere Alben zum Teil sehr seltener Fotografien, Postkarten, Kunstdrucke, Medaillen, Programmhefte, Büsten, Schellackplatten und vieles andere mehr. Die Sammlung weist sowohl einen hohen wissenschaftlichen

Partitur der Oper „Tannhäuser und der Sängerkrieg auf Wartburg" für die Pariser Aufführung am 13. März 1861 mit handschriftlichen Bemerkungen Richard Wagners.

Figurine „Wodan" von Franz Seitz zur Oper „Das Rheingold" aus der Zeit der Uraufführung in München 1869 mit handschriftlichen Bemerkungen Richard Wagners.

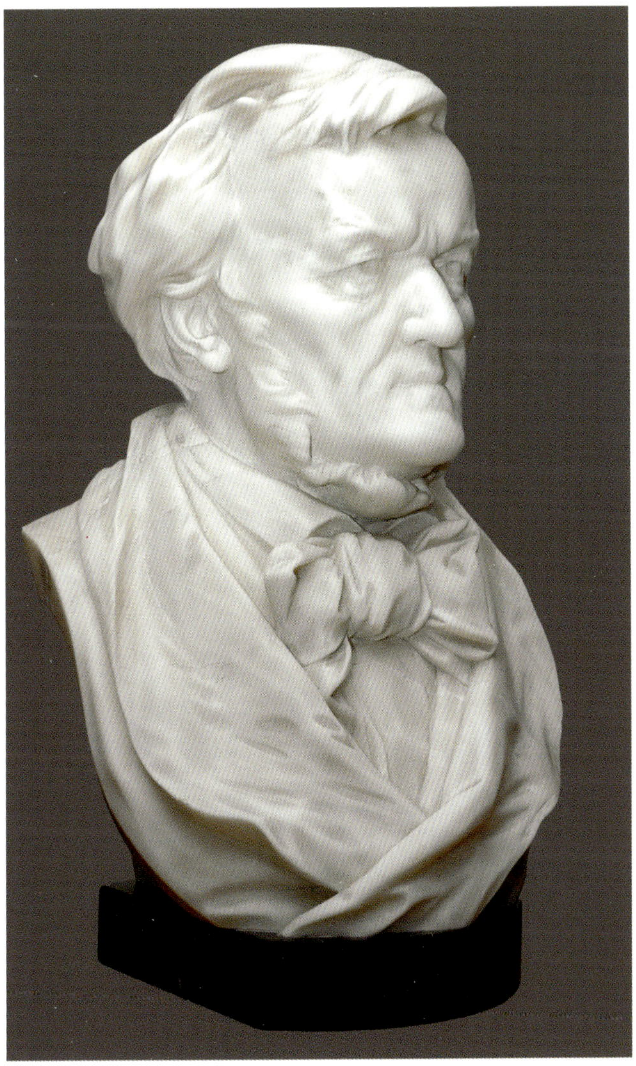

Büste Richard Wagners von Lorenz Gedon, Marmor, 1882

als auch einen großen Schauwert auf. Hier kann z. B. auf die vielen farbigen Bühnenbildentwürfe, auf die überaus wertvolle Fotosammlung von Zeitgenossen Wagners sowie vor allem der frühen Interpreten seiner Werke (vor 1883!) und auf die bibliophilen Kostbarkeiten (z. B. die Prachtausgaben früher Klavierauszüge) verwiesen werden.
In ihrer Gesamtheit stellt die Sammlung von Rüdiger Pohl eine einmalige Ergänzung zur Richard-Wagner-Sammlung von Nikolaus Oesterlein in der Reuter-Villa dar, setzt sie doch zeitlich ungefähr dort an, wo Oesterlein mit dem Sammeln aufhören musste, und reicht bis in die Gegenwart. Die Sammlung Pohls wird derzeit im Eisenacher Stadtschloss aufbewahrt und soll zukünftig für die wissenschaftliche Arbeit auch einer breiteren Öffentlichkeit zugänglich sein.
Auch der Fundus der Deutschen Richard-Wagner-Gesellschaft befindet sich inzwischen als Dauerleihgabe im Thüringer Museum Eisenach.

Ausblick: Tannhäuser-Stiftung Eisenach

In Planung ist die Gründung einer „Tannhäuser-Stiftung“ (Arbeitstitel), die zukünftig die Eisenacher Richard-Wagner-Sammlungen von Nikolaus Oesterlein, die seit 1897 in der Reuter-Villa beheimatet ist, von Rüdiger Pohl, seit 2007 im Eisenacher Stadtschloss untergebracht, und der Wartburg-Stiftung aufnehmen, zusammenführen und zu einem gemeinsamen Forschungsgegenstand machen soll. Dabei wird ausdrücklich eine enge Zusammenarbeit mit der Hochschule für Musik „Franz Liszt“ Weimar angestrebt. Gegenwärtig konnte das Institut für Musikwissenschaft der Hochschule dafür gewonnen werden, schrittweise die Bestände der Oesterleinschen Richard-Wagner-Sammlung zu sichten, zu dokumentieren und neu zu inventarisieren.
Die Gründung eines eigenständigen Museums für Richard Wagner in Eisenach ist diesbezüglich ein visionäres Vor-

„Tannhäuser“-Aufführung im Festsaal der Wartburg, 2012

haben. Die Bewahrung, Erforschung und Ausstellung bzw. Vermittlung der einzelnen Sammlungsbestände zu Leben und Werk Richard Wagners im Allgemeinen und zu seiner „Eisenacher" Oper „Tannhäuser und der Sängerkrieg auf Wartburg" im Besonderen soll Grundlagenarbeit der zukünftigen Stiftung sein.

Kulturort von europäischem Rang: Eisenach, die Wartburgstadt

„Die Gegend ist überherrlich", schrieb Johann Wolfgang von Goethe (1749–1832) im September 1777 an seine in Eisenach geborene Freundin Charlotte von Stein (1742 bis 1827) von der Wartburg nach Weimar. Es war der erste mehrwöchige Aufenthalt Goethes im Eisenacher Stadtschloss und auf der Burg. Eisenach ist zweifelsohne nicht nur harmonisch in eine wunderschöne Landschaft eingebettet, auch die Namen weltberühmter Persönlichkeiten sind eng mit der Wartburgstadt verbunden: Johann Sebastian Bach (1685–1750), der in Eisenach geboren wurde und die ersten zehn Lebensjahre hier verbrachte, die heilige Elisabeth, die in Eisenach die ersten Hospitäler und Armenhäuser gründete, Martin Luther, der schon lange vor seinem Aufenthalt als „Junker Jörg" auf der Wartburg von 1498 bis 1501 als Schüler der Eisenacher Lateinschule bei der Familie Cotta lebte, Georg Philipp Telemann (1681 bis 1767), der von 1708 bis 1712 als Hofkapellmeister im Dienste des Herzogs Johann Wilhelm von Sachsen-Eisenach (1666–1729) stand und nach seinem Fortgang nach Frankfurt bis zum Tode des Herzogs als Komponist zahlreicher Kantaten und Sonaten auch weiterhin Eisenach die Treue hielt, Johann Wolfgang von Goethe und seine in Eisenach geborenen Musen Charlotte von Stein und Luise von Göchhausen (1752–1807), der niederdeutsche Schriftsteller Fritz Reuter, der hier mit seiner Gattin seinen Lebensabend verbrachte und dessen Villa mit Wartburgblick eine der ersten des großartigen und in seinen Ausmaßen einmaligen Villenviertels der Gründerzeit und des Jugendstils in der Südstadt darstellt, der Großindustrielle Heinrich Ehrhardt (1840–1928), der seit 1898 Automobile (Wartburg-Motorwagen) in Eisenach produzierte und damit den Grundstein für eine bis heute währende Tradition des Eisenacher Automobilbaus legte, Ernst Abbe (1840–1905), der in Eisenach geborene Physiker, Sozialreformer und Mitbegründer der Firma Carl Zeiss, und viele andere mehr. Schließlich nicht zu vergessen: Richard Wagner!

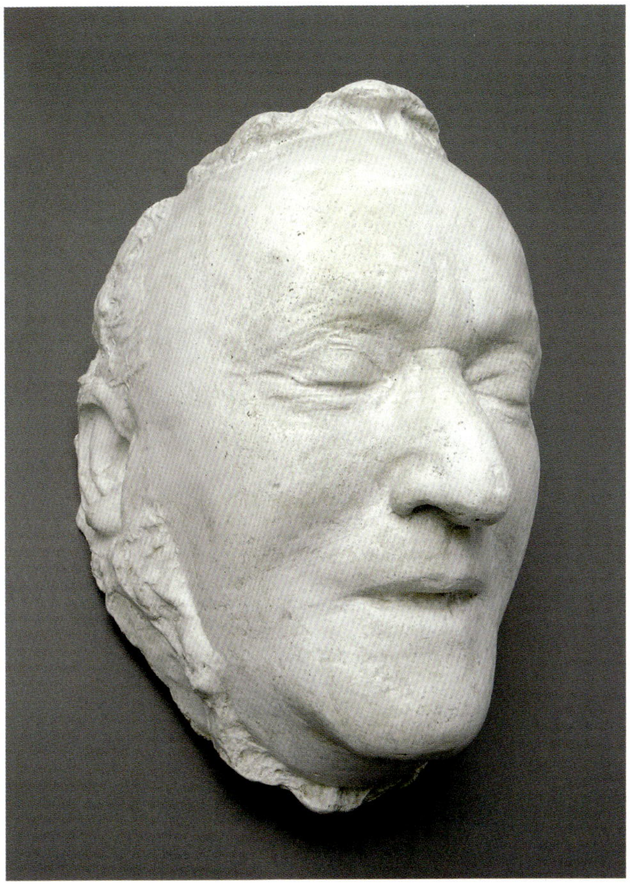

Totenmaske Richard Wagners von Augusto Benvenuti, Gips, 14. Februar 1883

Doch was wäre Eisenach ohne die Wartburg? Fast tausend Jahre thront die Burg als wehrhafte Feste und prächtige Residenz über Eisenach. Beim Betreten der Wartburg öffnet sich ein neunhundert Jahre altes Geschichtsbuch: die höfische Kultur des Mittelalters, das Leben und Wirken der heiligen Elisabeth, Martin Luthers Übersetzung des Neuen Testaments, Goethes zahlreiche Besuche in Eisenach und auf der Burg, das Wartburgfest der deutschen Burschenschaften und Richard Wagners romantische Oper „Tannhäuser und der Sängerkrieg auf Wartburg". All das verleiht der Wartburg ihre besondere Anziehungskraft und ihren Reiz. Sie ist nicht nur Idealtypus einer feudalen Burg schlechthin, sondern Zeuge deutscher Geschichte und Kultur. Seit 1999 zählt sie zur UNESCO-Liste des Weltkulturerbes. Weit über die Grenzen Deutschlands bekannt, zieht die Burg jährlich Hunderttausende Besucher aus allen Ländern der Welt an. Von März bis Oktober und im Advent finden eine Reihe von Veranstaltungen im Festsaal der Wartburg statt, allen voran Konzerte des MDR Musiksommers, von Deutschlandradio Kultur und die konzertanten Aufführungen der Oper „Tannhäuser und der Sängerkrieg auf Wartburg". Die Wartburg gilt damit als die einzige authentische Aufführungsstätte in der Opernwelt Richard Wagners.

RICHARD WAGNER UND MAGDALA

Martin Krautwurst

„Heute soll ich Lorbeeren ernten […], da muss ich Weimar den Rücken kehren und mich vor der Polizei verstecken!"

„PROFESSOR WERTHER AUS BERLIN" RICHARD WAGNER AUF DER FLUCHT IN MAGDALA

Das kleine Städtchen Magdala, zentral gelegen zwischen Jena und Weimar direkt an der A 4, führt in verschiedenen Chroniken und Schriften den Besuch Richard Wagners auf. Es war wohl kein freiwilliger Besuch, denn Richard Wagner befand sich nach den Unruhen und dem Scheitern des revolutionären Aufstandes in Dresden auf der Flucht. Auf Veranlassung seines Freundes Franz Liszt und mit Unterstützung des Universitätsprofessors Dr. Sieber aus Jena wird er vom 19. bis 24. Mai 1849 in Magdala versteckt. So ist in der Magdalaer Chronik nach Mitteilungen des Ökonomierates Julius Theodor Wernsdorf (1806–1889) unter dem Titel „Sieben Tage aus Richard Wagners Leben im Exil", aufgezeichnet von J. W. Gottschalg, nachzulesen:

Wagners Ankunft in Magdala

„Es war um die Mittagsstunde des 19. Mai 1849, als ein Einspänner aus dem benachbarten Weimar auf meinen Hof fuhr. Aus dem Wagen entstieg ein Herr in den dreißiger Jahren von kaum mittlerer Größe, bekleidet mit einem leichten braunen Röckchen, dem ein graues Reisetäschchen am breiten grünen Bande umhing. Der Herr überbrachte mir, in mein Zimmer eingetreten, nach kurzer Begrüßung einen Brief, der die wenigen, in flüchtiger Eile geschriebenen Worte enthielt: ‚Sie erhalten hierbei den Herrn Professor Werther aus Berlin und verfahren mit ihm nach Abrede.' Trotz der fehlenden Unterschrift erkannte ich in den mir wohlbekannten Schriftzügen als Autor des Schriftstückes einen politischen Gesinnungsgenossen, den nun verstorbenen Hofrat Professor Dr. Siebert aus Jena. Aus Veranlassung früherer Unterredungen mit Dr. Siebert gelegentlich ähnlicher Fälle war mir aus den wenigen Worten sofort verständlich, daß der Überbringer jener wenigen Zeilen ein politischer Flüchtling sei, der bei mir Bergung suche und für dessen Sicherheit und Verpflegung ich nach Kräften zu sorgen aufgefordert werde."

Julius Wernsdorf wusste zu diesem Zeitpunkt nicht, welchen prominenten Komponisten er auf seinem Gut zu Gast hatte. Richard Wagner war zumindest hier im ländlichen Bereich nicht bekannt. Vermutlich war dies auch der

links: Chorraum der Stadtkirche St. Johannis zu Magdala

Richard Wagner und Hofrat Siebert, im Hintergrund Franz Liszt vor dem Hotel „Erbprinz" in Weimar

Gedenktafel am alten Gut des herzoglich sächsischen Ökonomierates Julius Theodor Wernsdorf zu Magdala. Das Haus befindet sich heute in Privatbesitz.

Franz Liszt (1811–1886) im Jahr 1843, Daguerreotypie von Hermann Biow

Grund, warum sein Freund Franz Liszt ihn ausgerechnet in Magdala sicher untergebracht wissen wollte. Nach Magdala führte den Weimarer Hofkapellmeister eine enge Freundschaft zum hiesigen Ökonomierat, den er wohl auch öfters besuchte. Heute erinnert ein Grabmal hinter der Stadtkirche St. Johannis an den „großherzoglichen sächsischen Ökonomierat", der ein „gläubiger und frommer Diener Gottes" war. Auf Wernsdorfs Grabstein sind auch die Worte zu lesen: „Ein treu Gemüth von Lieb erfüllt, ist Gottes Born der ewig quillt". Dem Herrn Ökonomierat war die Unwissenheit sichtlich peinlich, wie er selbst in seinen Aufzeichnungen schreibt: „Als ich meinen Gast auf sein Zimmer geführt hatte, wandte derselbe sich rasch zu mir und sagte: ‚Ich kann wohl offen gegen Sie sein? Ich bin der Kapellmeister Wagner aus Dresden!' Nun muß ich offen und zu meiner Schande gestehen, daß mir damals der Name Richard Wagners ebenso unbekannt war wie sein Pseudonym. Zur Entschuldigung dieser Tatsache, die vielleicht an Barbarismus zu grenzen scheint, kann ich aber nur bemerken, daß mir durch Führung meiner großen Wirtschaft in den sehr bewegten Zeiten in den Sturmjahren 1848–1849 nach verschiedenen Richtungen hin, unter recht schwierigen Verhältnissen und mit engerer und weiterer Politik, mehr als nützlich beschäftigt, wodurch meine Tätigkeit gänzlich absorbiert wurde, kein besonderes Interesse für neue Kunsterzeugnisse, insbesondere auf dem Gebiete der Musik, eigen war. Ich verkündete meinem werten Gaste, daß er unter jedem Namen willkommen sei, und daß ich unter allen Umständen ängstlich dafür Sorge tragen werde, damit er nicht von der Polizei belästigt würde. Schließlich bat ich ihn, mit meiner einfachen häuslichen Einrichtung fürlieb zu nehmen. Wagner sagte hierauf: ‚Denken Sie sich, heute soll in Weimar mein Tannhäuser gegeben werden, heute sollte ich Lorbeeren ernten [...] da muß ich Weimar den Rücken kehren und mich vor der Polizei verstecken.' Ich mag zu dieser Äußerung wohl ein ziemlich verblüfftes Gesicht gemacht haben, denn ich hörte das fragliche Musikdrama zum ersten Male nennen."

Franz Liszts Vermittlung

Franz Liszt muss auf beide einen vertrauenswürdigen Eindruck gemacht haben, denn beide gehen sehr vertraulich miteinander um. Wagner gibt sich Wernsdorf gleich zu erkennen und erzählt ihm von seiner Flucht und dem überall verbreiteten Steckbrief. Er berichtet ihm auch, wer alles in

das Wissen um den Verbleib seiner Person mit einbezogen wurde und wer sich hinter der Zuflucht von Wagner in Magdala verbarg. Für Wernsdorf waren die Garanten seines unbekannten Gastes Beleg dafür, dass er stillschweigend für die Sicherheit und das Wohlwollen garantieren konnte. Ob dies letztendlich auf dem eigenen Hof geschah oder im gegenüberliegenden Pfarrhaus, ist nicht belegbar. Vermutlich werden sogar beide Orte genutzt worden sein, galt doch das Kirchenasyl als einzig sichere Zuflucht vor dem Zugriff der Polizei.

„Über die Veranlassung zur Flucht nach unserem kleinen Landstädtchen erfuhr ich nun Folgendes. Wagner hatte, in Dresden flüchtig geworden, seine Richtung nach Weimar genommen, dort seinen großen Freund Franz Liszt aufgesucht und hatte im Hotel Erbprinz Wohnung genommen. Dort hatte ihn sein Kunstgenosse und Protektor Franz Liszt noch spät in der Nacht die Vermutung ausgesprochen, daß Wagner höchst wahrscheinlich steckbrieflich verfolgt werde und daß er deswegen in Ilmathen kaum sicher sei. Beide Meister waren anfänglich ratlos über das weitere Asyl. Da fiel Liszt noch zur rechten Zeit ein, daß zur Zeit in derselben Etage des Hotels der Professor Dr. med. Siebert aus Jena wohne. Dieser wurde sofort in das Geheimnis gezogen und er gab den Rat, daß W. bei mir ein vorläufig sicheres Unterkommen finden werde.

Dafür, daß Wagner die revolutionäre Bewegung in Deutschland ausschließlich von rein idealem Standpunkte auffaßte, ohne die reelle Bedeutung dieses Brausejahres zu erwägen, mag der Umstand dienen, daß er seinem Freunde Liszt das Verlangen kund gab, dieser möge ihn beim Weimarschen Hofe und insbesondere bei der kunstsinnigen Frau Herzogin Großfürstin Maria Pawlowna vorstellen. Gewiß ein recht naives Verlangen für den Dresdner regierungsfeindlichen Republikaner und Revolutionär."

Distanz von bewaffneten Aufständen

In einem zweiten, wahrscheinlich später verfassten Bericht in der Magdalaer Chronik schreibt Ökonomierat Julius Wernsdorf detaillierter über den Aufenthalt Richard Wagners in Magdala. Hier wird deutlich, dass die politische Stimmung nun auch in dem kleinen Städtchen Einzug gehalten hatte:

„Mein lieber Gast erschien, nach längerer Ruhe, auf das Glockenzeichen zum Mittagsessen in meinem Familienkreise. Nachdem ich Gelegenheit genommen hatte, meinen Schützling als Prof. Werther aus Berlin, mit meinem Tischgaste den Dr. Med. Rostock bekannt zu machen, sprach letzterer von einer großen Volksversammlung, die nachmittags in unserem Wohnorte stattfinden sollte. Nach dem Mittagsmahle insinuirte mir Wagner den Wunsch, dieser Versammlung heimlich beizuwohnen. Diesem Begehren kam mein Verwalter in mustergültiger Weise nach, indem er meinem Gaste und mir einen ziemlich bequemen Platz gegenüber der auf einem Brunnen errichteten Rednerbühne verschaffte, wo wir, teils durch die Flügel eines halb offenen Schuppenthores, teils durch die Fässer der Bierwirtschaft, den Blicken der erwartungsvollen Volksmenge entzogen, den Volksrednern die Worte von den Lippen nehmen und alle weiteren Vorgänge ungestört und ziemlich genau beobachten konnten."

Die Rednertribüne wird vermutlich in der Nähe des Rathauses gestanden haben. Der „mustergültige Platz" befand sich möglicherweise in der Nähe der alten Magdalaer Brauerei oberhalb des Rathauses oder an einem der direkt angrenzenden Gasthöfe wie Zum Vollen Mond der auch heute noch existiert. Richard Wagner distanzierte sich von den Entwicklungen, die er in Magdala erfahren sollte. Nach badischem Vorbild wurde zum bewaffneten Kampf aufgerufen oder zumindest sollte dieser unterstützt werden. Wagner konnte und wollte die Entwicklung des „Freiheitskampfes" so nicht unterstützen. Er verließ die Volksversammlung und bat um ein Gespräch, in dem er von Manipulation und Entgleisung der Aufstände berichtete: „Das Hauptthema der fulminanten Reden war der Aufruf zu der bewaffneten Hilfe und Unterstützung der bedrängten Freiheitskämpfer in Baden, wo damals der Aufstand in vollem Flore war. Bei der Gelegenheit einer längeren Rede- resp. Kunstpause forderte W. mich zu einem Spaziergange auf. Wir konzentrierten uns zu dem Zwecke allmählich rückwärts und kaum waren wir unter Gottes freiem Himmel,

Die Stadtkirche St. Johannis in Magdala/Thüringen

Die Orgel von August Johann Poppe von 1830

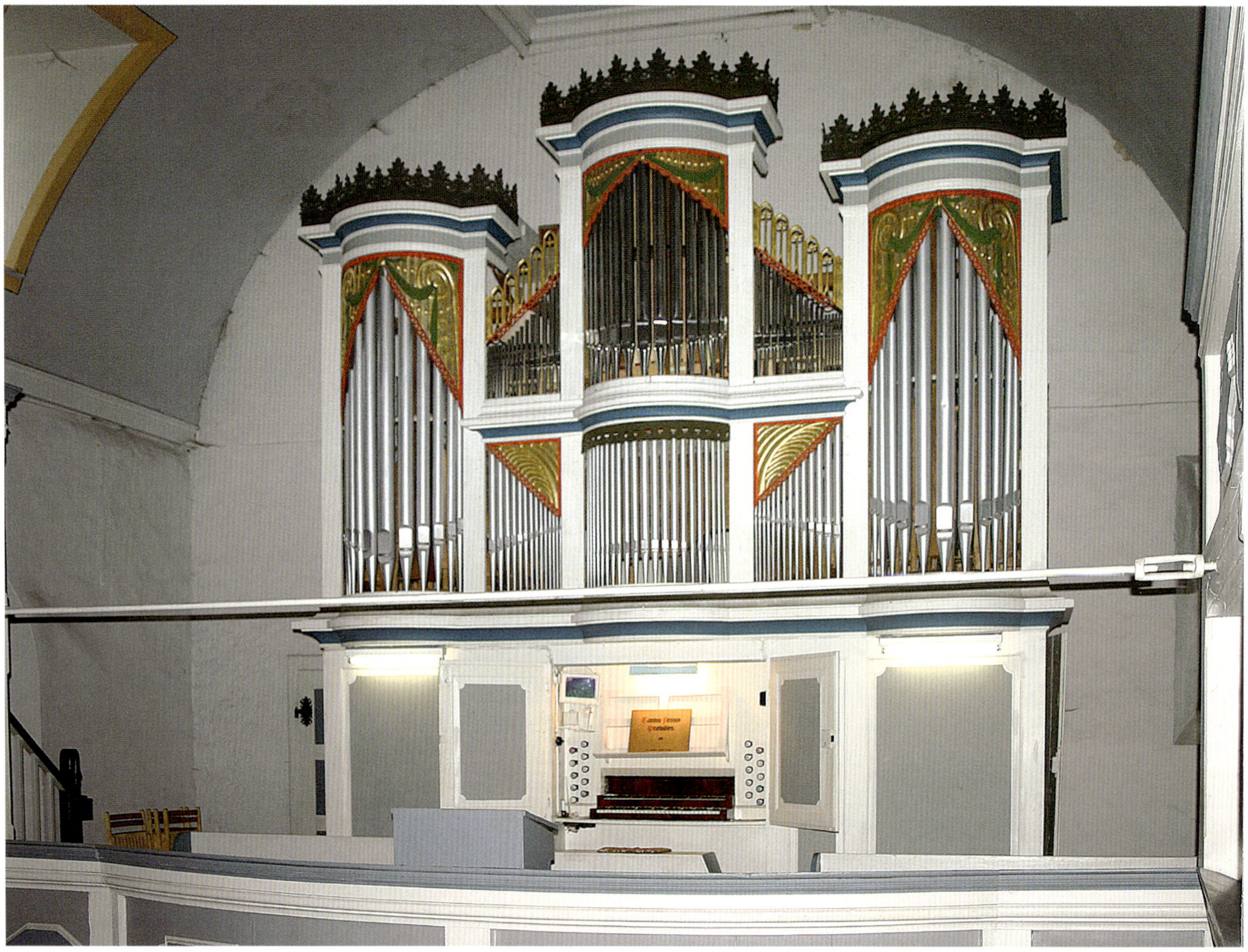

als Wagner in die Worte ausbrach: ‚Diese Volksversammlung mißfällt mir sehr, denn sie bleibt für die eigentlichen Zwecke der Redner vollständig wirkungslos. Der übergroße Enthusiasmus der Redner teilt sich auch nicht im geringsten Maße der anwesenden Menge mit. Am Fuße der Tribühne sitzen ungefähr 20 bezahlte Claqueurs, die riesen Beifall klatschen, auch dann, wenn gar nichts zu klatschen ist. Die große Menge zeigt nicht die mindeste Teilnahme und scheint für die Brandreden völlig verständnislos.' Wir vermieden auf dem Heimwege natürlich jede weitere Teilnahme an der fruchtlosen Versammlung."

Kurzer Besuch mit langanhaltender Wirkung

Mit großer Wahrscheinlichkeit wird Wagner in diesen Tagen, neben dem bescheidenen und „ziemlich altersschwachen Flügel [...]", wie es Julius Wernsdorf beschreibt, die Magdalaer Orgel gespielt haben. Die Kirche galt als ein sicherer Zufluchtsort, und hier hatte der Orgelbauer Johann August Poppe aus Roda (heute Stadtroda) im Jahre 1830, also nur wenige Jahre zuvor, mit Wernsdorfs Unterstützung eines seiner ersten Instrumente gebaut. Für Richard Wagner war die Musik eine Möglichkeit, seinen Gefühlen und Sorgen, seinen Ängsten und Hoffnungen Ausdruck zu verleihen.

„Als ich im weiteren Verkehr dem Künstler mein Bedauern aussprach, daß ich ihm kein besseres Instrument zu Benutzung als meinen ziemlich altersschwachen Flügel bieten könne, antwortete er: ‚Ich vermisse das nicht, denn ich spiele am liebsten das Orchester.' Was er damit meinte, wurde mir erst klar, als ich mit allem Hochgenuß seine unsterblichen Werke Tannhäuser und Lohengrin in Weimar unter Franz Liszt's genialer Leitung gehört hatte. War diese Führung der Weimarer musikalischen Kräfte bisweilen wie einige ältere Herren behaupteten, etwas tyrannisch, so brachte Liszt das kleine Kunstpersonal, wie altbekannt, zu nie geahnten Leistungen."

In einer Andacht in der Magdalaer Stadtkirche St. Johannis am 28. August 2000 mit dem Leiter der Bayreuther Festspiele, Wolfgang Wagner, und der Ururenkelin von Ökonomierat Julius Wernsdorf Dr. Irmgard Eltz, anlässlich der 150. Wiederkehr der Uraufführung des „Lohengrin" in Weimar wurde auf den Besuch des großen Komponisten und seine Wirkung auf die Kleinstadt hingewiesen. Am längst modernisierten Gutshaus befindet sich noch heute die Gedenktafel mit der Inschrift: „Nach dem Scheitern des revolutionären Aufstandes in Dresden fand hier Richard Wagner als Flüchtling vom 19.–24. Mai 1849 mit Unterstützung Franz Liszts eine sichere Unterkunft". Die Hauptstraße, die am alten Gut des Ökonomierates Wernsdorf vorbei in Richtung Jena und Weimar führt, trägt den Namen Richard-Wagner-Straße. In der Kirche betonte Wolfgang Wagner, wie wichtig es sei, das musikalische Erbe seines Großvaters zu wahren und zu fördern. Bei dieser Gelegenheit wurde auch auf die zu diesem Zeitpunkt marode und defekte Kirchenorgel hingewiesen, deren Zustand wohl dem des Flügels im Gutshaus des Ökonomierates zur Zeit von Wagners Aufenthalt glich. Mit einer Kollekte von 600 DM wurde an diesem Tag der Grundstein für eine elfjährige Orgelsanierung gelegt, die im Mai 2012 am Sonntag Kantate auch in Erinnerung an den großen Komponisten Richard Wagner ihren vorläufigen Abschluss fand. Zu den 150000 Euro Sanierungskosten trugen auch der Richard-Wagner-Verband Weimar und die Wagner-Gesellschaft in bescheidenem Maße bei. Den Abschluss soll der Einbau einer Posaune bilden, wofür die kleine Kirchgemeinde mit ihrem Förderverein noch spart.

Trostloser Geburtstag in Magdala

Richard Wagner erlebte am 22. Mai 1849 einen stillen Geburtstag mit seiner Ehefrau Wilhelmine „Minna" (geb. Planer) in Magdala. Seine Sorgen um die Zukunft machten ihm offensichtlich so zu schaffen, dass er seinen Ehrentag im Vorfeld total vergaß. Erst die Ankunft seiner Frau in den frühen Morgenstunden sollte ihm den besonderen Tag bewusst werden lassen. So berichtet Ökonomierat Julius Wernsdorf im Rückblick: „Wagner brachte mit mir und meiner Frau den 21. Mai sehr still zu; wir lasen und plauderten abwechselnd über die Weimarer Verhältnisse. Über seine Dresdner Beziehungen verhielt er sich außerordentlich schweigsam, obwohl er wissen konnte, daß ich ihm einiges Verständnis entgegengebracht hätte. Nachdem wir uns ungefähr eine Stunde dem Schlafe übergeben hatten, erwachte ich durch das Rollen eines Gefährtes, das plötzlich unter meinen Fenstern hielt. Ich vermutete das Ankommen des Wagens sofort als im Zusammenhange stehend mit meinem Gaste, ob im Guten oder Bösen? Ich fürchtete das letztere. Vorsichtig am leise geöffneten Fenster lagernd, hörte ich eine weibliche Stimme sprechen! ‚Sind wir denn schon am Ziele?', worauf der Kutscher erwiderte: ‚Hier ist das Kammergut!' Da die Polizei sich wohl nur selten weiblicher Hilfe bedient, so waren meine Befürchtungen schnell beseitigt und ich suchte die Pforten des Hauses schnell zu öffnen. Auf der dunklen Straße hielt ein Chaise, aus der sich schweigend eine Dame bog. Ich kam ihr mit der Frage entgegen: ‚Suchen sie vielleicht den Prof. Werther aus Berlin?' Zögernd versetzte sie, dem ungewohnten Namen gegenüber: ‚Ja!' Auf meine Bitte stieg sie aus, überließ mir ihre leichten Reiseeffekten und betrat mit mir den Hofraum, welchen ich sorgfältig wieder verschloß. Hier konnte ich ihre Frage: ‚Schläft mein Mann?' mit Ja! beantworten. Meine gute Frau, die keine Ahnung hatte, daß sie die Gattin eines politischen Flüchtlings empfing, hieß die angebliche Frau Prof. Werther herzlich willkommen und ich ging mit der Lampe in der Hand, um ihren Gemahl zu wecken. Als ich diesem in seinem Zimmer zurief: ‚Stehen sie auf, lieber Wagner; die Frau Kapellmeister ist so eben angekommen!', fuhr er wild und verstört um sich schauend, in die Höhe und rief sehr unwillig und überlaut: ‚Was? Das Weib?' – Er sprang mit einem Satze aus dem Bette, blieb aber stehen, indem er sich mit der flachen Hand vor die Stirn schlug und in viel milderem Tone, als wollte er sein Ungestüm gleichsam beschwichtigen, hinzu-

Gespräch am Grab von Julius Theodor Wernsdorf am 28. August 2000. Von links: Pfarrer Martin Krautwurst, Bürgermeisterin Marion Zorn, Wolfgang Wagner, Dr. Eberhard Lüdde, Vorsitzender des Richard-Wagner-Verbandes Weimar, Dr. Irmgard Eltz, Ururenkelin von Wernsdorf

fügte: ‚Gott, – heute ist ja mein Geburtstag!' – Die Begrüßung der beiden Gatten, die bekanntlich in nicht gar glücklicher Ehe lebten, war ziemlich kühl. Doch saßen wir allerhand plaudernd beim schnell bereiteten Thee bis um die dritte Morgenstunde beisammen. Das Ehepaar zog sich darnach in sein Zimmer zurück. Erst am Mittage erschien es wieder in unserer Mitte.
Nach Tische wagte ich die beiden Erulanten auf einem wenig betretenem Pfade in einen angenehmen Buchenwald zu geleiten, von dem sie gegen Abends wieder heimkehrten. Das war wohl die traurigste trostloseßte Geburtstagsfeier, die Meister Wagner je erlebt hat [...]

Die Wagner-Buche am Kirchenholz an der Grotte in Magdala. Hier verläuft heute der Thüringenwanderweg.

Frau Wagner verließ uns schon am Morgen des 23. Mai. Ihr Gatte theilte mir den durch seinen Freund Liszt abschriftlich gesendeten Steckbrief unter den Worten mit: ‚Denken Sie, welche Gemeinheit! Die Steckbriefe sind wirklich da: Mittlere Größe, blondes Haar, rötlicher Backenbart, trägt eine Brille! [...] Nun, so kann jeder aussehen!'"

Wagner-Buche erinnert an den Fluchtweg

Steckbrieflich gesucht setzte Richard Wagner seine Flucht von Magdala aus über Jena fort. „Noch vergingen einige Tage bis die Beratschlagungen der Freunde in Weimar und Jena über den weiteren Fluchtplan W. ins Reine kamen." Ende Mai hatte das Warten ein Ende. Franz Liszt schrieb, dass Wagner in Jena erwartet werde, von wo er weiter, mit „Umgehung der Eisenbahnen", die Reiseroute über Coburg durch Franken nehmen sollte.
„Bis zum Saume des Waldes, der Magdala von Jena trennt, gab ich meinem scheidenden Gaste das Geleite. Hier übergab ich den Flüchtling einem zuverlässigen Führer und verabschiedete mich von ihm, mit dem Wunsche, daß er alle Fährligkeiten auf seiner Weiterreise glücklich überstehen möge. W. versprach mir, sobald er in Sicherheit wäre, sofort zu schreiben. Leider habe ich davon nichts gesehen; auch später habe ich nie ein Wort des Dankes oder der Liebe von ihm vernommen, obwohl er 1861 und zwei Mal in den Siebziger Jahren als berühmter Meister wieder in Weimar weilte und zwar längere Zeit."
Eine „Wagner-Buche" mit der Aufschrift „Von hier aus setzte Richard Wagner im Mai 1849 seinen Fluchtweg über Jena in die Schweiz fort" erinnert noch heute an den Aufenthalt in Magdala und die Wegstrecke, die Wagner durch den Wald am Kirchenholz vorbei nach Jena nehmen sollte. Heute gehört dieser Wegabschnitt zum „Thüringenwanderweg".
Etwa zehn Tage nach seinem Abschied von hier war in einer Straßburger Zeitung zu lesen, dass der flüchtig gewordene Dresdner Kapellmeister Wagner den sicheren Boden Frankreichs glücklich betreten habe. Getreu des Dichters Worten: Die Stätte, die ein großer Mann betrat; die bleibt geweiht für alle Zeiten! – habe ich später in dem fraglichen unscheinbaren Hause eine Tafel anbringen lassen, mit der Zuschrift: Richard Wagner im Mai 1849.
Vor einigen Jahren hat W. zweite Gemahlin, Frau Cosima, Dr. Franz Liszts Tochter, sämtliche Wohnstätten, die ihr unvergeßlicher Gatte im Leben je inne gehabt hat, photographiren und einem Geburtstagsalbum einverleiben las-

sen. Das wird jedenfalls eine andere Geburtstagsfeier gewesen sein, als jene ‚im Sturm und Drang' zu Magdala."
Wenn auch ungewollt, so war die Kleinstadt an der Magdel für Richard Wagner zugleich ein Ruhepol und Rettungsanker in der Not der Verfolgung. Wie er seine Zeit in Magdala verbracht hat, können wir nur auszugsweise in den Chroniken der Stadt Magdala nachlesen und erahnen. Auf alle Fälle konnte er seinen Weg fortsetzen und sich in Sicherheit bringen. Ein kleiner, dennoch bedeutender Lebensabschnitt Richard Wagners bleibt mit Magdala verbunden. Nicht auszudenken, wenn er hier verraten und ergriffen worden wäre.

Die Angaben zu seinem Asyl sind nicht einheitlich. Wird in der Freibergischen Chronik wie hier zitiert die Zuflucht beim Ökonomierat Wernsdorf beschrieben, heißt es in einem Buch mit dem Titel „Wunder des Worts – Das Leben im Banne von Goethe": „Die Bewohner der Altenburg verhelfen ihm, als die Polizei ihn mit Steckbrief sucht, zur Flucht nach Paris, die Fürstin beschafft Geld, falschen Paß und erstes Versteck bei einem Pfarrer in Magdala." Pfarrer von Magdala war in dieser Zeit Christian Ferdinand Reichardt (1838–1852). Auch wenn das Pfarrhaus und die nahegelegene Kirche im Bezug auf ein „Kirchenasyl" plausibel klingt, wird Richard Wagner bei Wernsdorf persönlich, zumindest zeitweise, gewohnt haben.

Ilse Rauch geborene Knopf, Urenkelin des Geheimen Hofrats und Universitätsprofessors A. Siebert in Jena, besaß nach eigenen Angaben einige authentische Berichte über den politischen Flüchtling Richard Wagner. Sie schreibt: „Richard Wagner kam im Mai 1849 auf der Flucht von Dresden nach Weimar, wohnte bei Franz Liszt, der damals Kapellmeister war, im Hotel ‚Erbprinz'. Liszt lag es am schnellen Weiterkommen des politisch-anrüchigen Flüchtlings. Er wurde steckbrieflich verfolgt, man fürchtete, daß man ihn sofort in Weimar finden würde. Liszt bat darum den Jenensischen Professor Hofrat A. Siebert, der auf der Durchreise von Frankfurt als beliebter Arzt, Landtagsabgeordneter und stellvertretender Abgeordneter zur Frankfurter Nationalversammlung auch im Erbprinzen wohnte und zu dem er gute Verbindungen hatte, Wagner einen Empfehlungsbrief an seinen Verwandten, den Kammergutspächter Wernsdorf in Magdala, zu geben, damit er sich dort aufhalten könnte, bis für ihn in Jena ein falscher Paß durch Herrn Hofrat Siebert ausgestellt werden konnte."

Überlieferungen, Richard Wagner sei als „Fuhrmann" oder „Schütze" verkleidet aus Weimar nach Magdala gekommen, widerspricht Ilse Rauch in ihrem Bericht: „Wagner wäre als Fuhrmann oder Schütze verkleidet aus Weimar geflohen ist falsch [...] Er ist im leichten braunen Röckchen und mit einer grauen Tasche an breitem, grünem Bande durch Oberweimar im Einspänner gefahren und so in Magdala angekommen. Dort blieb er, bis tags darauf auch seine Frau dort unerkannt eintraf, beide mit falschem Paß weiterfahren konnten und unversehrt in Zürich eintrafen."
Hinsichtlich Wagners Ehefrau Minna irrt Ilse Rauch. Sie begleitete ihren Mann nicht in die Schweiz, sondern kehrte nach Dresden zurück.

Das Pfarrhaus in Magdala

Das Grab von Julius Theodor Wernsdorf hinter der Stadtkirche St. Johannis in Magdala

RICHARD WAGNER UND WEIMAR

Axel Schröter

„Eine unvergeßliche Erinnerung an Alle"

Weimar als Zentrum der Wagner-Pflege

Kaum finde sich „in einer anderen Stadt ein Publikum, das so entschieden auf der Seite des Komponisten" [Wagner] stehe, wie „das hiesige". Die Weimarer Bühne sei „aufs innigste verwachsen mit der Geschichte seiner Kunstschöpfungen", die „mit der größten Sorgfalt und Hingebung seitens der Leitung des Theaters wie seitens der Künstler zur Darstellung gebracht" würden. Diese Sicht vertrat die „Weimarische Zeitung" im Jahr 1878,[254] nachdem in der Klassikerstadt ein Richard-Wagner-Verein gegründet worden war, dessen Mitglieder sich bahnbrechend für die Verbreitung des Schaffens Wagners eingesetzt hatten. Ehrenpräsident war bezeichnenderweise Franz Liszt, zum Vorstand zählten u. a. der Generalintendant des Weimarer Hoftheaters August Friedrich Freiherr von Loën, der Hofkapellmeister Eduard Lassen, der Gründer der heutigen Hochschule für Musik FRANZ LISZT, Carl Müller-Hartung, der Weimarer Hoforganist Alexander Wilhelm Gottschalg sowie Paul von Bojanowski, leitender Redakteur und Herausgeber der „Weimarischen Zeitung". Der Stellenwert Wagners im Weimarer Theaterleben der

Das Hoftheater, Lithografie, um 1850

links: Nationaltheater Weimar

Weimar, Lithografie, um 1860

zweiten Hälfte des 19. Jahrhunderts kann in der Tat kaum hoch genug eingeschätzt werden. Spätestens seitdem das von der Deutschen Forschungsgemeinschaft DFG getragene Projekt „Theater und Musik in Weimar von der Ära Hummel bis zum Ende des Hoftheaters (1819–1918)“[255] sämtliche Theaterzettel des Weimarer Hoftheaters aufgearbeitet hat, ist klar, wie sehr Wagners Werke im Spielplan dominierten und zu Magneten wurden, die Wagner-Enthusiasten von weit her anzogen. Die „Weimarische Zeitung“ übertrieb also mit ihrer zunächst euphemisch anmutenden Darstellung keineswegs.

Liszts bahnbrechende Wagner-Aufführungen

Den Grundstein der Weimarer Wagner-Rezeption und -Interpretation hatte kein Geringerer als Franz Liszt gelegt. Liszt, der Wagners Genie spätestens in dem Moment erkannte, als er „Tannhäuser“ und „Lohengrin“ am Weimarer Hoftheater einstudierte, schuf in Weimar mit seinen Wagner-Dirigaten eine Maßstäbe setzende Tradition. Sie basierte nicht nur auf seinen eigenen Vorstellungen, sondern war, wenigstens zum Teil, auch in Abstimmung und Übereinkunft mit den Absichten Wagners erfolgt, wie der Regisseur Eduard Genast, der in der frühen Weimarer Zeit mit Liszt zusammenarbeitete, betonte.[256] 1849 leitete Liszt in Weimar erstmals den „Tannhäuser“ und damit die erste Aufführung außerhalb Dresdens, wo das Werk 1845 uraufgeführt worden war. 1850 folgte dann die Uraufführung des „Lohengrin“, die Musikinteressierte und Wagner-Freunde begeisterte.

Die Aufführungen hatten internationale Strahlkraft. So wurde die Uraufführung des „Lohengrin“ in sechs Heften der führenden, von Robert Schumann gegründeten musikalischen Fachzeitschrift, der „Neuen Zeitschrift für Musik“ (NZfM) besprochen.[257] Bilanzierend hieß es: „Weimar verdankt den Ruhm, diese Oper zum ersten Male in Deutschland zur Aufführung gebracht zu haben, zunächst wohl der Kunstbegeisterung und den Bemühungen Liszt's, so wie dem Kunstsinne und der Vorurteilslosigkeit des dortigen Hofes. Liszt hat auch – unterstützt von Genast – für das Gelingen der Aufführung Alles gethan, was nur irgend zu ermöglichen war. […] Die Anerkennung der Verdienste Liszt's um die Kunst hat bei der ersten Aufführung des LOHENGRIN auch durch ein äußeres Zeichen seinen Ausdruck gefunden: vom Orchesterpersonale wurde ihm ein eleganter Taktstock überreicht mit der Inschrift: Dem Träger des Genie's, dem Dirigenten der Opern ‚Tannhäuser‘

und ‚Lohengrin'." (NZfM vom 11. Oktober 1850, S. 162f.) Sosehr Liszt mit seiner gezielten Repertoirepolitik und seinem Engagement für die Musik Wagners in der Fachwelt auf Interesse stieß, so schwer war es für ihn zunächst, das in Weimar ansässige Publikum für seine Vorstellungen zu begeistern und zu gewinnen. Er stieß nicht selten auf Unverständnis und diskutierte deshalb – um etwaiger Konzessionen willen – in Zusammenarbeit mit Genast und in Rücksprache mit Wagner sogar Möglichkeiten, den „Lohengrin" zu kürzen.[258]

Auch seine Erstaufführung des „Fliegenden Holländers" wurde 1853 von der Lokalpresse verhalten aufgenommen, wenngleich sie aus Anlass des Geburtstages von Maria Pawlowna stattfand und schon allein deshalb eine Aura des Besonderen erhielt. Die „Weimarische Zeitung" berichtete: „Steht [...] ein Genie wie Liszt an der Spitze und macht es dem Publicum begreiflich, daß es ein außergewöhnliches Werk kennen zu lernen habe, so verbietet sich aus instinctmäßigem Respect vor einer künstlerischen Autorität ein ‚Desavouieren' von selbst, und man bemüht sich zu goutieren, und dieß ist auch schon etwas werth, weil die Macht der Gewohnheit sich am Ende doch der Macht des Genies unterordnet. Ob ‚Der fliegende Holländer' sich auf dem Repertoir so anziehend wie ‚Lohengrin' und ‚Tannhäuser' bewähren wird, müssen wir abwarten. Jedenfalls entbehrt er der dichterischen, wie musicalischen Bedeutsamkeit." Insbesondere dem Schluss wusste der Rezensent wenig abzugewinnen. Er schrieb ratlos: „Senta eilt ihm [dem fliegenden Holländer] nach und stürzt sich in die Fluthen. Der Zuschauer empfindet dabei aber nicht einmal den Schauer des Mitleids, weil er sich fragen muß: für wen bringt sie das Opfer, von welchem verschuldeten oder unverschuldeten Fluch wird der Held dadurch befreit? Eine Beruhigung bleibt ihm – trivial genug – übrig. Die verklärten Gestalten der sogenannten Liebenden tauchen in weiter Ferne aus dem Wasser hervor, und wir nehmen das Bewußtsein mit nach Hause, daß sie nicht – naß geworden sind!" (Weimarische Zeitung vom 23. Februar 1853, S. 130) Um einem derartigen Unverständnis entgegenzuwirken, wurde Liszt nicht nur als Dirigent und Bearbeiter, sondern auch in einem hohen Maß publizistisch aktiv. Wie schon im Fall von „Tannhäuser" und „Lohengrin"[259] veröffentlichte er einen umfangreichen Beitrag über den „Fliegenden Holländer",[260] der die Basis für ein breites Werkverständnis

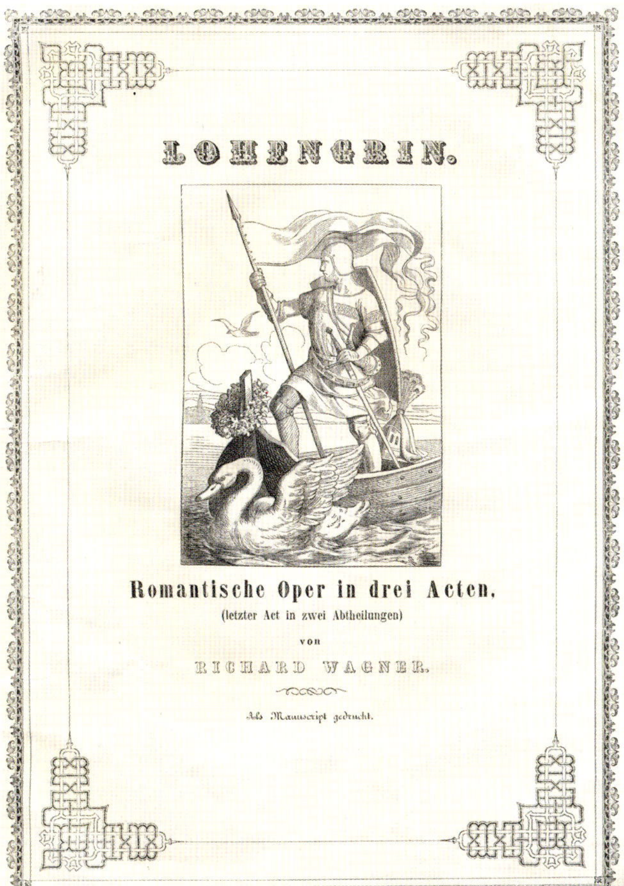

Zum Erstenmale aufgeführt
auf dem
Großherzoglichen Hof-Theater
Weimar den 28. August 1850
unter der Direction
des
Herrn Hof-Capellmeister Dr. Franz Liszt.

PERSONEN:

Heinrich der Vogler, deutscher König,	Herr Höfer.
Lohengrin,	Herr Beck.
Elsa von Brabant,	Fräulein Agthe.
Herzog Gottfried, ihr Bruder,	Frau Hettstedt.
Friedrich von Telramund, brabantischer Graf,	Herr Milde.
Ortrud, seine Gemahlin,	Fräulein Fastlinger.
Der Heerrufer des Königs,	Herr Pätsch.
Sächsische und Thüringische Grafen und Edle.	
Brabantische Grafen und Edle.	
Edelfrauen.	
Edelknaben.	
Mannen. Frauen. Knechte.	

Antwerpen: erste Hälfte des zehnten Jahrhunderts.

In Scene gesetzt vom Regisseur Herrn Genast.
Decorationen vom Hof-Theatermaler Herrn Holdermann.
Maschinerie vom Hof-Maschinist Herrn Höck.

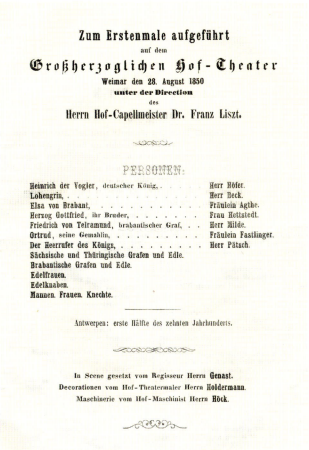

Programm der Uraufführung des „Lohengrin", Titelblatt und Seite 2, 28. August 1850

Franz Liszt im Weimarer Theater 1849, Autogrammkarte nach einem Foto von L. Frisch

schaffen sollte und letztlich auch ermöglichte, dass Wagners romantische Opern sehr schnell im Kanon des Musiktheaterrepertoires verankert werden konnten.
Bis zur Niederlegung seines Amtes als Hofkapellmeister wurde in Weimar „Der fliegende Holländer" 14-mal aufgeführt, „Lohengrin" 19-mal und „Tannhäuser" – eine echte Spitzenposition unter allen in Weimar gespielten Opern schon in den 50er Jahren des 19. Jahrhunderts einnehmend – 38-mal. Liszt leitete die Wagner-Aufführungen in der Regel zunächst selbst und überließ diese Aufgabe erst in den letzten Jahren seiner Amtszeit Carl Stör und Eduard Lassen, die damals am Weimarer Theater gleichsam als Vizekapellmeister agierten. Letzterer führte die auf Liszt zurückgehende Wagner-Tradition bis in die 1890er Jahre fort.

Die Weiterführung der Liszt-Tradition durch Eduard Lassen

Lassen war derjenige Hofkapellmeister, der in Weimar am längsten amtierte – veritabel bis 1895 und damit fast vierzig Jahre –, wenn auch zunächst nur in Vertretung Liszts und in Kooperation mit Carl Stör. Lassen vermochte es somit, das, was er unter Liszt erlebt hatte, an die nachfolgenden Generationen weiterzureichen, den jungen Richard Strauss eingeschlossen, der während der letzten Amtsjahre Lassens in Weimar als zweiter Kapellmeister nicht selten auch die Werke Wagners dirigierte.
Lassen studierte darüber hinaus neue Werke Wagners mit dem Weimarer Ensemble in vorzüglicher Qualität ein. 1869, also etwa 16 Monate nach der Münchner Uraufführung, erklangen unter seiner Leitung erstmals „Die Meistersinger von Nürnberg" und 1874 dann „Tristan und Isolde". Mit der Aufführung von „Tristan und Isolde" im Jahr 1874 war Weimar wiederum ins Zentrum der bedeutenden Wagner-Städte gerückt. Denn außer in München war Wagners „Opus metaphysicum" bis dato noch nirgends aufgeführt worden. Das Weimarer Hoftheater stemmte das Mammutwerk nahezu aus eigener Kraft. Wie der „Weimarischen Zeitung" vom 18. Juni 1874 zu entnehmen ist, wurde die Hofkapelle zur Entlastung sogar davon entbunden, die Zwischenaktmusiken zu Schauspielaufführungen zu gestalten, und auch Rossinis „Wilhelm Tell" wurde unter Beteiligung der Weimarer „Orchesterschule" unter der Leitung ihres Gründers, Carl Müller-Hartung, aufgeführt. Die Resonanz auf den Weimarer „Tristan" von 1874 ist vergleichbar mit der, die fast ein Vierteljahrhundert zuvor Liszt in Weimar mit „Lohengrin" und „Tannhäuser" entfachte, mit dem Unterschied freilich, dass 1874 auch die Lokalpresse den Stellenwert des Ereignisses adäquat zu würdigen wusste. Der Rezensent der „Weimarischen Zeitung" war zumindest voll des Lobes: „Die Aufführung von ‚Tristan und Isolde' hat in ihrem Eindruck auf das Publikum jede Erwartung übertroffen und es zeigt auch darin aufs neue die seltsame Gewalt, mit welcher das Genie zu der Gesammtheit spricht. Ueberwältigt von dem ungeheuren Riesenbild menschlicher Leidenschaft, die in ihrem Werden, Wachsen und Vergehen hier geschildert ist, wie man auf der Bühne in ähnlicher musikalischer Ausdrucksweise vorher kaum erlebt, kann man sich nach dem einmaligen Hören keine Rechenschaft über die künstlerischen Mittel geben, mit welchen der Eindruck ausgeübt wurde. Und doch, welch ein Eindruck! Instinktiv fühlt Jeder, daß

hier die gewaltigste künstlerische Kraft mit allen Mitteln, allen Elementen, die ihr dienen können, das Großartigste gewollt und ausgedrückt hat. [...] Ueber die orchestrale Behandlung ist kaum noch etwas zu sagen; selbst Wagner's bitterste Feinde anerkennen die Höhe seiner Meisterschaft darin; trotzdem sind im ‚Tristan' Klangfarben, wie wir sie selbst bei Wagner nie vorher gehört haben." (Weimarische Zeitung vom 20. Juni 1874, S. 1)

Weiter heißt es in der Folgeausgabe: Die Aufführung „gereicht unserm Kunstinstitut zur vollsten Ehre. [...] Hierfür gebührt die erste und vollste Anerkennung dem vortrefflichen Dirigenten, Herrn Kapellmeister Lassen, welcher die Oper mit einem Verständniß und einer Feinheit einstudirt und geleitet hat, wie nur ein echter, ganzer Künstler sie dem andern zubringen kann. [...] Die stürmischen Ovationen, welche schon in der Hauptprobe begannen, wo das Orchester seinen Dirigenten mit Zuruf und Tusch begrüßte, hat derselbe im höchsten Maße verdient, und es kann, auch unserer Meinung, nichts Vertrauenerweckenderes für ein neues Werk geben als das Verständnis für die innige Hingabe, mit der es ein bedeutender Musiker uns vorführt" (Weimarische Zeitung vom 21. Juni 1874, S. 2). Zu der Aufführung waren Gäste u. a. aus Leipzig, Dresden, Berlin, Hamburg und Wien angereist.

Ein weiteres Wagner-Ereignis allerersten Ranges hatte es bereits 1870 in Weimar gegeben. Eduard Lassen hatte im Sinne einer Festspielidee innerhalb von zehn Tagen (19. bis 29. Juni) vier Bühnenwerke Wagners hintereinander aufgeführt, nämlich „Der fliegende Holländer", „Lohengrin", „Tannhäuser" sowie „Die Meistersinger von Nürnberg". Festspielatmosphäre kam dabei allein schon deshalb auf, weil die Hauptrollen nicht ausschließlich vom Weimarer Ensemble ausgeführt wurden, sondern „durch die hervorragendsten unter allen ihren Darstellern", und zwar „der gesammten deutschen Bühne". Entsprechend breit gestreut war auch das Publikum, das zu diesem singulären Anlass nach Weimar kam. In „Die Meistersinger von Nürnberg" beispielsweise übernahm Franz Innozenz Nachbaur vom Hoftheater München „mit schöner und namentlich in der höheren Lage kräftiger Stimme und einer anerkennenswerthen technischen Fertigkeit" die Partie des Walther von Stolzing. Und die österreichische Opernsängerin Mathilde Mallinger sang in Weimar die Partie der Eva, die sie schon bei der Münchner Uraufführung dargeboten hatte. Es wundert daher nicht, dass das Gesamtfazit über das Kunstfest überschwänglich war: „So ist das kühne und schwierige

Die Stadtkirche zu Peter und Paul, Kupferstich, um 1850

Weimar.

Großherzogl. Hof-Theater.

Sonntag den 14. Juni 1874.

Mit aufgehobenem Abonnement.

Zum ersten Male:

Tristan und Isolde.

Musikalisches Drama in drei Aufzügen von Richard Wagner.

Personen:

Tristan	Hr. Vogl.
König Marke	Hr. Brandstöttner.
Isolde	Fr. Vogl.
Kurwenal	Hr. Milde.
Melot	Hr. Knopp.
Brangäne	Frl. Dotter.
Ein Hirt	Hr. Borchers.
Ein Steuermann	Hr. Schmidt.

Schiffsvolk. Ritter und Knappen. Frauen.

Schauplatz der Handlung. Erster Aufzug: Zur See auf dem Verdeck von Tristan's Schiff, während der Ueberfahrt von Irland nach Kornwall.
Zweiter Aufzug: In der Königlichen Burg Marke's in Kornwall.
Dritter Aufzug: Tristan's Burg in Bretagne.

Tristan — Herr Vogl, Isolde — Frau Vogl vom Königlichen Hoftheater in München, als Gäste.

Nach dem ersten und zweiten Aufzuge 20 Minuten Pause.

Textbücher sind an der Kasse für 5 Sgr. zu haben.

Preise der Plätze:

Prosceniums-Loge I. Ranges	2 Thlr.	10	Sgr.	Parterre-Loge	1 Thlr.	10	Sgr.
Parquet-Prosceniums-Loge	2 "	—	"	Parterre-Sperrsitz	1 "	10	"
Balkon, I. Reihe	2 "	—	"	Zweites Parterre	1 "	—	"
Balkon, übrige Reihen	1 "	20	"	Gallerie-Prosceniums-Loge	— "	15	"
Balkonloge	1 "	20	"	Gallerie-Loge	— "	15	"
Parket-Sperrsitz	1 "	20	"	Gallerie	— "	10	"

Billets sind nur an dem Tage, wo sie gelöst oder als Freibillets ausgegeben worden sind, gültig.

Die Kasse wird halb sechs Uhr geöffnet.

Anfang um sechs Uhr, Ende nach zehn Uhr.

Der freie Eintritt ist ohne alle Ausnahme aufgehoben.

Wochen-Repertoir vom 15. bis zum 22. Juni.

Montag den 15: Die Komödie der Irrungen, Lustspiel in drei Aufzügen von Shakspeare, für die deutsche Bühne bearbeitet von K. von Holtei. Hierauf: Das Schwert des Damokles, Schwank in einem Aufzuge von G. zu Putlitz. — Dienstag den 16: Mit aufgehobenem Abonnement. Zum Vortheil des Pensionsfonds der Genossenschaft deutscher Bühnen-Angehöriger: Zum ersten Male: Die Sirene, Komödie in vier Aufzügen von Mosenthal. Zu dieser Vorstellung erhalten die Abonnenten Nr. II. ihre Billets, und zwar zu den Abonnementspreisen, wenn sie dieselben Dienstag zwischen 10 und 11 Uhr an der Kasse im Großherzoglichen Hoftheater abholen; nach dieser Zeit wird anderweitig darüber verfügt. — Mittwoch den 17: Mit aufgehobenem Abonnement: Zum ersten Male wiederholt: Tristan und Isolde, musikalisches Drama in drei Aufzügen von Richard Wagner. (Tristan — Herr Vogl; Isolde — Frau Vogl.) — Freitag den 19: König Oedipus, Tragödie des Sophocles, für die deutsche Bühne übersetzt von Dr. G. Wendt, Musik von E. Lassen. — Sonntag den 21: Mit aufgehobenem Abonnement: Dritte und letzte Vorstellung von Tristan und Isolde, musikalisches Drama in drei Aufzügen von Richard Wagner. (Tristan — Herr Vogl; Isolde — Frau Vogl.)

Weimar. — G. Uschmann & Co.

links: Theaterzettel der Weimarer Erstaufführung von „Tristan und Isolde", 14. Juni 1874

Theaterzettel der Weimarer Festaufführung der „Meistersinger von Nürnberg" mit den Gästen Innozenz Nachbaur als Walther von Stolzing und Mathilde Mallinger als Eva, 29. Juni 1870

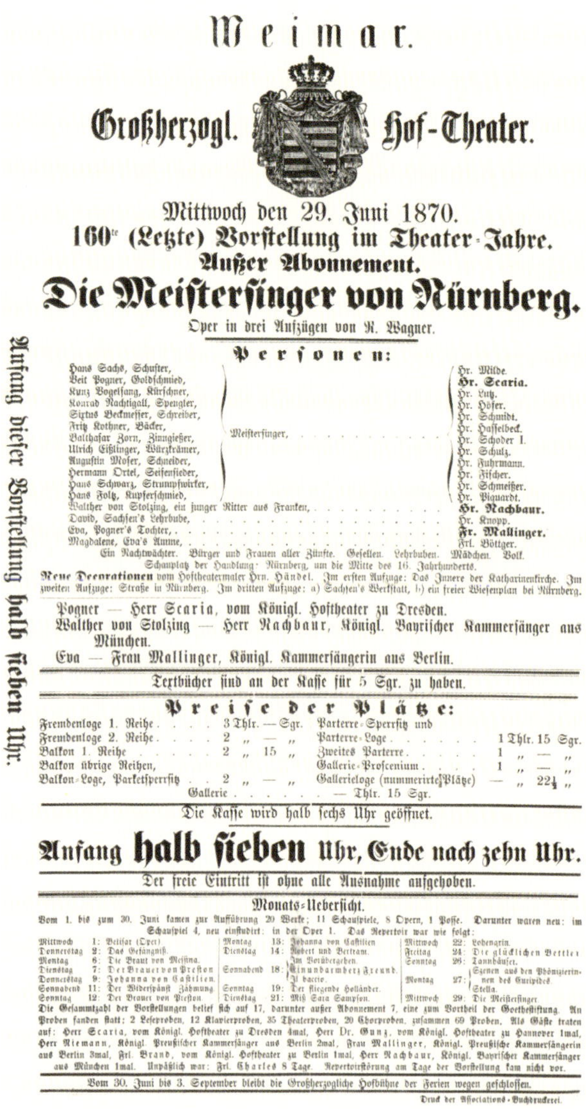

Weimar.

Großherzogl. Hof-Theater.

Mittwoch den 29. Juni 1870.

160te (Letzte) Vorstellung im Theater-Jahre.

Außer Abonnement.

Die Meistersinger von Nürnberg.

Oper in drei Aufzügen von R. Wagner.

Personen:

Hans Sachs, Schuster, – Hr. Milde.
Veit Pogner, Goldschmied, – Hr. Scaria.
Kunz Vogelsang, Kürschner, – Hr. Lutz.
Konrad Nachtigall, Spengler, – Hr. Höfer.
Sixtus Beckmesser, Schreiber, – Hr. Schmidt.
Fritz Kothner, Bäcker, – Hr. Hasselbeck.
Balthasar Zorn, Zinngießer, – Hr. Schoder I.
Ulrich Eißlinger, Würzkrämer, – Hr. Schulz.
Augustin Moser, Schneider, – Hr. Fuhrmann.
Hermann Ortel, Seifensieder, – Hr. Fischer.
Hans Schwarz, Strumpfwirker, – Hr. Schmeißer.
Hans Foltz, Kupferschmied, – Hr. Piquardt.
(Meistersinger)
Walther von Stolzing, ein junger Ritter aus Franken, . . . Hr. Nachbaur.
David, Sachsen's Lehrbube, . . . Hr. Knopp.
Eva, Pogner's Tochter, . . . Fr. Mallinger.
Magdalene, Eva's Amme, . . . Frl. Böttger.

Ein Nachtwächter. Bürger und Frauen aller Zünfte. Gesellen. Lehrbuben. Mädchen. Volk.

Schauplatz der Handlung: Nürnberg, um die Mitte des 16. Jahrhunderts.

Neue Decorationen vom Hoftheatermaler Hrn. Händel. Im ersten Aufzuge: Das Innere der Katharinenkirche. Im zweiten Aufzuge: Straße in Nürnberg. Im dritten Aufzuge: a) Sachsen's Werkstatt, b) ein freier Wiesenplan bei Nürnberg.

Pogner — Herr Scaria, vom Königl. Hoftheater zu Dresden.
Walther von Stolzing — Herr Nachbaur, Königl. Bayrischer Kammersänger aus München.
Eva — Frau Mallinger, Königl. Kammersängerin aus Berlin.

Textbücher sind an der Kasse für 5 Sgr. zu haben.

Preise der Plätze:

Fremdenloge 1. Reihe . . . 3 Thlr. — Sgr.
Fremdenloge 2. Reihe . . . 2 „ — „
Balkon 1. Reihe . . . 2 „ 15 „
Balkon übrige Reihen, Balkon-Loge, Parketsperrsitz . . . 2 „ — „
Parterre-Sperrsitz und Parterre-Loge . . . 1 Thlr. 15 Sgr.
Zweites Parterre . . . 1 „ — „
Gallerie-Proscenium . . . 1 „ — „
Gallerieloge (nummerirte Plätze) — „ 22½ „
Gallerie . . . — Thlr. 15 Sgr.

Die Kasse wird halb sechs Uhr geöffnet.

Anfang halb sieben Uhr, Ende nach zehn Uhr.

Der freie Eintritt ist ohne alle Ausnahme aufgehoben.

Monats-Uebersicht.

Vom 1. bis zum 30. Juni kamen zur Aufführung 20 Werke; 11 Schauspiele, 8 Opern, 1 Posse. Darunter waren neu: im Schauspiel 4, neu einstudirt: in der Oper 1. Das Repertoir war wie folgt:

Mittwoch 1:	Belisar (Oper).	Montag 13:	Johanna von Castilien	Mittwoch 22:	Lohengrin.
Donnerstag 2:	Das Gefängniß.	Dienstag 14:	Robert und Bertram.	Freitag 24:	Die glücklichen Bettler
Montag 6:	Die Braut von Messina.	Sonnabend 18:	Im Vorübergehen. Ein unbarmherz. Freund. Il bacio.	Sonntag 26:	Tannhäuser.
Dienstag 7:	Der Brauer von Preston	Sonntag 19:	Der fliegende Holländer.	Montag 27:	Szenen aus den Phönizierinnen des Euripides. Stella.
Donnerstag 9:	Johanna von Castilien.	Dienstag 21:	Miß Sara Sampson.	Mittwoch 29:	Die Meistersinger.
Sonnabend 11:	Der Widerspänst. Zähmung.				
Sonntag 12:	Der Brauer von Preston.				

Die Gesammtzahl der Vorstellungen belief sich auf 17, darunter außer Abonnement 7, eine zum Vortheil der Goethestiftung. An Proben fanden statt: 2 Leseproben, 12 Klavierproben, 35 Theaterproben, 20 Chorproben, zusammen 69 Proben. Als Gäste traten auf: Herr Scaria, vom Königl. Hoftheater zu Dresden 4mal, Herr Dr. Gunz, vom Königl. Hoftheater zu Hannover 1mal, Herr Niemann, Königl. Preußischer Kammersänger aus Berlin 2mal, Frau Mallinger, Königl. Preußische Kammersängerin aus Berlin 3mal, Frl. Brand, vom Königl. Hoftheater zu Berlin 1mal, Herr Nachbaur, Königl. Bayrischer Kammersänger aus München 1mal. Unpäßlich war: Frl. Charles 8 Tage. Repertoirstörung am Tage der Vorstellung kam nicht vor.

Vom 30. Juni bis 3. September bleibt die Großherzogliche Hofbühne der Ferien wegen geschlossen.

Druck der Associations-Buchdruckerei.

Anfang dieser Vorstellung halb sieben Uhr.

Unternehmen günstig begonnen, würdig durchgeführt, auf das Glücklichste beendet – eine unvergeßliche Erinnerung für Alle, denen es vergönnt war, Theil daran zu haben; ein nie verjährender Anspruch des Dankes für Diejenigen, welche es so muthig gewagt, so ehrenvoll zu Ende gebracht; ein neues Blatt in dem alten Kranz der Ehren, der das Wappen unserer guten Musenstadt Weimar seit Generationen schon ruhmreich umschlingt." (Weimarische Zeitung, 5. Juli 1870)

Die Aufführung des „Rings des Nibelungen"

Trotz des immensen Potenzials, das Eduard Lassen der Weimarer Hofkapelle und dem Weimarer Hoftheaterensemble im Jahr 1870 entlocken konnte, kam es zu der ersten Weimarer Aufführung des „Rings des Nibelungen" erst sehr viel später, nämlich in der Spielzeit 1898/99. „Rheingold" und „Walküre" waren mit eher bescheidenem Erfolg – das gilt besonders für den Vorabend der Tetralogie – in Weimar 1878 bzw. 1879 erstaufgeführt worden, also jeweils etwa neun Jahre nach der Uraufführung. An „Siegfried" und „Götterdämmerung" wagte sich aber erst im Mai 1899 Rudolf Krzyzanowski heran, der in Weimar in der Spielzeit 1895/96 und dann ab der Spielzeit 1898/99 bis November 1907 das Amt des Hofkapellmeisters faktisch ausübte, die zahlreichsten Neuproduktionen dirigierte und im Hinblick auf innovative Tendenzen eine Spitzenposition einnahm. Durchschlagenden Erfolg erzielte die Tetralogie unter seiner Leitung in Weimar spätestens ab der dritten kompletten Aufführung im Jahr 1903. Die „Weimarische Zeitung" spricht, bezogen auf das „Rheingold", von einem „gedrängt vollen Haus" und „dankbar-andächtigem Publikum", das „förmlich hungrig nach solcher Kost" sei.[261] Das Orchester war durch auswärtige Musiker verstärkt worden, und auch die Regie des damals sehr geschätzten Weimarer Regisseurs Ferdinand Wiedey, die einige grundsätzliche Änderungen gegenüber den früheren Aufführungen zu erkennen gegeben haben soll, stieß weitgehend auf Akzeptanz. Moniert wurden lediglich einige heute geradezu marginal anmutende Sachverhalte, wie der, dass im zweiten Akt der „Walküre" „statt des himmelblauen Luftprospektes" ein „etwas weniger heiterer Hintergrund" zu erwarten sei oder der Feuerzauber „etliche Takte zu spät begonnen" habe.[262] Die „Siegfried"-Regie hielt der Rezensent der „Weimarischen Zeitung" dagegen vor allem hinsichtlich der Ausgestaltung der Brünnhilden-Szene für verfehlt: „Der brave Lindwurm benahm sich bis auf den unnatürlich weit aufgesperrten Rachen ganz ordentlich; daß ein ‚Kampf' von Seiten des Siegfried ‚angedeutet' wurde, müssen wir wohl den räumlichen Verhältnissen zugute halten. Ganz entschieden aber muß man protestieren gegen die Anordnung der Brünnhildenszene. Es bedarf kaum eines Beweises, welche inneren und äußeren Gründe dafür sprechen, daß Brünnhilde genau in der Umgebung und an der Stelle ‚aufwachen' muß, wo sie ‚eingeschlummert' ist: als aber der Wolkenvorhang vor der Brünnhildenszene aufging, erblickten wir zu unserm sprachlosen Erstaunen unmittelbar hinter diesem Vorhang die Brünnhilde auf einem hohen ‚Paradebett', welches mit seinem Fundament aus viereckigen Mauersteinen betrübend häßlich aussah, und gegenüber waren die malerischen hohen Felsen, auf denen die Walküren gehaust hatten, fast ganz verschwunden, vermutlich durch ein Erdbeben." (Weimarische Zeitung vom 24. März 1903, S. 1)

Statistischer Überblick

Besonderer Wert wurde in Weimar noch mindestens bis ins ausgehende 19. Jahrhundert hinein auf die Pflege der von Liszt begründeten Interpretationstradition von „Tannhäuser" und „Lohengrin" gelegt. Bei diesen Opern handelte es sich um die absoluten Favoriten des von Wagner dominierten Weimarer Spielplans. Nach derzeitigem Kenntnisstand wurde „Tannhäuser" zwischen 1849 und 1918 nicht weniger als 226-mal gespielt, „Lohengrin" zwischen 1850 und 1918 195-mal. Bei allen anderen Opern bzw. Musikdramen ist die Aufführungsfrequenz geringer. „Der fliegende Holländer" wurde zwischen 1853 und 1916 150-mal gegeben, „Rienzi" zwischen 1860 und 1910 30-mal, „Die Meistersinger" zwischen 1869 und 1917 109-mal vollständig sowie fünfmal in Auszügen (Vorspiel und dritter Akt ab der Verwandlung [Festwiese]), „Tristan und Isolde" zwischen 1874 und 1918 51-mal, „Rheingold" zwischen 1878 und 1914 33-mal, „Die Walküre" zwischen 1879 und 1918 105-mal, „Siegfried" zwischen 1897 und 1914 31-mal und „Götterdämmerung" zwischen 1898 und 1918 31-mal. „Parsifal" erklang erst nach Ablauf der Schutzfrist, ab 1914 also, dafür im Jahr der Erstaufführung aber gleich sechsmal.[263] Komplette Aufführungen des „Rings des Nibelungen" gab es in den Jahren 1899,[264] 1900,[265] 1903,[266] 1904,[267] 1905,[268] 1910,[269] 1911,[270] 1912[271] und 1914.[272]

Richard Strauss als Wagner-Dirigent in Weimar

Wie sehr die Wagner-Aufführungen in Weimar im Spannungsfeld von Tradition und Innovation standen, zeigte sich vor allem in den Jahren, in denen Richard Strauss in Weimar als zweiter Kapellmeister fungierte und Wagner dirigierte. Wenngleich man ihm in Weimar stets sehr wohlgesonnen war und ihn gleichermaßen als Dirigenten wie Komponisten feierte, stieß die Eigenständigkeit seiner Wagner-Dirigate zunächst immens auf Kritik, da man ernstlich meinte, sie könnten nicht im eigentlichen Sinne Wagners sein. Dabei schreckten vor allem Strauss' Bestreben nach „charakteristischer Darstellung" ab sowie – damit verbunden – seine für Weimar ungewöhnlichen Temposchwankungen, Tempodehnungen und Akzentuierungen. Sehr offen zeigte man sich dagegen gegenüber seinem Bestreben, Wagners musikdramatische Werke ungekürzt aufzuführen. Paradigmatisch dafür kann die Kritik seiner ersten Aufführung des „Tannhäuser" zitiert werden, worin es heißt: „Herr Strauß hatte den ‚Tannhäuser' fast ohne Strich wieder hergestellt und damit den Dimensionen des Werkes wieder zu ihrer imponierenden Größe verholfen [...]. Am großartigsten gestaltet sich jetzt der Aufbau des zweiten Finale; [...] So harmonisch wie hier gestaltet sich die Straußsche Auffassung jedoch noch nicht in allen Theilen. Wir sind durchaus keine engherzigen Tempi=Nörgler. [...] Hier aber steht Herr Strauß vor einer Klippe, die ihm vielleicht seine eigene musikalische Schaffenskraft aufbaut: er betont im Wagnerschen Werk manchmal geradezu leidenschaftlich, was seinem Empfinden am entsprechendsten ist, und dies ist immer: das Charakteristische. [...] So aufdringlich dürfen die Accente des Venusberges nicht in unsere Ohren gellen; das ist keine sinnliche Gluth mehr, sondern das sind einzelne Feuerbrände, die, mit ihrem grellsten Licht in die Ouverture geschleudert, die Verhältnisse derselben verändern – ja verzerren, denn der feierlichen Frieden athmende Pilgerchor erleidet um des Kontrastes willen Veränderungen und Dehnungen im Tempo, welche von Wagner nicht gewollt sind." (Weimarische Zeitung vom 7. Mai 1890, S. 1)

Dabei grenzte die „Weimarische Zeitung" die Weimarer Wagner-Tradition explizit von der neuen Bayreuther Tradition ab, wie in derselben Ausgabe zu lesen ist: „Von Wagner nicht gewollt – da sind wir an dem springenden Punkt, welcher die Jetztzeit von unserer Weimarischen Wagner=Tradition scheidet. Herr Strauß gehört dieser Jetztzeit an; er folgt der Richtung, die von Bayreuth aus gegeben wird und welche heißt: es kann alles Gefühlvolle und Pathetische gar nicht langsam genug sein. Möglich, daß der ‚alte' Wagner [...] noch die Parole der überlangsamen Tempi ausgegeben hat; das feierlich mystische Pathos des Parsifal=Schöpfers hat für uns aber keine Gewalt über die frisch blühende melodische Schönheit des ‚Tannhäuser' und daß gerade hier in Weimar wir ein Recht haben, an der Tradition von 1849 festzuhalten, das folgern wir aus dem Briefwechsel Wagner=Liszt. Man lese dort, mit welchem Ernst beide Männer über Auffassung und Tempi der Opern von Wagner verhandeln; wie Liszt mit ganzer Hingabe sein Genie der Reproduktion in Wagners Intentionen aufgehen läßt und mit welcher Bewunderung Wagner dieses Genie anerkennt. Herr Strauß darf, wenn er dirigirt, etwas vom Geiste Liszts in sich spüren, möge er nur aber immer dem Gebot seiner musikalischen Fähigkeit folgen, der innersten Wahrheit lauschen und darum wie Liszt eingedenk des edelsten Gottesgeschenkes bleiben, welches der Kunst verliehen ist: die Schönheit."

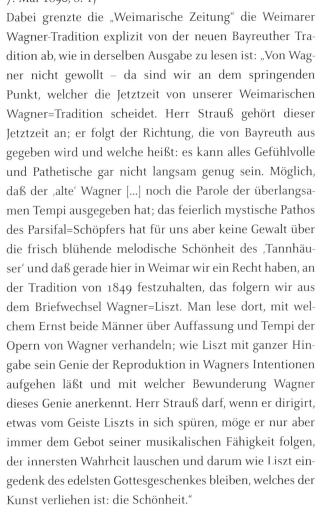

Richard Strauss (1864 bis 1949), um 1890

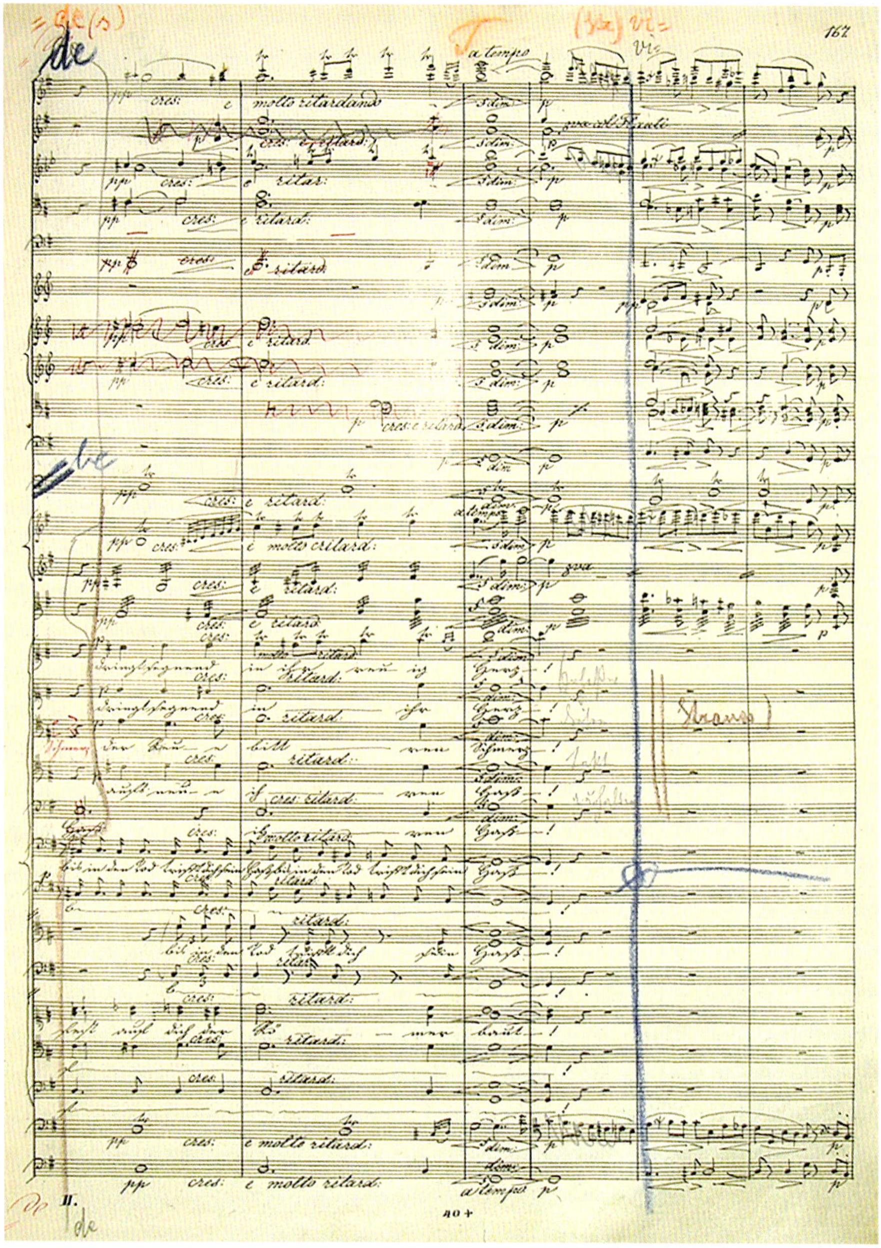

Ausschnitt aus der Weimarer „Rienzi"-Partitur mit Änderungen von Richard Strauss.

Wie ernst es Strauss um authentische Wagner-Aufführungen war, zeigen noch heute anschaulich einige historische Notenmaterialien des Deutschen Nationaltheaters, die sich inzwischen im Thüringischen Landesmusikarchiv/Archiv der Hochschule für Musik FRANZ LISZT Weimar befinden. So weist der erhaltene, unvollständige Erstdruck der „Rienzi"-Partitur noch heute Änderungen auf, die mit „Stra" (oder ähnlich) für Strauss bezeichnet sind, vor allem aber Ergänzungen, die meist in der Form „Einlage Strauss" kenntlich gemacht wurden und die Strauss auf der Grundlage des vollständigen Klavierauszugs vornahm. Sämtliche dieser Einlagen wurden mit Braun- bzw. Rotbraunstift getätigt. Sie sind vor dem doppelten Hintergrund zu sehen, einerseits eine möglichst authentische Fassung spielen und andererseits bühnenpraktischen Gesichtspunkten Rechnung tragen zu wollen.[273]

Inwieweit sich Strauss letztlich von der Kritik oder den Wagner-Dirigaten Lassens beeinflussen ließ, ist heute nur schwer rekonstruierbar. Als sicher kann jedoch gelten, dass Lassen die von Liszt ins Leben gerufene Tradition, Wagners romantische Opern zu interpretieren, pflegte und konservierte, den Stil seiner Interpretation auf „Rienzi", „Meistersinger" und „Tristan" übertrug, dass mit Strauss dann aber zweifellos neue Impulse gesetzt worden sind, die wiederum von Krzyzanowski und später von Peter Raabe (1907–1920) fortgeführt wurden. Die somit nicht ungebrochen-gradlinige Tradition reichte dann weiter über die Generalmusikdirektoren Ernst Praetorius und Hermann Abendroth bis hin zu den Wagner-Aufführungen Carl St. Clairs, der 2008 in Weimar nach mehr als fünfzig Jahren erstmals wieder den kompletten „Ring des Nibelungen" dirigierte.

Wagner als Gast in Weimar

Wagner, der selbst nur selten in Weimar weilte und den Ort zunächst im Innerseelischen mit den unangenehmen Empfindungen seiner Flucht verschränkt haben muss, wurde damit in der Klassikerstadt gleichsam durch die bahnbrechende Verbreitung seines Schaffens rehabilitiert. Ohne den selbstlosen Einsatz Liszts für Wagner, den er bei den ersten Begegnungen in Paris kaum wahrnahm[274] und erst durch seine Hofkapellmeistertätigkeit und das Studium von „Lohengrin" und „Tannhäuser" wirklich schätzen lernte, wäre dies freilich nicht möglich gewesen, und auch kein anderer seiner namhaften Zeitgenossen hätte dies vermocht.

In Weimar selbst sind sich Liszt und Wagner nur gelegentlich begegnet.[275] So hatte Wagner Liszt im August 1848 besucht, auch ist er Mitte Mai 1849 in Weimar gewesen, wo er, auf der Flucht befindlich, Liszt im Hotel Erbprinz (später Parkhotel, 1989 abgerissen) aufsuchte. Liszt beherbergte ihn für kurze Zeit in der Weimarer Altenburg, auch sah Wagner am 20. Mai incognito eine von Liszt geleitete Aufführung des „Tannhäuser". Aus Sicherheitsgründen brachte Liszt den Flüchtigen dann in Niederzimmern und, getarnt als Professor Werder, in Magdala unter. Nach seiner Rehabilitierung weilte Wagner erst wieder 1861 in Weimar, um Anfang August an der Gründungsversammlung des Allgemeinen Deutschen Musikvereins (ADMV) teilzunehmen. Er wohnte zu jenem Zeitpunkt bei Liszt in der Altenburg, hörte u. a. die Aufführung der „Faust"-Sinfonie unter der Leitung Hans von Bülows und erfuhr bei dieser Gelegenheit auch unmittelbar von den Spannungen, die zwischen Liszt und dem Weimarer Publikum hinsichtlich der Musik der sogenannten Neudeutschen Schule bestanden. Die diesbezüglichen Aussagen in „Mein Leben" sind bezeichnend und gewiss nicht negativ verzerrt.[276] Weitere Besuche erfolgten Anfang September 1872 sowie im Mai 1873 aus keinem geringeren Anlass als der Uraufführung des „Christus"-Oratoriums von Liszt in der Weimarer Stadtkirche.

„Götterdämmerung",
Premiere: 5. Juli 2008
Musikalische Leitung: Carl St. Clair / Martin Hoff
Inszenierung: Michael Schulz
Catherine Foster (Brünnhilde), Norbert Schmittberg (Siegfried)

„Die Walküre"
Premiere: 15. April 2007
Musikalische Leitung: Carl St. Clair / Martin Hoff
Inszenierung: Michael Schulz
Renatus Mészar (Wotan), Catherine Foster (Brünnhilde)

RICHARD WAGNER UND MEININGEN

Herta Müller und Maren Goltz

„Die Werra ist meine Freundin"[277]

Die Beziehungen von Richard und Cosima Wagner zur Residenzstadt des südthüringischen Herzogtums Sachsen-Meiningen weisen vielerlei Facetten auf. Sie berühren Persönlichkeiten und Institutionen wie Herzog Georg II. von Sachsen-Meiningen und seine Gemahlin Helene Freifrau von Heldburg geb. Franz, Hans von Bülow, Bülows Töchter Daniela und Blandine, Franz Liszt, Johannes Brahms, Alexander und Franziska Ritter, Gustav Adolf Kardinal Prinz zu Hohenlohe-Schillingsfürst, Friedhold Fleischhauer, Richard Mühlfeld, Carl Werder, die Meininger Hofkapelle, das Meininger Hofschauspiel-Ensemble, die Meininger Militärkapelle sowie ihre Dirigenten Ernst Teschner und Reinhold Olbrich,[278] den Salzunger Kirchenchor.[279]

E i n e Spur für das Zustandekommen dieser Beziehungen führt in das Jahr 1848 nach Weimar, eine z w e i t e in das Berlin des Jahres 1855.

In Weimar, wo Franz Liszt 1848 die ständige Leitung der Weimarer Hofkapelle übernahm, gab der 14-jährige Sohn des Oboisten sein öffentliches Debüt als Violinist: Friedhold Fleischhauer (1834–1896), ab 1850 Kapellmitglied.[280] Hat er Wagner, der, im Mai 1849 aus Dresden geflohen und steckbrieflich gesucht, bei seinem Freunde Liszt in Weimar Zuflucht suchte, eventuell in der „Tannhäuser"-Probe Liszts, der Wagner beiwohnte, kennengelernt, hat er bereits mitgewirkt in der „Lohengrin"-Uraufführung zu Goethes Geburtstag 1850 unter Liszts Leitung? Ob Wagner seinerseits schon 1849 auf den hochbegabten jungen Violinisten Fleischhauer aufmerksam geworden war oder der persönliche Kontakt erst während Fleischhauers Aachener, vielleicht sogar erst während seiner Meininger Zeit zustande kam, ist bisher nicht nachweisbar. Fleischhauer folgte jedenfalls 1860 dem Ruf des damaligen Städtischen Musikdirek-

Die Werra im Park von Schloss Elisabethenburg

links: Blick über die Dächer Meiningens zum Schloss Elisabethenburg

Richard Wagner, Fotografie von Fritz Luckhardt Die Fotografie ist Ernst Teschner (1837–1914) gewidmet, ab 1862 Kapellmeister des Musikkorps des 32. Regiments.

tors und Leiters der Aachener Symphoniekonzerte Franz Wüllner, dort – zunächst vorübergehend – die Konzertmeisterstelle zu übernehmen. Die Aachener Jahre an der Spitze des ersten städtischen Orchesters Deutschlands ermöglichten Fleischhauer endlich jene freien künstlerischen und virtuosen Entfaltungsmöglichkeiten, die er in Weimar schmerzlich vermisst hatte.

Im Herbst 1864 erhielt Friedhold Fleischhauer, der inzwischen zu den namhaften Schülern Joseph Joachims zählte, sein Anstellungsdekret als Konzertmeister der Herzoglichen Hofkapelle Meiningen. Diese Funktion bekleidete er bis zu seinem Tode 1896. Die Entwicklung des Klangkörpers zu einem europäischen Eliteorchester unter Hans von Bülows Leitung, insbesondere die Konzertreisen der Hofkapelle von 1881 bis 1885 durch Zentraleuropa mit den Musterinterpretationen vor allem Beethovenscher und Brahmsscher Sinfonik, gestaltete Fleischhauer in führender Orchesterposition, als Solist und Kammermusiker entscheidend mit. Ab 1872 ist Fleischhauers Kontakt zu Wagner nachweisbar, als dieser sich in Bayreuth niedergelassen hatte und eine größere Anzahl Mitglieder der Meininger Hofkapelle zur Mitwirkung in der Aufführung der 9. Sinfonie Ludwig van Beethovens am 22. Mai zur Grundsteinlegung für sein Festspielhaus einlud. Zudem wurde Fleischhauer von Wagner auch mehrfach zu Privatkonzerten nach Bayreuth eingeladen, z. B. mit Joseph Rubinstein oder mit seinen Meininger Streichquartett-Kollegen.[281] Zwei Jahre später, am 28. Juni 1874, fragte Wagner bei dem Meininger Hofkapellmeister Emil Büchner an: „Da ich das Orchester zu Aufführung meines Nibelungenwerkes in Bayreuth größtentheils aus den vorzüglichsten Musikern derjenigen Hoforchester, welche im Sommer länger Ferien haben, zusammenzusetzen beabsichtige, erstreckt sich mein Wunsch [...] auch auf das mir als so vorzüglich gerühmte Hoforchester in Meiningen“.[282] Diesem Brief Wagners war offenbar schon eine Vorabsprache zwischen Wagner und Fleischhauer vorausgegangen,[283] d. h., die Tuchfühlung zur Meininger Hofkapelle lief zunächst inoffiziell, denn Wagner wollte die Musiker in den Sommermonaten beschäftigen, also außerhalb der Konzertsaison bei Hofe, die vom 1. Oktober bis zum 15. April des Folgejahres währte. Nur für diesen Zeitraum war ihre Gage berechnet. Während des Sommerhalbjahres hatten sich die Hofkapellmitglieder privat um Verdienstmöglichkeiten zu bemühen. Wagner benötigte die Musiker bereits 1875 vom 1. bis 15. August „zu einer ersten Durchlesung der Stimmen in Bayreuth“ und 1876 vom 1. Juni bis zur 3. Augustwoche und glaubte „der nöthigsten Billigkeit und Entschädigung für Reise und Aufenthalt zu entsprechen“,[284] wenn er jedem Kapellisten 50 Taler pro Monat zahlte. Allerdings nahm Wagner irrtümlich an, die Hofmusiker bekämen „während dieser Zeit fortlaufende Gagen von ihren Direktionen“. Hatte er im Juni 1874 noch darum gebeten, der Meininger Hofkapellmeister wolle ihm „gütigst diejenigen Künstler [...] bezeichnen, welche Sie als in jeder Hinsicht am tüchtigsten mir vorzuschlagen hätten“, benannte er im Januar 1875 seinen Wunsch sehr konkret und umfangreich. Demnach handelte es sich um „6 erste Violinen (mit Konzertmeister Fleischhauer) 3 zweite Violinen 2 Vla, 2 Vc, 2 Cb, 2 Fl, 1 Ob, 1 Cl, 2 Fg, 1 (noch mehr?) Hörner, 1 Tr, 2 Pos (wäre sehr lieb, wenn noch ein Dritter, wegen Vollständigkeit), 1 Tr (willkommen als Rührtrommel.)“, insgesamt also 26 Musiker.

Auf größte Sparsamkeit angewiesen, konnte Wagner weder Sängern noch Musikern Honorare zahlen. Die 50 Taler pro Monat kamen für die Musiker nur einer Aufwandsentschädigung bei völligem Verdienstausfall gleich. So verwundert es nicht, dass etliche Kapellisten im Hofmarschallamt gegen die quasi unbezahlte Entsendung nach Bayreuth Einspruch erhoben. Doch es sollte für die Meininger Musiker noch schlimmer kommen. Am 5. September 1874 brach im Meininger Stadtzentrum ein Brand aus, der große Teile der Altstadt vernichtete. Wenngleich Menschenleben nicht zu beklagen waren, zählten auch Musiker der Hofkapelle zu den Brandopfern, welche mit der Wohnung sowohl ihre privaten als auch Instrumente aus Kapell-, sprich herzoglichem Besitz verloren hatten. Am 13. Oktober teilte Cosima Wagner dem Meininger Hofkapellmeister zudem mit, dass ihr Mann für die Festspiele die Pariser Stimmung wünsche.

In dem Maße, wie mit der Entwicklung des bürgerlichen Konzertwesens im 19. Jahrhundert der Austausch von Musikern, Sängern, Orchestern zunahm, machte sich immer nachteiliger bemerkbar, dass jedes Orchester die Höhe seines Kammertones relativ willkürlich festlegte und der Stimmton a' mehr und mehr in die Höhe getrieben wurde. Insbesondere Sänger, die durch derartige Gepflogenheiten in immer höhere Stimmlagen getrieben wurden, machten mobil. In der Mailänder Scala lag der Kammerton a' z. B. bei 451 Hertz, in der Wiener Oper 1861 sogar bei 466 Hertz. In Paris dagegen waren seit 1859 435 Hertz üblich. Dieser bis zu einem Halbton tiefere Kammerton setzte sich zwar nur allmählich, in den sechziger Jahren aber konsequent an allen großen Orchestern durch. Die Umstellung brauchte deshalb Zeit, weil die Streichinstrumente zwar nahezu beliebig höher oder tiefer einzustimmen waren, nicht aber die Blasinstrumente. Diese können, da ihre Stimmtonhöhe von der Länge der inneren Luftsäule, in gewisser Weise auch von den Abständen und der Größe der Grifflöcher abhängt, vom Musiker nur geringfügig zur Höhe, nicht aber zur Tiefe hin korrigiert werden. Deshalb mussten Blasinstrumente, die für einen hohen Kammerton gebaut waren, zwecks Umstellung auf die tiefere Pariser Stimmung neu gebaut werden.

Herzog Georg II. war durch seinen Hofmarschall über die Bayreuther Angelegenheit auf dem Laufenden gehalten worden, und Wagner fühlte sich „hochgeehrt und tief erfreut" durch bzw. über die Teilnahme, die der Herzog „in so gnädiger Weise seinem Unternehmen bekundet", wie Cosima Wagner mitteilte. Doch jetzt nahm die Sache Dimensionen an, die den Herzog veranlassten, in seiner ohnehin brisanten Situation eine weitere Eskalation abzuwenden.

Doch bevor die diesbezüglichen Entwicklungen am Meininger Hof näher ins Blickfeld rücken, zunächst nach Berlin in das Jahr 1855. Hier hatte Hans von Bülow am 1. April

Cosima Wagner (1837–1930) in Witwentracht, nach 1883

als Klavierlehrer die Nachfolge Theodor Kullaks am Sternschen Konservatorium angetreten und u. a. dessen Schülerin Ellen Franz übernommen. Die 16-Jährige war die Tochter des Direktors der kgl. Handelsschule zu Berlin Dr. Hermann Franz und der englischen Lady Sarah Grant. Sie wuchs in Berliner Intellektuellen- und Künstlerkreisen auf und verkehrte im Hause Bülow. Wenige Monate später bat Franz Liszt Bülows Mutter darum, seine beiden Töchter Blandine und Cosima, die bisher in Paris erzogen worden waren, in ihre Obhut und Erziehung zu übernehmen. Im Jahr darauf hielt Bülow bei Liszt um die Hand seiner Tochter Cosima an und 1857 wurden sie ein Paar. Im Jahre 1900 schrieb Cosima, sich jener frühen gemeinsamen Jahre erinnernd: „Wir waren Beide fremd in der preussischen Hauptstadt, waren uns dessen nicht bewusst, aber wir zauberten uns durch unser gegenseitiges Mitfühlen eine Heimath für sich."[285] In dieser „Heimath für sich" befreundeten sich die beiden jungen Frauen eng, genossen Bülows Unterricht, erlebten Erfolge und Fehlschläge seiner Berliner Konzerte. Gemeinsam mit ihrem Mann und ihrem Vater bewunderte

Ellen Franz (1839–1923) in der Rolle der Leonore in Goethes „Torquato Tasso", Ölgemälde von Oscar Begas, um 1870

Cosima das Schauspieltalent der zwei Jahre jüngeren Freundin, und sie überzeugten deren Eltern, es professionell ausbilden zu lassen. Bis zu ihrem ersten Engagement in Gotha im Jahre 1860 dürfte Ellen das nicht immer glückliche Zusammenleben von Hans und Cosima unmittelbar erlebt haben. Cosima blieb Ellens nahe Vertraute und mütterliche Ratgeberin, auch als deren überaus erfolgreiche Schauspielkarriere sie nach Stettin, Oldenburg und Mannheim führte. Bis zu Cosimas Wegzug aus Berlin und ihrer Hinwendung und Liebe zu Wagner war Ellen Franz eine wesentliche Bezugsperson, der sie ihre Gedanken anvertraute und von der sie sich verstanden fühlte. Alle Liebe, deren das Herz und die Seele dieser jungen Frau nach ihrer schweren Kindheit fähig waren, projizierte sie auf die Freundin. Ellen wusste als einziger Mensch auch um Cosimas Geheimnis von den gegenseitigen Liebesschwüren auf der ominösen Kutschfahrt mit Wagner am 28. November 1863. Die in Meiningen erhalten gebliebenen Briefe Cosimas an Ellen Franz, spätere Helene von Heldburg, deren Veröffentlichung sich durch die beiden Verfasserinnen in Vorbereitung befindet, dokumentieren diese bedeutsame, bisher in keiner Cosima-Biografie behandelte Freundschaft.

Briefe von Ellen Franz an Cosima sind offenbar nicht erhalten geblieben. Unbekannt ist ebenfalls, ob Briefe aus Cosimas Münchner und Tribschener Zeit an Ellen Franz existierten, ob sie verlorengingen oder – was wohl wahrscheinlicher ist – ob es dem dramatischen, schicksalhaften Strudel der Ereignisse im Leben beider Frauen geschuldet ist, dass sie sich zwar nicht aus den Augen verloren, dass sie aber einander nicht mehr so dringend bedurften.

Wie sich Cosimas Leben ab 1865 gestaltete, muss hier nicht ausgeführt werden. Ellen Franz wurde 1867 von Friedrich von Bodenstedt,[286] dem Intendanten des Meininger Hofschauspiels und bekannten Shakespeare-Übersetzer, an das Herzogliche Hoftheater engagiert. Ein Jahr zuvor hatte es in dieser kleinen Residenzstadt einen von dramatischen Begleitumständen verursachten Regierungswechsel gegeben. Otto von Bismarck machte den Fortbestand des Herzogtums Sachsen-Meiningen davon abhängig, dass der regierende Herzog Bernhard II. wegen seiner Bündnistreue zu Österreich und gegen Preußen im 1866er Krieg zurücktrat. Doch der Nachfolger, sein Sohn Erbprinz Georg, der seine Militärausbildung in Preußen absolviert und in erster Ehe sehr glücklich mit der peußischen Prinzessin Charlotte verheiratet gewesen war, sollte sich in seiner fast fünf Jahrzehnte währenden Regierungszeit bis 1914 als ein Glücksfall für sein Land, vor allem aber für die deutsche Theater- und Musikgeschichte erweisen. Unmittelbar nach seinem Regierungsantritt im September 1866 löste er das noch in der Entwicklung begriffene Operntheater seines Vaters zugunsten des Schauspiels auf, das er zu einer deutschen Shakespeare-Bühne profilieren wollte.[287] Deshalb berief er Bodenstedt nach Meiningen. Der Ausbruch des Deutsch-Französischen Krieges 1870/71 verzögerte das für diesen Zeitraum geplante erste Berlin-Gastspiel des Meininger Hofschauspiels. Bevor sich jedoch am 1. Mai 1874 endlich im Berliner Friedrich-Wilhelmstädtischen Theater (heute Deutsches Theater) der Vorhang zum ersten Meininger Gastspiel mit der „Julius-Cäsar"-Inszenierung in der noch jungen deutschen Reichshauptstadt hob, war es ein Jahr zuvor abermals zu einem neuen dramatischen und folgenschweren „Eklat" am Meininger Hof gekommen.

Georg II. hatte nach dem Tod seiner ersten Frau im Jahre 1855 – aus dieser Ehe gingen der Erbprinz Bernhard und Georgs einzige Tochter Prinzessin Marie Elisabeth hervor – 1858 mehr aus Vernunftgründen als aus tiefer Zuneigung Prinzessin Feodore von Hohenlohe-Langenburg geheiratet. Dieser Ehe entsprossen die Söhne Prinz Ernst und Prinz Friedrich. Georg II. verliebte sich schon Ende der sechziger

Jahre in die Schauspielerin Ellen Franz. Ihr Kollege Max Grube (1854–1934) charakterisierte sie in seinen „Jugenderinnerungen eines Glückskindes“ wie folgt: „Ich habe niemals wieder, selbst nicht im Théatre Français, eine so vollkommene Elmire [in „Tartuffe“ von Moliere] gesehen wie die von Ellen Franz. So geistreich sie erschien, so fühlte man doch einen Unterton wahrhafter Herzensgüte. Und noch eins besaß sie – einen bestrickenden Zauber der Stimme und eine Redekunst, [...], der die Worte [...] von den Lippen glitten wie eine sauber aufgereihte Perlenschnur. Ellen Franz war nicht gerade schön zu nennen, aber außer ihrer schlanken, vornehmen Figur fesselten ein Paar voller dunkler Augen.“

Herzog Bernhard II. blieb die Liaison seines Sohnes nicht verborgen. Er missbilligte sie so sehr, dass er, als seine Schwiegertochter Feodore im Februar 1872 gestorben war, nichts unversucht ließ, eine unstandesgemäße und aus seiner Sicht unsittliche Verheiratung seines Sohnes mit der Schauspielerin zu hintertreiben. Georg II. aber trat beherzt die Flucht nach vorne an, vorverlegte die für Mai geplante Eheschließung kurzerhand auf den 19. März 1873. Anschließend ließ er persönlich die überstürzte heimliche Hochzeit und die Erhebung seiner Frau in den Adelsstand mit ihrem neuen Namen Freifrau Helene von Heldburg in der Meininger Tageszeitung bekanntgeben und begab sich auf Hochzeitsreise zu seiner Villa Carlotta am Comer See, die – welch sinniger Zufall – am jenseitigen Ufer von Cosimas Geburtsort Bellagio lag.

Mit dieser Heirat beschwor Georg II. nicht nur ein vollständiges Zerwürfnis mit seinem Vater herauf, auch seine Mutter und die beiden älteren Kinder gingen zunächst zu ihm auf Distanz. Herzog Bernhard schürte bei Hofe und in der Residenzstadt den Widerstand immer energischer und mit unlauteren Mitteln, ja, er betrieb sogar die zwangsweise Abdankung seines Sohnes, was bedeutete, dass der Aufruhr gegen diese Ehe bis ins deutsche Kaiserhaus nach Berlin getragen wurde. Vor diesem Hintergrund wird verständlich, unter welchem Druck für Georg und Helene ein Jahr darauf das erste Gastspiel ihres Hofschauspiel-Ensembles in Berlin stand und welchen alles entscheidenden Durchbruch es bedeutete, dass dieses Gastspiel erfolgreich war und z. B. nicht nur von vier auf sechs Wochen verlängert, sondern auch ein zweites Gastspiel für das Frühjahr 1875 vereinbart werden konnte.[288] Den Auftakt dieses zweiten Berliner Gastspiels, die Inszenierung der „Hermannsschlacht“ von Kleist am 17. April 1875, wiederum im Friedrich-Wilhelmstädtischen Theater, erlebten Richard und

Herzog Georg II. von Sachsen-Meiningen (1826–1914), Ölgemälde von Hans Fechner aus dem Nachlass Max Regers

Cosima Wagner, die tags zuvor in Berlin eingetroffen waren, weil Wagner dort zwei Konzerte zugunsten des Bayreuther Festspielfonds dirigieren wollte. Wagners Interesse an dieser Aufführung galt, wie Oswald Georg Bauer schreibt, „vorzüglich den aufführungsästhetischen Aspekten [...], denn vor ihm lag die große Aufgabe der künstlerischen Gesamtleitung der ersten Festspiele im kommenden Jahr“.[289] Besondere Aufmerksamkeit schenkte Wagner den Kostümen, denn in seiner Begleitung befand sich Professor Carl Emil Doepler, den er mit Entwurf und Gestaltung der „Ring“-Kostüme beauftragt hatte, vor allem aber dem Meininger Bühnenbild, das die Coburger Brüder Max und Gotthold Brückner nach Entwurfszeichnungen Georgs II. gefertigt hatten, denn sie waren von Wagner auch mit der ersten „Ring“-Ausstattung betraut worden.

Unmittelbar nach seiner Eheschließung mit Helene Franz hatte Georg II. verfügt, das Hofschauspiel und die Hofkapelle in sein persönliches Eigentum zu übernehmen, was bedeutete, dass er nicht nur beide Ensembles aus seiner Privatschatulle finanzierte, sondern auch das letzte Wort in Personal-, Spiel- und Gastspielplangestaltung hatte. Deshalb wurde Wagners Forderung nach der Pariser Stimmung im Herbst 1874 zur Chefsache, denn es ging um die Anschaffung von 22 neuen Blasinstrumenten[290] im Gesamtwert von 2760 Gulden, die binnen kürzester Zeit von den besten europäischen Instrumentenbauern gefertigt werden sollten.

Hans von Bülow,
Fotografie, um 1888

„Wir bemerken ausdrücklich", hieß es in dem Schreiben des Meininger Hofmarschallamtes an die Auftragnehmer, „daß das Vorzüglichste was die heutige Technik leistet, bei diesen Instrumenten beansprucht wird". Die Zeit war knapp, denn die Kostenvoranschläge lagen erst Ende November 1874 vor, die Aufträge ergingen bis 12. Dezember, und bis Ende Januar 1875 sollten die neuen Instrumente eintreffen, damit die Musiker bis zum Ende der Saison am 15. April noch Zeit hätten, sie zu begutachten und für den Einsatz in Bayreuth einzuspielen. Für die Sommerbeschäftigung standen den Musikern die herzoglichen Instrumente nicht zur Verfügung.

Die Erneuerung des Hofkapell-Instrumentariums erwies sich jedoch als weitaus komplizierter und zeitaufwendiger als gedacht. Allein die Beschaffung der Stimmgabeln mit dem allgemein verbindlichen a', welche von den Instrumentenbauern verlangt wurde, erwies sich als Problem. Die aus Leipzig kommende und von Büchner an Wagner geschickte Stimmgabel befand dieser $^{1}/_{5}$ Ton zu tief, weswegen er empfahl, für die Meininger Hofkapelle das Mittel aus den Tonhöhen der Leipziger, Münchner, Weimarer und Coburger Kapellen zu bestimmen. Als dann im Februar z. B. die vier Hörner von der Firma E. Lorenz aus Braunschweig eintrafen und von vier Meininger Hornisten begutachtet wurden, fiel deren Urteil vernichtend aus: Die „Hörner entbehren des frischen, sangbaren Tones, der im Piano sogar in ein Saußen und Zischen übergeht, die Contratöne C-G sind stumpf und klanglos. Auf den hohen Stimmungen sprechen die oberen Töne schwer an, und sind unsicher, die unteren c'-g sind zu hoch [...]. Für die Dauerhaftigkeit der Instrumente ist auch zu fürchten, da sich überall Brüche im Messing zeigen."[291] Allerdings gab es für andere Instrumente und Instrumentenbauer auch Lob. So bescheinigt der Hofkapellist Anton Kirchhoff den von Georg Ottensteiner gelieferten beiden Oboen: „[...] kann ich mit gutem Gewissen behaupten, daß die beiden Oboen gut gearbeitet und gut im Ton sind".[292] Dennoch zogen sich die Reklamationen, Auslieferungen und Qualitätsdiskussionen zwischen den Meininger Musikern, dem Hofmarschallamt und den Instrumentenbauern bis Ende Juli 1875 hin, also bis zur Abreise nach Bayreuth. Zwei Meininger Musiker nahmen übrigens im Festspielorchester besonders ehrenvolle Plätze ein: Friedhold Fleischhauer teilte sich mit Professor August Wilhelmy das erste Pult der Violinen und Richard Mühlfeld fungierte als 1. Klarinettist. Georg II. sorgte vor der Abreise der Musiker für klare Verhältnisse, indem er seinen Oberhofmarschall anwies, den Hofkapellmeister Büchner darauf aufmerksam zu machen, „daß der Concertmeister Fleischhauer ihn bezüglich der Disziplinverhältnisse während des Gastspiels in Bayreuth zu vertreten hat, so zwar, daß es ihm zur Pflicht gemacht wird, das Dienstreglement für die Herzogliche Hofkapelle in seinem Umfange daselbst aufrecht zu erhalten, da die Mitglieder sich dort keineswegs auf Urlaub sondern in herzoglichen Diensten befinden".[293]

Je erfolgreicher die Gastspielreisen des Hofschauspiels waren, desto intensiver dachte Georg II. über das dahinter immer deutlicher zurückbleibende Niveau seiner Hofkapelle nach. Mit dem noch von seinem Vater berufenen Hofkapellmeister Emil Büchner war er denkbar unzufrieden. Das bekam Büchner um so deutlicher zu spüren, nachdem Ellen von Heldburg im Oktober 1873 ihren ehemaligen Klavierlehrer Hans von Bülow in die Meininger Residenz eingeladen und gebeten hatte, ihr und dem Herzog ein Privatkonzert mit Sonaten von Beethoven zu gewähren. „Solange ich lebe, werde ich nicht den letzten Satz ihrer Sonate von Beethoven vergessen. Ich sage: Ihrer Sonate, denn ich möchte sie nie wieder von einem anderen hören!"[294] Bülow, der sich für die Theaterarbeit Georgs II. interessierte, bekannte gegenüber Helene von Heldburg schon damals:

„Ich habe allerhand artistisch-revolutionäre Dinge im Kopfe, deren Durchsetzung mir noch weit wichtiger ist, als das leider selbstverständliche make money." Bülow konnte 1873 nach den tragischen Turbulenzen seiner Münchner Lebenskrise und nach vorsichtiger körperlicher Rekonvaleszenz während seines zweijährigen Italien-Aufenthaltes, vor allem aber nach einem quälenden musikalischen Läuterungsprozess, endlich wieder nach vorn denken und „artistisch-revolutionäre Dinge" im Kopf bewegen, und es belastete seine wunde Psyche nicht, in Meiningen der einstigen Intimfreundin seiner geschiedenen Frau zu begegnen. Er fühlte sich wohl in der gebildeten, geistig anregenden Atmosphäre und der gediegenen Bürgerlichkeit, die Georg und Helene in Schloss Elisabethenburg pflegten. Drei Monate später verbrachte er sogar das Weihnachtsfest gemeinsam mit dem Herzogspaar und dirigierte am 28. Dezember zum ersten Mal die Meininger Hofkapelle. Es standen Werke von Bach und Beethoven auf dem Programm, Bülow spielte u. a. Bachs Chromatische Fantasie und Fuge d-Moll (BWV 903) und Beethovens Klavierkonzert Es-Dur op. 73; der Erlös kam dem in Eisenach geplanten Bach-Denkmal zugute. Bülows erster Eindruck von der herzoglichen Kapelle war offenbar vorzüglich, denn er schrieb: „Es war prachtvoll, wie selten etwas. Die Eroica ging mit einer Weihe, einem Feuer, wie selten vorgekommen sein mag – überhaupt Alles war flecklos, der Enthusiasmus bei Ausführenden wie Zuhörenden wahrhaft meridional."[295]

Dieses Konzert hatte dem Herzog bewiesen, welches Leistungsvermögen in seiner Kapelle schlummerte. Und nun, 1874, bot sich ihm die Gelegenheit, seine Musiker dem hohen musikalischen Anspruchsniveau Wagners anzuvertrauen. Deshalb konnte es für Georg II. im Herbst 1874 keine andere Möglichkeit geben, als die „Bayreuth-Angelegenheit" zur Chefsache zu erklären. Auch die Musiker, die den wenig leistungsorientierten und bequemen Orchesteralltag unter Emil Büchners Leitung gewöhnt waren, spürten den neuen, anspornenden Geist, den Bülows Konzert und die Einladung nach Bayreuth verhieß. So widerwillig sie dem Machtwort ihres Dienstherrn Georg II. folgten, ihre Sommerverpflichtungen zum Gelderwerb zu unterbrechen, geschlossene Verträge mit Bäderkapellen umzudisponieren und Einbußen hinnehmen zu müssen, so überwältigt verinnerlichten die Musiker im August etwas davon, das Franz Liszt so formulierte, als er die Vorproben 1875 in Bayreuth erlebt hatte: „Der Ring des Nibelungen [...] überragt und beherrscht unsere ganze Kunstepoche wie der Montblanc die übrigen Gebirge." Die Meininger Musiker spürten etwas von dem großen Reformhauch, den ihre Kollegen vom Meininger Hofschauspiel während ihres triumphalen ersten Gastspiels im Vorjahr in Berlin erlebt hatten. Die Arbeit unter dem Dirigenten Hans Richter und unter Wagner begeisterte sie und spornte sie an. „Das Orchester spielte wie aus einem Guß und malte die – einstweilen der Phantasie des Zuschauers zu ergänzen überlassene – Aktion in so vorzüglicher Weise, daß Richard Wagner selbst wiederholt in laute Anerkennung ausbrach", berichtet der Wagner-Biograf Friedrich Glasenapp über diese Wochen. „Das Orchester war besonders im ‚Walküren-Akt' und im ‚Feuerzauber' untadelig. Am Ende des ersten Aktes fand die Begeisterung kein Ende mehr." Diese Atmosphäre und Arbeitserfolge waren für Wagner insbesondere deshalb von entscheidender Bedeutung, als hier zum ersten Mal die Akustik des neuen Hauses und vor allem der ungewöhnliche Orchestergraben mit seinen bis unter die Bühne hin absteigenden Terrassen, der von Wagner so bezeichnete „mystische Abgrund", ihre Feuertaufe glänzend bestanden. Und die Meininger Musiker konnten von sich sagen: Wir sind dabeigewesen.

Am Ende der ersten Festspiele widerfuhr Friedhold Fleischhauer eine besondere Ehre: Richard Wagner schenkte ihm als Dank die Partiturabschrift seiner „Walküre".[296]

Ob Georg II. und Helene von Wagners Besuch der „Hermannsschlacht" in Berlin erfuhren, ist nicht bekannt. Fakt ist aber, dass die sensationellen Berlin-Gastspiele der „Meininger" das Fürstenpaar ermutigten, neue Herausforderungen ins Auge zu fassen, nämlich ein Gastspiel in der Kulturmetropole der Deutschen, in Wien. Das war ein derartig gewagtes künstlerisches wie politisches Vorhaben, dass Georg und Helene hierfür und nur dieses einzige Mal ihr Prinzip, dem eigenen Ensemble niemals auf Gastspielreisen zu folgen, verletzten und am 7. Oktober 1875 inkognito nach Wien aufbrachen, um bis zum 17. November zu bleiben. Der Erfolg gab ihnen recht: Wien öffnete den „Meiningern" das Tor nach Europa.[297] Aber auch für das hier behandelte Thema war der Wien-Aufenthalt des Meininger Herzogspaares von Ausschlag gebender Bedeutung, denn in jenen Herbsttagen weilte auch Wagner mit seiner Familie in Wien, er hatte dort seine „Tannhäuser"-Inszenierung zu betreuen. Sie kamen am 1. November an, und unter dem 2. notierte Cosima in ihrem Tagebuch: „Besuche gemacht; Ellen, jetzt die Gemahlin des Herzogs von Meiningen, seit vierzehn Jahren wiedergesehen; hatte Nachrichten von Hans, so traurig klingt alles, es möchte mir das Herz zerspringen!"[298] Weil „im Grand Hôtel schlimmste Wirtschaft,

Das „Nibelungen-orchester Bayreuth“ mit 116 Einzelfotografien, 1876

alles durcheinander“ war, zog die Familie Wagner zwei Tage später ins Hôtel Imperial, in welchem auch Georg und Helene abgestiegen waren. Obwohl das Meininger Schauspielensemble zu einem Gastspiel vom 3. bis 19. November nach Budapest weiterreiste, blieb das Herzogspaar in Wien. Wollten sich Ellen und Cosima endlich wiedersehen oder beabsichtigte Georg II. Wagner endlich persönlich kennenzulernen? Am 16. November, dem Vorabend ihrer Abreise, lud der Herzog das Ehepaar Wagner zu einem Diner ein. Cosima dazu in ihrem Tagebuch: „R. findet in ihm den ausgesprochenen Typus des alten Wettiner Hauses, etwas Festes, Abgeschlossenes, Markiges in den Zügen, was man gut bis auf Wittekind zurückführen könnte – was in früheren Zeiten sich sehr gut ausgenommen, in die heutigen Verhältnisse eingeklemmt fast in Tücke entarten könnte. R. findet den Fürsten dadurch höchst interessant. Er entwickelt ihm seine Idee über Aufführung des ‚Faust‘; vorläufig wenig Verständnis dafür.“ Zu gegenseitigen Theaterbesuchen kam es in jenen Tagen nicht, denn die „Meininger“ gastierten inzwischen in Budapest und die „Tannhäuser“-Premiere fand nach Georgs Abreise statt. Aber aus Cosimas Hinweis auf das Gespräch über eine „Faust“-Aufführung ist zu schließen, dass es bei dieser ersten persönlichen Begegnung um aktuelle Fragen des Theaterwesens ging. Ganz sicher dürfte es auch um die Entsendung der Meininger Musiker ins Bayreuther Festspielorchester gegangen sein.

Unbeabsichtigt war die Theaterwelt Wiens im Herbst 1875 Schauplatz für zwei unterschiedliche, die Bühnenkunst Europas revolutionierende Konzepte geworden, deren übereinstimmendes Ziel Gesamtkunstwerk hieß. Wagner wollte die besten Künstler der besten Bühnen Deutschlands zu einer Musterbühne vereinen und in seinem Festspielhaus „das beste deutsche Publikum zu rein idealem Zwecke“ zusammenführen. Georg hingegen beabsichtigte in aufwendiger Kleinarbeit Schauspieler in historisch und stilistisch stimmigen, detailreich ausgestatteten Aufführungen zu erziehen und zum Missionieren der Meininger Prinzipien auf europaweiten Gastspielreisen zu befähigen. Noch steht ein umfassender Vergleich von seiten der Musik- und Theaterwissenschaft aus. Soviel lässt sich allerdings festhalten: Während Wagner in weitschweifigen theoretischen Abhandlungen die Ableitung seines Musikdramas aus der historischen Tradition von Oper und Drama publizierte,[299] fehlen von Georg II. jegliche zusammenhängend dargestellten schriftlichen Äußerungen über seine Inszenierungsgrundsätze. Ausgerechnet Hans von Bülow war es, der dafür den Begriff der „Meininger Prinzipien“ prägte.

Allerdings gab es auch Übereinstimmungen in den Auffassungen Georgs und Wagners. Die eigentliche Vollendung seines Musikdramas zum Gesamtkunstwerk sah Wagner in dessen szenischer Realisation. Theater war für Wagner „die Kunst der erhabenen Täuschung“, die sich erfüllte, „wenn dem Zuschauer ein Bild höchster Idealität und Naturwahrheit zugleich vor Augen geführt werde“. Diese „erhabene Täuschung“ setzte für ihn – wie auch für Georg II. – die Gleichwertigkeit und Gleichberechtigung aller Kunstgattungen auf der Buhne voraus. In diesem Punkte sind sich Wagner und Georg wohl am nächsten, in der Forderung nach der totalen Illusion. Indem Wagner das „rein Menschliche“ nur in mythischen, nicht in historischen Stoffen zu erkennen vermochte, waren es für Georg gerade die historischen Dramen. Für den Künstler und Interpreten Georg lautete das wichtigste Credo: Nur das originale Kunstwerk ist von Wert. Der Interpret hat sich diesem unterzuordnen, aber nicht in Demut, sondern in der Verantwortung, es in seinem Inhalt, seinem Wert, seiner Aussage zu erkennen und dem Besucher zu dessen „Freude und Erhebung“ zu vermitteln. Sowohl Georg als auch Wagner verlangten von ihren Darstellern intellektuelle Fähigkeiten und gute Allgemeinbildung, um den geistigen Gehalt einer Rolle und den dramaturgischen Aufbau der Handlung erfassen zu können. Für Wagner war der Darsteller wichtiger als der Sänger. Daher verbot sich für die Meininger wie auch die Bayreuther Bühne jegliches Virtuosentum im Rampenlicht für das Publikum, weil es die Kommunikation der Darsteller störe und die Handlung unsinnig erscheinen ließe. Der Bayreuther Meister war dem Meininger Regenten allerdings in einem wesentlichen Punkt unterlegen. Was Wagner für die Kostümgestaltung und szenische Umsetzung im Bühnenraum nur vage zu umschreiben vermochte und was nicht selten für ihn zu Komplikationen führte, konnte Georg II. bis ins letzte Detail zeichnerisch konzipieren, arrangieren und plausibel skizzieren. Das erleichterte ihm die Zusammenarbeit mit Bühnen-, Kostüm-, Maskenbildnern und Werkstätten enorm. Eine weitere Übereinstimmung gab es hingegen in ihren Auffassungen hinsichtlich von Massenszenen. Ein Ensemble solle nicht eine Einheit, sondern eine Vielheit einzelner Glieder, also von Individualisten sein. Wagner behandelte seine Choristen ebenso als Einzeldarsteller wie Georg seine Statisten. Sie seien nicht Füllmaterial für die Bühne, sondern ein dramatisches Mittel zum lebendigen Bühnenorganismus. Wagner verlangte für seine Chorsänger sogar gründlichen Elementarunterricht in Musik sowie eine körperliche Ausbildung in Tanzen und Fechten.

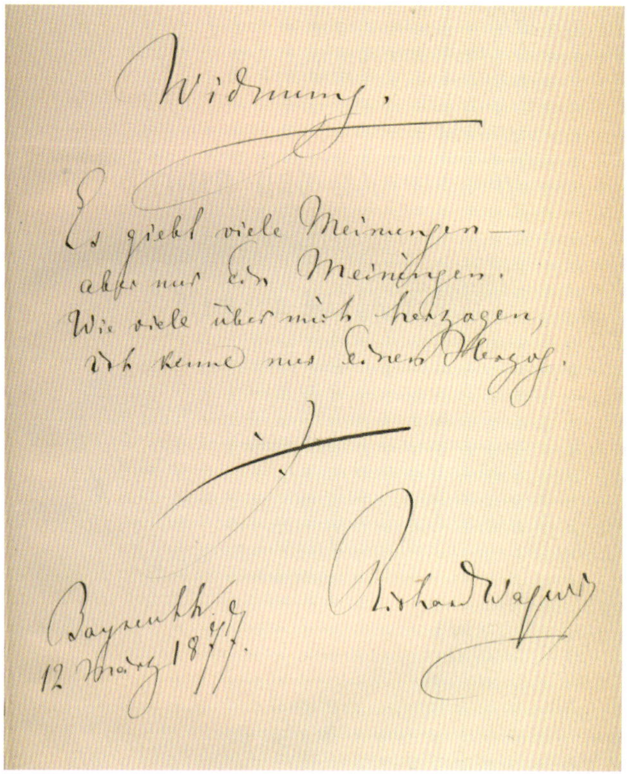

Widmung.

Es giebt viele Meinungen –
aber nur ein Meiningen.
Wie viele über mich herzogen,
ich kenne nur Einen Herzog.

Richard Wagner

Bayreuth
12 März 1877.

„Es giebt viele Meinungen – aber nur ein Meiningen. Wie viele über mich herzogen, ich kenne nur Einen Herzog." Widmung Richard Wagners an Georg II. von Sachsen-Meiningen in den „Gesammelten Schriften und Dichtungen", Bd. 1, Leipzig 1877

Es mag paradox sein, festzustellen, dass sich Wagner und Georg sogar in ihrer Beurteilung der Rolle der Musik im Drama nahe waren. Nach des Komponisten Auffassung diene die Musik im Drama als Kommentierung und Steuerung innerer wie äußerer Vorgänge der Handlung, sie diene dazu, psychologische Hintergründe darzustellen, seelische Zustände und Emotionen der Handlungsträger zu veranschaulichen. Man könnte schwerlich Georgs Inszenierungswerk ein Gesamtkunstwerk nennen, wenn er nicht auch Musik einbezogen hätte. Selbstverständlich lebt das Schauspiel zuerst vom Wort. Dennoch sind Bühnenmusiken für ihn unverzichtbar,[300] eben weil er ihnen dort, wo er sie einsetzt, genau die Funktion zuerkennt, die Wagner auch für sein Musikdrama postulierte.

Nicht zuletzt lassen sich Übereinstimmungen zwischen den beiden Pionieren des Gesamtkunstwerks auch in ihrer Ansicht über die Aufgabenfelder eines Regisseurs festmachen. Georg wird als bleibendes theatergeschichtliches Verdienst zuerkannt, das moderne Regietheater begründet zu haben. Und Wagner gilt als der Erste, der selbstständige Opernregisseure, also eine Trennung von Kapellmeister- und Regiezuständigkeiten, forderte. Das übergreifende Ziel jedoch, die eigentliche neue Qualität, die von beiden Regietheatern erreicht wurde und die von revolutionierender Wirkung auf das damalige Theaterwesen in Europa war, bestand in dem Streben nach einer einheitlichen Stilistik der Inszenierung, die sich aus dem Werk ergab und die mit bisher nicht gekannter Konsequenz bis in jedes Detail in Meiningen wie in Bayreuth umgesetzt bzw. umzusetzen versucht wurde.

Als Georg und Helene im Herbst 1879 mit Hans von Bülow über seine Berufung an die Spitze der Meininger Hofkapelle verhandelten, beschrieb dieser seine „artistisch-revolutionären" Pläne wie folgt: „Gewissermaßen gehöre ich der Meininger Schule an, habe es mir, theils instinktiv, theils vorsätzlich angelegen sein lassen, die Meininger Prinzipien in meiner Kunstsphäre zur Geltung zu bringen."[301] Er glaube die verlockende Aussicht zu haben, „im Sinne des erlauchten Reformators der dramatischen Darstellungskunst als Intendant der Hofmusik kunstwürdige Musikaufführungen zu Stande zu bringen". Bülow wollte sehr bewusst und zielgerichtet die Prinzipien der Meininger Schauspielarbeit auf seine Arbeit mit dem Orchester übertragen und tat es dann auch. „Ich arbeite nach den Meininger Prinzipien: Separatproben von Bläsern und Streichern, letztere subdividirt in 1. und 2. Geigen, Violen, Celli und Bässe. Jede dynamische Nüance wird studirt, jeder Bogenstrich, jedes Staccato genau gleichmäßig vorgezeichnet, musikalische Phrasierung und Interpunktion in jedem Detail probirt. In der Kunst gibt es keine Bagatellen, ist meine Maxime."[302] Und wenn Bülow seinem künftigen Dienstherrn in besagtem Brief von 1879 auseinandersetzt, eine Beethovensche Sinfonie sei nach seiner „Auffassung ein Drama für die hörende Phantasie", die Musiker demzufolge als „Hörspieler" bezeichnet, wenn er von „den einzelnen Instrumenten zuerteilten R o l l e n" schreibt und wenn er „Theilproben als unerlässlich" ansieht, „weil nur auf diesem Wege der Einzelne [der Musiker] zum Bewusstsein seiner Aufgabe und zur Erkenntnis des Kunstwerks überhaupt" gelange, dann wird klar, dass er mit seiner angestrebten Meininger Orchester- und Interpretationsreform zugleich partiell eine Synthese von Bayreuther und Meininger Inszenierungsprinzipien herstellte. Das wird deutlich während der Vorbereitung auf die Doppelaufführung der 9. Sinfonie von Beethoven im Dezember 1880 im Meininger Hoftheater. Für Bülow und Georg II. diente hierzu Wagners Artikel „Bericht über die Aufführung der IX. Symphonie von Beethoven im Jahre 1846 in Dresden"[303] als Anleitung. Darauf weist nicht nur die Korrespondenz zwischen beiden hin, sondern auch Randbemerkungen wie „mit Bülow conferiren" und Unterstreichungen von Georgs Hand in besagtem Artikel.

Der erwähnte Artikel Wagners mit den handschriftlichen Einträgen des Herzogs befindet sich in der Erstausgabe seiner 1871–1873 erschienenen „Sämtlichen Schriften", die er dem Herzog im März 1877 mit folgender Widmung geschenkt hatte: „Es giebt viele Meinungen – aber nur ein Meiningen. Wie viele über mich herzogen, ich kenne nur Einen Herzog"[304].

Georg II. engagierte sich seit seiner Übernahme der Theaterleitung nachhaltig für die norwegischen Dramatiker Björnstjerne Björnson und Henrik Ibsen, und er kann für sich in Anspruch nehmen, sich als erster deutscher Intendant mit frühen bzw. deutschen Erstaufführungen zielstrebig für die gesellschaftskritischen Dramen Ibsens eingesetzt zu haben. In jenem Winter befanden sich „Die Kronprätendenten" in Vorbereitung, zu deren Premiere am 30. Januar 1876 er das Ehepaar Wagner nach Meiningen einlud, denn diese Premiere war nicht nur die deutsche Erstaufführung des Werkes, sondern überhaupt die erste deutsche Aufführung eines Ibsen-Dramas. In seinem Antwortbrief vom 2. Februar 1876[305] bedauerte Wagner seine Absage und kam offenbar noch einmal auf das Zusammentreffen mit den Meininger Herrschaften in Wien zu sprechen, wenn er schrieb: „Jedenfalls glaube ich meine Ansichten über dramatische und theatralische Kunst keinem erleuchteteren Urtheil, als dem Eurer Hoheit, haben vorlegen zu können."

Im Sommer 1876 weilten die 26 eingeladenen Mitglieder der Meininger Hofkapelle, vermutlich erwartungsvoll, aufgeregt und stolz, vom 2. Juni bis zum 31. August abermals in Bayreuth. Dieses Mal erlebten sie den „Ernstfall" mit allen Höhen und Tiefen, Zänkereien, Animositäten, Allüren, aber auch mit bewegender großer Kunst.

Vom 19. bis 25. August folgten Georg und Helene – offenbar auf Zuraten Liszts – der Einladung zum zweiten Aufführungszyklus. „Sind im alten Schloß geräumig u. gut logirt", vermerkte Helene in ihren Kalendernotizen.[306] Unter dem 20. August notierte sie: „Besuche gemacht, bei Wagner's allein angenommen. Cosima angenehmer als in Wien; Wagner sehr artig. –" Am Abend betraten sie erstmals das Festspielhaus und erlebten „Rheingold". „Haus macht Innen einen sehr guten, noblen, einheitl. Eindruck, Gallerie äußerst bequem [...] Rheingold von einigen Längen abgerechnet uns doch sehr gefesselt und interessirt. Leistungen, bis auf d. Regie vortrefflich, Orchester grandios. –" Zur „Walküre", befand Helene, „Niemann 1ten Akt schön gesungen u bewunderungswürdig gespielt [...] Musik oft grandios, oft auch durch große Längen ermüdend." Und dann folgte eine grundlegende Erkenntnis: „Uns fiel auf, dass keine Charakteristik der Personen im Gesang zu liegen scheint, sondern das Orchester die Tonmalerei allein übernimmt." Die Musik im letzten Akt sei „oft überwältigend schön", die Aufführung nur teilweise gut, alles Scenische gelungen bis auf den Walkürenfelsen und Walhall. Von den Darstellern seien der Wotan und die ganze Göttergesellschaft entsetzlich langweilig. – Am Tag darauf kam Liszt ins alte Schloss zu Besuch, „liebensw[ert]. wie immer". Am Nachmittag: „Siegfried. Musikalisch am besten gefallen." Während Brünnhildes Erwachen „ganz schlimmen Eindruck auf uns machte", gab es auch „wundervolle scenische Effekte: 2ter Akt mit Sonnenschein im Walde". Die „Götterdämmerung" am 23. August gefiel den Meininger Herrschaften vom 2. Akt an am besten, musikalisch besonders. „Scenisch u. was Regie betrifft, wohl gelungenste Vorst. Im letzten Akt alle wehmüthig unter Eindruck des Endes. Daniella v. Bülow gesehen." Am 24. August waren Georg und Helene zum Diner in die Villa Wahnfried geladen, „12 Personen, sehr angenehm, nach Tisch 4 jüngste Kinder gesehen. – Blandine Bülow n[icht] s[o] interessant wie Daniella gefunden." Abends während des großen Empfangs bei Wagners „mit Daniella gesprochen, sie eingeladen. Liszt auf Herzog's Bitte 2 mal gespielt. Viele interessante Menschen gesehen."

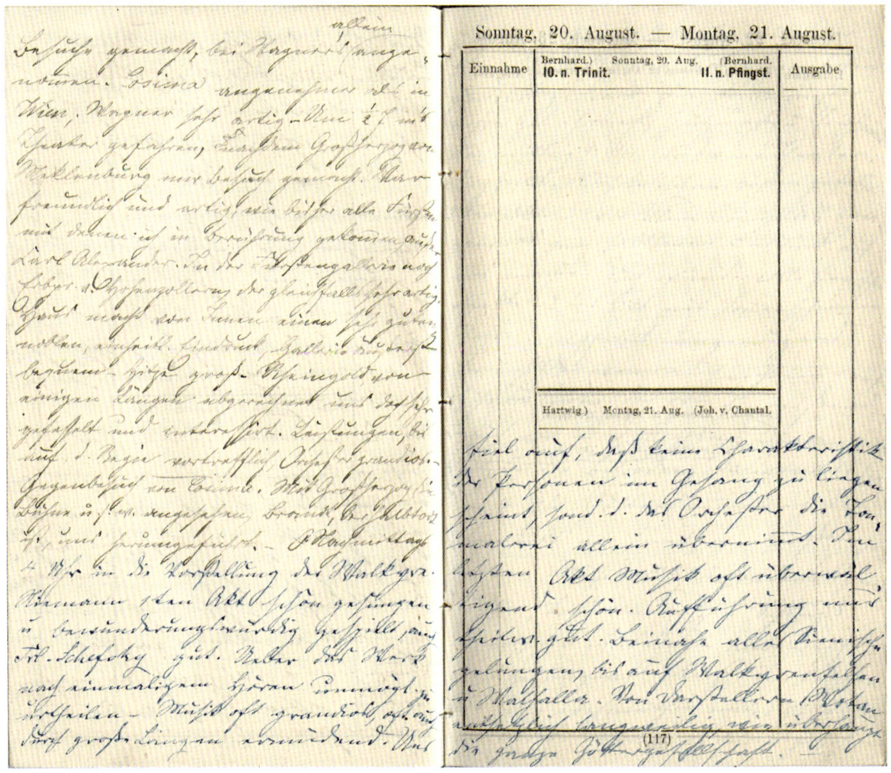

Helene von Heldburgs Kalendernotizen, 1876

Für März 1877 war der Gegenbesuch von Richard und Cosima Wagner in Meiningen angekündigt. Georg und Helene bereiteten das Hofschauspiel gründlich auf diesen Besuch vor. Ab Anfang März hielten sie intensive „Cäsar"-Proben in extra neuer Besetzung. „Volksscenen gehen jetzt über alle Beschreibung gut", notierte Helene in ihren Kalendernotizen, um einen Tag vor Wagners Ankunft selbstzufrieden festzustellen: „Soviel ist sicher – in der Arbeit thut es uns kein Theater d. Welt nach!" – Am 9. März dreiviertel vier Uhr wurden Wagner und Cosima in Meiningen von den fürstlichen Herrschaften im Treppenhaus der Elisabethenburg empfangen. Sie logierten in einer Gästesuite im Hochparterre. Nach einem 5-Uhr-Diner besuchten sie im Hoftheater Vorstellungen von „Esther" und dem „Eingebildeten Kranken". „Cosima in meiner Loge geblieben, Wagner bei Herzog in der großen Hofloge. – Vorstellung schien ihnen wirklich gut zu gefallen, besonders malade imaginaire [...] Vorst. ging enorm flott u lustig", ist in Helenes Notizen zu lesen. Cosima schreibt in ihr Tagebuch, „das Lustspiel vortrefflich gegeben, ‚Esther' recht rührend bei großen Schwächen, ‚die Sentimentalität gut, keine Naivität', sagt R. Abends trinken der Herzog und seine Frau den Tee in unseren Räumen, trauliches heiteres Gespräch."[307]
Am 10. März vormittags besuchten sie gemeinsam eine Orchesterprobe im Marmorsaal des Schlosses. Helene: „Wagner sein Idyll selbst dirigirt u einstudirt, dito s[eine]. Festouvertüre. Idyll mir zu d. Schönsten erschienen, was W. geschrieben." Cosima vermerkt noch unter dem 10. März: „Allerlei Aufmerksamkeiten, Quartett aus Rheingold, Militärmusik,[308] Probe im Schloß vom ‚Idyll' [...] Tafel um 2 Uhr, sehr hübsch. Darauf werde ich von Prinzeß Marie empfangen und von der Herzogin-Mutter, was bei der Feindseligkeit, zwischen beiden Höfen herrschend, sehr außerordentlich erscheint." Am Folgetag wurde Wagner sogar von Herzog Bernhard II. empfangen, „welcher eine scharfe Kritik des Meininger Theaters ausspricht". Bereits am Abend des 10. März fand im Marmorsaal das große Hofkonzert mit Werken von Wagner und Liszt statt, in dem er sein Siegfried-Idyll selbst dirigierte. Er sei, so Helene in ihren Notizen, „von einnehmendster Liebenswürdigkeit gegen alle Welt" gewesen. Eine kurze Unpässlichkeit Wagners beim Souper hatte keine weiteren Folgen für den letzten Besuchstag, an welchem der Herzog seine Gäste durch Meiningen und die Meininger Parks führte. Bei diesem Spaziergang äußerte Wagner laut Cosimas Tagebucheintrag: „Die Werra ist meine Freundin."[309]

Am Abend stand „Julius Cäsar" auf dem Programm. Cosima darüber: „Da Brutus, Cassius, Casca, Cäsar mehr denn mittelmäßig waren, war ich beim Beginn sehr in Sorge wegen R., welcher mit mir neben dem Herzog in der Mittelloge saß; die Ermordung Cäsar's aber, der Antonius (Herr Dettmer aus Dresden), die große Volksscene waren so großartig, dass alles gern dann in Kauf genommen ward [...]". Auch Helene notierte: „Wagner's in wahrer u großer Begeisterung über die Aufführung, d. über alle Maßen aufregte." In ihrem Dankesbrief an Ellen vom 19. März schreibt Cosima sogar, im „Cäsar" gehörten „einige Momente zu den größten Eindrücken unseres Lebens".
Am Morgen des 11. März „in der Nähe der Iden" [in der Nähe des Jahrestages von Cäsars Ermordung] sandte Wagner der Freifrau folgende „sehr hübsche Verse in Hans Sachs'scher Manier" zum Frühstück:

Das Mein und Dein trennt alle Welt,
Ich sage, wie es mir gefällt,
Deiningen lass' ich gerne fahren
Um Meiningen mir zu bewahren!
Da find' ich einen Herzog drin,
Und eine Frau von edlem Sinn,
Die bieten freie Feiertage
Den Müden von des Lebens Plage.
Wer dort, im lieben Herzogsschloss
Gastfreundschaft höchsten Sinns genoss,
Der durfte Schönem sich gesellen,
Der mass fürwahr sein Glück mit Ellen![310]

Wie schon erwähnt, bedankte sich Wagner bei seinen Gastgebern, indem er noch am Tag seiner Abreise die neunbändige Erstausgabe seiner „Gesammelten Schriften" mit einem launig-humorvollen Brief auf den Postweg brachte und dem Herzog seine Aufsätze „Deutsche Kunst und deutsche Politik" sowie „Über Staat und Religion" insbesondere zu lesen empfahl.[311]
Cosima hatte die Meininger Theaterarbeit tiefer und anhaltender beeinflusst als Wagner. Zwar war die Meininger „Cäsar"-Aufführung auch in Bayreuth noch lange Gegenstand ihrer Gespräche und Analysen, aber Wagner konzentrierte sich zunächst auf die Arbeit am „Parsifal".
In Vorbereitung auf Cosimas Geburtstag am 25. Dezember 1878 wagte er, „in einem etwas verwegenen Gesuch", Helene „mit einer so ausschweifenden Bitte" zu behelligen, „ihr hoher Herr Gemahl" möge „in seiner unvergleichlichen Güte" ihm die Hofkapelle für ein Morgenkonzert als Über-

Antonius an der Leiche Cäsars (William Shakespeare: Julius Cäsar, 3. Akt, 2. Szene). Julius Kleinmichel nach einer Skizze von Georg II., aus: „Die Gartenlaube" 14 (1879), S. 236f.

raschung für seine Frau zur Verfügung stellen. Und der Herzog gestattete, dass seine Musiker ihre Familien zu Weihnachten allein ließen, am 23. Dezember nach Bayreuth reisten – Rückreise war am 26. – und dort, wohl als erste Musiker überhaupt, neben Werken Beethovens auch das Vorspiel zu „Parsifal" probten.

Selbstverständlich bildeten die Musiker der Meininger Hofkapelle auch während der zweiten und dritten Bayreuther Festspiele 1882/83 den Stamm des Festspielorchesters. Für die „Parsifal"-Besetzung hatte Wagner sein Auge aber noch auf ein zweites Ensemble aus dem südthüringischen Herzogtum geworfen, zumindest auf die Knabenstimmen aus dem inzwischen deutschlandweit berühmten Salzunger Kirchenchor unter der Leitung von Kirchenmusikdirektor Bernhard Müller. Allerdings stammt die schriftliche Einladung an den Chor von Hermann Levi. Georg, der dem Kirchenchor und dessen Leiter seit zwanzig Jahren eine besondere Fürsorge, Ausbildung und Förderung zukommen ließ, begrüßte die Einladung und ermunterte die Skeptiker. Die Sorge der Eltern um das Wohl ihrer Kinder verhinderte aber deren Bayreuther Mitwirkung.

Nach dem Besuch der Wagners in Meiningen entspann sich wieder eine sehr intensive Korrespondenz zwischen Cosima und Helene. Darin ging es um den richtigen Zeitpunkt und Ort des ersten Zusammentreffens von Daniela mit ihrem Vater, es wurde ausgelotet, ob die Hofkapelle im Sommer 1878 zu Vorproben des „Parsifal" nach Bayreuth entsandt werden könne, es wurde überlegt, ob der Meininger Kostümbildner die Kostümausstattung des „Parsifal" übernehmen könne, man plante ein Zusammentreffen in London zu Wagners Konzerten in der Albert Hall, man nahm Anteil an Erkrankungen der Partner und Kinder, an Reisen, gab Ratschläge, bot Hilfe an.

Seit Bülows ersten Besuchen in Meiningen 1873 und in den nahen Kurorten Salzungen und Liebenstein 1874, seit dem „Aussprechgespräch" mit Georg, Helene und dem Berliner Gelehrten Carl Werder[312] im Sommer 1878, das für Bülow „den Wert eines der angenehmsten Erlebnisse der neueren Zeit besitzen wird", wie er seiner Mutter gestand, fühlte sich Bülow menschlich, intellektuell und künstlerisch in Meiningen wie in einer Schicksalsgemeinschaft angekommen.

Helene wusste deshalb auch um Bülows Sehnsucht, nach langen Jahren der Trennung seine Kinder wiederzusehen. Er hatte sich allerdings auferlegt, sie nicht eher zu treffen, bis er ihnen eine stattliche Mitgift für ihre Ausbildung oder Verheiratung bieten konnte. Den Zeitpunkt sah er nach seiner Amerika-Tournee 1875/76 und den Bayreuther Festspielen gekommen. Die Meininger Herrschaften bemühten sich intensiv, diesbezüglich unter Einbeziehung Liszts zwischen Cosima und Bülow zu vermitteln. Cosima hielt es

Theaterhelm, vermutlich aus der Meininger Inszenierung des „Julius Cäsar" von Shakespeare, inspiriert von Darstellungen auf römischen Reliefs

Georg II. und Helene von Heldburg am Klavier, Fototografie, um 1890

sogar für empfehlenswert, dass sich Vater und Tochter nicht im Einflussbereich von Bülows Mutter in London, sondern bei ihrer Freundin Ellen in Thüringen begegnen sollten. Zu einem Besuch Danielas in Meiningen kam es jedoch erst im November 1883. Der Zeitpunkt des Zusammentreffens dürfte für Bülow – wie bei seinem ersten durch Liszt arrangierten Treffen mit ihr am 27. April 1881 in Berlin – ein emotional tief bewegender gewesen sein. Bülow hatte am 14. Februar, als man ihm in Meiningen die Nachricht von Wagners Ableben überbrachte – in diesen Tagen weilte ausgerechnet Brahms als Gast des Fürstenpaares und Bülows in Meiningen –, einen schweren Nervenzusammenbruch erlitten, von dem er sich Monate lang nicht erholen, auch seinen Dienst deswegen am 1. Oktober noch immer nicht antreten konnte. Ein weiterer, an Gefühllosigkeit nicht zu überbietender Schlag traf ihn Anfang März (drei Wochen nach Wagners Tod!) aus Bayreuth, als Adolf von Groß, der Finanzverwalter und Vertraute Cosimas, bei Bülow in Meiningen erschien und von diesem verlangte, nicht nur Isolde, sondern auch Eva als seine Tochter anzuerkennen und mit einer Mitgift wie die älteren drei Töchter zu versorgen. Der Schwerkranke wurde außerdem veranlasst, schriftlich zu erklären, dass der nach seinem Scheidungsantrag geborene Siegfried von ihm nicht als sein Sohn anerkannt werde. Das Schlimme war, dass Groß bezüglich Eva nach geltendem Recht verfuhr. Auf die Spitze getrieben, kann man festhalten: In jenen Märztagen 1883 ist durch Bülows schriftliche Verzichtserklärung Siegfried betreffend in Meiningen der Fortbestand des Bayreuther Familienclans besiegelt worden.

Erst am 2. Dezember fand der Meininger Kapellintendant die Kraft, in einem Abonnementkonzert ein Beethoven-Programm zu dirigieren. Es bedurfte offenbar wieder der „Zentralsonne der modernen Tonwelt" Beethoven, in deren Kraft er genesen konnte.[313] Genau in diesem Sinne hatte Bülow das Programm zusammengestellt: Es begann mit der Ouvertüre „Die Weihe des Hauses", gefolgt vom 3. Klavierkonzert mit der Kadenz von Liszt; der Eroica schloss sich ein echtes Bülow-Experiment an: Er ließ zum ersten Mal überhaupt die große Streichquartett-Fuge aus op. 133 B-Dur vom gesamten Streicherensemble der Hofkapelle musizieren; den Abschluss des Konzertes bildete die Egmont-Ouvertüre. Zu dem Konzert waren eigens Franz Liszt und der Kardinal Gustav Adolf zu Hohenlohe-Schillingsfürst, ein vertrauter Freund Liszts und Georgs, angereist. Im Umfeld des denkwürdigen Konzertes saßen das Fürstenpaar, Liszt, der Kardinal und seine Schwester mit Bülow im kleinen Kreis zu, wie man unschwer erraten kann, bewegenden Gesprächen zusammen.

Vor diesem Hintergrund des langsamen Wiedergenesens von Bülow muss man ganz sicher auch Danielas Besuch vom 29. Oktober bis 15. November sehen. Die 23-Jährige hatte als ältestes der fünf Kinder Cosimas am schwersten gelitten unter der apathischen, todessehnsüchtigen Trauer ihrer Mutter. Wusste sie zum Zeitpunkt ihres Besuches in Meiningen von den in Bayreuth kursierenden Plänen, dass nach den wenig glücklichen „Parsifal"-Aufführungen im Sommer 1883 mit deren Tendenz zum Rückfall ins „Schmierenkomödiantentum" ein Konsortium unter der Leitung von Bülow und Liszt die Festspielleitung übernehmen sollte?[314] Diesem vom Bayreuther Assistenten und Liszt-Freund Julius Kniese ausgehenden Plan zur Rettung der Festspiele war auch Daniela zugeneigt, was zu vorübergehenden Irritationen zwischen ihr und Cosima führte, denn Cosima kam in diesem Rettungsplan nicht vor. Ein berührender Brief Danielas vom 19. November an Helene von Heldburg bekommt, in den geschilderten Zusammenhängen betrachtet, in jedem ihrer geäußerten Gedanken ein ganz besonderes Gewicht: „Ihre Güte gegen mich hat mich innig gerührt. – Jedes Ihrer Worte, jeder Ihrer Blicke war mir eine Wohlthat [...] Dann aber weiter, dass ich meinen Vater so heiter und zufrieden antraf, dass – zum ersten Male vielleicht – mein Zusammensein mit ihm ein völlig ungetrübtes, harmonisches war, verdanken wir Beide vor allem auch den überaus freundlichen Umständen und Umgebungen unter denen wir uns sahen. Oh möchte er an dem Asyl, das sein hoher gütiger Herr ihm gegönnt hat festhalten, und Sie an ihm, hochverehrte gnädige Frau!"[315] Soll der letzte Satz heißen, die Heldburg möge dafür sorgen, dass Bülow nicht nach Bayreuth geht? Was hat Daniela diesbezüglich mit ihrem Vater besprochen? Und: War der Plan Knieses, war die Rettung der Bayreuther Festspiele Hauptthema jenes Gesprächszirkels im Meininger Schloss Anfang Dezember? War Liszt eigens deswegen angereist, um mit Bülow, Georg und Helene über die Zukunft Bayreuths zu beraten?

In dem vertrauten Ton ihres Briefes vom 19. November klingt übrigens auch Danielas Dank für die Meininger Anteilnahme an ihrer Verlobung im Frühjahr 1884 an, die sie aber mystisch (v)erklärt, indem sie schreibt: „Wie glücklich bin ich, dass mein Vater meine Wahl billigt! Doch es war keine Wahl, es musste so sein – es war ein Geschenk, das Engel schon seit Langem gehütet haben, und das wir ihnen – uns fast unbewusst – abgerungen haben!" Welch unheilvoller Einfluss Cosimas spricht aus diesen Zeilen. Während sich Blandines Leben nach ihrer Verheiratung in Italien abspielte und sie zeitlebens zu Bayreuth auf Distanz ging, hielt Daniela den Kontakt zur Heldburg aufrecht. Sie weilte in späteren Jahren zusammen mit ihrem Mann sogar mehrmals zu Arbeits- und Erholungsurlauben in der Villa Carlotta „am holdesten aller See'n und in den gastlich-gütigen Thoren der Zauber-Villa!"[316]

Wenn Cosima in jungen Jahren Helenes Mentorin und strenge Ratgeberin in Theaterangelegenheiten war, so wurden nun, nachdem sie den Entschluss gefasst hatte, die Leitung der Festspiele zu übernehmen und das Werk ihres Mannes in seinem Sinne fortzuführen, die Arbeits- und Inszenierungsprinzipien der Meininger Hofbühne eine Leitschnur.

Im März 1889 reiste Cosima z. B. extra mit ihren Kindern nach Meiningen, um sich des Herzogs Inszenierung von Schillers „Jungfrau von Orleans" anzusehen. „Für sie sind mir solche Eindrücke, wie wir sie in Meiningen erlebten, unschätzbar, denn Alles erwarte ich von der Kunst", schreibt sie am 5. März an Ellen. Cosima ist voll des Lobes über die Aufführung und voller tiefer Eindrücke. Der folgende Auszug aus diesem Brief macht deutlich, wie eng verzahnt sie Georgs und Wagners Theaterphilosophie sah: „Alle so unzähligen Feinheiten der Inscenirung u. Ausstattung haben mich, nicht künstlerisch blos, entzückt, sondern sie haben mich wohlthätig, andächtig berührt, wie die Huldigung, welche seitens eines Höchsten dem Erhabenen dargebracht wird. Ich weiss wenig was mich so ergreift, wie der Empfang welcher Hans Sachs seitens des Volkes in den Meistersingern bereitet wird. Das Genie im lebendigen Zusammenhange mit der Allgemeinheit, nicht vereinsamt, wirkungslos – zu erkennen, ist für mich die freudenvollste Vorstellung; es erleben zu dürfen, dass ein Fürst diesen Zusammenhang – der für Schiller beinahe verloren schien – nun belebt und diesem einzigen Genius zu seiner unvergänglich veredelnden Wirksamkeit verhilft, [...] eine Freude, für welche mir die Worte fehlen."[317]

Ein Jahr später, als in Meiningen die Entscheidung gefallen war, die Gastspielreisen des Hofschauspiels nicht fortzusetzen, schrieb sie der Freundin: „Es hat mich wehmüthig berührt in den Zeitungen zu lesen, dass die Gastspiele der herzogl. Meiningischen Gesellschaft aufhören sollten, denn ohne Zweifel verdankt man es diesen Gastspielen, dass die Classiker auf allen Bühnen Deutschlands jetzt mit Sorgfalt u. Achtung wiedergegeben wurden. Im Stillen legte ich, Seiner Hoheit dem Herzog, meinen Dank zu Füssen für das hohe Beispiel welches Er gegeben u. die unvergesslichen Eindrücke welche ich vom Cäsar, von der Jungfrau und von der Hermannschlacht hatte, lebten, meinen Sinn verstärkend, in mir wieder auf."

Die Bernhardstraße im Jahre 1835

unten: Das alte Meininger Hoftheater von 1831, das Wagners 1877 besuchten

Das nach dem Theaterbrand 1908 neu errichtete Meininger Hoftheater in einer aktuellen Ansicht. Die Inschrift im Portikus lautet:
GEORG II
DEM VOLKE
ZUR FREUDE UND
ERHEBUNG

Leider konnten Georg und Helene aus gesundheitlichen Rücksichten Cosimas Einladung, zu ihrer „Ring"-Inszenierung 1896 nach Bayreuth zu kommen, nicht Folge leisten. Rückblickend auf diesen für sie denkwürdigen Festspielsommer schrieb sie am 11. September an Helene: „Wenn ich in meiner bescheidenen Thätigkeit zurückblicke u. mich nach den Eindrücken befrage, welche entscheidend in meinem Leben gewesen sind, so stehen die Aufführungen in Meiningen vor meinem geistigen Auge u. ein Gefühl des Dankes erhebt sich zu Demjenigen, dem ich diese unauslöschlichen fruchttreibenden Eindrücke schulde. In der That steht dieses Meininger Theater, wie ich es zu kennen das Glück hatte, gleich einer Oase in der jetzigen Kunstwüstenei u. es ist mir immer, als ob man dem Herzog nicht genügend dafür gedankt hätte, u. lange nicht genug von ihm gelernt habe. Bei mir aber ist das Gewährte nicht auf eine Undankbare oder Unempfindliche gefallen. Dieses möchte ich sagen u. immer wiederholen."

Wie übereinstimmend die Bayreuther und Meininger theaterästhetischen Grundüberzeugungen waren, bezeugt auch die Jahrzehnte währende Zusammenarbeit mit den Malern und Bühnenbildgestaltern Max und Gotthold Brückner.[318] Augenfällig wird das, wenn man z. B. die in Bayreuth erhalten gebliebenen Bühnenmodelle der Brückners zu Wagner-Opern mit den in Meiningen vorhandenen originalen, von den Brückners hergestellten und gemalten Bühnenprospekten zu Inszenierungen Georgs II. vergleicht. Das Meininger Theatermuseum präsentiert – im Abstand von zwei Jahren jeweils aus einer anderen Inszenierung – ein komplettes Bühnenbild im Original mit wechselnden Beleuchtungsstimmungen.[319]

Zwei Jahre nach Wagners Tod, am 1. Oktober 1885, betritt ein junges Musikergenie, von Bülow entdeckt und protegiert, als dessen Stellvertreter die Meininger Bühne: der 21-jährige Richard Strauss. Er bleibt zwar nur eine Saison, aber es sollten für ihn sechs Monate grundlegender und wichtiger Weichenstellungen für seine Karriere als Komponist und Dirigent werden. Bülow wurde für den Klavier-, Dirigier- und Kompositionsschüler der wichtigste Lehrer und zeitlebens „das Vorbild aller leuchtenden Tugenden des reproduzierenden Künstlers". Strauss lernte in Meiningen Brahms persönlich kennen, wirkte mit Bülow bei der Uraufführung von dessen 4. Sinfonie am 25. Oktober 1885 in der Hofkapelle am Schlagzeug mit und leitete mit Brahms zusammen das Festkonzert zu Georgs 60. Geburtstag am 2. April 1886. Strauss erlebte darüber hinaus eine sehr intensive Probensaison im Theater, weil sich das Hofschauspiel auf eine Amerika-Tournee[320] vorbereitete. Helene stellte erfreut fest, dass der junge Kapellmeister häufig die Proben besuchte und der beste Claqueur des Ensembles sei. Die Meininger Theatererfahrung dürfte für den künftigen Opernkomponisten, -kapellmeister und Theaterleiter von grundlegender Bedeutung gewesen sein. Bülows Einfluss auf die Entwicklung seiner Fähigkeiten, so stellte Strauss in späteren Jahren fest, sei neben der Freundschaft Alexander Ritters das einschneidendste Moment in seiner Laufbahn gewesen. Alexander

Ritter, der Jugendfreund Bülows und Lisztschüler, von Bülow in die Meininger Hofkapelle berufen, war nicht nur mit Wagners Nichte Franziska Wagner verheiratet, sondern auch ein glühender Anhänger der neudeutschen Liszt-Wagner-Schule. In seinem Hause fanden sich Bülow und Strauss, zum Kurzbesuch auch Liszt, ein, um intensiv Wagners Opernpartituren zu studieren. Wenn das Œuvre des jungen Strauss bis dahin aus Kammermusik, Liedern, Bläsermusik, einer Sinfonie, also aus absoluter Musik in der Beethoven-Brahms-Tradition bestand, so weist seine erste Sinfonische Fantasie „Aus Italien" vom Sommer 1886 auf den Stilwandel zur orchestralen Programm-Musik in seinem Schaffen hin, den er unmittelbar nach seinem Meininger Engagement vollzog. „Neue Gedanken müssen sich neue Formen suchen – dieses Lisztsche Grundprinzip seiner sinfonischen Werke, in denen tatsächlich die poetische Idee auch zugleich das formbildende Element war, wurde mir von da ab der Leitfaden für meine eigenen sinfonischen Arbeiten."[321] Ohne die Meininger Partitur-Studien des „Tristan" hätte Strauss das Musikdrama nach einem Probenbesuch im Sommer 1886 in Bologna wohl auch nicht als „die prachtvollste Belcanto-Oper" erkennen können. Im Sommer 1889 erhielt Strauss schließlich, von Ritter und Bülow empfohlen, die Stelle eines Musikalischen Assistenten in Bayreuth. 1894 dirigierte er Cosimas Inszenierung des „Tannhäuser".

„Tannhäuser", 2010
Musikalische Leitung:
Hans Urbanek
Inszenierung: Ansgar Haag
Hans-Georg Priese (Tannhäuser), Dae-Hee Shin
(Wolfram von Eschenbach)

„Das Liebesverbot", 2011
Musikalische Leitung:
GMD Philippe Bach
Inszenierung: Ansgar Haag
Dae-Hee Shin (Friedrich, Statthalter von Sizilien),
Bettine Kampp (Isabella)

„Tristan und Isolde", 2013
Musikalische Leitung:
GMD Philippe Bach
Inszenierung: Gerd Heinz
Andreas Schager (Tristan)

ANHANG

ANMERKUNGEN

Graupa

1 Aus finanziellen Gründen war ihm mit seiner Frau ein kostspieligerer Urlaub in Böhmen wie noch in den Jahren zuvor wohl nicht möglich. So war er durch die bald hinter Graupa beginnende Sächsische Schweiz, die sich im Böhmischen fortsetzt, mit dem geliebten Nachbarland nah verbunden und konnte den Blick bis zum Gebirgskamm schweifen lassen. Vielleicht hat er schon lange vor Urlaubsantritt bei Dienstbesuchen auf Schloss Pillnitz freie Stunden dafür genutzt, sich die Gegend Richtung Osten genauer anzusehen. Eine Legende besagt zudem, die wöchentlich auf der Dresdner Ostra-Allee angebotenen Backwaren aus Großgraupa seien vom Ehepaar Wagner sehr bevorzugt worden, so dass Wagner diesen Ort zum Urlaubmachen erkor.

2 Wagner, Richard: Mein Leben, hrsg. von Martin Gregor-Dellin, München 1983, S. 12.

3 Kröplin, Karl-Heinz: Richard Wagner 1813–1883. Eine Chronik, Leipzig 1987, S. 27ff.

4 Ebenda, S. 69.

5 Ebenda, S. 111.

6 Im September bis 15.10.1844 entstand auf dem Anwesen von Fischers Weinberg die Orchesterskizze zu „Tannhäuser", 2. Aufzug.

7 Richard Wagner an Karl Gaillard, 21.5.1846. In: Wagner, Richard: Sämtliche Briefe, hrsg. von Gertrud Strobel und Werner Wolf, Bd. 2, 2. Aufl., Leipzig 1980, S. 508.

8 So die erste denkwürdige Dresdner Aufführung von Beethovens 9. Sinfonie samt schwierigen Vorbereitungen, die Denkschrift „Die königliche Kapelle betreffend" ohne Aussicht auf Erfolg u. a.

9 Wagner: Sämtliche Briefe, Bd. 2, S. 518.

10 Genau ist die Rückkehr Wagners nach Dresden nicht zu datieren. Im o. g. Brief an Ferdinand Heine schreibt er: „Ich bin nun noch bis Ende Juli auf dem Lande". In: Wagner: Sämtliche Briefe, S. 517. Ebenda, S. 499, Anm. 5, heißt es: „zwischen 15. Mai und 30. Juli". Im Braunen Buch, Taschenbuchausgabe, München 1988, S. 111, notierte Wagner aus der Rückschau: „August zurück nach Dresden" und übernimmt das dann auch in „Mein Leben", S. 350.

11 Die Grundmauern und halbseitige Unterkellerung stammen aus dem 17. Jahrhundert. Zur Geschichte des Schäferschen Großbauerngutes siehe Stötzner, Siegfried: Großgraupa und sein Lohengrinhaus. In: Landesverein Sächsischer Heimatschutz, Mitteilungen H. 3 bis 4, Bd. XVII, Dresden 1928, S. 136ff.

12 Siehe auch Breig, Werner: Neues zur Entstehungsgeschichte von Wagners „Lohengrin": Das wieder gefundene Blatt 14 der Kompositionsskizze. In: Die Musikforschung, 51. Jg., 1998.

13 Wagner: Sämtliche Briefe, Bd. 2, beachte auch die Ergänzungen.

14 Wagner: Sämtliche Briefe, Bd. 2, S. 509f.

15 Wagner: Mein Leben, S. 349f.

16 Die Brücke wurde 1875 errichtet.

17 Zu den bekanntesten Künstlern, die den Weg besuchten, zählen Adrian Zingg, Anton Graff, Caspar David Friedrich, Ludwig Richter, Johan Clausen Dahl, Christian Gottlob Hammer, Karl Gottlieb Traugott Faber, Carl Blechen, Carl Maria von Weber sowie die Schriftsteller und Dichter Carl Nicolai (1801), Hans Christian Andersen (1831), Wilhelm L. Götzinger (1804, 1812) und Elisa von der Recke (1790). Vgl. Eichhorn, Ulrike: Das Lohengrinhaus in Graupa und das Richard-Wagner-Denkmal im Liebethaler Grund, Berlin 2010, S. 23.

18 Die Erfindung der Romantik. In: Kulturzeitschrift Canaletto/Engagement, Dresden 2010, S. 6f.

19 Christian Gottlob Hammer stellt auf seinem Bild noch den Vorgängerbau mit Spitzgiebel dar.

20 Wie später z. B. in den Gasthäusern oder Stadtcafés von Luzern, Venedig oder Bayreuth.

21 Tagebucheintragung Cosimas Wagners vom 8.9.1881. In: Wagner, Cosima: Die Tagebücher, Bd. 4 (1881–1883), 2. Aufl., München 1982, S. 792. Es ist allerdings von einem damaligen Zeitgenossen überliefert, er habe mit seiner Begleitung – wohl Cosima und die Kinder Eva und Siegfried – gegenüber der Lochmühle am anderen Flussufer Platz genommen. Siehe Eichhorn: Lohengrinhaus, S. 37.

22 Freundlicher Hinweis von Prof. Dr. Johannes Burkhardt, Universität Augsburg.

23 Vgl. Kröplin: Richard Wagner 1813–1883, S. 55ff.

24 Richard Guhr (1873–1956) gehörte zu den bedeutendsten Monumentalbildhauern seiner Zeit in Deutschland. Das Dresdner Rathaus schmücken seine Steinfiguren und der Goldene Mann auf der Turmspitze. Guhrs Bildwerke der Wagner-Ehrung, die 1945 in Dresden größtenteils verbrannten, schuf er bis zu seinem Tode nach.

25 Ein authentischer Bericht darüber liegt von dem Initiator der Denkmalaufstellung, dem tief empfindenden Künstler und Guhr-Schüler Sizzo Stief, vor (Stadtarchiv Pirna, Entwicklungsgeschichte Graupas, Sign. E II 973, S. 285–319). Seiner Initiative ist der historisch-symbolische Standort zu danken. Vgl. Eichhorn: Lohengrinhaus, S. 33.

26 Wagner, Richard: Das Braune Buch. Tagebuchaufzeichnungen 1865 bis 1882, München 1988, S. 111. Fr. Schmitt meint Friedrich Schmitt, ansässig in Nürnberg.

27 Bezeichnenderweise führt Wagner in dem ab Februar 1868 weitergeführten Schriftdokument Hans von Bülow (1830–1894) an erster Stelle an, der ihm in Graupa als 16-Jähriger vorgestellt wurde durch Karl/Karol Lipinski (1790–1861), polnischer Konzertmeister der königlichen Kapelle in Dresden von 1839 bis 1861, genannt der „zweite Paganini"; den Sänger Friedrich Schmitt (1812–1884) kannte Wagner seit seiner Magdeburger Zeit, er holte ihn an das Theater in Königsberg. Schmitt lebte dann in Leipzig und Dresden, interessierte sich 1846 für die Aufführung Wagnerscher Werke, später engagiert Wagner Schmitt als Gesangspädagogen an die Musikschule in München, zuletzt war Schmitt in Wien und Berlin tätig. – Der revolutionär-demokratische Musikdirektor Karl August Röckel (1814–1876), Wagners in Dresden gewonnener „einziger Freund", kam offenbar mit seinem Vater Joseph August Röckel (1783–1870), einstiger Sänger des Florestan in der Oper „Leonore" (Fidelio) und mit Beethoven persönlich bekannt. – Mit Ferdinand Heine (1798–1872) und dessen Frau war Wagner in der Dresdner Zeit befreundet und häufig Tischgast. Heine war Kulissenmaler und Kostümbildner am Dresdner Hoftheater. Sein Sohn Wilhelm wurde bereits für die Vorbereitungen zu „Lohengrin" 1848 herangezogen. Nicht erkennbar ist, wer genau von den Heines außer Ferdinand zu Besuch nach Graupa kam. Müller war ein „Bekannter Wagners in Dresden" (Wagner: Sämtliche Briefe, Bd. 2, S. 745). Ein weiterer, aus heutiger Sicht sehr bedeutsamer Besucher war Gustav Adolph Kietz (1824–1908), damals angehender Bildhauer, der 1873 in Bayreuth eine Cosima- und Richard-Wagner-Büste für die Villa Wahnfried schuf und mit Max Gaßmeyer zu den Gründungsvätern des Lohengrinhauses als museale Stätte gehörte.

28 „Frau Minna kam herein, um mich zu bitten, ihr irgend einen Gegenstand mit der Abbildung der Bastei, mit dem sie ein Geschenk machen wollte, in der Verkaufsbude am Uttewaldergrunde zu besorgen." Kietz, Gustav Adolph: Richard Wagner in den Jahren 1842–1849 und 1873–1875. Erinnerungen. Aufgezeichnet von Marie Kietz, Dresden 1907, S. 63.

29 Die Steinbrücke wurde erst Anfang der 1850er Jahre erbaut.

30 Kietz: Richard Wagner, S. 64.

31 Wagner: Das Braune Buch, S. 111.

32 Kietz: Richard Wagner, S. 60–66.

33 Ein dokumentarischer Beleg dazu ließ sich nicht finden.

34 Die Eröffnung als damit älteste museale Wagner-Wohnstätte fand im Juli 1907 statt.

35 Bei den Restaurierungsarbeiten sind im Nordflügel originale Wandbemalungen aus der Zeit um 1680 freigelegt worden.

Oederan

36 Taufeintrag von Christiana Willhelmina Planer im Taufregister 1807–1824 der Stadtkirche Oederan.

37 Ulbricht, Werner: Beiträge zur Geschichte der Stadt Oederan 1190–1990, hrsg. von der Stadt Oederan, Bd. 1, Burgstädt 1998, S. 400.

38 Schubert, Ulli: Der Kern war vortrefflich. In: BLICK. Lokalanzeiger für Flöha, Frankenberg, Oederan und Umgebung vom 9.9.2009, S. 1.

39 Ebenda.

Weißenfels

40 Die folgenden Ausführungen beruhen, wenn nicht anders angemerkt, mit weiteren Quellenangaben auf der Abhandlung des Autors: Johanne Rosine Geyer, verwitwete Wagner, geborene Pätz, aus Weißenfels. In: Weißenfelser Heimatbote. Weißenfelser Zeitschrift für Heimatgeschichte und Kultur, 20. Jg., H. 4, Dezember 2011, S. 115–119.

41 In den Familienregistern findet sich der Name in beiden Formen, Bertz und Berthis, angegeben. Der Name Berthis ist die altertümliche Genitivform (noch bei Luther treffen wir „Gottis" für Gottes) des männlichen Namens Berth oder Brecht, „der Glänzende"; also patronymisch gebildet, wie die geläufigeren Friedrichs, Peters und dgl.; Bertz ist die Verkürzung davon. Mundartlich auch: Perthes. In: Glasenapp, Carl Friedrich: Das Leben Richard Wagners in 6 Bänden, Bd. 1, Leipzig 1905, S. 40, Anm. 3.

42 Ebenda, S. 36.

Eisleben

43 Die Bezeichnung „Onkel Goldschmied" geht auf Carl Friedrich Glasenapp: Das Leben Richard Wagners in sechs Bänden, Leipzig 1907, zurück. Wagner selbst schreibt immer nur „Mein Oheim".

44 Karl Friedrich Wilhelm Geyer (1789–1829) wurde in Artern geboren, wo sein Vater Christian Gottlieb Benjamin Geyer Justizamtmann war. 1811 zog er nach Eisleben und wohnte hier bis Ende 1822 am Markt. 1822/23 heiratete er Charlotte Roloff. Aus der Ehe gingen zwei Kinder hervor. Die Geyers wohnten 1823 am Plan Ecke Badergasse, 1825 neben der Löwen-Apotheke am Kornmarkt, bevor sie 1828 in ihr altes Heim am Markt zurückkehrten.

45 Aus der Inschrift am Haus Vikariatsgasse 7 geht hervor, dass sich hier die Werkstatt des Goldschmiedes Karl Geyer befunden haben soll, was angesichts der Quellenlage jedoch fraglich erscheint.

46 Ludwig Heinrich Christian Geyer (1779–1821), geboren in Eisleben, Kindheit in Artern, ab 1793 Schüler am Eislebener Gymnasium, 1798 Jurastudium in Leipzig und Besuch der „Zeichnungs-, Malerey- und Architectur-Academie". Nach dem Tod des Vaters 1799 ordnet er den Haushalt der Eltern, ernährt mit Malerei die Mutter und zwei Geschwister. Während der Studienzeit beginnt seine Freundschaft mit Richard Wagners Vater, beide interessieren sich für Literatur und Theater, treten gemeinsam auf. Geyer schreibt Stücke, spielt bald selbst erfolgreich Theater und erhält den Titel „Königlich sächsischer privilegierter Hofschauspieler".

47 Wagner, Richard: Mein Leben, Leipzig 1985, S. 11–13.

48 Eisleben gehörte von 1807 bis 1813 zum Königreich Westphalen, an dessen Spitze Napoleons Bruder Jerôme stand.

49 Burkhardt, F.: Heimatkunde von 1819. In: Mansfelder Heimatblätter. Beilage zum Eisleber Tageblatt, 27. Mai 1932.

50 Glasenapp: Das Leben Richard Wagners.

51 Rühlemann, Carl: War Richard Wagner Schüler in Eisleben? In: Mein Mansfelder Land. Christmond-Beilage zur Eisleber Zeitung, Nr. 3 (1925), S. 18.

52 Glasenapp: Das Leben Richard Wagners.

53 Wagner: Mein Leben, S. 11–13.

54 Ebenda.

55 Richter, Georg: Wagner in Eisleben. In: Mansfelder Heimatblätter 6 (1987), S. 54; Bournot, Otto: Ludwig Heinr. Chr. Geyer, der Stiefvater Richard Wagners. Ein Beitrag zur Wagner-Biografie, Leipzig 1913.

56 Wagner: Mein Leben, S. 11–13.

57 Ebenda.

58 Ebenda.

59 Ebenda.

60 Ebenda.

61 Rühlemann, Carl: War Richard Wagner Schüler in Eisleben? In: Mein Mansfelder Land. Hartung-Beilage zur Eisleber Zeitung, Nr. 4 (1926), S. 28.

62 Ebenda.

63 Gemeint ist wahrscheinlich das I. Abonnements-Konzert, bei dem am 5. Mai 1859 auch Werke von Wagner erklangen.

64 Wagner: Mein Leben, S. 11–13.

65 Ebenda.

66 Alwin Sörgel (1815–1875), Kaufmann, 1847 Mitbegründer des Volksvereins Eisleben und 1854 Gründer eines Vorschussvereins, aus dem die Eisleber Diskontogesellschaft hervorging. 1864 auf Drängen seines Freundes Hermann Schulze-Delitzsch (1808–1883) erster Direktor der neuen Deutschen Genossenschaftsbank in Berlin.

67 Wagner schreibt allerdings von den „Uferklippen der Unstrut", womit nur jener Wasserlauf gemeint sein kann, der um 1822 noch Wilder Graben oder Wilder Bach (Willerbach) hieß und seit Mitte des 19. Jahrhunderts in Landkarten als Böse Sieben verzeichnet ist. Ein Name, der auf sieben Quellbäche hinweist und ahnen lässt, dass diese den Anwohnern mitunter gefährlich werden können.

68 Johannes Gutbier (1881–1965), Dr. phil, Lehrer am Martin-Luther-Gymnasium Eisleben, ab 1927 Staatliche Lutherschule, Autor zahlreicher heimatgeschichtlicher Beiträge; Gutbier, Johannes: Alwin Sörgel, Gründer der Eisleber Diskontogesellschaft und 1. Direktor der „Deutschen Genossenschaftsbank" in Berlin. In: Mansfelder Blätter 1939/40, S. 73.

69 Mit fast „schwärmerischer Treue" hing er an Eisleben – Erinnerung an einen kaum beachteten Besuch Wagners in der Lutherstadt. In: Liberal-Demokratische Zeitung Halle, Mansfeld-Ausgabe vom 1.6.1983, S. 6.

70 Der Übermittler dieser Angaben, der Isidor Simon und andere Zeitzeugen befragte, ist leider nicht bekannt. Er gibt uns aber einen Fingerzeig, denn in seinem Text heißt es: „Kurz vor meiner Übersiedlung nach Dresden hatte ich noch ein eingehendes Gespräch mit dem über 100 Jahre alten Kaufmann I. Simon in Eisleben ..." (Liberal-Demokratische Zeitung Halle, Mansfeld-Ausgabe vom 1.6.1983). Da wir wissen, dass Isidor Simon im Februar 1906 vor Vollendung seines 101. Lebensjahres gestorben ist und im selben Monat Musikdirektor Otto Richter nach Dresden verabschiedet wurde, kann wohl nur Richter als Quelle in Frage kommen.

71 Der 841 Hektar große, zwischen Eisleben und Halle gelegene Salzige See wurde 1894 auf Antrag der Mansfeldischen Kupferschiefer bauenden Gewerkschaft ausgepumpt, weil sein Wasser in die Grubenbaue unter Eisleben eingedrungen war und den Weiterbetrieb des Bergbaus gefährdete. Übrig blieben der Bindersee und der Kernersee mit einer Fläche von je 20 Hektar. Der Wassereinbruch hatte verheerende Folgen für die Lutherstadt, weil die Fluten tief unter der Stadt gewaltige Mengen Salz lösten und fortspülten, so dass Hohlräume entstanden, die einstürzten, was zu großflächigen Erdsenkungen führte, die die Stadt über Jahre in Atem hielten. Etwa 400 Häuser wurden beschädigt, nicht wenige so schwer, dass sie abgerissen werden mussten.

72 Wagner: Mein Leben, S. 11–13.

73 Mit fast „schwärmerischer Treue" hing er an Eisleben. In: Liberal-Demokratische Zeitung Halle, Mansfeld-Ausgabe vom 1.6.1983, S. 6.

74 Ebenda.

75 Ebenda.

76 Richter, Georg: Wagner in Eisleben. In: Mansfelder Heimatblätter 6 (1987), S. 54; Wagner, Cosima: Die Tagebücher, Bd. I (1869–1877), München/Zürich 1976, S. 674.

77 Francke, Eusebio: Historie der Grafschaft Mansfeld, Leipzig 1723; Größler, Hermann: Das Gewerkenhaus in Eisleben (Markt Nr. 56). Festschrift zur Begrüßung der 44. Haupt- und Festversammlung des Harzvereins für Geschichte und Altertumskunde am 9. und 10. Juli 1911 zu Eisleben, S. 14.

78 Berger, Vorname: Kurze Beschreibung der Merkwürdigkeiten, die sich in Eisleben und in Luthers Hause daselbst besonders auf die Reformation und auf D. Martin Luther beziehen, Merseburg 1827; Größler: Das Gewerkenhaus in Eisleben (Markt Nr. 56), S. 11.

79 Stiftung Luthergedenkstätten in Sachsen-Anhalt, Pressemitteilung 23/2003, Eisleben, vom 6.11.2003; siehe auch: Eigendorf, Eberhard: Gab es in Eisleben Wohnschlösser der Mansfelder Grafen? In welchem Haus verstarb der Reformator Martin Luther am 18. Februar 1546? Selbstverlag des Verfassers, Eisleben 2001.

80 Ebenda.

81 Bernd Baselt (1934–1993), Musikwissenschaftler, langjähriger Direktor des Wissenschaftsbereichs Musikwissenschaft der Sektion Germanistik und Kunstwissenschaften an der Martin-Luther-Universität Halle-Wittenberg. Siehe: Baselt, Bernd: Brief an die Liberal-Demokratische Zeitung, veröffentlicht am 1. Juni 1983 in der Mansfeld-Ausgabe Eisleben, S. 6.

82 Otto Richter (1865–1936), Ausbildung am Dresdner Konservatorium und am Berliner Königlichen Institut für Kirchenmusik, 1890–1906 Kantor in Eisleben an der Andreaskirche, 1891 überdies Künstlerischer Leiter des Städtischen Singvereins, 1901 Königl. Musikdirektor, 1906 bis 1930 Kreuzkantor in Dresden. Er betrieb neben seiner Arbeit auch musikwissenschaftliche und historische Studien.

83 Ferdinand Neißer (1865–1928), aufgewachsen in Eisleben, 1895 Kapellmeister am schwedischen Theater in Helsinki, 1908 Leiter des Blüthnerorchesters Berlin. Ihm wird nachgesagt, als erster deutscher Orchesterleiter die Musik Finnlands, insbesondere die Komponisten Jean Sibelius und Armas Järnefelt, in Deutschland bekannt gemacht zu haben. 1910 zieht er infolge Krankheit zurück nach Eisleben und beeinflusst das Musikleben der Stadt nachhaltig. Siegfried Wagner folgt 1926 einer Einladung Neißers. Am 3. Mai 1926 leitete er dessen durch Mitglieder des Halleschen Stadttheaterorchesters verstärkte Bergkapelle im Saal der „Terrasse", heute Landesbühne Sachsen-Anhalt. Programm: 1. Ouvertüre zum „Fliegenden Holländer", 2. Siegfried-Idyll, 3. Vorspiel zu den „Meistersingern", 4. Siegfried Wagner: Vorspiel zu „Die heilige Linde", 5. Ouvertüre zu „Tannhäuser".

84 Ebenda.

85 Carl Rühlemann (1864–1947), ab 1885 Lehrer in Eisleben, 1920–1945 Vorsitzender des Vereins für Geschichte und Altertümer der Grafschaft Mansfeld, Ratsarchivar, ehrenamtlicher Museumsleiter; Rühlemann, Carl: War Richard Wagner Schüler in Eisleben? Mein Mansfelder Land, Christmond-Beilage zur Eisleber Zeitung, Nr. 3 (1925), S. 18; ders.: War Richard Wagner Schüler in Eisleben? Mein Mansfelder Land. Hartung-Beilage zur Eisleber Zeitung, Nr. 4 (1926), S. 27.

86 Diese Broschüre, auf die Richter ausdrücklich hinweist, ist im Eisleber Stadtarchiv nicht bekannt.

87 Georg Richter (Wagner in Eisleben, Mansfelder Heimatblätter 6 [1987], S. 54) gibt unter Verweis auf Wagner, Cosima: Die Tagebücher, Bd. I (1869–1877), München/Zürich 1976, S. 674, den 27. April 1873 als Besuchstag an. Der 27. April ist der Todestag des 1829 verstorbenen „Onkels Goldschmied" Karl Geyer.

88 Eisleber Tageblatt, 16. Juni 1903;

89 Hermann Größler, Dr. phil. (1840–1910), geboren in Naumburg, studierte in Halle Theologie und Philosophie, 1871–1905 Lehrer am Königl. Gymnasium Eisleben (1883 Professor); 1884–1910 Vorsitzender des Vereins für Geschichte und Altertümer der Grafschaft Mansfeld, 1887–1910 Herausgeber der Mansfelder Blätter. Seine Schriften gelten heute als Grundlage der Mansfelder Heimatforschung.

90 Rühlemann: War Richard Wagner Schüler in Eisleben? Mein Mansfelder Land, Christmond-Beilage zur Eisleber Zeitung, Nr. 3 (1925), S. 18.

91 Lediglich ein Puzzleteil fehlt. In keiner der See-

lenlisten konnte Rühlemann den Namen Richard Geyer entdecken. Den am 17. August 1804 in Leipzig geborenen Julius Wagner hatte er 1818 als „Haushaltsgenossen" Karl Geyers nachweisen können. Dieser lernte dort drei Jahre das Goldschmiedehandwerk und gehörte auch 1822 (jetzt als Geselle) zu Geyers Haushalt. Aber was war mit Richard? Rühlemann suchte nach einer Erklärung für dessen Fehlen und kam dabei zu dem Schluss: „Die Aufstellung dieser Hausstandslisten erfolgte nachweislich alljährlich in den Monaten Juni, Juli, August. Da der junge Richard Wagner – oder Geyer – erst im Oktober 1821 hier einzog, kann sein Name in der Seelenliste dieses Jahres nicht auftauchen." Aber auch im folgenden Jahr fehlt Richards Name in der Liste, was mit den Schulferien in Zusammenhang stehen könnte, wie Rühlemann vermutet. Ebenda.
92 Wagner: Mein Leben, S. 11–13.

Ermlitz

93 Richard Wagner an Theodor Apel, 6.5.1836. In: Wagner, Richard: Sämtliche Briefe, hrsg. von Gertrud Strobel und Werner Wolf, Bd. 1, Leipzig 1967, S. 262.
94 Richard Wagner an Theodor Apel, 3.8.1853. In: Richard Wagner an Theodor Apel, Leipzig 1910, S. 87.
95 Wagner, Richard: Mein Leben. Vollständige Ausgabe, hrsg. von Eike Middell, 1. Bd, Leipzig 1985, S. 102.
96 Richard Wagner an Theodor Apel. In: Wagner: Sämtliche Briefe, Bd. 1, S. 225.
97 Richard Wagner an Theodor Apel, 14.3.1833, ebenda, S. 135.
98 Richard Wagner an Theodor Apel, 7.12.1834, ebenda, S. 169.
99 Richard Wagner an Theodor Apel, 7.12.1834. ebenda, S. 171f.
100 Wagner: Mein Leben, S. 116.
101 Ebenda, S. 98.
102 Richard Wagner an Theodor Apel, 13.9.1834. In: Wagner: Sämtliche Briefe, Bd. 1, S. 162.
103 Richard Wagner an Theodor Apel, 7.12.1834, ebenda, S. 174f.
104 Richard Wagner an Theodor Apel, 19.4.1835, ebenda, S. 202.
105 Richard Wagner an Theodor Apel, 21.8.1835, ebenda, S. 214ff.
106 Richard Wagner an Theodor Apel, 20.9.1840, ebenda, S. 405 und 411.

Bad Lauchstädt

107 Hoffmann, Friedrich: Kurtzer doch gründlicher Bericht von der herrlichen Kraft und dem nützlichen so wohl innerlichen als äusserlichen Gebrauch, des Lauchstädter Martialischen Gesund-Brunnens, Nebst einer Anweisung wie solcher gebührend zu gebrauchen, Halle im Magdeburgischen 1724, S. 6.
108 Wagner, Richard: Mein Leben, Bd. 1, Leipzig o. J., S. 1f.
109 Friedrich von Schiller an Charlotte von Schiller, 4.7.1803. In: Schillers Briefe, Bd. 2, Berlin/Weimar 1968, S. 329f.
110 Wagner: Mein Leben, S. 116ff.
111 Ebenda, S. 119f.
112 Ebenda, S. 122f.
113 Was Lauchstädter Fensterscheiben erzählen. In: Mitteldeutsche National-Zeitung, Nr. 200 vom 28.8.1934.
114 Richard Wagner an Theodor Apel zwischen Ende Juli und 8. August 1834. In: Richard Wagner an Theodor Apel, Leipzig 1910, S. 7.
115 Wagner: Mein Leben, S. 121.
116 Richard Wagner an Theodor Apel, 8.8.1834. In: Richard Wagner an Theodor Apel, S. 8f.
117 Wagner: Mein Leben, S. 121.
118 Glasenapp, Carl Friedrich: Das Leben Richard Wagner's in 6 Büchern, Bd. 1, 1813–1843, Leipzig 1894, S. 200.
119 Wagner: Mein Leben, S. 123.

Bernburg

120 StA Bernburg, Anhalt-Bernburgische wöchentliche Anzeigen, No. 9, 3.3.1827.
121 LHASA, DE, Z18, Abt. Bbg., A 12, Nr. 7 Bd. I, Acta die Hofhaltung des Erbprinzen Alexander Carl zu Bernburg und der nachmaligen Herzoglichen Hofhaltung betr. 1825/49, 200f.
122 LHASA, DE, Z18, Abt. Bbg., A 12, Nr. 7, Bd. III, Berechnungen des Majors von Sonnenberg über die einnahmen und ausgaben des Herrn Erbprinzen Alexander Carl Durchl. während höchstdessen Aufenthalt in Bernburg 1825/27.
123 LHASA, DE, Z18, Abt. Bbg., Staatsministerium Bernburg, Nr. 1988, Bl. 9ff.
124 StA Bernburg, Anhalt-Bernburgische wöchentliche Anzeigen, 9.5.1801: „Da Se. Regierende Hochfürstl. Durchl. uns gnädigst verstattet haben, vier Wochen lang hier in dem hiesigen Reithause das verehrungswürdige Publikum mit Schauspielen und Operetten zu unterhalten, und wir wöchentlich 4 Vorstellungen, und zwar Sonntags und Montags, Donnerstags und Freitags, im Ganzen also 16 Vorstellungen geben werden, so haben wir die Ehre, das geehrte Publikum hiervon zu benachrichtigen und um geneigten Besuch des Schauspielhauses gehorsamste zu bitten, indem wir noch die Versicherung anfügen, daß wir den Wünschen und Erwartungen des Publikums zu entsprechen uns möglichst angelegen seyn lassen werden. Bernburg den 6ten May 1801 Lehnhold und Witter".
125 StA Bernburg, Anhalt-Bernburgische wöchentliche Anzeigen, 31.3.1827.
126 StA Bernburg, Anhalt-Bernburgische wöchentliche Anzeigen, No. 44, 31.10.1829.
127 LHASA, DE, Z18, Abt. Bbg., Geheimer Konferenzrat Bernburg, T 3, Akten des Herzogl. Geheimen Konferenzraths/Theatersachen betr., Act. 1069, Bl. 124f.
128 StA Bernburg, Regierungs- und Intelligenzblatt für das Herzogthum Anhalt-Bernburg Nr. 4, 27.1.1844 bis Nr. 12, 23.3.1844.
129 http://de.wikipedia.org/wiki/Jachmann-Wagner.
130 StA Bernburg, Anhalter Kurier, Beilage „Der Bär", März 1926.
131 StA Bernburg, Anhalt-Bernburgische wöchentliche Anzeigen, No. 25, 19.6.1830.
132 LHASA, DE, Z18, Abt. Bbg., Geheimer Konferenzrat Bernburg, T 2, Akten des Herzogl. Geheimen Konferenzraths/Theatersachen Betr. 1834/36, Bericht von A. v. Krosigk, Steinkopff u. A. Bunge vom 30.8.1834.
133 Wagner, Richard: Mein Leben; zitiert nach: http://www.zeno.org/Literatur/M/Wagner,+Richard/Autobiographisches/Mein+Leben/Erster+Teil%3A+1813-1842 (Alle weiteren Zitate aus Wagners Autobiografie stammen aus dieser Quelle).
134 StA Bernburg, Anhalt-Bernburgische wöchentliche Anzeigen, No. 39, 27.9.1834
135 StA Bernburg, Anhalt-Bernburgische wöchentliche Anzeigen, 18.10.1834
136 StA Bernburg, Anhalt-Bernburgische wöchentliche Anzeigen, No 47 22.11.1834
137 LHASA, DE, Z18, Abt. Bbg., Geheimer Konferenzrat Bernburg, T 2, Akten des Herzogl. Geheimen Konferenzraths/Theatersachen Betr. 1834/36
138 Pierers Konversationslexikon, 7. Auflage, Bd. 2, Berlin/Stuttgart 1889, S. 1027.
139 Ebenda, S. 1026.
140 Müller, Heinz-Rolf: 170 Jahre Bernburger Theater, Chronik des Carl-Maria-von-Weber-Theaters Bernburg, Bernburg (Saale) 1998.

Dessau

141 Zitiert nach Programmbuch der Richard-Wagner-Festwochen 1954, S. 46.
142 Zitiert nach Runge: Theaterbilder, S. 31f.
143 Zitiert nach Mahlo: Thiele, S. 34.
144 Wagner, Richard: Mein Leben, München 1963, S. 45.
145 Ebenda, S. 110.
146 Ebenda.
147 Wagner, Cosima: Tagebücher. Eine Auswahl von Marion Linhardt und Thomas 1. Steiert, München 2005, S. 147f.
148 Köhler, Karl-Heinz: 225 Jahre Orchester in Dessau, Dessau 1991, S. 23.
149 Wagner, Richard: Ein Einblick in das heutige deutsche Opernwesen, in: Wagner, Richard: Sämtliche Schriften und Dichtungen, 5. Auflage, Bd. 9, Leipzig o. J., S. 286f.
150 Zitiert nach Mahlo: Thiele, S. 25.
151 Zitiert nach Gerlach, Leopold: August Klughardt, sein Leben und seine Werke, Leipzig 1902, S. 71f.
152 Zitiert nach Gerlach: Klughardt, S. 75.
153 Bodenstein, Willy: Richard Wagners erste revolutionäre Kunsttat. In: Programmbuch der Richard-Wagner-Festwoche 1953, S. 37.
154 Programmbuch der Richard-Wagner-Festwochen 1955, S. 5.
155 Ebenda.

Halle

156 P. In: Der Neue Weg Nr. 214 vom 10./11. 9. 1983; Bauer, Hans-Joachim: Richard Wagner. Sein Leben und Wirken oder Die Gefühlwerdung der Vernunft, Berlin 1995, S. 4967; Friedrich, Sven: Richard Wagner. In: Musik in Geschichte und Gegenwart (MGG), Personenteil Bd. 17, 2., neubearb. Ausgabe, hrsg. von Ludwig Finscher, Stuttgart 2007; Wagner, Richard: Mein Leben, Bd. 1, Leipzig 1986, S. 289.
157 Lenk, Margrit: Kleine hallesche Theatergeschichte, Halle 1990, S. 41–43; dies.: Kunstscheune. In: Holfter, Susanne/Lenk, Margrit: „Die Hallenser lassen sich vor unser Theater todtschlagen ..." 125. Jahrestag des halleschen Stadttheaters – Theatertraditionen in der Saalestadt, hrsg. von der Theater, Oper und Orchester GmbH Halle, Halle 2011, S. 11.
158 Wagner, Richard: Mein Leben, S. 259f.
159 Richard Wagner an Cäcilie Avenarius, 13. 6.1842. In: Wagner, Richard: Sämtliche Briefe, hrsg. von Gertrud Strobel und Werner Wolf, Bd. 2, Leipzig 1970, S. 106.
160 Luther, Einhard: Johanna Wagner(-Jachmann). In: Musik in Geschichte und Gegenwart (MGG), Personenteil Bd. 17, S. 382.
161 Serauky, Walter: Hallische Opernpflege in der Vergangenheit. Ein Streifzug durch zwei Jahrhunderte (1654–1850). In: 50 Jahre Stadttheater Halle. Festschrift zur 50-Jahrfeier des Stadttheaters Halle, hrsg. von Curt Freiwald, 1936, S. 71f.
162 Glasenapp, Carl Friedrich: Das Leben Richard Wagners in 6 Büchern, Bd. 2, Leipzig 1905, S. 45f.

163 Merian, Hans. In: Saale-Zeitg. Nr. 127, 15.3.1896.
164 Opern Richard Wagners. In: Theatersammlung, Stadtarchiv Halle.
165 Krause, M. In: Saale-Zeitung Nr. 281 vom 1.12.1886.
166 Krause, M. In: Saale-Zeitung Nr. 288 v. 9. 12. 1886.
167 Dr. W. In: Hallescher Central-Anzeiger Nr. 275 vom 24.11.1903.
168 Konzert-Programmheft, hrsg. von Sang und Klang, 22.11.1911.
169 Piechocki, Werner. In: Der Neue Weg Nr. 196 vom 21./22. 8.1982.
170 Holfter, Susanne: Auf Erfolgskurs. Max Richards. In: Holfter/Lenk: 125. Jahrestag des halleschen Stadttheaters, S. 24–28; weiterführend: Holfter, Susanne: Das hallesche Stadttheater unter der Leitung von Max Richards und Leopold Sachse (1897–1922). Das Musiktheater in der Saalestadt im Wandel der Zeit, Bayreuth 2005, S. 26–152.
171 Opern Richard Wagners, Theatersammlung, Stadtarchiv Halle.
172 Sachse, Leopold: Zur Neuinszenierung der Meistersinger von Nürnberg. In: Hallische Nachrichten Nr. 131 vom 22.6.1920.
173 Katalog: Paul Thiersch und die Bühne: szenische Visionen eines Architekten, hrsg. von der Staatlichen Galerie Moritzburg Halle, Konzeption von Ausstellung und Katalog Katja Schneider, Halle 1995, S. 38.
174 Zitiert nach Müller-Wesemann, Barbara: Klein gedacht und klein gewesen. Oder: Wie man in Halle und Hamburg mit dem Intendanten Leopold Sachse umging. In: Katalog Paul Thiersch und die Bühne, S. 24.
175 Holfter: Das hallesche Stadttheater, S. 153–167; Lenk, Margrit: Aufbruch in die Moderne – Leopold Sachse, in: Holfter/Lenk: 125 Stadttheater Halle, S. 29–31; P. L.: Trauerbotschaft aus New York. Leopold Sachse, Hamburgs ehemaliger Opernchef, starb in den USA. In: Hamburger Echo vom 7.4.1961.
176 Lenk, Margrit: Das Stadttheater von 1922 bis 1945. Willy Dietrich – „Ein ehrlicher Makler der Kunst". In: Holfter/Lenk: 125 Stadttheater Halle, S. 32f.
177 Theatersammlung, Stadtarchiv Halle.
178 „Götterdämmerung" in neuer Einstudierung. In: Saale-Zeitung Nr. 126 vom 1.6.1938.
179 Donath, Rudolf. In: (Zeitung unbekannt), 28.4.1939.
180 Hochdramatische Oper. Wagners „Walküre" in der hallischen Inszenierung. In: (Zeitung nicht angegeben), April 1942.
181 Ernst, Kurt. In: Freiheit vom 6.10.1947; K. In: Der Neue Weg vom 7.10.1947.
182 Statistischer Rückblick. In: Landestheater Sachsen-Anhalt. Halle 1945–1951. Festschrift zur Eröffnung des großen Hauses am 31. März 1951, hrsg. von Wolfgang Hammerschmidt, Halle 1951.
183 Sanke, Curt. In: Freiheit vom 11.9.1951.
184 Seiferth, Werner P.: Richard Wagner in der DDR. Versuch einer Bilanz. Leipziger Beiträge zur Wagner-Forschung 4, hrsg. vom Richard-Wagner-Verband Leipzig e. V., Beucha/Markkleeberg 2012, S. 280.
185 Die Aufführungszahl verteilt sich in der Regel auf den Zeitraum von zwei Spielzeiten bis zur letzten gespielten Vorstellung.
186 Seiferth: Richard Wagner in der DDR, S. 188 und 280.
187 Ebenda, S. 280; Stompor, Stephan. In: Freiheit Nr. 35 vom 11.2.1953.
188 Seiferth: Richard Wagner in der DDR, S. 192 und 280.
189 Hetschko, Alfred. In: Freiheit Nr. 274 vom 23.11.1956.
190 Ebenda; Seiferth: Richard Wagner in der DDR, S. 203, 213f. und 280.
191 Seiferth: Richard Wagner in der DDR, S. 210 und 280; Siegmund-Schultze, W. In: Freiheit Nr. 305 vom 23.12.1960.
192 Seiferth: Richard Wagner in der DDR, S. 241 und 280; Jahresmagazin des Landestheaters Sachsen-Anhalt 1979, hrsg. vom Landestheater Halle, Halle 1978.

Altenburg

193 Wagner, Richard: Mein Leben, München 1963, S. 424.
194 Jung, Hans-Rainer: Das Gewandhausorchester. Seine Mitglieder und seine Geschichte seit 1743, Leipzig 2006, S. 83f.
195 Wagner: Mein Leben, S. 38f.
196 Ebenda, S. 39.
197 Zit. nach: Lürgen, Bernd: Chronik des Theaters in Altenburg. Hrsg. von Bernd Lürgen, Leipzig 1937, S. 35. Eine genauere Quellenangabe des Zitats fehlt leider.
198 Gabler, Karl: Kurzer Abriss der Altenburger Theatergeschichte, Altenburg 1957, S. 29.
199 Kraft, Zdenko von: Das Festspielhaus in Bayreuth, Bayreuth 1967, S. 12–16.
200 Strobel, Thomas: Otto Brückwald. Ein vergessener Künstler und Architekt, München 2006, Selbstverlag.
201 Langner, Wolfgang: Wieland Wagner und Altenburg. Zur Wiederkehr des 80. Geburtstags des Richard Wagner Enkels. In: Altenburger Geschichts- und Hauskalender, 1997, S. 190–192.
202 Kapsamer, Ingrid: Wieland Wagner. Wegbereiter und Weltwirkung, Wien u. a. 2010, S. 74f.
203 Langner: Wieland Wagner und Altenburg, S. 190–192.
204 Gabler, Karl. In: Altenburger Zeitung vom 26.8.1943, zitiert nach: Langner: Wieland Wagner und Altenburg, ebenda.
205 Ebenda.
206 Zitiert nach: Kapsamer: Wieland Wagner, S. 80.
207 Schmolitzky, Arthur. In: Altenburger Zeitung vom 13.9.1943, zitiert nach: Langner: Wieland Wagner und Altenburg, S. 191.
208 Preuß, Friedrich. In: Altenburger Zeitung vom 19.12.1943, zitiert nach: Langner: Wieland Wagner und Altenburg, ebenda.
209 Kapsamer: Wieland Wagner, S. 79.
210 Schmolitzky, Arthur. In: Altenburger Zeitung vom 13.9.1943, zitiert nach: Kapsamer: Wieland Wagner, S. 83.
211 Schmolitzky, Arthur. In: Altenburger Zeitung vom 15.5.1944, zitiert nach: Langner: Wieland Wagner und Altenburg, S. 192.
212 Kapsamer: S. 84–87.
213 Ebenda, S. 85.
214 Burzawa, Ewa: Siegfried Wagner. An allem ist Hütchen schuld. In: Pipers Enzyklopädie des Musiktheaters, Bd. 6, München 1997, S. 627.
215 Schmolitzky, Arthur. In: Altenburger Zeitung, zitiert nach: Langner: Wieland Wagner und Altenburg, S. 191.
216 Limmer, Rupert: Siegfried Wagners „Hütchen" im Markgräflichen Opernhaus. In: Bayrische Ostmark vom 9.6.1944.

Eisenach

217 Wilhelmine „Minna" Wagner geb. Planer (1809 bis 1866), erste Ehefrau Richard Wagners.
218 Vgl. Bermbach 2006, S. 50–55.
219 Wagner 1911, S. 263.
220 Sammlung mittelhochdeutscher Sangspruchgedichte des 13. Jahrhunderts unter dem Titel „Wartburgkrieg" um einen angeblichen Dichterwettstreit auf der Wartburg am Hofe des Thüringer Landgrafen Hermann I. um 1200, mit unbekanntem Verfasser; vgl. Krauß 2000, S. 16.
221 Vgl. Krauß 2000, S. 9–19.
222 Soden 1991, S. 53.
223 Vgl. Soden 1991, S. 50–54; vgl. Friedrich 2012, S. 31f.; das durch mehrere Volkssagen belegte Hörselbergloch im Großen Hörselberg wurde bereits in frühgeschichtlicher Zeit als Kultstätte genutzt und geht auf die heidnische Göttin Holba, auch Holda, Hulda oder Frau Holle zurück. Die Gothaer Sektion des Thüringerwald-Vereins beschloss 1884, die Höhle als ein reizvolles Wanderziel bekannter zu machen. Hierbei griff man auf die bereits durch Richard Wagners Oper „Tannhäuser und der Sängerkrieg auf Wartburg" vorgezeichnete Legende der Frau Venus zurück und warb um den Besuch der „Venushöhle". 1928 fand man unweit der „Venushöhle" eine weitere Felsspalte, welche sogleich vom geschäftstüchtigen Wirt des Hörselberghauses „Tannhäuserhöhle" getauft wurde. In den 1970er und 1980er Jahren sind weitere kleine Höhlen und Spalten im Hörselberggebiet entdeckt worden, so auch die „Wagnerhöhle" im Kleinen Hörselberg.
224 Vgl. Soden 1991, S. 53f.; vgl. Wagner 1911, S. 295f. und 309.
225 Friedrich 2012, S. 34.
226 Ebenda, S. 35.
227 Ebenda.
228 Ebenda, S. 36.
229 Ebenda.
230 Ebenda.
231 Ebenda, S. 37.
232 Vgl. ebenda, S. 37f.
233 3. bis 9. Mai 1849.
234 Wagners Steckbrief vom 16. Mai 1849, der erst am 19. Mai im Dresdner Anzeiger veröffentlicht wurde; vgl. Bermbach 2006, S. 95; vgl. Geck 2004, S. 55; vgl. Marggraf 1999, S. 155.
235 Vgl. Wagner 1911, S. 488; Richard Wagner schreibt in seinen Erinnerungen „Mein Leben", dass er Liszt auf seiner Reise nach Karlsruhe (nicht Frankfurt) bis Eisenach begleitet habe.
236 Wagner 1970, S. 658; vgl. Wagner 1911, S. 488f.; vgl. Marggraf 1999, S. 154; Herzogin Hélene von Orléans (1814–1858), geborene Herzogin zu Mecklenburg-Schwerin und Witwe des französischen Thronfolgers Ferdinand Philippe d'Orléans, duc de Chartres (1810–1842), lebte gemeinsam mit ihren beiden Söhnen nach der französischen Februarrevolution von 1848 im Schloss ihres Onkels, des Großherzogs Carl Friedrich von Sachsen-Weimar-Eisenach (1783–1853), im Eisenacher Exil. Die Ironie der Geschichte: Als entthronte Witwe des bisherigen und auch als Mutter des zukünftigen französischen Thronfolgers hat sie zusammen mit ihrer Tante, der Großherzogin Maria Pawlowna, den Dresdner Revolutionär Wagner im Eisenacher Stadtschloss empfangen.
237 Vgl. Bermbach 2006, S. 55.
238 Wagner 1911, S. 489.
239 Ebenda.
240 König Johann von Sachsen (1801–1873) verfügte im Juli 1860 eine Teilamnestierung (nur für die Länder des Deutschen Bundes außerhalb Sachsens). Nach einem weiteren, auf Drängen Minna Wagners aufgesetzten Gesuch durfte Wagner zwei Jahre später auch wieder nach Sachsen einreisen; vgl. Geck 2004, S. 80.
241 Wagner 1911, S. 773.
242 Vgl. Wagner 1911, S. 821; vgl. Marggraf 1999, S. 158; Die Wartburg wurde seit 1853, auf Initiative des Großherzogs Carl Alexander von Sach-

sen-Weimar-Eisenach (1818–1901), im historisierenden Stil wiederaufgebaut und erneuert.
243 Die Völkerschlacht bei Leipzig vom 16. bis 19. Oktober 1813 war die siegreiche Entscheidungsschlacht der Befreiungskriege gegen die Napoleonische Fremdherrschaft.
244 Vgl. Bermbach 2006, S. 55; vgl. Schuchardt 1999, S. 8.
245 Wagner 1911, S. 821.
246 Vgl. Schuchardt 1999, S. 8.
247 Vgl. Osmann 1997, S. 140; vgl. Osmann 2010, S. 89.
248 Oesterlein 1882.
249 Vgl. Osmann 2010, S. 90.
250 Private Musikakademie; seit 1952 Hochschule für Musik „Carl Maria von Weber" Dresden.
251 Vgl. Osmann 2010, S. 90–92.
252 Fritz Reuter zog mit seiner Frau Luise geb. Kuntze (1817–1894) im Jahr 1863 von Neubrandenburg nach Eisenach. Von 1866 bis 1868 ließ er sich eine Villa im Stil der Neorenaissance am Fuße der Wartburg erbauen, in der er mit seiner Frau seinen Lebensabend verbrachte.
253 Vgl. Osmann 2010, S. 95–110; vgl. Osmann 1997, S. 140–143.

Weimar

254 Weimarische Zeitung vom 20.3.1878, S. 1.
255 http://www.urmel-dl.de/Projekte/TheaterzettelWeimar.html. Der Verfasser dieses Beitrags war in dem Projekt u. a. zuständig für die Aufarbeitung der Sparte Musiktheater.
256 Weimarische Zeitung vom 4.1.1866, S. 1f., 5.1.1866, S. 1f., sowie 6.1.1866, S. 1f.
257 NZfM. vom 3.9.1850, S. 107, 10.9.1850, S. 115f., 13.9.1850, S. 118–120, 24.9.1850, S. 136–138, 4.10.1850, S. 151f., sowie 11.10.1850, S. 162–164.
258 Genast erinnerte sich in der Weimarischen Zeitung vom 5.1.1866, S. 1f.: „Auch bei der Wiederholung [des „Lohengrin"] erzielten wir keinen lebhafteren Beifall. Die Aeußerungen: ‚die Oper ist viel zu lang! Man wird von der Masse Musik fast erdrückt! wer soll denn das 4 Stunden aushalten?' gingen unter dem größten Theile des Publikums herum. [Intendant] Herr v. Ziegesar, der die Ansicht des Publikums theilte, schrieb gleich nach der ersten Aufführung an Wagner und bat ihn, in der Oper zu streichen. Auch Liszt that ein Gleiches, aber Wagners Antworten lauteten abschläglich."
259 Liszt, Franz: Lohengrin et Tannhäuser de Richard Wagner, hrsg. von Rainer Kleinertz (= Sämtliche Schriften 4), Wiesbaden u. a. 1989.
260 Liszt, Franz: Wagners Fliegender Holländer, in: Dramaturgische Blätter, hrsg. von Dorothea Redepenning und Britta Schilling (= Sämtliche Schriften 5), Wiesbaden u. a. 1898, S. 68–114.
261 Weimarische Zeitung vom 27.2.1903, S. 1f.
262 Weimarische Zeitung vom 10.3.1903, S. 1f.
263 Vgl. dazu: http://www.urmel-dl.de/Projekte/TheaterzettelWeimar.html.
264 21.4. (Rheingold), 23.4. (Walküre), 27.4. (Siegfried), 30.4. (Götterdämmerung).
265 7.10. (Rheingold), 14.10. (Walküre), 21.10. (Siegfried), 28.10. (Götterdämmerung).
266 26.4. (Rheingold), 3.5. (Walküre), 5.5. (Siegfried), 17.5. (Götterdämmerung).
267 13.3. (Rheingold), 20.3. (Walküre), 27.3. (Siegfried), 3.4. (Götterdämmerung).
268 21.3. (Rheingold), 26.3. (Walküre), 2.4. (Siegfried), 9.4. (Götterdämmerung).
269 28.1. (Rheingold), 30.1. (Walküre), 6.2. (Siegfried), 13.2. (Götterdämmerung).
270 11.3. (Rheingold), 12.3. (Walküre), 16.3. (Siegfried), 19.3. (Götterdämmerung).
271 16. 3. (Rheingold), 19. 3. (Walküre), 23. 3. (Siegfried), 26. 3. (Götterdämmerung).
272 12.3. (Rheingold), 14.3. (Walküre), 17.3. (Siegfried), 21.3. (Götterdämmerung).
273 Vgl. dazu auch: Schröter, Axel: Der historische Notenbestand des Deutschen Nationaltheaters Weimar. Katalog, Sinzig 2010, S. LXXXIV bis LXXXVIII.
274 Vgl. dazu: Gut, Serge: Franz Liszt, Sinzig 2009, S. 355–357.
275 Ebenda, S. 357–362.
276 Wagner, Richard: Mein Leben, hrsg. von Martin Gregor-Dellin, München 1963, S. 672f.

Meiningen

277 Cosima Wagner, Tagebucheintrag vom 11.3. 1877. In: Wagner, Cosima: Die Tagebücher Bd. 2, 1873 bis 1877, München 1982, S. 1037.
278 Ernst Teschner (1837–1914), Violinist, Kapellmeister, Klavierlehrer. Er leitete von 1867 bis 1876 das Musikkorps des Thüringischen Infanterieregiments Nr. 32. Unter der Leitung Teschners und seines Nachfolgers Reinhold Olbrich (1849–1894) erwarb sich das Ensemble einen Ruf als Gestalter hervorragender Unterhaltungskonzerte. Da die Körperschaft auch über gute Streicher verfügte, machte sie sich als Interpret von Beethoven-Sinfonien und Wagner-Ouvertüren einen Namen und gastierte sehr erfolgreich in ganz Deutschland. Auch Wagner schätzte die Militärmusiker und lud sie wiederholt nach Bayreuth ein. Ernst Teschner verehrte er ein handsigniertes Foto von sich (s. Abb. 2).
279 Siehe dazu Müller, Herta: „Wohllaut, Fülle und Reinheit des Tones mit Präcision gepaart ..." Der Salzunger Kirchenchor als erster Missionar für die ‚Meininger Prinzipien'. In: 150 Jahre Kirchenchor zu Bad Salzungen. Festschrift und Programm, Bad Salzungen 2010, S. 7–23; Maren Goltz (Hrsg.): Musiker-Lexikon des Herzogtums Sachsen-Meiningen (1680–1918). 3. erweiterte Version, Meiningen 2012, <http://www.db thueringen.de/servlets/DerivateServlet/Derivate 24956/goltz_musikerlexikon_3.pdf>, Zugriff: 8. August 2012.
280 Grenzer, Ina: Friedhold Fleischhauer, ein Konzertmeister der Meininger Hofkapelle. In: Südthüringer Forschungen 25 (1991), S. 64–83.
281 Grenzer: Friedhold Fleischhauer, S. 71.
282 Richard Wagner an Emil Büchner, 28.6.1874, abgeschrieben von Büchner in einer Mitteilung vom 31.6.1874 an Hofmarschall von Stein. In: Thüringisches Staatsarchiv Meiningen (im Folgenden ThStA Meiningen), Hofmarschallamt (im Folgenden HMA) 801.
283 Vgl. Emil Büchner an das Hofmarschallamt, 21.1.1875. In: ThStA Meiningen, HMA 801.
284 Richard Wagner an Emil Büchner, 12.1.1875, abgeschrieben von Büchner in einer Mitteilung an von Stein vom 13.1.1875. In: ebenda.
285 Cosima Wagner an Helene Freifrau von Heldburg, 11.5.1900. In: ThStA Meiningen, Hausarchiv (im folgenden HA) 39.
286 Friedrich von Bodenstedt (1819–1892), deutscher Schriftsteller, Übersetzer der Shakespeare-Sonette sowie russischer Schriftsteller.
287 Vgl. Rossmann, W.: Ueber die Shakespeare-Aufführungen in Meiningen. In: Jahrbuch der Deutschen Shakespeare-Gesellschaft, 2. Jg., Berlin 1867, S. 298–302. Darin heißt es: „Ich habe das Vergnügen, Ihnen mitzutheilen, dass mit dem Regierungsantritte des Herzogs Georg auch das Meininger Hoftheater, welches gegenwärtig unter der Intendanz des Hofmarschalls Freiherr v. Stein und der artistischen Leitung des Herrn Grabowski steht, in die Reihe der Shakespeare-Bühnen eingetreten ist. Dasselbe wird fortan den Darstellungen Shakespearescher Stücke eine ganz besondere Sorgfalt zuwenden, das darstellende Personal in dieser Rücksicht wählen und seine Ehre darin setzen, mit den besten Bühnen in der Bereicherung des deutschen Shakespeare-Repertoires zu wetteifern." Ebenda, S. 298.
288 Vgl. Erck, Alfred/Kern, Volker: Die „Meininger" in Europa. In: Die Meininger kommen! Hoftheater und Hofkapelle zwischen 1874 und 1914 unterwegs in Deutschland und Europa. Kunst und Mission. Festspiele auf Reisen, Meiningen 1999, S. 9ff.
289 Bauer, Oswald Georg: Richard Wagner geht ins Theater. Eindrücke, Erfahrungen, Reflexionen und der Weg nach Bayreuth. Begleitbuch zur gleichnamigen Ausstellung, hrsg. von der Leitung der Bayreuther Festspiele 1996, S. 278ff.
290 Im einzelnen handelte es sich um 4 Flöten, 2 Oboen, 6 Klarinetten, 2 Fagotte, 4 Hörner, 2 Trompeten und 2 Posaunen. Seggelke, Jochen: „Mühlfelds Ottensteiner Klarinetten". In: Goltz, Maren/Müller, Herta (Hrsg.): Der Brahms-Klarinettist Richard Mühlfeld. Einleitung, Übertragung und Kommentar der Dokumentation von Christian Mühlfeld/Richard Mühlfeld: Brahms' Clarinettist. Introduction, Transcription, and Commentary of the Documentation by Christian Mühlfeld, Balve 2007, S. 332–357.
291 Gutachten der Hornisten Gustav Leinhos, Carl Müllich, M(artin?) Mühlfeld und [H.?] Böttner vom 20.2.1875. In: ThStA Meiningen, HMA 812 [Paginierung?]
292 Gutachten des Oboisten Anton Kirchhoff vom 24.7.1875. In: ThStA Meiningen, HMA 812.
293 In: ThStA Meiningen, HA 340. HMA 813.
294 Helene von Heldburg an Hans von Bülow, 3.11.1873. In: Sammlung Musikgeschichte der Meininger Museen, Br 157/2. Um welche Sonate es sich handelt, konnte nicht ermittelt werden.
295 Hans von Bülow an Louise von Welz, 29.12.1873. In: Bülow, Marie von: Briefe und Schriften, Bd. VI, Ersch.-ort, -jahr, S. 121.
296 Diese Abschrift, die sich bis 1999 in Privatbesitz befand, diente danach als Stichvorlage für die von Christa Jost besorgte wissenschaftlich fundierte Ausgabe der „Walküre".
297 Vgl. hierzu Erck/Kern: Die Meininger kommen, S. 12ff.
298 Cosima Wagner, Tagebucheintrag vom 2.11.1875. In: Wagner, Cosima: Die Tagebücher Bd. 2, S. 946.
299 Siehe Dahlhaus, Carl: Wagners Konzeption des musikalischen Dramas, Kassel/Basel/London/New York 1990.
300 Goltz, Maren: Zur Bühnen- und Zwischenaktmusik bei den Theateraufführungen der „Meininger" während der Regierungszeit Herzog Georgs II. von Sachsen-Meiningen (1866–1914). In: Stuber, Petra/Beck, Ulrich (Hrsg.): Theater und 19. Jahrhundert, Hildesheim 2009 (= Schriftenreihe der Hochschule für Musik und Theater „Felix Mendelssohn Bartholdy" Leipzig, Bd. 2), S. 73–93.
301 Hans von Bülow an Herzog Georg II., 7.11.1879. In: ThStA Meiningen, HA 12.
302 Hans von Bülow an Josef Schrattenholz. In: Weimarische Zeitung, 16.12.1880.
303 Bericht über die Aufführung der IX. Symphonie von Beethoven im Jahre 1846 in Dresden (aus meinen Lebenserinnerungen ausgezogen) nebst Programm dazu. In: Wagner, Richard: Gesammelte Schriften und Dichtungen, Bd. 2, Leipzig 1907, S. 50–64.
304 Sammlung Musikgeschichte der Meininger Museen, VB 86/1–9.

305 Richard Wagner an Herzog Georg II., 2.2.1876. In: ThStA Meiningen, HA 3d.
306 Heldburg, Helene von: Kalendernotizen 1876. In: ThStA Meiningen, HA 340.
307 Cosima Wagner, Tagebucheintrag vom 9.3.1877. In: Wagner, Cosima: Die Tagebücher Bd. 2, S. 1036.
308 Das Musikkorps des 32. Thüringer Infanterieregiments (vgl. Anm. 2) spielte unter Reinhold Olbrichs Leitung auf Wagners Wunsch auch Werke von ihm zum Diner.
309 Cosima Wagner, Tagebucheintrag vom 11.3.1877. In: Wagner, Cosima: Die Tagebücher Bd. 2, S. 1037.
310 ThStA Meiningen, HA 3 c
311 Richard Wagner an Herzog Georg II., 12.3.1877. In: Sammlung Musikgeschichte der Meininger Museen, Br 138/2.
312 Carl Friedrich Werder (1806–1893), Philosoph, Literaturwissenschaftler, Dichter. 1833 Promotion, 1834 Habilitation, Privatdozent an der Berliner Universität, ab 1838 außerordentliche Professur daselbst. Werder war Prinzenerzieher am Berliner Kaiserhof. Sein Spezialgebiet war die Ästhetik der Bühnendichtung. Um 1875 trat er durch Vermittlung Helene von Heldburgs in Verbindung zum Meininger Hof. Er war bis zu seinem Tod Freund und Vertrauter Georgs II. und Berater der Meininger Theaterreform. – In ihrem Brief vom 9.11.1889 schrieb Cosima an Helene: „Ich bin eben von Berlin zurückgekehrt, wo ich mit unserem gemeinschaftlichen Freunde Werder viel über Sie, und Sie können es sich wohl denken, wie ? gesprochen habe." In: ThStA Meiningen, HA 39.
313 Vgl. Raab, Arnim: „Zentralsonne der modernen Tonwelt". Hans von Bülows Beethoven-Verständnis. In: Beiträge zum Kolloquium: Hans von Bülow – Leben, Wirken und Vermächtnis. Hrsg. von Herta Müller/Veronika Gerasch, Meiningen 1994 (= Südthüringer Forschungen, Bd. 28), S. 180ff.
314 Vgl. Marek, Gregor: Cosima Wagner. Ein Leben für ein Genie, München 1993, S. 282.
315 Daniela von Bülow an Helene von Heldburg, 19.11.1883. In: ThStA Meiningen, HA 4.
316 Daniela von Bülow an Helene von Heldburg, 2.3.1884. In: ebenda.
317 Cosima Wagner an Helene von Heldburg, 5.3.1889. In: ThStA Meiningen, HA 39.
318 Vgl. hierzu Kern, Fabian: Bravo, Bravissimo. Die Coburger Theatermalerfamilie Brückner und ihre Beziehungen zu den Bayreuther Festspielen. Berlin 2010.
319 Zum Meininger Theatermuseum „Zauberwelt der Kulisse" siehe www.meiningermuseen.de.
320 Die Tournee kam später wegen finanzieller und logistischer Unsicherheiten nicht zustande.
321 Strauss, Richard: Betrachtungen und Erinnerungen, hrsg. von Willi Schuh. 4. Aufl., München 1989, S. 210.

AUSGEWÄHLTE QUELLEN UND LITERATUR

Leipzig

25 Jahre Richard-Wagner-Verband Leipzig – 100 Jahre Richard-Wagner-Verband, Festschrift, hrsg. vom Richard-Wagner-Verband Leipzig e. V., Leipzig 2009.

Lange, Walter: Richard Wagner und seine Vaterstadt Leipzig, Leipzig 1921.

Leipziger Beiträge zur Wagner-Forschung 1, hrsg. vom Richard-Wagner-Verband Leipzig e. V. Kolloquium zum 125. Todestag Richard Wagners. Leipziger bekennen sich zu Wagner, Beucha 2008.

Leipziger Beiträge zur Wagner-Forschung 4, hrsg. vom Richard-Wagner-Verband Leipzig e. V.; Seiferth, Werner P.: Richard Wagner in der DDR, Beucha / Markkleeberg 2012.

Neumann, Angelo: Erinnerungen an Richard Wagner, Leipzig 1907.

Oehme, Ursula: Richard Wagner und Leipzig, hrsg. vom Richard-Wagner-Verband Leipzig, Berlin 2013

Oehme, Ursula: WagnerWege in Leipzig, hrsg. vom Richard-Wagner-Verband Leipzig e. V., 2. Auflage, Leipzig 2011.

Wagner, Richard: Mein Leben, Leipzig 1985.

Wolf, Werner: Heil Leipzig, meiner Vaterstadt, die eine so kühne Theaterdirektion hat. In: Leipzig – aus Vergangenheit und Gegenwart, Beiträge zur Stadtgeschichte 6, hrsg. von Klaus Sohl, Leipzig 1983.

Dresden

Bory, Robert: Richard Wagner. Sein Leben und sein Werk in Bildern, Frauenfeld, Leipzig 1938.

Bournot, Otto: Ludwig Heinr. Chr. Geyer, der Stiefvater Richard Wagners, Leipzig 1913.

Buchholz, Matthias: Richard Wagner in der Revolution 1848/49. Studienarbeit, München, Ravensburg 2004.

Chamberlain, Houston Stewart: Richard Wagner, Bd. 1, München 1911.

Dahlhaus, Carl/Deathridge, John: Wagner, Stuttgart, Weimar 1994.

Gregor-Dellin, Martin: Richard Wagner. Sein Leben, sein Werk, sein Jahrhundert, Berlin 1984.

Günzel, Klaus: Romantik in Dresden. Gestalten und Begegnungen, Frankfurt/Main, Leipzig 1997.

Haenel, Erich/Kalkschmidt, Eugen: Das alte Dresden. Bilder und Dokumente aus zwei Jahrhunderten, Leipzig 1941.

Hantzsch, Adolf: Hervorragende Persönlichkeiten in Dresden und ihre Wohnungen, Dresden 1918.

Koch, Max: Richard Wagners Stellung in der Entwickelung der deutschen Kultur. Festrede zur Feier von Richard Wagners 100. Geburtstag am 22. Mai 1913 gehalten in der „Schlesischen Gesellschaft für vaterländische Cultur", Breslau 1913.

Kröplin, Karl-Heinz: Richard Wagner 1813–1883. Eine Chronik, 2., durchges. und erw. Aufl., Leipzig 1987.

Kummer, Friedrich: Dresden und seine Theaterwelt, Dresden 1938.

Lotz, Jürgen: Richard Wagner auf den Barrikaden. Die Rolle des Komponisten im Dresdener Maiaufstand 1849, Teil 1. In: Damals. Zeitschrift für geschichtliches Wissen, H. 5/1978, S. 415–438; Teil 2, H. 6/1978, S. 495–518.

Michael Bakunin, Gottfried Semper, Richard Wagner und der Dresdner Mai-Aufstand 1849: Symposium des Forschungsinstituts der Friedrich-Ebert-Stiftung am 27. Oktober 1995 in Dresden, Bonn 1995.

Müller, Erich H.: Dresdner Musikstätten, Dresden 1931.

Müller, Gg. Herm.: Richard Wagner in der Mai-Revolution 1849, Dresden 1919.

Müller, Wolfgang: Geschichten aus dem alten Dresden. Mit dem Weißeritzmühlgraben durch unsere Stadt. Unter Mitarb. von Frank Laborge, Dresden 2011.

Richard Wagner: eine Chronik seines Lebens und Schaffens, o. O., 1969.

Richard Wagner: Leben und Schaffen. Eine Zeittafel, bearb. von Otto Strobel, Bayreuth 1952.

Ruhland, Volker: Der Dresdner Maiaufstand von 1848/49. In: Dresdner Hefte 43, S. 27–37.

Sächsisches Barock, Leipzig 1990.

Scheuer, D. F.: Richard Wagner als Student, Wien, Leipzig 1921.

Seiferth, Werner P.: Wagner-Pflege in der DDR. Richard Wagners Werke auf den Bühnen der ehemaligen sowjetischen Besatzungszone und der Deutschen Demokratischen Republik. Sonderdruck aus: Richard Wagner Blätter, H. 3–4, 1990.

Soden, Michael von: Richard Wagner. Ein Reiseführer, Dortmund 1991.

Wagner, Richard: Mein Leben, Bd. 1, München 1911.

Weinhold, Klaus/Paajanen, Ilkka: Dies schöne Dresden. Richard Wagners Spuren in Elb-Florenz, Suomi 2009.

Westernhagen, Curt von: Richard Wagners Dresdener Bibliothek 1842–1849, Wiesbaden 1966.

Zehle, Sibylle: Minna Wagner. Eine Spurensuche, Hamburg 2004.

Ermlitz

Herrenhaus und Kultur-Gut Ermlitz, hrsg. von Gerd-Heinrich Apel, Förderverein

Lange, Walter: Richard Wagner und seine Vaterstadt Leipzig, Leipzig 1921.

Richard Wagner an Theodor Apel, Leipzig 1910.

Voss, Egon, München: Die Freundschaft Richard Wagners mit Theodor Apel. Vortrag, gehalten auf Gut Ermlitz am 30. Juni 2001. CD, hrsg. vom Förderverein Kultur-Gut Ermlitz e. V.

Wagner, Richard: Mein Leben. Vollständige Ausgabe, hrsg. von Eike Middell. 1. Bd., Leipzig 1985.

Wagner, Richard: Sämtliche Briefe, hrsg. im Auftrag der Richard-Wagner-Stiftung Bayreuth von Gertrud Strobel und Werner Wolf, Bd. 1, Leipzig 1967.

Dessau

Antz, Christian/Neef, Christoph: Musikland Sachsen-Anhalt, 2005.

Köhler, Karl-Heinz: 225 Jahre Orchester in Dessau. Historischer Abriss, Dessau 1991.

Küster, Hansjörg/Hoppe, Ansgar: Das Gartenreich Dessau-Wörlitz. Landschaft und Geschichte, Kulturstiftung Dessau Wörlitz 2010.

Mahlo, Ute: Eduard Thiele und die Dessauer Wagner-Tradition, Diplomarbeit 1983.

Pantenius, Michael: Wittenberg – Dessau – Wörlitz die Unesco-Welterbestätten, mdv 2008/2010.

Programmbücher der Richard-Wagner-Festwochen, Dessau 1953ff.

Runge, Hartmut: Dessauer Theaterbilder. Zur 200-jährigen Geschichte des Theaters in Dessau, Dessau 1994.

UNESCO-Welterbestätten Deutschland e. V., UNESCO-Welterbe in Deutschland, 2010.

Zauf, Karin/Pantenius, Michael: Musikleben in Sachsen Anhalt, mdv 2009.

Bad Kösen

Archiv Klaus-Dieter Fichtner, Bad Kösen.

Glasenapp, Carl Friedrich: Das Leben Richard Wagners in 6 Büchern, Bd. 1, Leipzig 1905, S. 236f.

Rosenberger, Otto: Kösen. Zur Mitgabe und Erinnerung für Badegäste, Leipzig 1846.

Specifikation derer befindlichen Einwohner allhier in Kösen, 1739. Archiv der Landesschule Schulpforta.

Wagner, Richard: Mein Leben, Leipzig 1958, S. 170f., München 1963, S. 111f.

Eisenach

Bermbach, Udo: Richard Wagner. Stationen eines unruhigen Lebens. Hamburg 2006.

Friedrich, Sven: Richard Wagners Opern. Ein musikalischer Werkführer. München 2012.

Geck, Martin: Richard Wagner. Reinbek bei Hamburg 2004.

Krauß, Jutta: Geschichte und Geschichten. In: Wartburg-Stiftung (Hg.): Welterbe Wartburg. Porträt einer Tausendjährigen. Regensburg 2000, S. 9–21.

Marggraf, Wolfgang: Richard Wagner in Thüringen – Bemerkungen zu einem „unmöglichen" Thema. In: Erfen, Irene (Hrsg.): „... der Welt noch den Tannhäuser schuldig". Richard Wagner: Tannhäuser und der Sängerkrieg auf Wartburg. Kolloquium vom 14. bis 16. November 1997 auf der Wartburg. Wartburg-Jahrbuch Sonderband 1997. Regensburg 1999, S. 143 bis 160.

Oesterlein, Nikolaus: Katalog einer Richard-Wagner-Bibliothek. Nach den vorliegenden Originalen systematisch-chronologisch geordnetes und mit Citaten und Anmerkungen versehenes authentisches Nachschlagebuch durch die gesammte Wagner-Literatur, Bd. 1. Leipzig 1882.

Osmann, Gudrun: Initiator, Organisator, Gründer und Direktor des Fritz-Reuter- und Richard-Wagner-Museums in Eisenach. In: Dieselbe: „Wer an sich verzagt, der ist verloren." Joseph Kürschner. Zeugnisse aus dem Leben eines literarischen Enzyklopädikers und Eisenacher Kulturförderers. Bucha bei Jena 2010, S. 89–110.

Osmann, Gudrun: Wagner am Fuße der Wartburg. Das Reuter-Wagner-Museum in Eisenach. In: Wagner, Wolfgang (Hrsg.): Das Festspielbuch: Bayreuther Festspiele 1997. Bayreuth 1997, S. 140–143.

Schuchardt, Günter: Vorwort. In: Erfen, Irene (Hrsg.): „... der Welt noch den Tannhäuser schuldig". Richard Wagner: Tannhäuser und der Sängerkrieg auf Wartburg. Kolloquium vom 14. bis 16. November 1997 auf der Wartburg. Wartburg-Jahrbuch Sonderband 1997. Regensburg 1999, S. 8f.

Soden, Michael von: Richard Wagner. Ein Reiseführer. Dortmund 1991.

Wagner, Richard: Mein Leben. Bd. 1 und 2, München 1911.

Wagner, Richard: Sämtliche Briefe. Bd. 2. Strobel, Gertrud/Wolf, Werner (Hrsg.), Leipzig 1970, S. 658.

Weißenfels

Bürgerbuch der Stadt Weißenfels von 1558 bis 1852, Neustadt an der Aisch 1978 (= Schriftenreihe der Stiftung Stoye Nr. 9).

Gregor-Dellin, Martin: Neue Wagner Ermittlungen. In: Musik und die Welt – Fünf Essays, Berlin 1988.

Hamann, Brigitte: Die Familie Wagner, Reinbek bei Hamburg 2005 (= Rowohlts Monographien 50658).

Hoßfeld, Hermann: Louise von François und die Genealogie. In: Genealogie, Bd. 11, 22. Jg., H. 3, März 1973, S. 457–467.

Kirchenbücher der Stadtkirche St. Marien Weißenfels.

Reihlen, Wolfgang: Die Eltern Richard Wagners. In: Familiengeschichtliche Blätter, Jg. 41, Leipzig 1943, H. 3 und 4, S. 42–58.

Thielitz, Siegfried: Die Weißenfelser Wurzeln in Richard Wagners Stammbaum. In: Weißenfelser Neue Presse, Weißenfels April/Mai 1990 (5 Fortsetzungen).

Wagner-Chronik. Daten zu Leben und Werk. Zusammengestellt von Martin Gregor-Dellin, dtv Nr. 3251, München 1983.

PERSONENREGISTER

RICHARD-WAGNER-VERBÄNDE UND PARTNER

Leipzig

Große Komponisten wie Johann Sebastian Bach, Felix Mendelssohn Bartholdy oder Robert Schumann lebten und wirkten in Leipzig. Doch Richard Wagner ist der einzige, der hier am 22. Mai 1813 geboren und später zum Musiker und Komponisten, auch zum Selbstvermarktungsstrategen geformt und ausgebildet wurde. Der am 13. Februar 1909 gegründete „Richard-Wagner-Verband deutscher Frauen", mit einer späteren Ortsgruppe Leipzig, ist der Vorläufer unseres heutigen Verbandes. Mit seinen weltweit fast 400 Mitgliedern (2005: 44 Leipziger) und vielfältigen Aktivitäten will er dazu beitragen, dass Richard Wagner in Leipzig endlich die herausragende Rolle spielt, die ihm in seiner Heimatstadt und durch seine prägende Rolle in der Musikwelt zusteht. Der Verband sieht ein musikwissenschaftliches Vortragsprogramm, Fahrten zu Aufführungen und Reisen zu internationalen Wagnerorten vor. Daneben werden Bücher zum Thema Richard Wagner publiziert und ein umfangreiches Merchandising-Programm für 2013. Es geht um die Wagner-Stadt Leipzig, gemeinsam mit der Oper Leipzig als Hauptaufführungsort seiner Werke. Daneben ist die Etablierung eines mitteldeutschen Wagner-Zentrums am zentral gelegenen Geburtsort das Ziel.

Richard-Wagner-Verband Leipzig e. V.
Vorsitzender: Thomas Krakow
Geschäftsstelle: Richard-Wagner-Platz 1
04109 Leipzig
Tel.: 0341/30 868 933
gs@wagner-verband-leipzig.de

Dresden

Die Geschichte des Dresdner Ortsverbandes geht weit zurück in die Gründungszeit der deutschen Wagner-Verbände ab 1871, vorrangig zum Zweck einer finanziellen Unterstützung beim Bau des Festspielhauses in Bayreuth. 1872 gründet Hofrat Dr. Pusinelli, lebenslanger Freund Richard Wagners, den ersten Dresdner Verband. Über viele Etappen und politische Unwägbarkeiten hat der Dresdner Wagner-Verband seine Lebensfähigkeit bewiesen. Dresden hat prägende Spuren in das Leben Richard Wagners gezeichnet: die Uraufführungen von „Rienzi", „Der fliegende Holländer", „Tannhäuser", „Liebesmahl der Apostel" und schließlich die Ereignisse der Revolutionstage von 1848/49.
1990 wurde der Dresdner Ortsverband im Graupaer „Lohengrinhaus" mit Unterstützung der Patenverbände Berlin, Coburg, Nürnberg und Stuttgart feierlich wieder gegründet. Der Verband organisiert ein lebendiges, interessantes und abwechslungsreiches Vereinsgeschehen, das sich den Kulturidealen Richard Wagners verpflichtet fühlt. Junge Künstler, ebenso die Richard-Wagner-Stipendien-Stiftung erhalten Unterstützung vom Verband. Neben der Gestaltung von Vorträgen über Wagner sind besonders die „Sängerporträts" stets Zuschauer- und Hörermagnet, als Bereicherung des kulturellen Lebens von Dresden zu sehen.

Richard-Wagner-Verband-Dresden e. V.
Vorsitzender: Klaus Weinhold
Geschäftsstelle: Traubestraße 14
01277 Dresden
Tel.: 0351/2610140
wagnerverband.dresden@yahoo.de

Graupa

Das weltweit erste Richard-Wagner-Museum wurde am 22. 7. 1907 durch Prof. Dr. Max Gaßmeyer, Leipziger Oberstudienrat, in Großgraupa eröffnet. Es umfasste die beiden Zimmer, die Richard Wagner vom 15. Mai bis zum 20. Juli 1846 bewohnt hatte. Der von Max Gaßmeyer 1907 gegründete „Verein zur Erhaltung des Lohengrinhauses" bildete die Existenzgrundlage für das künftige Wagner-Museum.
Die folgenden Jahrzehnte waren wechselhaft, und es grenzt an ein Wunder, dass die Sammlung noch immer an ihrem angestammten Ort zu besichtigen ist. Fünffacher Eigentümerwechsel, darunter zwei Zwangsversteigerungen, bedeuteten 1917 das vorläufige Ende. Erst 1933 erfolgte die Gründung des „Richard-Wagner-Vereins Graupa"; 1935 erwarb die Gemeinde Graupa das „Lohengrinhaus" und richtete es als Museum ein. Nach Rettung der Sammlung durch den Graupaer Bürger Emil Pfanne in den Wirren des Jahres 1945 wurde das Museums 1952 wiedereröffnet. 1977 gründete sich eine „Interessengemeinschaft Richard Wagner" im Kulturbund der DDR, das Lohengrinhaus wurde umfassend erneuert und erfreute sich in Zusammenhang mit der Wiedereröffnung der Semperoper in Dresden großen Interesses. 2008 wurde das „Lohengrinhaus" grundhaft saniert und neu als Gedenkstätte eingerichtet, ab 2009 begann die Stadt Pirna mit der Restaurierung des Jagdschlosses Graupa, dieses ist seit 2013 Bestandteil der Richard-Wagner-Stätten und beherbergt die Ausstellung „Wagner in Sachsen".

Kultur- und Tourismusgesellschaft Pirna mbH
Richard-Wagner-Stätten Graupa
Geschäftsführer: René Schmidt
Markt 7
01796 Pirna
wagnerstaetten@pirna.de

Chemnitz

Die Chemnitzer Oper kann für sich die erste sächsische Aufführung des „Parsifal" – so geschehen im Chemnitzer Opernhaus am 13. Februar 1914 – verbuchen. Und mit „Parsifal" nahm das Opernhaus im Jahre 1992 nach jahrelanger Schließung und umfangreicher Sanierung wieder seinen Spielbetrieb auf. Fünf Jahre später, am 23. Oktober 1997, gründeten Chemnitzer Wagner-Freunde ihren Ortsverband. Neben einer lebendigen Auseinandersetzung mit dem Werk Richard Wagners – gemeinsame Opern- und Probenbesuche, Vorträge und Diskussionen rund um das Schaffen Richard Wagners – fördert der Verband auch das musikalische Leben im Chemnitzer Raum und widmet sich dem Musiker-Nachwuchs. Unter den rund 250 Nachwuchskünstlern, die alljährlich für gute Leistungen mit einer Stipendienstiftung geehrt werden, sind stets auch zwei junge Leute aus Chemnitz. Den Geehrten wird ein kostenloser Besuch der Bayreuther Festspiele ermöglicht. Seit dem 13. Mai 2011 erinnert eine Gedenktafel am Gebäude A der Schönherr-Fabrik an den Aufenthalt des steckbrieflich verfolgten Richard Wagner. Auf seiner Flucht aus Dresden in die Schweiz hielt sich Richard Wagner am 7. und 8. Mai 1849 im Haus seiner Schwester Clara und seines Schwagers Heinrich Wolfram auf.

Richard-Wagner-Verband
Ortsverband Chemnitz e. V.
Vorsitzender: Matthias Ries-Wolff
Ricarda-Huch-Straße 5
09116 Chemnitz
Tel.: 0179/9 815 113
RWV-Chemnitz@gmx.de

Magdeburg

Als Vorläufer des heutigen Wagner-Verbandes Magdeburg ist der am 4. Oktober 1909 ins Leben gerufene „Richard Wagner Verband deutscher Frauen" zu nennen. Unter anderem ermöglichte dieser mittellosen Wagner-Freunden unentgeltlichen Besuch der Bayreuther Festspiele. Von 1834 bis 1836 wirkte der junge Richard Wagner als Kapellmeister am Magdeburger Theater und avancierte dort zum Musikdirektor. In Magdeburg fand 1836 die Uraufführung seiner Oper „Das Liebesverbot" statt: Dies war die erste Uraufführung einer Wagner-Oper überhaupt. In der Magdeburger Theaterkompanie lernte Wagner seine erste Frau, die Schauspielerin Minna Planer kennen. Nach über 40-jährigem erzwungenen „Walkürenschlaf" wurde der Magdeburger Verband 1990 unter dem Vorsitz der Initiatorin Astrid Eberlein wieder gegründet. Der Verband ist zu einem wichtigen Element des kulturellen Geschehens in der Landeshauptstadt Sachsen-Anhalts geworden. Die festlichen Wagner-Galakonzerte im Opernhaus sind stets ein Höhepunkt. Der Verband widmet sich vor allem der Förderung des künstlerischen Nachwuchses. Seit der Wende entsandte er 69 begabte junge Musiker und Sänger als Wagner-Stipendiaten nach Bayreuth. 2013 hat der Verband 120 Mitglieder.

Richard-Wagner-Verband Magdeburg e. V.
Vorsitzender: Dr. Helmut Keller
c/o Georg Philipp Telemann Konservatorium
Breiter Weg 110
39104 Magdeburg
Tel.: 0391/540-6861
dr.helmutkeller@web.de

Dessau

Im Oktober 1990 entstand der Richard-Wagner-Verband Dessau im „Bayreuth des Nordens" neu. Zur Premiere des „Tannhäuser" am 13. Oktober am damaligen Anhaltischen Staatstheater Dessau wurde der Ortsverband Dessau feierlich gegründet. Unterstützt wurden die Wagnerfreunde vom Bundesvorstand und dem Richard-Wagner-Verband Bremen. Der neue Ortsverband gewann schnell an Struktur und konnte ein reiches Verbandsleben aufbauen. Schon vom ersten Jahr an sendet Dessau Stipendiaten nach Bayreuth. Mit einer Großen Richard-Wagner-Gala im Anhaltischen Theater Dessau feierten die Wagnerfreunde das 20-jährige Bestehen im Jahr 2010. Der Verband erhielt den Auftrag, im Jahre 2015 den Internationalen Richard-Wagner-Kongress in Dessau auszurichten. Hervorzuheben ist die enge Zusammenarbeit des Verbandes mit dem Anhaltinischen Theater Dessau. So wird „Der Ring des Nibelungen" am Dessauer Theater zu den Kongresstagen 2015 zu sehen sein.

Richard-Wagner-Verband
Ortsverband Dessau e. V.
Vorsitzender: Günther Hinsch
Sebastian-Bach-Straße 7
06844 Dessau-Roßlau
Tel.: 0340/220 38 61
guenther.hinsch@arcor.de

Halle

Der Richard-Wagner-Verband Halle e. V. wurde 2004 auf Anregung von Prof. Dr. Wolfgang Ruf, dem damaligen Inhaber des Lehrstuhls für Historische Musikwissenschaft an der Martin-Luther-Universität Halle-Wittenberg, gegründet. Erste Vorsitzende war Katrin Stöck, M. A., der 2007 Dr. Stefan Keym folgte. Seit 2010 wird der Verein von Dr. Theodor Wichmann geleitet. Der Verein, der gegenwärtig etwa 50 Mitglieder hat, fördert den kritischen und interdisziplinären Diskurs über das vielschichtige Werk und die Persönlichkeit Richard Wagners. Er organisiert gemeinsame Besuche von Opernvorstellungen und -proben, Vortragsabende sowie Konzerte und beteiligt sich an Kulturreisen in internationale Opernzentren (u. a. St. Petersburg 2011). Der Verein fördert junge Musiker und Musikwissenschaftler im Rahmen der Richard-Wagner-Stipendienstiftung.

Richard-Wagner-Verband Halle
Vorsitzender: Dr. Theodor Wichmann
Gartenstadtstraße 38
06126 Halle (Saale)
theodor.wichmann@t-online.de

Weimar

1901 initiierte Großherzogin Pauline von Sachsen-Weimar-Eisenach einen Aufruf zugunsten der Richard-Wagner-Stipendienstiftung. Am 11. Januar 1912 wurde die Ortsgruppe Weimar des „Richard Wagner Verbandes deutscher Frauen“ unter dem Protektorat von Großherzogin Feodora von Sachsen-Weimar-Eisenach gegründet. Die frühe nationalsozialistische Machtergreifung in Thüringen hinterließ auch im Wagner-Verband Weimar entsprechende Spuren. Am 17. November 1990 wurde der Richard-Wagner-Verband, Ortsverband Weimar, unter Teilnahme zahlreicher Wagner-Verbände, vor allem des Verbandes Trier, festlich neu gegründet.
Richard Wagner ist in Weimar ohne Franz Liszt nicht zu denken. Deshalb kooperiert der Wagner-Verband eng mit der Hochschule für Musik „Franz Liszt“ und der Liszt-Gesellschaft. Dabei steht der in Weimar unter Franz Liszt 1850 am Hoftheater uraufgeführte „Lohengrin“ im Mittelpunkt. Zur 150. Wiederkehr dieser Uraufführung konnte der Verband Dr. Wolfgang Wagner zu einem Vortrag in Weimar und zu einem Treffen in Magdala begrüßen. Dort hielt sich Richard Wagner 1849 auf der Flucht in die Schweiz auf. Das Deutsche Nationaltheater Weimar ehrt mit seinen „Ring“-Aufführungen Richard Wagner und Franz Liszt.

Richard-Wagner-Verband Weimar
Vorsitzender: Dr. Eberhard Lüdde
Bad Dürkheimer Str. 33
99438 Bad Berka
Tel.: 036458/30577
c.luedde@apo-am-klinikum-we.de

Eisenach

Die Stadt Eisenach verfügt über ein reiches kulturelles Erbe. Hier wirkten die Bach-Familie, Georg Philipp Telemann und Martin Luther. Durch die kulturhistorisch bedeutsame Wartburg ist die Stadt weltbekannt. Das Reuter-Wagner-Museum verfügt über eine umfangreiche Wagner-Sammlung.
Nach den politischen Veränderungen 1989/90 bedurfte es auch in Eisenach einer wirksameren Verbands- und Öffentlichkeitsarbeit. Deshalb erfolgte am 2. November 1990 die Wiedergründung des Richard-Wagner-Verbandes, Ortsverband Eisenach/Wartburgkreis. Die Initiative dazu ging vor allem vom Wagner-Verband Bielefeld und vom damaligen musikalischen Direktor des Landestheaters Eisenach, Musikdirektor Gunter Müller-Wiedau aus. Bereits zum Jahresende 1991 zählte der Verband 60 Mitglieder. Der Verband gestaltet das Theater- und Konzertleben der Stadt Eisenach mit. Bis zum heutigen Tag wurden über 240 Konzerte, Lesungen und Vorträge veranstaltet. Die regelmäßige Reihe „Hausmusik bei Reuters“ ist ein fester Bestandteil des Eisenacher Kulturlebens geworden. Der Verband fühlt sich der Förderung des künstlerischen Nachwuchses verpflichtet und führt die auf Wunsch Richard Wagners gegründete Stipendienstiftung fort.

Richard-Wagner-Verband,
Ortsverband Eisenach/Wartburgkreis
Vorsitzender: Thomas Steinhardt
Plan 13
99831 Creuzburg
Tel. 03691/8222 13
thomas.steinhardt@ah-steinhardt.de

AUTOREN

Leipzig

Ursula Oehme, Kulturwissenschaftlerin, Machern, Mitglied im Richard-Wagner-Verband Leipzig e. V.

Thomas Krakow, Historiker, Leipzig Vorsitzender des Richard-Wagner-Verbandes Leipzig e. V.; Vizepräsident des Richard-Wagner-Verbandes International e. V.

Müglenz

Manfred Müller, Lehrer i. R., Autor und Herausgeber heimatkundlicher Publikationen

Dresden

Dipl.-Ing. Klaus Weinhold, Bereichsleiter im Institut für Luft- und Kältetechnik Dresden Vorsitzender des Richard-Wagner-Verbandes Dresden e. V.

Graupa

Dr. Christian Mühne, wissenschaftlicher Mitarbeiter, Kultur- und Tourismusgesellschaft Pirna mbH/Geschäftsbereich Richard-Wagner-Stätten, Vorsitzender des Gaßmeyer-Förderkreises Graupa e. V. im Verein für kulturelle und soziale Förderung des OT Graupa – Richard-Wagner-Stätten

Chemnitz

Volkmar Leimert, Komponist, Musikdramaturg, Mitglied des Deutschen Komponistenverbandes

Oederan

Ulli Schubert, Freier Journalist, Chemnitz

Weißenfels

Ingo Bach, langjähriger Direktor des Museums Weißenfels, i. R., Weißenfels

Eisleben

Burkhard Zemlin, Dipl.-Journalist, Redakteur der Mitteldeutschen Zeitung, Lokalredaktion Eisleben

Ermlitz

Dr. Christine Pezold, Musikpädagogin, Leipzig, Mitglied im Richard-Wagner-Verband Leipzig e. V.

Bad Lauchstädt

Ute Boebel, Historische Kuranlagen und Goethe-Theater Bad Lauchstädt GmbH, Leiterin des Museums

Bernburg

Heinz-Rolf Müller, Dipl.-Gartenbauingenieur i. R., Rüdesheim am Rhein

Magdeburg

Dr. Helmut Keller, Musikpädagoge, Direktor des Konservatoriums Magdeburg Vorsitzender des Richard-Wagner-Verbandes Magdeburg e. V.

Dessau

Günther Hinsch, selbstständiger Baufinanzierungsmakler, Dessau-Roßlau Vorsitzender des Richard-Wagner-Verbandes Dessau e. V.

Ronald Müller, Dramaturg für Konzert und Musiktheater am Anhaltischen Theater Dessau,Mitglied im Richard-Wagner-Verband Dessau e. V.

Halle

Susanne Holfter, M. A., Theaterwissenschaftlerin, Musikdramaturgin an der Oper Halle

Bad Kösen

Dr. Klaus-Dieter Fichtner, Bad Kösen

Altenburg

Felix Eckerle, M. A., Chefdramaturg der Theater & Philharmonie Thüringen Gera/Altenburg, freiberuflicher Regisseur, Autor und Moderator

Eisenach

Martin Scholz, M. A., Kulturwissenschaftler, Mitarbeiter im Kulturamt der Stadt Eisenach

Magdala

Martin Krautwurst, Pfarrer, Magdala

Weimar

Dr. phil. habil. Axel Schröter, Akademischer Rat/Universitätslektor am Institut für Musikwissenschaft und Musikpädagogik der Universität Bremen

Meiningen

Herta Müller, Dipl.-Musikwissenschaftlerin i. R., Meiningen/Walldorf

Dr. Maren Goltz, Musik- und Theaterwissenschaftlerin, Kustodin der Sammlung Musikgeschichte der Meininger Museen

IMPRESSUM

Herausgegeben im Auftrag der Wagner-Verbände von Sachsen, Sachsen-Anhalt und Thüringen von Ursula Oehme und Thomas Krakow

Projektkoordinator: Peter Uhrbach
Lektorat: Ursula Oehme
Redaktion: Marianne Albrecht
Gestaltung: Thomas Liebscher
Satz und Herstellung: Passage-Verlag
Druck: Durabo

Der Schriftsatz erfolgte mit der Type Celeste Regular als Fließschrift und mit der News Gothic Demi als Auszeichnungsschrift.

Titelbild unter Verwendung des Gemäldes „Richard Wagner" von Cäsar Willich, 1862, und der Fotografie einer Harzlandschaft von Peter Franke

Frontispiz: Richard Wagner, um 1840. 1907 schenkte Gustav Adolph Kietz dieses Fotokärtchen dem im selben Jahr von Max Gaßmeyer gegründeten Wagnermuseum in Graupa. Als junger Mann hatte Kietz Richard Wagner und dessen Frau Minna im Sommer 1846 in Graupa besucht.

ISBN 978-3-95415-004-5
Passage-Verlag Leipzig
www.passageverlag.de

Bildnachweis

Anhaltisches Theater Dessau S. 122–127
Apelsche Kulturstiftung S. 89, 90 o., 90 u., 93 o., 101
Apelsche Kulturstiftung / Christoph Sandig S. 17 o., 18 M. l., 91, 92
Bach, Ingo S. 78
Bernburger Theater- u. Veranstaltungsgesellschaft gGmbH S. 109 u., 110 o., 111
Birkigt, Andreas S. 23 o. l.
Boebel, Ute S. 94, 99 u.
Boebel, Ute (Archiv) S. 96
Böhme, Nilz S. 103
Creutziger, Matthias / Semperoper Dresden S. 40, 41
Dabdoub, Mahmoud S. 10
Ev.-Luth. Kirchgemeinde Oederan S. 70 o.
Ev.-Luth. Kirchgemeinde St. Marien Weißenfels S. 77
Ev.-Luth. Kirchgemeinde St. Thomas Leipzig S. 13 o. r.
Fichtner, Klaus-Dieter S. 147 u.
Forster, Karl S. 189
Foto-Ed, Meiningen S. 190, 207
Galerie Saxonia, München/Atelier Ulrike Eichhorn S. 44 o.
Goethe-Theater Bad Lauchstädt S. 95, 97, 99 o.
Hartmann, Gunther S. 98, 102
Heimatverein Graupa e. V. S. 47 u.
Heinichen, Marita S. 79 o.
Heysel, Claudia S. 128, 129 o. u. u.
Hochschule für Musik „Franz Liszt", Weimar/Thüringisches Landesmusikarchiv S. 188
Imig, Stefan S. 8/9
Kiermeyer, Gert S. 142f.
Klassikstiftung Weimar S. 184
Krautwurst, Martin S. 172, 174 o. r., 175ff.
Lehmkuhl, Josef / wikipedia S. 70 u.
Leimert, Volkmar S. 61
Lenk, Margit (Archiv) S. 135, 136 o.
Lorenz, A. S. 63
Lüdde, Eberhard S. 177
Lukaschek, Jürgen S. 80, 82 u., 85
Meininger Museen, Sammlung Musikgeschichte S. 192f., 195f., 198, 200, 203f., 205, 206
Müller, Heinz-Rolf S. 104
Museum Schloss Neu-Augustusburg Weißenfels S. 76 o.
Müller, Manfred S. 25 o., 26 o.
Nijhof, Kirsten S. 23 u.
Oper Halle S. 140
Passage-Verlag S. 22 o., 28, 37, 56 (Collage), 120
Pech, René S. 68, 71 u. l.
Pezold, Dr. Christine S. 93 u.
PUNCTUM Umschlag
PUNCTUM/Hans-P. Szyszka S. 148f.
PUNCTUM/Peter Franke S. 88
Reuter-Wagner-Museum Wisenach S. 115 u. l.
Richard-Wagner-Museum mit Nationalarchiv und Forschungsstätte der Richard-Wagner-Stiftung Bayreuth S. 18. o., 69, 75, 83 o., 152f., 155
Richard-Wagner-Stätten Graupa S. 42f., 44 u., 45, 46 o. u. u., 48 o. u. u., 50 o. u. u., 51
Richard-Wagner-Stätten Graupa / Heimatverein S. 49
Richard-Wagner-Stätten Graupa / Katja Pinzer-Müller S. 52 o. u. u., 53–55
Richard-Wagner-Verband Leipzig S. 13 o. l.
Riecker, Falk S. 79 u.
Sächsische Landesbibliothek – Staats- und Universitätsbibliothek Dresden, Deutsche Fotothek S. 132
Sammlung Lück der Stiftung Kunst und Kultur der Stadtsparkasse Magdeburg S. 117 u.
Schlossmuseum Sondershausen S. 194
Schmidt, Andreas S. 21 o.
Schmidt, William S. 24, 27 o.
Schmidt Klaus-Peter S. 27 u.
Staatliche Galerie Moritzburg S. 138 l.
Städtische Theater Chemnitz S. 62
Stadt Eisenach S. 162 o.
Stadt Halle/Saale S. 72f.
Stadt Meiningen S. 191
Stadt Weißenfels S. 74, 76
Stadtarchiv Halle S. 133, 137
Stadtarchiv Halle / Pieperhoff S. 136 u., 138
Stadtarchiv Leipzig S. 15 o.
Stadtbibliothek Magdeburg S. 115 o.
Stadtgeschichtliches Museum Leipzig S. 11f., 13 u., 14, 15 M. u. u., 16, 17 M., 18 u., 19f., 21 u., 146
Stadtgeschichtliches Museum Leipzig / Christoph Sandig Titel, S. 14
Stadtmuseum Eisleben S. 81, 82 o.
Stadtmuseum Dresden S. 29
Stadtmuseum Pirna S. 47 o. u. M.
Stadtmuseum Weimar S. 181f., 183, 185
Stoecklin, Jan S. 39
Theater Magdeburg S. 119
Thüringer Museum Eisenach S. 164, 165 o.
Thüringer Museum Eisenach/R.-M. Kunze S. 166 M., 167–169, 171
Thüringer Tourismus GmbH S. 170
Thüringisches Staatsarchiv Meiningen S. 201
Tremlin/wikimedia S. 112
Trepte, Andreas/wikimedia S. 180
Ulrich, Klaus S. 100
Universitätsarchiv Leipzig S. 17 u., 26 u.
Wallmüller, Helga S. 22 u.
Walzl, Stephan S. 150f., 156
Wartburg-Stiftung S. 159, 161, 163, 166 o.
Wartburg-Stiftung, Kunstsammlung S. 159, 160 o. u. u., 162 u., 165 u.
Weinhold, Klaus (Archiv) S. 31 o. u. M. re., 33 o. l., 34 u., 36 o.
Weinhold, Klaus S. 31 M. li. u. u., 32 o. u. u., 33 o. re., 36 M., 38 , 71 o. r.
wikimedia S. 35, 130
wikipedia S. 35 o., 57, 105–107, 109 o., 205 M.
Wuschanski, Dieter S. 64–67

Die Quellenangaben erfolgten nach bestem Wissen und Gewissen. Wer darüber hinaus berechtigte Ansprüche anmelden kann, wende sich bitte an den Verlag.